Daniel Prinz

Wenn das die Deutschen wüssten...

...dann hätten wir morgen eine (R)evolution!

amadeus-verlag.com

fünfte Auflage

Copyright © 2015 by
Amadeus Verlag GmbH & Co. KG
Birkenweg 4
74576 Fichtenau
Fax: 07962-710263
www.amadeus-verlag.com
Email: amadeus@amadeus-verlag.com

Druck:
CPI – Ebner & Spiegel, Ulm
Satz und Layout:
Jan Udo Holey
Umschlaggestaltung:
Jan Udo Holey

ISBN 978-3-938656-27-3

INHALTSVERZEICHNIS

Teil I
Die eine Seite der Medaille –
wie die Menschen weltweit versklavt wurden.

Teil II
Die andere Seite der Medaille –
wie wir uns selbst aus der Gefangenschaft befreien, unser Leben wieder selbst in die Hand nehmen und ein Leben in Frieden und Harmonie erschaffen.

Vorwort von Jan van Helsing

Es war im Frühjahr 2014, als wir von Freunden aus München Besuch bekamen – Uschi und Axel –, ein Ehepaar, welches es sich erlauben kann, das ganze Jahr über entweder auf seiner Yacht zu verbringen, auf der Welt herumzureisen und hin und wieder dann auch mal in seinem Haus in München zu sein. Wir saßen also an diesem Nachmittag bei einem Glas Sekt im Garten, als mich Axel ganz provokativ fragte, ob ich mir denn bewusst darüber wäre, dass ich weder Deutscher sei, noch dass mir mein Haus oder mein Auto gehören würden. *„Weißt Du, dass in Deinem Kfz-Brief steht, dass der Inhaber des Briefes nicht als der Eigentümer des Fahrzeugs ausgewiesen wird?"* Da hatte ich gestutzt. *„Und wusstest Du, dass die SEPA-Lastschrift eingeführt wurde, damit die EU auf Knopfdruck die Konten aller Europäer – ab einem Guthaben von 100.000 € – im Falle einer Zwangsbesteuerung um 30% erleichtern kann, so wie man es bei den Zyprioten mit 10% getan hatte?"*

Es entstand dann eine angeregte Diskussion um die Souveränität Deutschlands, einen fehlenden Friedensvertrag, staatliche Selbstverwaltung und vieles mehr. Vieles war mir bereits bekannt, und einen Teil dessen hatte ich ja in meinen eigenen Büchern bereits behandelt.

So richtig Fahrt nahmen unsere Gäste dann aber auf, als es um ein Dokument ging, welches mehr wert ist als unser Personalausweis oder der Reisepass, ja ein Dokument, welches einen Deutschen erst als „richtigen Deutschen" ausweist, von dem ich bis zu diesem Datum nie etwas gehört hatte und das momentan nur wenige tausend Deutsche besitzen – überwiegend Notare, Staatsanwälte, Richter, Politiker und Beamte: den *Staatsangehörigkeitsausweis nach Abstammung*, auch bekannt als „Gelber Schein". Und den bekommt man nicht von einer dubiosen Reichsregierung (KRR) ausgehändigt mit erfundenen Siegeln und Stempeln, sondern erhält ihn beim Landratsamt oder direkt beim Rathaus der Gemeinde oder Stadt. Zur Untermauerung ihrer Aussagen legten unsere Gäste diese Dokumente auf den Tisch (siehe Abb. 6 und 7).

Ich kann an dieser Stelle bereits vorwegnehmen, dass ich, als ich mit unserem Jüngsten bei einem Fußballturnier war, mit dem Vater eines Mitspielers ins Gespräch kam, der der Standesbeamte unserer Gemeinde ist. Diesen sprach ich darauf an, ob er diesen „Staatsangehörigkeitsausweis" kennen würde, und bekam zur Antwort: *„Ja, den bekommst Du bei mir."* Und nach einer kurzen Pause – unsere Jungs hatten zwischenzeitlich wieder ein Spiel – und der Frage, wieso ich denn einen solchen bräuchte, ergänzte er: *„Du weißt ja, dass dies das einzige Dokument ist, das Dich als Deutschen ausweist."*

So saßen wir jedenfalls mit Uschi und Axel an diesem Nachmittag noch zusammen, und sie erklärten uns, dass sie sich diesen „Gelben Schein" vor allem deswegen zugelegt hatten, um ihr Vermögen und die Immobilien zu schützen, im Falle einer Währungsreform oder einer Zwangsenteignung durch alliierte Kräfte. Durch dieses Dokument habe man eine mögliche Handhabe gegen die Alliierten, da es nicht den Statuten der BRD entspräche, sondern auf das Deutsche Reich von 1871 zurückginge!

„Unfassbar!", dachte ich. Ich wollte mehr wissen und bohrte tiefer.

Axel berichtete dann, dass er nebenbei zu seinem normalen Beruf eine Ausbildung zum Heilpraktiker gemacht hatte, weil sie ihr Leben gerne verlängern, auf jeden Fall aber so gesund wie möglich alt werden möchten, um ihren Wohlstand lange auskosten zu können. Da ihre finanziellen Mittel es ermöglichen, fliegen die beiden ständig von einem Mediziner- und Ärztekongress zum anderen quer durch die Welt, um sich fortzubilden und um von Therapien und Heilweisen zu erfahren, die uns allen zugute kommen sollten. Auf einem dieser Treffen begegneten sie dann „eher zufällig" dem Unternehmer Max von Frei – der in diesem Buch ein langes Interview gibt –, der den beiden ein Feinstrom-Gerät vorstellte, welches bei Schmerzen eingesetzt wird, und sie bei dieser Gelegenheit auf den „Staatsangehörigkeitsausweis" aufmerksam machte.

Uschi berichtet uns nun persönlich von ihren Erlebnissen:
„Obwohl wir im ersten Moment ungläubig waren, begaben wir uns auf den abenteuerlichen Weg, uns den Staatsangehörigkeitsausweis zu beschaffen. Zuerst luden wir das offizielle Formular von der Website des Bundesverwaltungsamts herunter und füllten dieses aus. Teilweise erwies es sich als langwierig, diverse Urkunden der Vorfahren von Hamburg oder anderen Städten zu beschaffen, denn man muss nachweisen, dass ein Familienmitglied/Vorfahr vor 1914 in Deutschland ansässig und deutscher Ab-

stammung war. Nach Sammlung aller Dokumente und Daten fanden wir uns dann in der ‚Ausländerbehörde' des Kreisverwaltungsreferats (KVR) in München wieder. Hier saßen wir als einzige Deutsche inmitten von hunderten Menschen aus aller Herren Länder – irgendwie kamen wir uns absolut fremd vor in diesem Mikrokosmos. Endlich durften wir nach einer endlosen Wartezeit beim Sachbearbeiter unser Anliegen vorbringen. Die erste Frage von ihm: ‚Wofür benötigen Sie diesen Ausweis? Sie können sich doch durch Reisepass oder Personalausweis legitimieren.' Gott sei Dank waren wir schon vorgewarnt, und deshalb antworteten wir wie aus der Pistole geschossen: ‚Wegen Rechtsgeschäften in den USA!' Die Prüfung dauerte dann zirka zwei Monate. Nach dieser Zeit wurde uns der ‚Gelbe Schein' endlich zugesandt. Die Prüfung der EStA-Registrierung ergab, dass alles richtig eingetragen war, bei allen unseren Freunden waren hier hingegen gravierende Fehler zu bemängeln. Den Staatsangehörigkeitsausweis haben wir anschließend mit einer Haager Apostille, durch die die Echtheit einer öffentlichen Urkunde bestätigt wird, der ‚Regierung von Oberbayern' versehen lassen. (Auch hier wurde erfragt, warum wir diese benötigen!) Gleichzeitig haben wir uns als ‚lebend' erklärt sowie eine ausführliche Patientenverfügung verfasst – diese Dokumente wurden dann notariell beglaubigt. Es war für uns schon sehr befremdlich, sich als ‚lebend' erklären lassen zu müssen!

Da wir Grundbesitz haben und aus den SHAEF-Gesetzen, Art. 52 entnahmen, dass unser gesamter Besitz den Alliierten im Rahmen der Grenzen von 1937 gehört, haben wir uns anschließend überlegt, im Katasteramt München einen Eigentumsnachweis für unsere Liegenschaften zu besorgen. Im Amt wurden die Bereiche in ‚Geschäftsbereiche für die Öffentlichkeit' und in ‚Amtsbereiche, die nicht betreten werden dürfen' unterteilt. Das ist wirklich spannend, wenn man sich mit der Thematik befasst, und das absolut unauffällig und ohne Vorschulung. Wir betraten die Geschäftsbereiche und baten den Angestellten, uns einen mit Amtssiegel und Unterschrift versehenen Eigentumsnachweis unserer Grundstücke zu erstellen. Dies sei nicht möglich, sagte er, da diese Dokumente nie unterschrieben werden. Wir fragten also nach, ob er denn unterschriftsberechtigt, also ob er noch Beamter nach ‚ius sanguinis' sei – was er verneinte. Noch mehr, er wusste gar nicht, von was wir sprachen, deshalb holte er den Amtsleiter, der offensichtlich genau wusste, was gespielt wurde. Er kam unserem Wunsche voll-

umfänglich nach (wichtig: seine Unterschrift darf z.B. nicht im Siegel stehen, da dies sonst einen Siegelbruch darstellt) und verabschiedete uns mit dem Satz: ‚Hiermit habe ich Ihnen gedient.' Da das Katasteramt ein Amt ist, das noch Hoheitsrechte aus dem Deutschen Kaiserreich besitzt, haben wir mit dem ‚Gelben Schein' nun ein offizielles Dokument, das uns mit Abstammung (ius sanguinis) als Deutsche vor 1914 ausweist und welches belegt, dass unser Eigentum deshalb nicht den alliierten Gesetzen unterworfen ist. Schauen wir mal, was dies bringt. Auf alle Fälle ist es sehr aufregend und spannend für uns, als Souverän in Amtsstuben aufzutreten – und nicht mehr als ‚Sache'. Dies spiegelt sich dann auch im Verhalten der dort Wissenden wider.
Nun versuchen wir noch, unseren Personalausweis mit allen invisiblen Verträgen, Knebelverträgen und Verknüpfungen zurückzugeben und erwarten mit Spannung, welche Fallstricke man uns stellt.“

Spannend, nicht wahr? Ich weiß, Sie haben eben Begriffe wie *Sache, Lebenderklärung, Haager Apostille, EStA-Eintrag, invisible Verträge* usw. gelesen, und das meiste davon wird Ihnen das Wort „Bahnhof" in den Sinn bringen. Ja, so geht es uns allen beim ersten Mal. Ich versichere Ihnen, Sie werden nach dem Lesen dieses Buches – ach, was sage ich, schon währenddessen – nachts davon träumen, die Gespräche mit Ihren Freunden und Bekannten werden sich ab diesem Tage darum drehen. Es ist einfach unglaublich!

Sie können sich sicher vorstellen, was meine erste Aktion war nach diesem Nachmittag: Genau! Ich habe diesen Max von Frei kontaktiert und natürlich auch getroffen und mir alles erklären lassen.
Doch wie es im Leben nun mal so ist, hatte ich ein neues Buchprojekt auf dem Tisch, welches ich mit Vollblut anging, und so ließ ich den Gelben Schein dann erst mal einen Gelben Schein sein. Und es war genau eine Woche vergangen, seit das zu diesem Zeitpunkt bearbeitete Buch aus der Druckerei kam, da brachte die Postbotin das Manuskript von Daniel Prinz ins Haus. Ich war von den Socken, konnte das sein? Ich treffe Max von Frei, und zwei Wochen später kommt völlig unabhängig davon ein Manuskript zu mir, das genau diese Thematik behandelt... Nachdem ich das Manuskript des jungen Autors gelesen hatte, war sofort klar, dass ich es verle-

ge – und ebenso klar war, dass Max von Frei ein Interview dazu geben musste, welches ich dann Ende Juni 2014 mit ihm führte.

Daniel Prinz hat für dieses Buch eine hervorragende Recherchearbeit geleistet und nicht nur die „Staatsangehörigkeits"-Thematik akribisch und nach bestem Wissen und Gewissen untersucht, er hat sich – vor allem im zweiten Teil des Buches – auch intensive Gedanken darüber gemacht, wer wir eigentlich sind, wir Menschen, dass wir so einen Zirkus mit uns machen lassen. Sind wir als geistige Wesen hier auf die Erde gekommen, um uns jahrzehntelang mit Steuern, Behörden, der Neigung des Dachgiebels und dergleichen herumzuschlagen und unsere Lebenszeit mit Unsinn zu vergeuden, mit Regeln, die wir selbst nicht aufgestellt haben, sie aber dennoch befolgen, obwohl sie gar keinen Sinn ergeben?

Daniel Prinz – und das merken Sie sehr schnell – hat einen recht provokanten Schreibstil, der jedoch enorm erfrischend auf mich wirkt und auch mich persönlich wieder neu hat nach- und *vor*-denken lassen, was ich im Leben wirklich will. Leider habe auch ich mich – als alter Revoluzzer – irgendwie mit vielen Gegebenheiten abgefunden – vor allem auch aufgrund unserer Söhne, die beide noch schulpflichtig sind –, in vielem angepasst, doch Daniels provokante Denke hat auch mich wieder wachgerüttelt. Er stellt nicht nur unsere religiösen Manifeste in Frage, sondern ebenso die Art der schulischen Ausbildung, die Ernährung und vieles mehr.

Erschrecken Sie also bitte nicht, wenn er als junger Freigeist der Kirche eine überbrät oder den Illuminaten. Nicht alles würde ich so unterschreiben, wie er es formuliert. Das ist jedoch egal. Es geht darum, dass wir darüber nachdenken, dass wir nicht nur gedanklich neue Wege gehen, sondern auch darüber sprechen, diskutieren und gegebenenfalls auch etwas tun. Zudem ist es nicht meine Aufgabe als Verleger, den Autor zu zensieren!

Anmerken möchte ich hier noch, dass ich vor allem wegen des juristisch-behördlichen Teils des Buches („Gelber Schein"), der nicht nur Sie, sondern in Zukunft auch viele Behörden beunruhigen wird, das Rohmanuskript von Juristen habe lesen lassen, um so gut wie möglich gegenprüfen zu lassen, ob das vom Autor und von Max von Frei Behauptete nicht an den Haaren herbeigezogen ist. Ich selbst bin kein Fachmann auf diesem Gebiet – ganz im Gegenteil –, doch die behördlichen Erfolge von Uschi und Axel bzw. deren Erlebnisse mit Notaren, Richtern und dergleichen sprechen eine deutliche Sprache und zeigen auf, dass diese ganz genau wissen, was hier gespielt wird. Die von mir befragten Juristen sowie ein Herr vom BND haben bestätigt, dass wir seit 1990 eine nicht geklärte Rechtssituation in Deutschland haben, konnten aber nicht mit Sicherheit sagen, ob alles, was in diesem Buch publiziert ist, auch knallhart an Paragrafen festzumachen ist. Gesetze werden ständig geändert, und man versucht natürlich so gut wie möglich, dem normalen Bürger den Zugang zu den hier genannten Dokumenten zu versperren. Diese sollen nur „bestimmten" Menschen zugänglich sein – einer elitären Clique... (Sollten Sie selbst Erlebnisse in dieser Richtung oder Korrekturvorschläge bzw. weiterführende Infos dazu haben, sind Sie herzlich dazu eingeladen, mir dies über die Verlagsanschrift mitzuteilen.)

Daniel Prinz hat in diesem Buch sehr wertvolle und geistig weitreichende Ansätze und Ideen niedergeschrieben, die uns alle motivieren – auch mich. Denn so, wie unsere „Feinde" ihre Lügen tagtäglich über die Massenmedien wiederholen, so muss auch die Wahrheit immer und immer wieder hinausgeschrien werden – es ist nämlich Zeit zu handeln!

Was ich zudem äußerst spannend finde ist, dass wir an dem besagten Nachmittag mit Uschi und Axel auch noch intensiv über deren Steckenpferd sprachen: die Gesundheit und diejenigen, die *nicht* wollen, dass wir gesund sind. Uschi und Axel sind beide als Heilpraktiker, Geomanten und Axel zudem als Baubiologe ausgebildet und sie hinterfragen gerne, was uns so alles vorgesetzt wird. Man braucht sich ja nur zu fragen, warum die Menschen immer kränker statt gesünder werden, obwohl die monatlichen Beträge für „Kranken"-Kassen mittlerweile in astronomische Höhen steigen. Wer verdient an diesem System? Was macht gesund, und was hält uns krank? Diese Fragen verlangen nach Antworten, die jenseits des Mainstreams liegen. Oder meinen Sie, dass beispielsweise Krebs ausschließlich mit Chemotherapie geheilt werden kann? Meinen Sie, dass Milch die Knochen stark macht? Sind Sie sich sicher, dass chemische Medikamente heilen? Oder ist alles, was wir so erleben, auf Unterdrückung ausgelegt? Ist unser Schulsystem in Ordnung – was lernen unsere Kinder? Warum wird die Familie zerstört? Was geschieht mit unseren Nahrungsmitteln und deren „Zwangsernährung" durch die moderne Landwirtschaft, die alle Pflanzen erkranken lässt, ganz zu schweigen von gentechnisch verändertem Saatgut? Welche Verknüpfungen gibt es denn in Politik, Gesundheitswesen, Nahrungsmittelindustrie usw.?

Auf ihrer Suche nach Antworten durften die beiden geniale Menschen kennenlernen, die Tacheles redeten – z.B. einen hochrangigen deutschen Onkologen, der in Barcelona einen Vortrag hielt und der schon mehrere Morddrohungen bekommen hatte. Als dieser die anwesenden Ärzte fragte, wer denn einem krebskranken Familienangehörigen eine Chemotherapie empfehlen würde, hob keiner den Arm... Auch gibt es in der alternativen Heilszene wundervolle Wissende, die sich absolut unauffällig geben und Metastasen innerhalb weniger Wochen mit Naturheilmitteln zurückdrängen. Interessant, finde ich. Sie auch?

Ja, und das Bemerkenswerte daran ist, dass Daniel Prinz im zweiten Teil dieses Buches eben genau diese Themen behandelt, obwohl er Uschi und Axel bis zu diesem Moment, in dem ich dies schreibe, nicht kennt! Glauben Sie noch an „Zufälle", oder wissen Sie bereits, nach welchen Regeln der Kosmos (griech.: *Ordnung*) funktioniert? Auch darauf geht Daniel Prinz ein.

Wenn es uns gelingt, das hier Aufbereitete zu verstehen und nicht nur auf die „bösen Jungs" einzuprügeln, sondern unsere Chance eines geistigen Auf- und Ausstiegs zu nutzen, dann bekommen wir keine Revolution, sondern eine Evolution!

In diesem Sinne reiche ich nun den Stab weiter an Daniel und wünsche Ihnen, liebe Leserinnen und Leser, eine spannende Reise durch das verwachsene Dickicht der Behörden bis hin zum Licht am Ende des Tunnels!

Ihr

Jan van Helsing

Bevor es losgeht...

Falls Sie absolut zufrieden sind mit der aktuellen Situation in unserem Land und in der Welt, falls Sie abends die TV-Nachrichten wie Ihr täglich Brot ungefiltert und unkritisch wie ein Schwamm aufsaugen und die Märchen der Politiker für bare Münze nehmen, dann lesen Sie auf keinen Fall weiter! Schließen Sie das Buch am besten gleich wieder, legen Sie sich auf Ihre kuschelige und weiche Couch, und schlummern Sie brav weiter. Ich decke Sie auch gerne zu. Wenn Sie sich jedoch für die „rote Pille" entschieden haben – wie der Protagonist Neo im Hollywood-Film „Matrix" –, dürfen Sie gerne weiterlesen und anschließend handeln...

Dieses Buch bringt Antworten auf brennende Fragen: Warum müssen wir eigentlich fast unser ganzes Leben lang arbeiten, nur um zu überleben? Warum gibt es das Zahlungsmittel „Geld", und warum müssen wir für alles im Leben bezahlen? Woher kommt das Geld eigentlich wirklich? Warum gibt es so viel Armut in der Welt? Warum gibt es so viele Kriege und Umweltzerstörung? Warum ist die Welt heute so, wie sie ist? Ist auch eine Welt ganz ohne Geld möglich? Welche Alternativen gibt es schon lange, die man uns aber vorenthält? Hatten Sie schon immer das innere, unruhige Gefühl, dass „irgendetwas" gewaltig nicht stimmt auf dieser Erde, Sie es sich aber nicht erklären können? Verspüren Sie auch das Gefühl, nicht wirklich frei zu sein und vor allem nicht frei zu sein, das zu tun, wozu Sie wirklich Lust haben? Passiert alles rein „zufällig" auf diesem Planeten, oder gibt es ein System, welches wie eine unsichtbare Hand aus dem Hintergrund heraus alle Fäden zieht und gezielt und bewusst wichtige Aspekte in unserem Leben bestimmt – und das von der Geburt bis zum Tod?

Was ist der eigentliche Sinn unseres Lebens? Warum sind wir überhaupt hier?

Ich werde in den kommenden Kapiteln versuchen, mich stets auf das absolut Wesentliche zu konzentrieren und die Dinge dabei konkret beim Namen zu nennen, ohne sinnloses Drumherumgerede. Doch bitte ich Sie, werte Leserinnen und Leser, die dargebotenen brisanten Informationen dafür umso gründlicher zu lesen – und vor allem **zu verstehen**. Nehmen Sie sich die nötige Zeit dazu. Die Informationen sind teilweise keine „leichte Kost", und so werden manche vermutlich kritisieren, dass die Informationen so schwer und „negativ" sind. Vor allem einige Menschen aus der „spirituellen Ecke" dürften sich beschweren.

Doch spirituell zu sein bedeutet nicht, alles Negative auszublenden und wie die anderen Menschen weiterhin mit Scheuklappen herumzulaufen, die offensichtlichen Missstände ignorierend. Wo es Licht gibt, gibt es nun einmal auch Schatten. Es geht vielmehr darum, wie man persönlich mit den Informationen umgeht. Lieber über die Lügen Bescheid wissen, als sein ganzes Leben lang in einer Lüge zu leben! Das Wissen an sich ist niemals negativ, Ignoranz jedoch schon. Denn genau dieses Wegschauen bzw. Nichtstun ist einer der Hauptgründe für die äußerst prekäre Weltsituation, in der wir uns gerade befinden. Die Menschen neigen dazu, ihren Kopf immer schön ganz tief in den Sand zu stecken – bloß nix sehen und hören – und wundern sich anschließend, warum sie ständig die heftigsten Tritte in den Hintern bekommen.

Doch hauptsächlich geht es um das <u>Verständnis</u>. Um für Neues überhaupt offen zu sein und Neues akzeptieren zu können, muss man das Alte erst verstehen bzw. durchschaut haben. Andersherum könnte man auch fragen: *„Warum sollten die Menschen nach Freiheit streben, wenn sie gar nicht erkannt haben, dass sie eigentlich die ganze Zeit Sklaven gewesen sind und laufend ausgebeutet werden in allen Bereichen ihres Lebens?"*

Das Buch habe ich daher in zwei Hauptteile gegliedert. Der erste Teil beschäftigt sich mit dem gegenwärtigen System und deckt dabei die maßgebenden, raffinierten und global umspannenden Mechanismen auf, mit denen die Menschen weltweit kontrolliert und als Arbeitssklaven missbraucht werden. Dabei werde ich mich keineswegs zurückhalten und auch kein Blatt vor den Mund nehmen. Die Situation ist einfach viel zu ernst und zu prekär, die Informationen bahnbrechend genug und viel zu wichtig, um um den heißen Brei herumzureden oder mit Wattebällchen herumzuwerfen. Haben Sie daher etwas Nachsicht, wenn mein Ton stellenweise etwas forsch klingen mag.

Des Weiteren werde ich mit dem ewigen Schuldbewusstsein und der Selbstverleugnung der Deutschen gründlich aufräumen. Denn wenn die Deutschen erst einmal die Wahrheit erfahren, werden sie sich selbst und ihr Land hinterher mit ganz anderen Augen betrachten. Zumindest hoffe ich, dass mein Buch ein gutes Stück mit dazu beitragen kann...

Im zweiten Hauptteil werde ich Ideen und Möglichkeiten aufzeigen, wie wir uns diesem System Stück für Stück entziehen können und auch auf alternative Lösungen eingehen, wie wir gemeinsam eine wirklich gerechte und friedvolle Welt erschaffen – in der die Menschen in Würde und Freiheit sowie in Wohlstand und Fülle leben können. Ja, das ist in der Tat möglich und noch viel mehr!

Für die nachfolgenden Informationen werden Sie, falls nicht bereits geschehen, Ihr alteingesessenes Weltbild nicht nur hinterfragen, sondern komplett umkrempeln müssen. Seien Sie daher offen und bereit, über den Tellerrand *weit* hinauszublicken. Denn dies ist die absolut notwendige Voraussetzung dafür, Ihr eigenes Leben ändern zu können, damit wir alle gemeinsam eine neue Ära einläuten können.

Die Zeit ist reif. Die Menschen haben es verdient, endlich die Wahrheit zu erfahren!

Schnallen Sie sich an!

Teil I

Die eine Seite der Medaille –

wie die Menschen weltweit versklavt wurden

Kapitel 1
Sie glauben, die Sklaverei wurde abgeschafft?

Die meisten Menschen dieser Welt glauben, dass die Sklaverei abgeschafft wurde. Die wenigsten sind sich jedoch darüber bewusst, dass genau das Gegenteil der Fall ist. Durch Gewalt, geschickte Lügen und hinterhältige Täuschungen, die sich über die letzten Jahrzehnte und Jahrhunderte aufgetürmt haben, haben die Weltenlenker es tatsächlich geschafft, die ganze Weltbevölkerung in ein unsichtbares Gefängnis zu stecken, um diese dann wie ein Parasit auszusaugen. Doch der Turm aus Lügen und Täuschungen ist mittlerweile derart hoch geworden, dass immer mehr Menschen anfangen, diese Lügen nun zu sehen und die Scheinwelt, die um sie herum aufgebaut wurde, zu durchschauen. Leider schläft der Großteil der Menschen immer noch, und ich frage mich dieser Tage immer häufiger, wie viel deutlicher die Botschaften denn noch werden müssen, damit auch der letzte Träumer endlich aus seinem Dornröschenschlaf erwacht.

Wie lange schauen wir noch zu, wie Politiker und „Qualitätsmedien" samt den Presstituierten uns tagtäglich nach Strich und Faden belügen und uns mit sinnlosem Müll und Kriegstreibereien von **wirklich wichtigen** Dingen ablenken? Wie lange akzeptieren wir noch, dass weltumspannende Konzerne, Großbanken und bestimmte Familienclans uns weiterhin als Nutzvieh für sich schuften lassen, während wir dabei gleichzeitig permanent vergiftet und umgebracht werden? Wie viele Menschen wollen wir noch weltweit – in ihren Interessen – in sinnlosen Kriegen abschlachten? Was braucht es, damit auch der letzte Michel im Land endlich einmal die Augen aufmacht?

Sehen wir uns ein paar Beispiele an, die aufzeigen, wie die Menschen hierzulande und weltweit für dumm verkauft werden und welche Mechanismen installiert wurden, um um uns herum ein raffiniert ausgetüfteltes, unsichtbares Gefängnis aufzubauen. Um warm zu werden, fangen wir daher mit etwas ganz Leichtem an wie den letzten Bundestagswahlen...

„Wenn Wahlen etwas ändern würden, dann wären sie verboten."
Emma Goldman (1869-1940)

Wer kennt nicht dieses berühmte Zitat, welches der amerikanischen Friedensaktivistin Emma Goldman zugeschrieben wird? Alle vier bzw. fünf Jahre dürfen wir im „vereinten **Wirtschafts**gebiet" namens „Bundesrepublik Deutschland" und auch zu den Europawahlen unsere wertvolle Stimme ein erneutes Mal in der Urne begraben – zur Beruhigung des eigenen Gewissens und in der kindlich-naiven Hoffnung, man würde in der Politik als pflichtbewusster „Bürger" mitentscheiden dürfen. Dabei frage ich mich, ob gerade wir Deutschen in den letzten 70 Jahren absolut nichts dazugelernt haben...

Die Wahlergebnisse stehen schon lange im Voraus fest

Das letzte Wahldebakel vom September 2013 liegt gerade ein knappes Jahr zurück und so möchten wir uns den Hergang der Wahlergebnisse der letzten Bundestagswahl noch einmal kurz ins Gedächtnis rufen. Besonders auffällig dabei war, dass die Zahlen von der ersten Prognose um 18 Uhr kaum vom „amtlichen" Endergebnis abwichen, welches erst am nächsten Tag veröffentlicht wurde. Da gab es Differenzen von höchstens 0,1% bis 0,5% je nach Partei. [1] [2]

Die Wahllokale hatten alle bis 18 Uhr geöffnet. Erst danach begann das mühevolle und langwierige Sortieren und anschließend das Durchzählen der Stimmen. Nun soll mir doch bitte einmal jemand erklären, wie es denn sein kann, dass schon so früh solch höchst präzise Ergebnisse möglich sind? Wie ist so etwas möglich, wenn die Wahllokale gerade in dieser Minute doch erst schließen und das Zählen noch nicht angefangen hat? Und bitte nein, komme mir jetzt bitte niemand mit vergangenen Ergebnissen und irgendwelchen Wahrscheinlichkeits- oder Modellrechnungen. Das ist, wie der Amerikaner sagen würde: BULLSHIT! Denn jede Wahl ist anders, und man kann im Voraus weder rückschließen noch abschätzen, wie die Leute sich denn letzten Endes im Wahllokal entscheiden werden. Nicht mit so einer punktgenauen Präzision! **Und vor allem nicht, wenn die Auszählungen in weiten Teilen des Landes eigentlich noch die halbe Nacht andauern.**

Nachfolgend einmal die Zahlen im direkten Vergleich:

Prognose am Wahlabend 18 Uhr		Amtl. Endergebnis am nächsten Tag
CDU/CSU	42,0%	41,5%
SPD	26,0%	25,7%
Die Linke	8,5%	8,6%
Grüne	8,0%	8,4%
AFD	4,9%	4,7%
FDP	4,7%	4,8%

Ist das bei all den letzten Wahlen nie jemandem aufgefallen? Sind wir wirklich derart blind und schwer von Begriff?

Wahlbetrug?

Gerade die Bundestagswahl 2013 erntete besonders viel Kritik und Beschwerden seitens der Bevölkerung, wie kaum eine andere Wahl zuvor. Nach Bekanntwerden der offiziellen Wahlergebnisse stürmten die Menschen in die sozialen Netzwerke wie Facebook und dokumentierten dabei zahlreiche Fälle, die man eigentlich so nur aus diktatorischen Regimen erwarten würde. Gerade aus dem Umfeld der sich im Aufwind befindenden Partei *Alternative für Deutschland (AfD)* kamen viele Beschwerden. Aber auch bei den „Großen" wurde laut den Augenzeugenberichten anscheinend kräftig geschummelt. Hier eine kleine Auswahl der offenkundigen Ungereimtheiten, von denen berichtet wurde:

1. Im Wahlbezirk Detmold in Nordrhein-Westfalen fiel im Kontrollformular zur Stimmenauszählung auf, dass für die Partei SPD 92 Stimmen ausgezählt, jedoch später 241 Stimmen amtlich veröffentlicht wurden – also 149 Stimmen zu viel. Und das ist für einen einzelnen Wahlkreis schon sehr beachtlich! In Folge sank der Stimmenanteil der AfD in diesem Wahlbezirk von 6,5 auf 5,25 Prozent. In wie vielen Wahlbezirken in Deutschland mag es ähnliche Vorfälle gegeben haben?

2. In einem anderen Fall wurden Diskrepanzen bei der Auszählung der Zweitstimmen festgestellt. Nach den Angaben der Direktkandidatin

der AfD in Meppen, Niedersachsen, wurde die Hälfte der Stimmen für die AfD einfach nicht mitgezählt. Eine Meppener Zeitung berichtete darüber: *„...Wir hatten uns entschlossen, ein Wahllokal in einer Stichprobe durch einen Wahlbeobachter zu kontrollieren. Dort stellte unser AfD-Mitglied fest, dass 16 Zweitstimmen für die AfD, und damit etwa die Hälfte, nicht berücksichtigt wurden."*

3. Auf der offiziellen Facebookseite der AfD hatte ein Bürger ein Bild des Stimmauszählungsprotokolls veröffentlicht, bei dem mehr Wähler als Wahlberechtigte auftauchen. Demnach gab es in diesem Beispiel 49 Wähler mehr. Wie kann das sein? Die weitere Frage, die sich hier stellt ist, zu Gunsten welcher Partei diese vermutlich fiktiven Stimmen dann eigentlich gezählt wurden?

4. Ein anderer Augenzeuge schilderte etwas aufgeregt, ebenfalls auf der Facebookseite der AfD, Folgendes: *„So, passt mal auf!!!!!!!!!!! Ganz neue Info für alle! !!!! Bei uns gibt es gerade Stress im Ort. Warum, kann ich euch sagen. Es haben 65 Mann die AfD gewählt. Und in der Zeitung hieß es: Null Stimmen für die AfD. Hm! Ein paar Leute wollten sich das nicht gefallen lassen und haben die Zeitung angerufen. Als Antwort hieß es: ‚Wir lassen uns keinen Wahlbetrug vorwerfen.' Und sie haben die Zahl vom Wahlbeauftragten, der die Zahlen weitergibt. Und einer von meinem Ort war bei der Auszählung dabei und hat genau gesehen, dass es 65 waren, und der Wahlbeauftragte gibt die Zahlen weiter und sagt: ‚Nein, AfD hat null.' Was soll das? Also meine und die anderen 64 Stimmen fehlen euch!!!!!!! Und ich will nicht wissen, wo es noch überall war, dass die Stimmen verschwunden sind. AfD kümmert euch darum, das ist WAHLBETRUG."*

5. Es gibt zahlreiche Berichte, wonach sehr viele Briefwahlstimmen einfach verschwunden sind. Der größte Fall ereignete sich bei der Hamburger CDU, wo stattliche 100.000 Stimmen nicht mehr zurückgekommen sind. Wohin sind diese verschwunden?

6. Hunderte Bürger machten im Internet darauf aufmerksam, dass sie ihre Stimme im Wahllokal auch ohne die Vorlage des Personalausweises abgeben konnten. Die Dunkelziffer solcher Fälle dürfte aber weitaus höher liegen, wenn man berücksichtigt, dass viele Leute, vor

allem der älteren Generation, nicht ganz so versiert sind im Umgang mit Computern und dem Internet und solche Fälle erst gar nicht ans Tageslicht kommen. Nun muss man sich auch bei diesen Vorfällen fragen, ob hier viele Wähler dabei waren, die überhaupt gar nicht wahlberechtigt sind? Bei keiner Wahl dürfen solche Schlampereien passieren!

Und die Liste ließe sich mit ähnlichen Beispielen fortsetzen. Sie denken, es sind alles Einzelfälle? Vergessen Sie hierbei nie, das große Bild zu betrachten. Wenn so viele „Einzelfälle" aus dem gesamten Bundesgebiet auftreten, muss man zwangsweise davon ausgehen, dass dies nur die dokumentierten Fälle sind, von denen man *weiß*. Die unberichteten Fälle, also die Dunkelziffer, liegt immer höher. Alles in allem summiert sich das dann schon enorm. Hier ein paar Stimmen, da ein paar Stimmen – und das jeweils in hunderten Städten und tausenden Wahlbezirken. So kann man Stimmen verschieben und das Endergebnis beeinflussen, sollten wider Erwarten eine oder mehrere Parteien doch mehr Zulauf bekommen als einkalkuliert. Das heißt, es wird ein bereits vorher feststehender Wahlausgang (also welche Parteien gewinnen sollen und welche auf keinen Fall eine bestimmte Prozentzahl überschreiten dürfen) „sichergestellt".[2a]

Politiker sprechen ab und an auch Klartext

Selbst die Politiker geben hin und wieder offen vor der Kamera zu, dass die Menschen durch Wahlen nichts bewirken können und dass das, was vor der Wahl versprochen wurde, nach der Wahl keinerlei Gültigkeit mehr hat. Nachfolgend führe ich dazu einige Aussagen von Politikern als Zitate an. Die Videoauschnitte zu diesen finden Sie am Ende des Buches im Quellenverzeichnis. Laden Sie sich die Videos gern herunter. Wer weiß, wie lange diese noch online verfügbar sind...

Angela Merkel:
„Man kann sich nicht darauf verlassen, dass das, was vor den Wahlen gesagt wird, auch wirklich nach den Wahlen gilt. Und wir müssen damit rechnen, dass das in verschiedenen Weisen sich wiederholen kann."[3]

Zum 60-jährigen Bestehen der CDU im Juni 2005 sprach sie dann auch ganz offen und unverhohlen aus: *„Denn wir haben wahrlich keinen Rechts-anspruch auf Demokratie und soziale Marktwirtschaft auf alle Ewigkeit."*[4]

Das ist schon ein starkes Stück! Uns werden also öffentlich vor laufender Kamera die demokratischen und damit auch die freiheitlichen und sozialen Rechte abgesprochen. Und was machen die Deutschen? Wählen sie alle paar Jahre brav wieder...

Horst Seehofer:
Recht unverblümt sagte auch Herr Seehofer in der Sendung „Pelzig" im Mai 2010, dass Politiker ohnehin nichts zu entscheiden haben. Sein genauer Wortlaut: *„Denn es ist so, wie Sie sagten. Diejenigen, die entscheiden, sind nicht gewählt. Und diejenigen, die gewählt werden, haben nichts zu entscheiden."*[5]

Betreffend einer Positivliste für Arzneimittel wurde er von einer Journalistin gefragt: *„Heißt es denn, dass die Lobby wirklich so stark war, die Pharmalobby gegen die Politik, und Sie dann da quasi zurückziehen mussten?"*, und offenbart mit seiner Antwort, wer in Wirklichkeit die Politik im Land bestimmt: *„Ja, das ist so seit 30 Jahren, bis zur Stunde, dass sinnvolle, strukturelle Veränderungen, auch im Sinne von mehr sozialer Marktwirtschaft, im deutschen Gesundheitswesen nicht möglich sind wegen des Widerstandes der Lobbyverbände. (...) Ich kann Ihnen nur beschreiben, dass es so ist und dass es so abläuft, und das sehr wirksam."*[6]

Lobbyverbände und Industrie bestimmen also die Politik, wohingegen die „gewählten" Politiker somit nur Politikdarsteller sind und nichts anderes. Und das Volk jubelt diesen Darstellern auch noch eifrig zu.

Sondersituation Deutschlands

Da wir nun etwas warm geworden sind, gehen wir über zu noch interessanteren Aussagen unserer „Volksvertreter", hier einmal Wolfgang Schäuble auf dem *European Banking Congress* 2011 in Frankfurt/Main: *„...und wir in*

Deutschland sind seit dem 8. Mai 1945 zu keinem Zeitpunkt mehr voll souve-
rän gewesen. Und deswegen ist der Versuch, in der europäischen Einigung ei-
ne neue Form von ‚governance' zu schaffen. Wo eben es nicht eine Ebene, die
für alles zuständig ist, und die dann im Zweifel durch völkerrechtliche Verträ-
ge bestimmte Dinge auf andere überträgt. Nach meiner festen Überzeugung ist
für das 21. Jahrhundert ein sehr viel zukunftsweisenderer Ansatz, als der
Rückfall in die Regelungsmonopolstellung des klassischen Nationalstaates ver-
gangener Jahrhunderte. "[7] (Original-Wortlaut!)

Zwei wichtige Punkte sprach Schäuble hier an:

1. Dass Deutschland seit Ende des Zweiten Weltkriegs <u>zu keinem Zeit-</u>
   <u>punkt</u> mehr souverän war.
2. Ziel: Abschaffung der Nationalstaaten und das Einführen einer
   neuen „governance" (Regierungsgewalt) in Europa, im Sinne der
   Finanzoligarchen.

Bei einem Landesparteitag der SPD in Nordrhein-Westfalen 2010 sagte
Sigmar Gabriel, dass wir eigentlich keine Bundesregierung haben und Mer-
kel *„Geschäftsführerin einer neuen Nichtregierungsorganisation"* in
Deutschland sei: *„Ich sage euch, wir haben gar keine Bundesregierung. Frau*
Merkel ist Geschäftsführerin einer neuen Nichtregierungsorganisation in
Deutschland. Das ist das, was sie ist. "[8]

Gregor Gysi setzte dann noch das i-Tüpfelchen obendrauf, als er im
August 2013 vor laufender Kamera auf dem TV-Sender *Phoenix* Folgendes
preisgab: *„Aber das Verhältnis müssen wir doch mal klären. Ich meine, also*
ich muss Ihnen ganz ernsthaft sagen, dass das Besatzungsstatut immer noch
gilt. Wir haben nicht das Jahr 1945. Wir haben das Jahr 2013. Könnte man
das nicht mal aufheben und die Besatzung Deutschlands beenden? Also ich
finde, das wird höchste Zeit. "[9]

Was bereits viele Deutsche und erst recht ganz viele Menschen im Ausland schon lange wissen, ist die Tatsache (und somit Schäubles Aussage
zuvor untermauernd), dass die BRD tatsächlich nicht souverän, Deutschland immer noch von den Alliierten besetzt ist und das Besatzungsstatut
nach wie vor gilt. Dazu gleich noch mehr...

Wenn wir nun die Aussagen der anderen Politiker mit hinzunehmen, dann müssen wir schlussfolgern, dass die BRD kein souveräner Staat ist und sein kann, sondern nach wie vor, wie es im Grundgesetz (GG) überall für jedermann zu lesen geschrieben ist, bloß eine Wirtschafts- und Verwaltungseinheit darstellt. Von „Staat" ist im GG auch nirgends die Rede, sondern von „Geschäftsbereichen" und „Geschäfte führen". Hier ist der dortige Art. 65 sehr augenöffnend. Im Art. 133 steht es dann auch noch ganz deutlich, was die BRD ist: vereinigtes **Wirtschaft**sgebiet. Selbst auf der Internetseite der Bundesregierung findet man eine **Geschäftsordnung**, wo nur von „Geschäften", „Geschäftsbereichen" und „Geschäftsführung" die Rede ist. Die deutsche Sprache ist sehr genau und meint auch genau das, was sie aussagt. Jetzt macht auch die Aussage Sigmar Gabriels *Merkel ist Geschäftsführerin einer Nichtregierungsorganisation"* (also = Firma) umso mehr Sinn. Auch die Umsatzbesteuerung der öffentlichen Hand zeigt schon auf, dass hier Firmen am „regieren" sind, die genau wie alle anderen Firmen umsatzbesteuert werden. Selbst der deutsche Bundestag hat eine Umsatzsteuer-ID. Ein Staat kann aber niemals umsatzsteuerpflichtig sein! Das sollte er zumindest nicht...[10]

Wenn Sie sich umblicken, haben wir heute kaum noch „Ämter" und „Behörden", sondern überwiegend Verwaltungen. Oder haben Sie es nicht mitbekommen, dass wir z.B. keine Einwohnermeldeämter (heute Stadt XY, Bürgerbüro, Kundenzentrum...) und keine Arbeitsämter (heute „Agentur für Arbeit") mehr haben oder dass die Sozialämter in ihrer ursprünglichen Form weitestgehend abgeschafft wurden („Jobcenter")? Nein? Ja, das ist schon eine Kunst für sich, diese Privatisierung von Ämtern vor den Augen der ganzen Öffentlichkeit zu vollziehen, und kaum jemand kapiert es. Und die restlichen „Ämter" im Namen hat man nur noch zum Wahren des Scheins gelassen. Denn neben der BRD, der Bundesregierung, der Städte und Kommunen, sind sogar Gerichte und Finanzämter im amerikanischen Firmenregister *Dun & Bradstreet* als amerikanische Handelsunternehmen eingetragen. Auf www.upik.de können Sie dies selbst nachprüfen. Die Bundesrepublik Deutschland z.B. hat die D-U-N-S® Firmen-ID 341611478, mit dem amerikanischen Industriebranchencode 9199 (Branche Landesregierungen) und Joachim Gauck als Hauptverantwortlichen eingetragen. Die Republik Österreich und die Schweizerische Eidgenossenschaft sind dort ebenfalls als Firmen eingetragen, wie auch andere Länder.

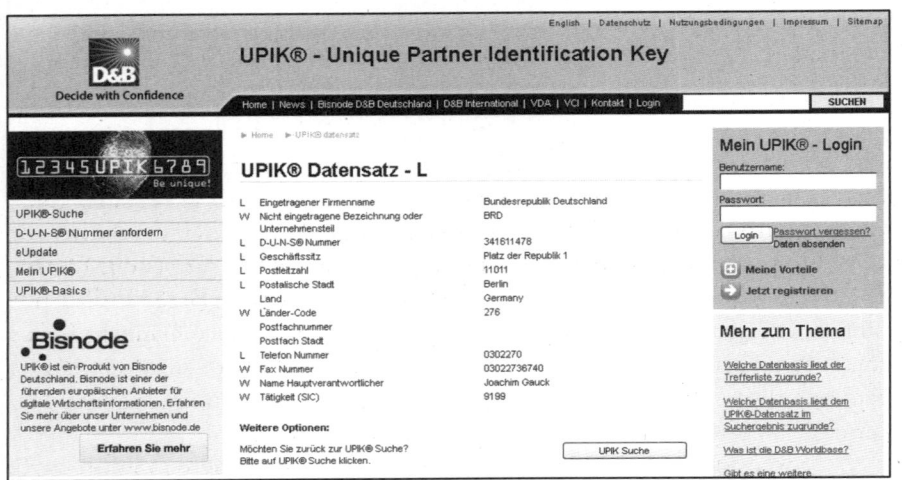

Abb. 1: UPIK-Eintrag über die Bundesrepublik Deutschland, Hauptverantwortlicher: Joachim Gauck. Die UPIK-Plattform dient als eindeutiges, einheitliches und firmenübergreifendes Identifizierungssystem. Dabei bildet die D&B D-U-N-S-Nummer den Schlüssel zur weltweit eindeutigen Zuordnung von Geschäftspartnern über UPIK.

Nun könnten Kritiker meinen, dass man dort so gut wie alles als Firma listet. Nein, das stimmt nicht. Auf eine Nachfrage hin, die vom Internetblog „Sommers Sonntag" online veröffentlicht wurde, stellte Bisnode/D&B klar, dass ihre Datenbank ausschließlich Firmen und Gewerbetreibende (und Freiberufler) listet. Zudem steht in den D&B Richtlinien unter Punkt 1.6, wer in ihrer Datenbank eingetragen wird und überhaupt eine D-U-N-S Firmen-ID erhält: *„This includes all businesses that contract with the US Government as well as all recipients of US Government grant money. D&B's global policy regarding any ‚entity' that contacts a Global Customer Service Center and identifies themselves as either a* **US Government Contractor (Vendor) or a US Government Grantee...**" (Hervorhebung durch den Autor)

Das sind also Entitäten, die *„Verträge mit der US-Regierung haben oder von dieser Geld erhalten"*. Nun wird sich der Geschäftsführer einer kleinen oder mittelständischen Firma häufig selbst in dieser Datenbank finden und nichts von einem Vertrag mit der US-Regierung wissen. Nein, direkt nicht... aber indirekt sind alle Firmen in der BRD – weil unter Besatzung – automatisch „Unter"-Firmen der US-Regierung, und diese ist wiederum

32

nur eine Unterfirma der dahinterstehenden Konzernokraten sowie der Hochfinanz, die international und über alle Grenzen hinweg agieren, wie wir später noch sehen werden.[11]

Was sich hier in Deutschland und weltweit abspielt, ist somit reinstes „Business", wo Nationalstaaten und Souveränität nur noch als hauchdünnes Deckmäntelchen und das Wort „Demokratie" als leere Worthülse zur Täuschung benutzt werden. Es sind alles Firmen und „juristische Personen", die nach Handelsrecht und Firmenrecht agieren. Das ist alles nur Schein. Dies ist lediglich ein kleines Puzzleteil im großen Ganzen. Sollte das für Sie noch nicht ganz verständlich sein, haben Sie noch etwas Geduld. Nach dem nächsten Kapitel wird das Bild abgerundet sein und maßgeblich zum Verständnis beitragen.

Und wer heute immer noch behauptet, das GG sei unsere „Verfassung", der sollte sich den dortigen Artikel 146 einmal durchlesen, wo klar und unmissverständlich geschrieben steht, dass das GG erst seine Gültigkeit verliert, nachdem sich das Volk in freier Entscheidung eine Verfassung gegeben hat. Ist dies jemals passiert bis zum heutigen Tage? Nein. Das kann auch nicht sein, wenn immer noch das Besatzungsstatut gilt, wir nach wie vor noch zigtausende amerikanische und britische Soldaten auf deutschem Boden stationiert haben und wir im Rahmen der o.g. BRD-Firmenstruktur von Geschäftsführern (Politikern) wie Zitronen ausgepresst werden – als Untertanen von Industrie und internationaler Hochfinanz. Und wenn das GG tatsächlich eine Verfassung wäre, hätte man diesen letzten Artikel dann auch gestrichen. Ganz einfach und logisch. Einfach mal das Hirn einschalten!

Kriegs- und völkerrechtlich betrachtet ist ein Grundgesetz keine Verfassung und kann es niemals sein, sondern nur ein provisorisches Gesetz unter Aufsicht einer Besatzungsmacht. Fakt! Lassen Sie sich nichts anderes einreden. Die Staatsangehörigkeit „DEUTSCH" als Adjektiv hat man damals einfach von Hitler übernommen, als dieser in den Gleichschaltungsgesetzen 1933 und 1934 die einzelnen Bundesstaaten und deren Staatsangehörigkeiten auflöste. Doch „deutsch" ist eine Sprache oder Nationalität, aber kein Staat. Nationalität und Staatsangehörigkeit sind zwei verschiedene Paar Schuhe. Im Personalausweis sollte daher eigentlich „Deutsches Reich", „Deutschland" oder „Bundesrepublik Deutschland" stehen, also das, was das Wort **Staats**angehörigkeit aussagt, die Angehörigkeit zu einem Staat, aber ganz sicher keine Adjektivform. Dies zeigt unmissverständlich, dass die BRD selbst definitiv kein „Staat" ist. Man hat uns somit zu Staatenlosen ohne Rechte gemacht. Die BRD ist auch nicht Rechtsnachfolger des Deutschen Reiches. Letzteres ist auch nie untergegangen, sondern existiert nach wie vor. Damit ist das „Deutsche Reich" gemeint, also das Kaiserreich Preußen mit seinen Bundesstaaten Königreich Preußen, Königreich Bayern usw. und nicht das von Hitler illegal installierte „Dritte Reich". Da Rudolf Heß – damals Stellvertreter Hitlers, der mit allen Mühen einen Frieden mit England aushandeln wollte – ursprünglich unter der Weimarer Reichsverfassung vereidigt wurde, hätte er nach Absitzen seiner Gefängnisstrafe, sofern er von einer der alliierten Besatzermächte begnadigt worden wäre (wozu die Russen durchaus geneigt waren), eigentlich jederzeit das Recht gehabt, als einzig noch lebendes Staatsoberhaupt des Deutschen Reiches seine Amtsgeschäfte wieder aufzunehmen und das Deutsche Reich (Weimarer Republik) wieder zu aktivieren. Direkt im Anschluss hätte er dann eine Nationalversammlung einberufen lassen können, damit das Volk darüber abstimmen kann, ob es die Weimarer Verfassung wiederhaben möchte oder, was wesentlich besser gewesen wäre, ob eine neue Verfassung ausgearbeitet und hinterher dem Volk zur Abstimmung vorgelegt werden soll. Denn selbst das Weimarer Reich hatte damals schon an Souveränität verloren und war unter Fremdverwaltung („Versailler Diktat"). Durch seinen „Suizid" im Gefängnis half man Heß jedoch, schneller in die andere Welt überzugehen, und somit wurde dann nichts mehr aus der Sache (siehe dazu den Film „Geheimakte Heß", in dem Zeugen zu Wort kommen, die den Mord an ihm bestätigen).

Dass das Deutsche Reich nie untergegangen ist, hat sogar das Bundesverfassungsgericht im Juli 1973 bestätigt: *„Das Deutsche Reich existiert fort (BVerfGE 2, 266 [277]; 3, 288 [319 f.]; 5, 85 [126]; 6, 309 [336, 363]), besitzt nach wie vor Rechtsfähigkeit, ist allerdings als Gesamtstaat mangels Organisation, insbesondere mangels institutionalisierter Organe selbst nicht handlungsfähig. Im Grundgesetz ist auch die Auffassung vom gesamtdeutschen Staatsvolk und von der gesamtdeutschen Staatsgewalt ‚verankert' (BVerfGE 2, 266 [277]). Verantwortung für ‚Deutschland als Ganzes' tragen – auch – die vier Mächte (BVerfGE 1, 351 [362 f., 367])."*

Daran hat auch der Zwei-plus-Vier-Vertrag aus dem Jahre 1990 nichts geändert, welcher aus juristischer Sicht <u>kein</u> Friedensvertrag ist. Laut dem Bonner Vertrag von 1952 wurden hier wesentliche Einschränkungen zur „deutschen Souveränität" beschlossen: das Verbot von Referenden zu militärpolitischen Angelegenheiten, das Verbot des Anspruchs auf den Abzug der alliierten Besatzungstruppen vor der Unterzeichnung eines Friedensvertrags und das Verbot der Entwicklung einzelner Bestandteile der Streitkräfte inkl. von Massenvernichtungswaffen. Diese Einschränkungen und Eingriffe in die Souveränität wurden auch mit dem Zwei-plus-Vier-Vertrag nicht abgeschafft und sind heute noch gültig. Bei einem der Treffen der Außenminister zu den Zwei-plus-Vier-Verhandlungen im Juli 1990 gab der damalige Außenminister Hans-Dietrich Genscher als Erklärung folgenden interessanten Inhalt zu Protokoll: *„Die BRD stimmt der Erklärung der vier Mächte zu und unterstreicht, dass die in dieser Erklärung erwähnten Ereignisse oder Umstände nicht eintreten werden, d.h., dass ein Friedensvertrag oder eine Friedensregelung nicht beabsichtigt sind."* (Hervorhebung durch den Autor)

Direkt im Anschluss heißt es im Protokoll: *„Die DDR stimmt der von der BRD abgegebenen Erklärung zu."*

Das ist schon ein ganz starkes Stück, finden Sie nicht auch? Bereits Carlo Schmid, einer der „Gründerväter" des deutschen Grundgesetzes, gab in einer Grundsatzrede im September 1948 Folgendes preis: *„...Wir haben nicht die Verfassung Deutschlands oder West-Deutschlands zu machen. Wir haben keinen Staat zu errichten. (...) Aber über folgende Dinge sollte Einigkeit erzielt werden: Erstens, das Grundgesetz für dieses Staatsfragment muss gerade aus diesem, seinem inneren Wesen heraus seine zeitliche Begrenzung in sich selber tragen. Die künftige Vollverfassung Deutschlands darf nicht durch Abänderung des Grundgesetzes dieses Staatsfragments entstehen müssen, sondern muss originär (aus sich selbst heraus; A.d.V.) entstehen können. Aber das setzt voraus, dass das Grundgesetz eine Bestimmung enthält, wonach es automatisch außer Kraft tritt, wenn bestimmte Ereignisse eintreten sollten. Wann soll es außer Kraft treten? Ich glaube, dass über diesen Tag kein Zweifel bestehen kann. An dem Tage, an dem ein von dem deutschen Volk in freier Selbstbestimmung beschlossene Verfassung in Kraft tritt."*

Und Theo Waigel gab auf dem Schlesiertreffen 1989 Folgendes von sich: „...*mit der Kapitulation der Deutschen Wehrmacht am 8. Mai 1945 ist das Deutsche Reich nicht untergegangen. Es gibt keinen völkerrechtlich wirksamen Akt, durch den die östlichen Teile des Deutschen Reiches von diesem abgetrennt worden sind... unser politisches Ziel bleibt die Herstellung der staatlichen Einheit des Deutschen Volkes in freier Selbstbestimmung.*"

Die Stuttgarter Zeitung berichtet uns auch über Kanzlerin Merkel und Äußerungen ihrerseits zu den Zwei-plus-Vier-Verträgen und zur Souveränität Deutschlands: *„Als die Kanzlerin am Mittwoch bei ‚StZ im Gespräch' in Stuttgart nach dieser Thematik gefragt wurde, sprach sie davon, dass mit Zwei-plus-Vier ‚eigentlich' die Souveränität hergestellt worden sei. Aber im Zuge der Enthüllungen des Amerikaners Edward Snowden über die Spitzelaktivitäten Washingtons und Londons auf deutschem Boden ‚haben wir jetzt festgestellt', dass es da noch spezielle Absprachen mit Briten, Amerikanern und Franzosen gab. Auf Deutsch: dass es mit der deutschen Souveränität doch nicht so weit her war.*
In einem vertraulichen Briefwechsel hatte Konrad Adenauer, Bundeskanzler von 1949 bis 1963, den Westalliierten ihr Recht bekräftigt, unter gewissen Umständen die Brief- und Telefon-Kommunikation in Deutschland überwachen zu dürfen. Nachdem der Bundestag im Jahr 1968 das sogenannte G-10-Gesetz beschlossen hatte, das die Kommunikationsüberwachung durch deutsche Sicherheitsdienste in engen Grenzen regelte, wurden die Schnüffel-Rechte der Briten, Franzosen und Amerikaner präzisiert.
In einer Verwaltungsvereinbarung Bonns mit den drei Westalliierten wurde geregelt, dass die alliierten Geheimdienste im Interesse der Sicherheit ihrer Streitkräfte den Bundesnachrichtendienst und den deutschen Verfassungsschutz um Brief- und Fernmeldekontrollen ersuchen konnten. Eine eigene Ausforsch-Erlaubnis erhielten sie nicht, für die Überwachungsaktionen galten die Vorgaben des bundesdeutschen Rechts. Als diese Vereinbarungen vor wenigen Wochen dank der ‚Frankfurter Allgemeinen Sonntagszeitung' ins Bewusstsein der Öffentlichkeit rückten, beeilte sich Bundesinnenminister Hans-Peter Friedrich (CSU), ihre Bedeutung kleinzureden. Keineswegs werde heute auf dieser Rechtsgrundlage herumspioniert, versicherte er. Seit der Wiedervereinigung im Jahr 1990 habe es von den drei ehemaligen Westalliierten kein einziges Ersuchen an die deutschen Geheimdienste gegeben.

Allerdings bemühte sich die Bundesregierung angesichts der öffentlichen Empörung über die vermutete Bespitzelung durch britische und amerikanische Dienste um eine schnelle Flurbereinigung. ‚Wir haben jetzt die ganzen Diskussionen um die Zusammenarbeit der Dienste genutzt, um diese alten 68er-Vereinbarungen mit Frankreich, Großbritannien und den USA zu beenden‘, sagte die Kanzlerin der Stuttgarter Zeitung, ‚ganz formell durch Verbalnoten-Austausch.‘ Nach Angaben des Auswärtigen Amtes tauschten die vier betroffenen Außenministerien entsprechende Schreiben aus – ganz wie früher durch persönliche Übergabe der Schriftstücke. Am 2. August sei mit den Briten und Amerikanern, am 6. August mit den Franzosen der Noten-Austausch erfolgt, der die alten Vereinbarungen ‚in gegenseitigem Einvernehmen aufgelöst‘ habe.

‚Ich glaube, damit haben wir eigentlich das Problem gelöst‘, sagte Merkel in Stuttgart. ‚Damit ist auch in diesem letzten Bereich unsere Souveränität hergestellt.‘«[11a]

Ist das Problem aber damit wirklich gelöst? Oder wurde das deutsche Volk wieder einmal mit ein paar Floskeln abgewimmelt?

Durch den Zwei-plus-Vier-Vertrag hatte man zwar einen Teil der Probleme geregelt, unabhängig davon blieben aber zwei ungelöst, die ein Leser der *Stuttgarter Zeitung* anspricht:

„1. *Der Zwei-plus-Vier-Vertrag ist aus juristischer Sicht kein Friedensvertrag. Bislang haben weder Russland noch die Westmächte einen Friedensvertrag mit Deutschland. 2. Zweitens wurden nach dem Bonner Vertrag von 1952 vier Einschränkungen der deutschen Souveränität beschlossen: a) das Verbot von Referenden zu militärpolitischen Fragen, b) das Verbot des Anspruchs auf den Abzug der alliierten Truppen vor der Unterzeichnung des Friedensvertrags. c) Zudem wurde die Beschlussfassung vor den Beratungen mit den Siegermächten d) sowie die Entwicklung einzelner Bestandteile der Streitkräfte, darunter der Massenvernichtungswaffe, verboten. Diese Einschränkungen wurden vom Zwei-plus-Vier-Vertrag nicht abgeschafft und gelten offiziell bis heute. Anfang der 1990er-Jahre hatten Großbritannien und Frankreich Angst vor Deutschland. Erinnernswert sind einige interessante Tatsachen: Als Jugoslawien 1991 zerfiel, erkannte Deutschland einseitig die Unabhängigkeit Sloweniens und Kroatiens an. Frankreich und Großbritannien stimmten dieser Entscheidung nicht zu. Im Gegenzug drohte Deutschland mit dem Ausstieg aus der Europäischen Gemeinschaft. Danach überredeten*

Paris und London den US-Präsidenten Bill Clinton, die US-Militärpräsenz in Deutschland um jeden Preis zu erhalten, um die deutsche Politik zu kontrollieren. Was im internationalen Umgang zählt, sind juristische Abkommen: Wir haben aus juristischer Sicht keinen Friedensvertrag. Und so lange sind wir auch nicht souverän. Und den anderen europäischen Ländern ist das ganz recht. Denn unter diesem Blickwinkel erscheint auch die Griechenland-Hilfe in einem anderen Licht. Von der Israel-Hilfe ganz zu schweigen. [11a]

Ist das jetzt deutlich genug? Von vornherein waren somit weder eine Staatsgründung noch ein Friedensvertrag später vorgesehen. Die sogenannten „Volksvertreter" haben das Volk eiskalt belogen, hintergangen, verraten und verkauft. Zudem ist durch *SHAEF-Gesetz* Nr. 52 (Kriegsgesetz von der US-Regierung für Deutschland) sowie durch Art. 53 der *Haager Landkriegsordnung* sämtliches Staats- und Volksvermögen der Deutschen beschlagnahmt. (siehe S. 84) Diese Gesetze gelten heute nach wie vor. Die *Haager Landkriegsordnung* von 1907 regelt alle Belange über Krieg und Frieden. Darunter angesiedelt ist das Europa-Kontrollratsrecht, welches die Besatzung des ganzen europäischen Kontinents erlaubt. Deshalb unterhalten die USA ihr Streitkräfteoberkommando für Europa, das USEUCOM, nach wie vor in Stuttgart, um die Herrschaft über Europa militärisch abzusichern und kreuzzugartig auszuweiten. Des Weiteren hatte die Regierung des Deutschen Reichs damals selbst auch nie kapituliert, sondern nur einzelne Teile der deutschen Wehrmacht. Die Kapitulationsurkunden der Deutschen Wehrmacht haben zwar die Kampfhandlungen beendet, aber nicht die Existenz des Deutschen Reiches. Das sind Fakten, die man nicht ignorieren darf.

Dass die *Weimarer Verfassung* nicht erloschen ist, zeigt Art. 140 des Grundgesetzes, welcher besagt: *„[Recht der Religionsgemeinschaften; Glaubensfreiheit; Schutz von Sonn- und Feiertagen]*
Die Bestimmungen der Artikel 136, 137, 138, 139 und 141 der Deutschen Verfassung vom 11. August 1919 sind Bestandteil dieses Grundgesetzes."

...und der auf die letzten Seiten des Grundgesetzes verweist, wo die jeweiligen Artikel der Weimarer Verfassung aufgeführt sind und die Religionsgemeinschaften (also maßgeblich die katholische Kirche) mit weitgehenden hoheitlichen Rechten und Machtbefugnissen ausgestattet werden.

Hier sei betont, dass ein Gesetz nicht auf ein anderes Gesetz verweisen oder es in sich integrieren kann, wenn das andere Gesetz (also hier die Weimarer Verfassung) keine Gültigkeit mehr hat! Doch die Frage, die wir uns hier stellen müssen ist, ob denn die Weimarer Verfassung tatsächlich Gültigkeit besitzt bzw. überhaupt jemals besaß? Nein, natürlich nicht! Wie ich vorhin bereits erwähnt hatte, war schon die Weimarer Republik unter Fremdverwaltung. Von einer frei zustandegekommenen Verfassung kann hier ganz bestimmt nicht gesprochen werden. Die Weimarer Republik ist damals nicht durch das Volk entstanden, sondern wurde am 9.11.1918, also nach dem Ende des Ersten Weltkriegs, von Reichskanzler Max von Baden einfach dem Deutschen Kaiserreich illegal übergestülpt. Der damalige Kaiser wurde somit regelrecht „abgedankt", und dieser ist ins Exil in die Niederlande geflüchtet. Der Erste Weltkrieg wurde nicht durch einen Friedensvertrag beendet. Es herrschte lediglich Waffenstillstand. Der Zweite Weltkrieg war dann die Fortsetzung des Ersten Weltkriegs, um die Ziele zur Zerschlagung Deutschlands zu vollenden. Nach 1945 hat man dem Deutschen Reich dann eine weitere Verwaltung völkerrechtswidrig übergestülpt, welche bis heute noch gilt. Aufgrund dieser Beschlagnahme des Kaiserreichs (Erstes Deutsches Reich) hatte die Weimarer Republik somit auch nie staatliche Rechte besessen, und ihre Verfassung ist daher ebenfalls ungültig. **Die einzige Verfassung, die heute noch überhaupt rechtmäßig Bestand haben kann, ist die des Deutschen Kaiserreichs von 1871.**

Kurz noch einmal zurück zur BRD mit folgendem interessanten Aspekt: Wie es sich für ein Unternehmen gehört, werden die Schulden der BRD eben auch nicht hoheitlich-staatlich, sondern von einer Firma, nämlich der *Bundesrepublik Deutschland Finanzagentur GmbH* in Frankfurt verwaltet, welche mit einem Stammkapital von nur rund 25.500 EUR haftet. Bei einer offiziellen „Staats"-Verschuldung von über zwei Billionen Euro klingt das wie ein schlechter Witz. Noch kurioser aber ist, dass diese Finanzagentur im Jahre 2000 aus der Berliner Firma *CVU Systemhaus Abwicklungsgesellschaft mbH* hervorging, die am **29.08.1990** in der DDR, also kurz vor der „Wiedervereinigung", gegründet wurde. Hier hat – anscheinend von langer Hand geplant – eine „Firma" eine bereits insolvente übernommen (also die BRD mit der DDR fusioniert), damit das (Schulden)-Spiel in die nächste Runde gehen konnte.[11b]

Die angebliche Wiedervereinigung und eine äußerst fragwürdige Steuerpflicht

Die Wiedervereinigung von 1990 war nicht in dem Sinne verlaufen, wie es die Alliierten eigentlich vorgesehen hatten. Die Wiedervereinigung sollte Deutschland als Ganzes beinhalten, also in den Grenzen vom 31.12.1937, inkl. all der einst entrissenen deutschen Ostgebiete, Schlesien, Pommern, Memelland, Ost- und Westpreußen usw., die damals von Polen, Russland und der Tschechoslowakei annektiert wurden. In diesen Gebieten leben „Polen-Deutsche", „Russland-Deutsche" und „Sudeten-Deutsche", die dort als Polen oder Russen genauso wenig akzeptiert werden, wie sie hier als Deutsche nicht anerkannt und akzeptiert werden. Man hat den dort lebenden Menschen (die damals Deutsche waren und heute immer noch sind) einfach ihre Identität geraubt, worunter jene heute immer noch zu leiden haben – ein großes Chaos, welches dringend einer Korrektur und Wiedergutmachung bedarf.

Wussten Sie, dass wir allem Anschein nach auch „freiwillig" Steuern zahlen? Denn anscheinend gibt es gar keine gesetzliche Steuerpflicht in der BRD. Das kann man anhand der folgenden Indizien selbst nachvollziehen:

- Im Grundgesetz wird zwar viel von den verschiedenen Steuerarten „geredet", aber es wird nicht unterschieden zwischen „hoheitlichen Steuern", die ein Staat mit hoheitlichen Rechten erheben darf, und Steuern, die eine „Firma" erhebt, welche diese Abgaben verwirrenderweise als „Bund" auch mit dem Begriff „Steuern" bezeichnet. Was ist denn der „Bund"? Die Besteuerungsmöglichkeit im Verhältnis zum Bürger wird vom Grundgesetz lediglich stillschweigend vorausgesetzt (BVerfGE 55, 274/301). Stillschweigende Voraussetzungen zu Lasten anderer sind aber rechtswidrig. Das Erheben von Steuern stellt einen hoheitlichen Eingriff in die Rechte der Bürger dar. Solch ein hoheitlicher Eingriff muss in der Verfassung klar definiert sein. Da wir aber keine Verfassung haben, muss dies dann eben im Grundgesetz verankert sein. Ein Gesetz muss dies (also z.B. eine Steuerpflicht des Bürgers) **klar** festschreiben und definieren und keineswegs vage oder „stillschweigend" in den Raum werfen.

- Die heute angewandten Steuergesetze stammen aus der Zeit des Nationalsozialismus und müssten daher ungültig sein! So trat das Einkommensteuergesetz unter Hitler 1934 in Kraft, das Gewerbesteuergesetz 1936, und die Justizbeitreibungsordnung ist aus dem Jahre 1937. Auch den Kennkartenzwang – den Vorläufer des heutigen Personalausweises – hatte Hitler 1938 eingeführt. Ganz ungeniert führt die BRD also weiterhin Nazi-Gesetze aus, obwohl die Alliierten dies strengstens verboten haben! (SMAD-Befehle, SHAEF-Gesetze, Art. 139 GG) Alle Finanz-„Ämter" und seine „Beamten" handeln meiner Meinung nach nur deshalb ungestraft, weil die meisten Leute im Land völlig ahnungslos über diese Tatsachen sind.[11c]

- In den Lizenzbestimmungen der Steuersoftware „ELSTER" steht unter § 6 Abs. 2 bezüglich der Haftung etwas ganz Interessantes: *„Im Übrigen haftet die Steuerverwaltung nach den gesetzlichen Vorschriften des Schenkungsrechts."* Finden Sie das nicht auch sehr merkwürdig? Heißt das, dass unsere Steuern so etwas wie „Geschenke" an die Regierung sind? Das Programm wurde auch sicherlich nicht umsonst so benannt („diebische Elster").

Doch das Grundgesetz selbst scheint seit 1990 gar nicht mehr gültig zu sein. Der Artikel 23, der den **Geltungsbereich** des Grundgesetzes definierte (er regelte, in welchen Bundesländern das GG überhaupt zu gelten hat), wurde vom damaligen US-Außenminister James Baker gestrichen. Zwei Jahre später wurde er durch einen Text über die Europäische Union und zur *„Verwirklichung eines vereinten Europas"* ersetzt. Solch eine „Überlagerung" war rechtlich illegal, dennoch haben die bundesdeutschen Politiker diesen Hochverrat durchgezogen.

Sie finden, das sei eine juristische Spitzfindigkeit? Warum wurde dann gerade ein so *wichtiger* Artikel im GG gestrichen, welcher schon seit Jahrzehnten darin enthalten war? Aber wenn das GG nun keinen Geltungsbereich mehr hat und wir als Volk immer noch keine neue Verfassung verabschiedet haben, dann gilt erst recht die zuletzt gültige Verfassung des Kaiserreiches (in Kraft getreten 1871), die aber nach wie vor aktuell von den alliierten Kriegsgesetzen überschattet ist!

Die sogenannte „Kanzlerakte"

Wenn es um die Errichtung der „Vereinigten Staaten von Europa" geht, so spielt Deutschland als wirtschaftlich stärkstes Land in Europa natürlich eine Schlüsselrolle. Als besetztes Gebiet musste es sich den Interessen der Siegermächte – und allen voran den USA – unterwerfen. Wir dürfen annehmen, dass es dabei nicht nur die offiziell bekannten Verträge und Gesetze gibt, sondern auch im Geheimen Regelungen und.Verträge geschlossen wurden, von denen das Volk nichts weiß, so z.B. auch die geheimnisvolle „Kanzlerakte", ein alliierter Machtvorbehalt, den alle Bundeskanzler nach ihrem Amtsantritt zu unterzeichnen haben. Dieser Machtvorbehalt gilt mit aller Wahrscheinlichkeit bis in die Gegenwart und darüber hinaus. Nicht umsonst hat der amtierende US-Präsident Barack Obama im Juni 2009 vor den stationierten US-Soldaten in Ramstein Folgendes von sich gegeben: *„Germany is an occupied country and it will stay that way..."* Zu deutsch: *„Deutschland ist ein besetztes Land, und das wird auch so bleiben."*

Dies bestätigt auch der ehemalige Chef des *Militärischen Abschirmdienstes* (MAD) sowie Chef des *Amtes für Sicherheit der Bundeswehr*, Gerd-Helmut Komossa, in seinem Buch „Die Deutsche Karte – Das verdeckte Spiel der geheimen Dienste". Er schildert dabei folgenden Hintergrund: Am 23. Mai 1949 wurde die Bundesrepublik Deutschland durch das von einem „Parlamentarischen Rat" verabschiedete Grundgesetz gegründet. Dem liegt ein Staatsvertrag mit den Alliierten vom 21. Mai 1949 zugrunde, welcher das Grundgesetz einschränkt und in dem grundlegende Vorbehalte der Siegermächte für die Souveränität der Bundesrepublik bis zum Jahre **2099** festgeschrieben wurden, darunter auch ein kompletter Medienvorbehalt über deutsche Zeitungs- und Rundfunkmedien. Dies würde die proamerikanische, gleichgeschaltete Berichterstattung unserer Medien erklären. Zusätzlich enthielt der Staatsvertrag die Anordnung, dass jeder Bundeskanzler vor seinem Amtsantritt die sogenannte „Kanzlerakte" zu unterschreiben habe.

Die Existenz dieser Kanzlerakte hatte auch Egon Bahr, einer der wichtigsten und einflussreichsten Berater des ehemaligen Kanzlers Willy Brandt, 2009 in einem Gastartikel in der deutschen Wochenzeitung „Die Zeit" bestätigt. Bahr beschrieb darin, wie ein hoher Beamter Willy Brandts nach dessen Amtseid zum Kanzler drei Briefe zur Unterschrift vorlegte, die jeweils an die Botschafter der drei Siegermächte USA, Frankreich und Großbritannien in ihrer Funktion als „Hohe Kommissare" adressiert waren. Brandt sollte mit seiner Unterschrift den alliierten Vorbehalten zustimmen. Als Siegermächte hatten die Alliierten sogar jene Artikel im Grundgesetz außer Kraft gesetzt, die sie als Einschränkung ihrer Verfügungshoheit gesehen haben, inkl. dem Art. 146, welcher nach der deutschen Einheit eine Verfassung anstelle des Grundgesetzes vorsieht. Nach anfänglicher Empörung musste sich aber auch Willy Brandt unterwerfen. Ein weiteres Mal machte Egon Bahr die Existenz dieser Kanzlerakte in der Zeitung „Junge Freiheit" vom 14. Oktober 2011 öffentlich. Dass über diese Tatsachen bisher nie öffentlich gesprochen wurde, kommentiert er wie folgt: *„Es war eine der Lebenslügen der alten Bundesrepublik, 1955 mit dem Beitritt zur Nato zu behaupten, wir wären souverän geworden. Im obersten Ziel der Einheit der Nation waren wir es nie. Die Bundesregierung und die drei Westmächte hatten 1955 dasselbe Interesse: über die fortdauernde Einschränkung der deutschen Selbstbestimmung nicht zu sprechen."*

Des Weiteren ist die Souveränität Deutschlands auch wegen seiner Nato-Mitgliedschaft weiterhin eingeschränkt sowie aufgrund des eingetretenen Bündnisfalls nach dem 11. September 2001. Im bereits erwähnten G10-Gesetz wurden den Amerikanern zudem weitreichende Rechte zum Abhören aller Kommunikationen in Deutschland eingeräumt. Souveränität sieht ganz anders aus...

Zusammengefasst heißt das, dass wir bis heute definitiv keinen Friedensvertrag haben. Zudem ist die BRD kein Staat, sondern eine militärisch besetzte Kolonie der USA. Sie ist eine wirtschaftliche Treuhandverwaltung, in der Firmen- und Handelsrecht und eben kein Staatsrecht umgesetzt wird. Zum Thema Treuhand komme ich an späterer Stelle noch ausführlicher zu sprechen...

Dadurch, dass wir immer noch keinen Friedensvertrag mit den Alliierten, sondern nur einen Waffenstillstandsvertrag haben, befindet sich unser Land in einer nicht geklärten Rechtssituation. Solange gilt die Haager Landkriegsordnung und somit Kriegsrecht. Deshalb wird auch heute weiterhin so vehement Krieg gegen die Deutschen geführt (nur eben nicht vorrangig militärisch, sondern auf anderen Ebenen) und die BRD finanziell ausgepresst sowie für internationale Kriegszwecke missbraucht. Das ist nebenbei bemerkt auch ein Grund, warum wir als quasi „Kriegsgefangene" bei der Einwohnermeldestelle in unserer Stadt als „wohnhaft in", also in Wohn*haft* bzw. wohnhaftierend gemeldet sind und eben nicht *Wohnsitz nehmend.* Berlin hat seit Ende des Zweiten Weltkriegs einen besatzungsrechtlichen Sonderstatus und war nie Teil der BRD. Dies wurde im „Protokoll über die Besatzungszonen in Deutschland und die Verwaltung von Groß-Berlin" vom 12.9.1944 festgehalten. Aufgrund der ungültigen Wiedervereinigung besteht dieser Sonderstatus auch heute noch. Alle „Bundesgesetze", die in Berlin erlassen und ratifiziert wurden und immer noch werden, sind daher ungültig, denn sie müssten nach wie vor in Bonn – der alten BRD-Hauptstadt – verabschiedet werden. Weiterhin hat sich das deutsche Volk immer noch keine eigene Verfassung geben können, und selbst das Grundgesetz ist nur noch eine übriggebliebene Farce. Der letzte Akt des Staatsstreichs wird dann in dem Moment vollbracht sein, wenn die BRD endgültig in der *Europäischen Union* aufgegangen ist und dann in die *Vereinigten Staaten von Europa* übergeht.

Hat sich doch Claudia Roth von den Grünen bereits unlängst dafür ausgesprochen, dass die BRD in der EU mit bestem Beispiel vorangehen und die deutsche Staatsangehörigkeit abschaffen solle. Unverfroren sagte sie dazu: *„Im Hinblick auf ihre historische Schuld steht es den Deutschen gut zu Gesicht, in dieser schwierigen Zeit einmal mit gutem Beispiel voranzugehen und überkommenes nationalstaatliches Denken endgültig über Bord zu werfen."* Des Weiteren sei der Begriff „Deutsch" ihrer Meinung nach für viele Menschen mit Eigenschaften wie Militarismus, Chauvinismus und provinzieller Engstirnigkeit negativ besetzt. Volks- und Landesverrat ist das einzige, was diese Pläne treffend beschreiben würde. Und der aktuell amtierende Präsident der EU-Kommission, José Manuel Barroso, hat schon angekündigt, dass ab 2015 eine „europäische Staatsanwaltschaft" als Behörde installiert wird. Der europäische Staatsanwalt hätte dann die Macht, nicht nur eigene EU-weite Ermittlungen durchzuführen, sondern auch Anklagen zu erheben (gegen unliebsame Systemkritiker?). Das heißt, auf die Menschen in Europa kommen noch mehr Entrechtung und Willkür zu.

Was erkennen wir hier? Schritt für Schritt ahmt dieses EU-Gebilde immer mehr die BRD nach. Beide Konstrukte sind keine Staaten, sie simulieren einen Staat. Rechtlich betrachtet haben beide Konstrukte keinerlei hoheitliche Befugnisse. Mit dem *Lissabonner Vertrag* haben sämtliche EU-Länder bereits vor Jahren ihre nationale Souveränität aufgegeben.

Es kursieren viele Gerüchte, dass man die Souveränität eines Landes bzw. seinen völkerrechtlichen Status an der Farbe der Reisepässe erkennen würde. So sollen angeblich alle Pässe in der Farbe rot etwa signalisieren, dass diese Länder abhängig und nicht souverän seien. Pässe, die vorübergehend ausgestellt werden, sollen demnach grün sein und souveräne Länder blaue Pässe haben. Genauere Recherchen haben aber gezeigt, dass das nicht korrekt ist und eben nur falsche Gerüchte sind. In der Tat wird es von Land zu Land unterschiedlich gehandhabt, und hier haben die Länder freie Wahl. So sind z.B. normale indische Pässe dunkelblau, indische Diplomatenpässe wiederum weiß. In Kanada sind die temporären Pässe weiß, Dienstpässe grün und Diplomatenpässe kastanienbraun. Der Reisepass der DDR war blau, und wie wir wissen, war auch die DDR alles andere, nur nicht souverän. Was aber die EU-Reisepässe allgemein betrifft, so kann man an diesen an einem anderen Merkmal erkennen, dass die einzelnen Länder ihre Souveränität abgegeben haben. Vorne auf dem Passumschlag steht auf diesen nämlich ganz oben auch als Erstes „Europäische Union" und erst darunter „Bundesrepublik Deutschland" bzw. der Name eines der anderen EU-Länder. Das zeigt, dass die EU an erster Stelle steht. Später soll aller Wahrscheinlichkeit nach dann nur noch der Vermerk zur Europäischen Union dort angebracht sein. Mit der Beantragung solch eines EU-Passes stimmen wir daher automatisch dem Lissabonner Vertrag zu, der ohne die Zustimmung der Menschen für die gesamte EU ratifiziert wurde. Die EU ist ganz klar ein Zwischenschritt zur Eine-Welt-Diktatur.

Erinnern wir uns noch einmal an die Aussage Wolfgang Schäubles über die Souveränität Deutschlands. Max von Frei ist überzeugt: *„Als Jurist lügt er nicht – er sagt jedoch auch nicht immer die ganze Wahrheit. Wenn er ‚Deutschland' sagt, dann ist dies das Deutsche Reich in den Grenzen vom 31.12.1937. Dies hat nichts mit der BRD zu tun! Er möchte als ‚BRD-Firma' das Deutsche Reich abschaffen. Völkerrechtlich ist das nur durch Täuschung möglich, durch Hochverrat am deutschen Volk. Über die staatenlose ‚juristische Person' überführt er die Sache ‚Mensch' in den ‚Verein EU'. Dafür wird er bezahlt. Das Handelsrecht ist das Werkzeug, das er dazu einsetzt."*

Basiswissen und Hintergründe

Sie haben Schwierigkeiten, aus den bisherigen Informationen einen größeren Zusammenhang zu erkennen? Dann wollen wir der Sache mal auf den Grund gehen und uns dieses „Handelsrecht" näher betrachten. Das wird kein Zuckerschlecken, aber ich werde das danach nochmals zusammenfassen, damit wir die Art des Denkens und Handelns verstehen, das unsere Politiker umtreibt...

Dafür ist es notwendig, dass wir uns zuerst ein gewisses Basiswissen aneignen. Im nachfolgenden Kapitel werden wir uns daher bestimmte Begrifflichkeiten, Ereignisse und Hintergründe näher anschauen. Darunter wird auch einiges an „juristischem Kram" mit dabei sein. Doch es sind gerade diese Details und Fakten, die sich aneinandergereiht erst zum Gesamtbild fügen werden. All die Dinge können eben nicht in nur ein paar Zeilen abgehandelt werden. Dafür ist das Lügengebäude, welches um uns herum aufgebaut wurde, einfach viel zu groß und zu komplex. Es gibt viele anspruchsvolle Leserinnen und Leser unter Ihnen, die all die rechtlichen Hintergründe ganz genau wissen und auch selber nachprüfen möchten. Dies ist völlig legitim und auch etwas, wozu ich Sie auf jeden Fall ermuntere. Gehen Sie den Dingen selbst nach. Und sollten Sie nicht gleich alles verstehen, so ist das nicht so schlimm. Sie müssen sich auch nicht alles auf Anhieb merken. Lesen Sie sich die folgenden Passagen ruhig mehrmals durch – oder kommen Sie später noch einmal auf diese zurück.

Und Sie sind ja nicht allein. Ich werde Sie hier die ganze Zeit über begleiten. Wir bauen dann in späteren Kapiteln, wo ich wieder auf einzelne Aspekte zurückkommen werde, Stück für Stück auf dieses Grundwissen auf. Wundern Sie sich daher nicht, wenn sich im weiteren Verlauf bestimmte Dinge wiederholen. Dies ist so beabsichtigt, denn oft fällt der Groschen erst, wenn man sich ein zweites oder drittes Mal bestimmte Informationen durchliest. Am Ende können Sie dann stolz auf sich sein, endlich die Wahrheit erfahren zu haben!

Ansonsten ist es wie beim Essen. Ein Happen nach dem anderen. ☺ Fangen wir also gleich mit dem ersten Häppchen an...

Kapitel 2
Die „Souveränitäts-Bewegung"

Da ich selbst kein Jurist bin, haben mein Verleger Jan van Helsing und ich mehreren Experten zu den vorherigen und den gleich folgenden Themen ordentlich auf den Zahn gefühlt. Wir haben Interviews mit dem im Vorwort genannten Max von Frei geführt, diesen mit einem Juristen zusammengebracht, der das Rohmanuskript dieses Buches gelesen hatte, und haben einen BND-Mitarbeiter hinzugezogen, um so gut wie möglich abschätzen zu können, wie brisant und vor allem „real" dies alles ist. Alle genannten Personen haben sich über Jahre bzw. Jahrzehnte hinweg mit der Rechtssituation der BRD beschäftigt und kennen sich vor allem im Handelsrecht und im internationalen Völkerrecht hervorragend aus.

Eines möchte ich jetzt vorweggreifen, da es vermutlich zum Verständnis dessen, was wir gleich behandeln werden, beitragen wird. Max von Frei wird gleich von einem „Amerikaner" sprechen, der nicht nur ihn, sondern auch etliche andere Deutsche – auch ganze Gruppen – über die juristische Situation und über das juristische Prozedere um den „Gelben Schein" aufgeklärt hat. Dieser Amerikaner hat eine gewisse Schlüsselstellung, und ich erkläre Ihnen auch gleich, wieso. Dieser Herr stammt von einer der ersten Siedlerfamilien ab, die von Europa in die USA zogen und damals noch freie „Amerikaner" waren, keine „US-Citizens" (US-Bürger). Dies ist ein riesiger Clan, der vor allem auch sehr einflussreich ist. Er hat aber nichts mit den Illuminati-Familien zu tun, sondern genau das Gegenteil! Wieso? Die Amerikaner waren bis zum Jahre 1871 das freieste Volk der Welt mit der wohl besten Verfassung. Dann, in diesem Jahr, gelang es einer kleinen elitären Clique über einen schlauen Streich, einen Staat in eine „Firma" umzuwandeln. Mit dem sogenannten „Act of 1871" wandelte der 41. US-Kongress ‚Washington D.C.', die Regierung der Vereinigten Staaten, in ein **gewerbliches Unternehmen** um. Das war die Bedingung der Banken, damit sie den maroden Staaten Geld leihen. Die Politiker waren sich vermutlich nicht der Tragweite bewusst, die Banker hingegen schon! Mit der vertraglichen Einbindung aller amerikanischen Einzelstaaten in diese „Corporation" wurde jeder amerikanische Bürger unbewusst zum Quasi-Angestellten dieser Firma: *UNITED STATES CODE, Title 28, § 3002 (15) (A) (B)*

(C): (15) „United States" means –(A) a Federal corporation; (B) an agency, department, commission, board, or other entity of the United States; or (C) an instrumentality of the United States.

Und es waren die Vorfahren dieses Amerikaners, die damals gegen diesen „Act of 1871" klagten, am Ende aber verloren hatten. Seit dieser Zeit gibt der Clan das Wissen um diesen Privatisierungs-Akt, die Privatisierung der Zentralbank Amerikas (*Federal Reserve Act* von 1913) und die schleichende Umwandlung aller Staaten der Erde in private Unternehmen weiter, was uns in Europa nun durch die geplanten „Vereinigten Staaten von Europa" bevorsteht. Dieser Herr ist einer der Vertreter dieses Clans in Deutschland, und es ist seine Aufgabe, Deutsche dergestalt juristisch zu unterrichten und dabei zu helfen, zu den „richtigen" Dokumenten zu kommen, um Deutschland wieder souverän zu machen.

Zwei Wochen vor Drucklegung dieses Buches hatte Jan van Helsing diesen Mann getroffen und erfahren, dass dieser sein Leben lang Handels- und Völkerrecht studiert hatte und sich in den Kreisen bewegte und noch bewegt, in denen das nun nachfolgende Wissen Allgemeingut ist – auch wenn Sie und ich noch nie etwas davon gehört haben. Diese Gruppen, die inzwischen in Deutschland etabliert sind und weiter wachsen, verfügen über ein enormes Wissen – ein Wissen, das dem Großteil der Bevölkerung bisher vorenthalten blieb. Ich nenne diese Gruppe einmal „Souveränitäts-Bewegung", weil laut dieser haben wir Deutsche über den erwähnten „Gelben Schein" die Möglichkeit, uns und unser Land wieder in die Souveränität zu bringen und evtl. das gesamte EU-Konstrukt zu kippen. Das wird also gleich sehr spannend... Dabei werden Sie feststellen – vor allem die Juristen unter den Lesern –, dass sich deren Informations- und Kenntnisstand teilweise deutlich von dem unterscheidet, was man in deutschen Universitäten gelehrt bekommt. Zum Beispiel ist das „Kraftfahrt-Bundesamt" kein Amt mit den entsprechenden Rechten, sondern ist eine Firma. (siehe Abb. 2 und 3, Seite 53) Es heißt zwar „Amt", hat aber nicht die hoheitlichen Rechte eines richtigen Amtes.

Seien Sie daher offen für Neues. Was nun bis zum Ende des Kapitels folgt, ist eine komprimierte Wiedergabe dessen, was diese „Souveränitäts-Bewegung" vertritt.

Werden wir in der BRD als „Menschen" oder als „Sachen" angesehen?

Nochmals der kurze geschichtliche Rückblick: 1945 wurde ein Waffenstillstand unterzeichnet. Einen Friedensvertrag mit dem Deutschen Reich gibt es bis heute nicht. Der Zweite Weltkrieg gegen die Deutschen läuft deshalb weiter. (UN Feindstaatenklausel) Auf der Potsdamer Konferenz wurde beschlossen, zur Unterstützung und wirtschaftlichen Kontrolle der Siegermächte, eine deutsche Verwaltung aufzubauen, die den Interessen der Besatzer entspricht. Im Westen wurde diese Verwaltung des vereinigten Wirtschaftsgebietes eine Nichtregierungsorganisation mit dem Namen „BRD". Von Anfang an war klar, dass die BRD niemals die Interessen der Bevölkerung zu vertreten, sondern ausschließlich die Gewinnmaximierung der Siegermächte durchzusetzen hatte.

Den Besatzern war klar, dass die Deutschen selbst diese Kontrolle gegen das eigene Volk mit der bekannten deutschen Gründlichkeit am besten durchsetzen könnten – besser als es die CIA und andere Geheimdienste je vollbringen könnten. Der neuen Verwaltung BRD wurde ein Grundgesetz vorgelegt. Aber was ist denn ein „Grundgesetz"? Auch wenn wir das vorhin bereits hatten, aus *Creifelds Rechtswörterbuch* von 2002 erfahren wir: *„Ein Grundgesetz ist ein besatzungsrechtliches Mittel zur Schaffung von Ruhe und Ordnung in einem durch Kriegshandlung besetzten Gebiet. Gegeben von der Siegermacht (oder den Siegermächten), für das auf Zeit eingesetzte Verwaltungsorgan (BRD)."* Das ist wohl ein großer Unterschied zu einer „Verfassung", die sich ein Volk in Freiheit selbst gibt, um seinen Beamten und hoheitlichen Würdenträgern genaue Anweisungen zu erteilen, wie sie die Belange des Staates und der Bürger zu schützen haben. Die Verwaltung der Siegermächte – die BRD – war nun also in der Situation, etwas aufzubauen, was kein Staat war, aber das gesellschaftliche Leben regeln sollte.

Was also tun, wenn es keine hoheitlichen Rechte gibt? Da hatten die Siegermächte damals bereits vorgesorgt. Im Vorfeld hatten sie eine große Statusminderung, die sogenannte *capitis deminutio maxima* (c. d. m. – *Bürgerlicher Tod*) herbeigeführt. Diese Personenstandsänderung war zu Zeiten Bismarcks verboten, und im *Bürgerlichen Gesetzbuch* (BGB) wurde der *Bürgerliche Tod* unter Strafe gestellt. Jetzt wurde ohne Wissen der Beteiligten zu der „natürlichen Person" eine „juristische Person" erschaffen, deren **Name der neuen BRD gehören sollte.** Diese Konstruktion war nötig geworden, da die BRD nie ein Staat werden sollte. Durch diese Neuerschaffung der „juristischen Person", die die BRD auch selbst ist, kann sie deshalb auch nur mit „juristischen Personen", die wir als Bevölkerung haben, umgehen. Bei Staaten braucht es dies nicht. Dort gibt es *Bürger*, eine Verfassung und dienende Hoheitsträger (Beamte), die Menschen über die „natürliche Person" schützen.

Was ist denn nun eine „juristische Person"? Übersetzt ist das eine „gedachte Sache". Bei der großen Statusminderung, der *capitis deminutio maxima* (c. d. m.) verliert der Staat seine Freiheit (wegen Handlungsunfähigkeit), und seine Bürger werden zu rechtlosen – staatenlosen – Sklaven (Kriegsbeute Mensch) gemäß *Haager Landkriegsordnung* (HLKO). Die vormals mit Rechten ausgestatteten Bürger, die eine „natürliche Person" besessen hatten, sind nun zu rechtlosen „Sachen" gemacht worden und gehen unwissentlich durch ihre Unterschrift Rechtsgeschäfte mit einem ebenso rechtlosen „Staat" BRD ein. Das heißt eine „juristische Person", eine Sache, kann keine Rechte und Pflichten besitzen oder beanspruchen. Es fehlt der „juristischen Person" an den Eigenschaften, die eine „natürliche Person" besitzt, die da sind: Rechtsfähigkeit, Geschäftsfähigkeit, Handlungsfähigkeit mit dem Recht, einen Wohnsitz zu nehmen; Familienname; Ehefähigkeit; Testierfähigkeit; Postulationsfähigkeit. Eine „natürliche Person" mit Rechten und Pflichten begründet einen Staat.

Der „Mann", die „Frau", das „Kind" ist göttlicher Natur. Es bedarf keiner Rechte, da diese durch die Geburt von Gott automatisch empfangen werden. Etwas Selbstverständliches sollte nicht rechtlich geltend gemacht werden müssen. In den modernen Industriestaaten wird es jedoch als sinnvoll angesehen, die Haftung zu begrenzen, also dem „Mann" und der „Frau" eine *Person zu geben*, über die er oder sie verfügen oder die er bzw. sie dann im Umgang mit dem Staat <u>selbst</u> verantwortlich nutzen kann.

Nur durch die Unterschrift eines „Mannes", einer „Frau" erlangen Schreiben eine Rechtsfähigkeit und „juristische Personen" sowie auch „natürliche Personen" überhaupt erst eine rechtliche Bewandtnis... Wieso wohl „amtliche" Schreiben seit geraumer Zeit keine rechtsfähige Unterschrift mehr tragen? Möchte sich da wohl jemand seiner Haftung nach §§ 823 und 839 BGB entziehen?

Wie ist es möglich, ganze Völker über Jahrhunderte zu täuschen? Wen brauche ich dafür?

Um eine Parallelwelt/Scheinwelt aufbauen zu können, die keiner bemerkt – siehe auch den „Act of 1871" in Amerika –, aber trotzdem mitten unter uns bestehen kann, wurden Juristen speziell ausgebildet. Diese hatten nun die Aufgabe, Wörter, die niemals ein Mensch hinterfragen würde, mit neuen Bedeutungen zu hinterlegen. Oder haben Sie sich schon einmal gefragt, ob es einen Unterschied zwischen einer „Person" und einem „Menschen" gibt? Ist ein Mensch eine Person? Ist ein Mann oder eine Frau oder auch ein Kind ein Mensch? Was ist eine Geburtsurkunde?

Wahrscheinlich denken Sie nun, Sie seien im falschen Film. Was sollen diese Fragen? Da wir uns mit der „deutschen Frage" beschäftigen, beginnen wir bei dem weltweit beachtenswertesten Gesetzeswerk, dem *Bürgerlichen Gesetzbuch* (BGB) von 1900. Dort heißt es im 1. Paragraphen: *„Die Rechtspersönlichkeit beginnt beim Menschen mit der Vollendung der Geburt."* (siehe Abb. 5, S. 57)

Was ist denn nun eine „Rechtspersönlichkeit"? Diese sogenannte „Rechtspersönlichkeit" ist die Ausstellung der Geburtsurkunde. Das „Schiff" wird sozusagen zu Wasser gelassen und registriert. Es wird ein Papier erschaffen, die sogenannte „Person". Diese Person begleitet uns nun das gesamte Leben. Uns wird jedoch nicht gesagt, dass dies nur ein Stück Papier ist, um uns verwalten zu können. Uns wird beigebracht, dass wir dieses Stück Papier *sind*. Im zweiten Satz des Paragraphen heißt es nun: *„Mensch ist alles und nur, was lebend vom Weibe geboren wird. ...Die Tatsache der lebenden Geburt hat zu beweisen, wer sich darauf beruft."*

Was soll das denn nun wieder heißen? Wieso muss ich beweisen, dass ich lebend geboren wurde, also überhaupt am Leben bin? Weiter im Text heißt es: *„Jedoch begründet die Eintragung in das standesamtliche Register hierfür eine Vermutung."*

Da Juristen bekanntermaßen alles verdrehen, ist es erforderlich, jetzt genau zu hinterfragen, was denn nun damit gesagt worden ist. Wenn ich also geboren worden bin und nicht beweise, dass ich am Leben bin, dann gelte ich also als tot – und zwar so lange, bis ich das Gegenteil bewiesen habe.

Sehr seltsam, wenn man bedenkt, dass ja gerade im ersten Satz stand: *„Mensch ist alles und nur, was lebend geboren wird."* Folgerichtig kann daher ein Mensch „juristisch" gesehen nur eine „Person" sein, also ein Stück Papier, das durch die lebende Geburt entstanden ist (die sog. „Rechtspersönlichkeit"). Dabei „stirbt" nun leider das Kind. Die Geburtsurkunde ist somit der dokumentierte Totenschein des registrierten Kindes. Bis das Kind durch die Mutter für lebend erklärt wird, gilt es als tot, unmündig und wird deshalb zur „Sache". Die Eltern werden zu „Erziehungs*berechtigten"* – wie gnädig, wenn man darüber nachdenkt, wie genau dies die deutsche Sprache beschreibt. Selbstverständlich gilt dies auch für nicht als lebend erklärte Erwachsene. Möchte ich nun mehr sein als dieses handelbare, kreditierbare Stück Papier, muss ich dies mit einer „Lebenderklärung" beweisen.

Um das Ganze nun noch weiter zu verschleiern, damit keiner diese Scheinwelt so schnell aufdeckt, wird das Selbstverständlichste der Welt juristisch aufgearbeitet. Es entstehen sogenannte „Menschenrechte". Noch einmal zur Verdeutlichung: Das Papier, entstanden durch die Geburtsurkunde, bekommt eigene Rechte.

(Der Einfachheit halber werde ich weiterhin die in unserem Sprachgebrauch so fest etablierten Begriffe „Mensch" oder „Menschen" verwenden. Sie wissen, dass ich damit nicht die „juristische Definition" bzw. „tote Sachen" meine, sondern mich auf beseelte und göttliche Lebewesen beziehe. Bei der Kommunikation mit Verwaltungen und Behörden etc. kann es aber durchaus Sinn ergeben, sich auf das internationale Völkerrecht und die Menschenrechte zu berufen, weil die meisten Angestellten eben nur die ihnen bekannten Regelwerke verstehen.)

Zusammengefasst:

Der Mensch ist laut BGB (also im juristischen Sinne) eine „Person". Eine „Person" ist das Stück Papier, das durch die Registrierung in Form der Geburtsurkunde beim sogenannten Standesamt entsteht. Der aufgeklärte Mann/Frau/Kind weiß, dass er eine „Person" in Form eines Papiers *besitzt*. Er weiß außerdem, dass er nicht diese Person *ist*.

Was es mit der Geburtsurkunde noch weiter auf sich hat, darauf werde ich im übernächsten Kapitel noch genauer eingehen. Sie können schon erahnen, dass diese Geschichte einen ganz langen Rattenschwanz mit sich zieht...

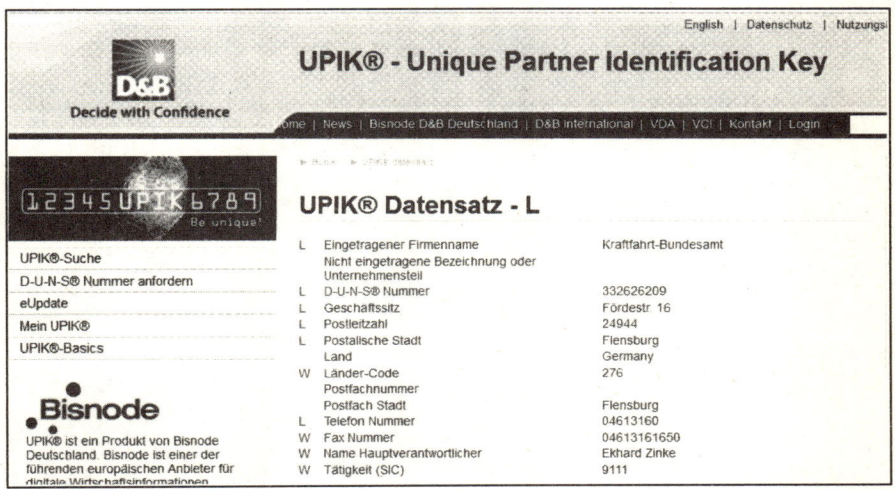

Abb. 2 und 3: Das Impressum des „Kraftfahrt-Bundesamts". Es ist aber kein hoheitliches Amt, sondern eine eingetragene Firma (siehe UPIK-Auszug).

Wieso benötige ich einen Staatsangehörigkeitsausweis? Ich habe doch einen Personalausweis!

Auf der Seite des *Bayerischen Staatsministeriums des Innern* steht (bzw. stand bis vor kurzem, siehe Abb. 4) unter Nachweis (Staatsangehörigkeitsurkunden): *„Die deutsche Staatsangehörigkeit kann durch eine Staatsangehörigkeitsurkunde (Staatsangehörigkeitsausweis) nachgewiesen werden. Sie wird auf Antrag von der Staatsangehörigkeitsbehörde ausgestellt.* **Der Bundespersonalausweis oder der deutsche Reisepass sind kein Nachweis über den Besitz der deutschen Staatsangehörigkeit.** *Sie begründen lediglich die Vermutung, dass der Ausweisinhaber die deutsche Staatsangehörigkeit besitzt.“*

Der *Staatsangehörigkeitsausweis* (der sog. „Gelbe Schein") wird bei der Stadtverwaltung/Ausländerbehörde beantragt, und hier ist es wichtig, seine deutsche Herkunft lückenlos und beglaubigt bis vor 1914 nachzuweisen. (Es ist Aufgabe der Behörde, behilflich zu sein, wenn aus eigener Kraft Dokumente nicht gebracht werden können.) Als Nachweise zählen nebst der eigenen Geburtsurkunde (bzw. Abschrift aus dem Geburtenregister) vor allem Abschriften aus dem Familienstammbuch sowie Sterbeurkunden. Sofern bestimmte Unterlagen nicht mehr vorhanden sein sollten und auch nicht mehr beschafft werden können, können als letzte Option vielleicht noch Auszüge aus Kirchenregistern helfen. Hier gilt es nachzuweisen, in welchem **Bundesstaat** (also z.B. Preußen, Bayern usw.) der Vorfahre vor 1914 Staatsangehöriger gewesen war. War der Großvater oder Urgroßvater Preuße, so wäre man selbst ebenfalls Preuße, auch wenn man z.B. in Hessen geboren ist. Die Staatsangehörigkeit „Preußen" würde man dann so im Antrag eintragen. Auf keinen Fall „BRD" oder etwas anderes eintragen.
Als Grundlage für die Beantragung des *Gelben Scheins* dient Art. 116 (1) GG, in dem steht: *„Deutscher im Sinne dieses Grundgesetzes ist vorbehaltlich anderweitiger gesetzlicher Regelung, wer die deutsche Staatsangehörigkeit besitzt oder als Flüchtling oder Vertriebener deutscher Volkszugehörigkeit oder als dessen Ehegatte oder Abkömmling in dem Gebiete des Deutschen Reiches nach dem Stande vom 31. Dezember 1937 Aufnahme gefunden hat.“*

Jetzt fragen Sie sich zurecht, warum vor 1914? Wie wir nun mittlerweile wissen, war das Deutsche Reich (also das Kaiserreich) noch bis zum Anfang des Ersten Weltkriegs voll souverän. Es ist also hier eine Frage der Souveränität. Und hier muss ich eben so weit zurückgehen, bis ich wieder auf gültiges Recht stoße. Denn eine Staatsangehörigkeit kann rechtlich betrachtet nur von bzw. für einen rechtmäßigen und souveränen Staat ausgestellt werden. Dadurch dass das alte RuStAG („Reichs- und Staatsangehörigkeitsgesetz" vom Stand 1913) zum 1.1.2000 in Staatsangehörigkeitsgesetz, kurz StAG, umbenannt und alle Hinweise zur alten Reichsangehörigkeit entfernt wurden, versucht die BRD-Regierung diesen geschichtlichen und rechtlichen Hintergrund zu verschleiern. Im Folgenden einmal ein Vergleich des ersten Paragrafen der beiden Gesetze:

§ 1 RuStAG (1913)

„Deutscher ist, wer die Staatsangehörigkeit in einem Bundesstaat (§§ 3 bis 32) oder die unmittelbare Reichsangehörigkeit (§§ 3 bis 35) besitzt."

§ 1 StAG (ab 2000)

„Deutscher im Sinne dieses Gesetzes ist, wer die deutsche Staatsangehörigkeit besitzt."

Mit der „unmittelbaren Reichsangehörigkeit" waren damals übrigens die Bürger der damaligen deutschen Kolonien gemeint. Selbst das Bundesverwaltungsamt (BVA) gibt in seinem Merkblatt zum Staatsangehörigkeitsausweis indirekt die Souveränität vor 1914 zu, wo es unter Punkt vier bei den Hinweisen zum Ausfüllen der „Anlage V" (Vorfahren) wie folgt heißt:

„Die Anlage V ist ergänzend auszufüllen, wenn Sie die deutsche Staatsangehörigkeit durch Abstammung (auch Legitimation) oder Adoption von deutschen Eltern (bzw. einem deutschen Elternteil, Vater und/oder Mutter) erworben haben. Haben wiederum auch Ihre Eltern (der deutsche Elternteil) die deutsche Staatsangehörigkeit durch Abstammung, Legitimation oder Adoption von ihren Eltern (= Ihren Großeltern, Großvater und/oder Großmutter) erworben, so ist auch für Ihre Großelterngeneration die Anlage V auszufüllen.

Gleiches gilt (auch für die nächsten Generationen) bis zu dem Vorfahren,

- *für den ein Staatsangehörigkeitsausweis/Heimatschein einer deutschen Behörde ausgestellt wurde,*

- *der vor 1914 in Deutschland geboren wurde oder zuvor als Deutscher ausgewandert ist, oder*

- *der nicht durch Abstammung/Adoption die deutsche Staatsangehörigkeit erworben hat (z.B. durch Einbürgerung)."*

In dem Gesetz über die Errichtung des *Bundesverwaltungsamtes* im Artikel 5 wird es zusätzlich spannend: *„Das Bundesverwaltungsamt ist für Staatsangehörigkeitsangelegenheiten einer **Person** zuständig, **die ihren gewöhnlichen Aufenthalt im Ausland hat.**"*

Ich weiß, liebe Leserinnen und Leser, das ist jetzt alles recht viel auf einmal: Zuerst wird mir nachgewiesen, dass ich mit meinem Ausweis noch nicht einmal nachweisen kann, dass ich Deutscher bin. Habe ich es dann jedoch mittels Staatsangehörigkeitsausweis bewiesen, dann habe ich plötzlich meinen gewöhnlichen Aufenthalt im Ausland...

Schon verrückt, aber so ist es! Mit dem „Staatsangehörigkeitsausweis" stehe ich der BRD exterritorial gegenüber. Für das Konstrukt „BRD" bin ich jetzt ein Ausländer, leider kein Staatenloser mehr. Das ist auch gut so. Denn nun bin ich auch noch Deutscher laut dem Aufenthaltsgesetz § 2 (1):

„Ausländer ist jeder, der nicht Deutscher im Sinne des Art. 116 Abs. 1 des Grundgesetzes ist."

Als Deutscher bin ich Ausländer in dem von mir bisher fälschlich als Deutschland betrachteten Land BRD. Das ist doch wirklich lustig, oder?

Es wird gleich noch etwas verständlicher, wenn Sie das Interview mit Max von Frei lesen, der mit diesem juristischen Hintergrund Prozesse gegen die BRD führt und Spannendes zu berichten hat...

Staatsangehörigkeitsausweis

Durch einen Staatsangehörigkeitsausweis wird der förmliche Nachweis über den Besitz der deutschen Staatsangehörigkeit geführt. Der Staatsangehörigkeitsausweis ist nicht zu verwechseln mit der Einbürgerungsurkunde, die einem Ausländer bei der Einbürgerung ausgehändigt wird.

Die Eintragungen zur (ausschließlich möglichen) deutschen Staatsangehörigkeit in Personalausweis und Reisepass führen lediglich zur (widerlegbaren) Glaubhaftmachung des Besitzes der deutschen Staatsangehörigkeit. Glaubhaftmachung ist eine Beweisführung, die einen geringeren Grad von Wahrscheinlichkeit vermitteln soll (§§ 104 II, 236 II, 920 II ZPO, 1994 BGB, 15 II FGG, 123 III VwGO).

Bestehen Zweifel, ob jemand Deutscher ist (und somit möglicherweise das Aufenthaltsgesetz Anwendung findet), obliegt die Klärung der jeweiligen Staatsangehörigkeitsbehörde. Bis zur Klärung ist die Person als Ausländer zu behandeln. Beruft sich ein Ausländer darauf, Deutscher zu sein, hat er dies nachzuweisen (z.B. durch Staatsangehörigkeitsurkunde, Ziffer 1.2.3.1 VV AuslG = Ziffer 2.1.3 Vorläufige Anwendungshinweise des BMI).

Abb. 4: Weder der Personalausweis noch der Reisepass sind ein Nachweis der deutschen Staatsangehörigkeit. Nur der *Staatsangehörigkeitsausweis* erfüllt das. Aber wer weiß das schon? Übrigens hat das *Bayerische Innenministerium* seine Infoseite im Internet, auf der es über den Nachweis der Staatsangehörigkeit aufklärte, im Frühjahr 2013 wieder gelöscht. Aber das Internet vergisst bekanntlich nie etwas, und so kann man die Seite im bekannten Internetarchiv www.archive.org wiederfinden. Gerade weil immer mehr systemkritische Seiten geschlossen wurden, ist dieses Internetarchiv besonders wertvoll. Aber auch auf anderen Internetseiten von Behörden findet sich hin und wieder dieselbe Information, so z.B. auf der Seite des Landkreises Bamberg, wo es heißt: *„Reisepass und Personalausweis allein sind kein Nachweis für den Besitz der deutschen Staatsangehörigkeit. Mit einem Staatsangehörigkeitsausweis wird die deutsche Staatsangehörigkeit verbindlich nachgewiesen."*

Abb. 5:
Auszug aus der alten Fassung des BGB

57

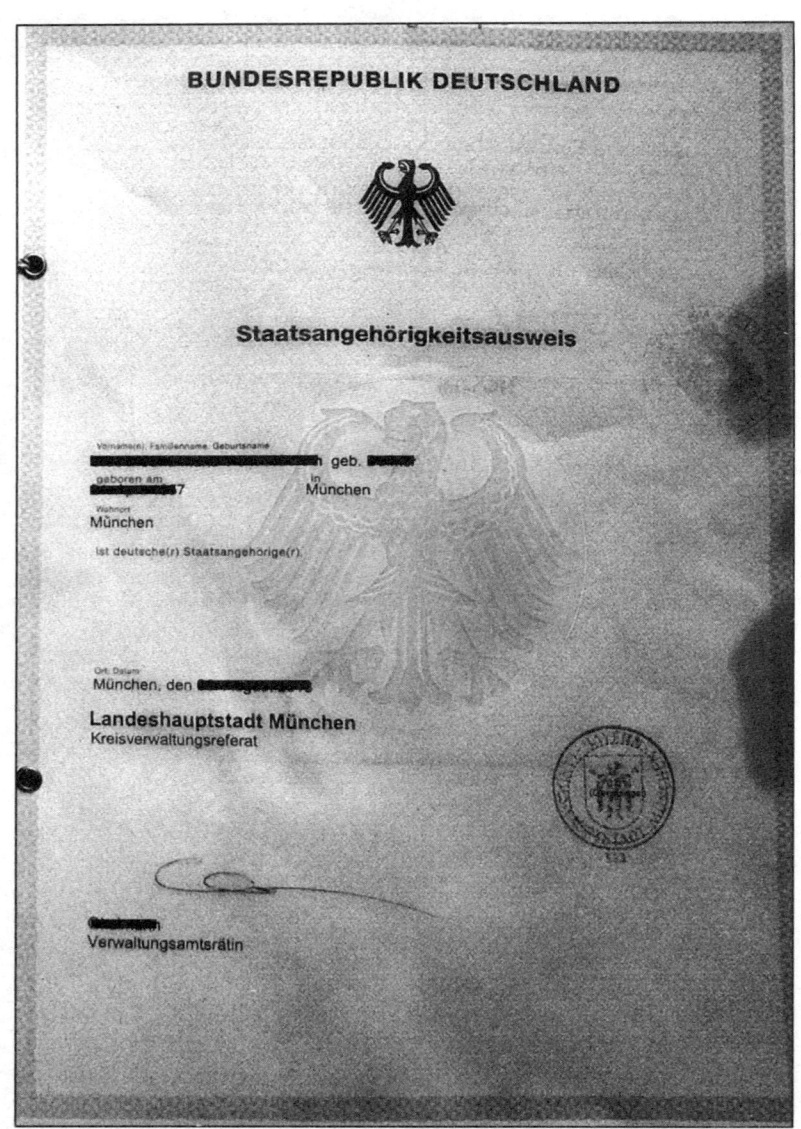

Abb. 6: Staatsangehörigkeitsausweis

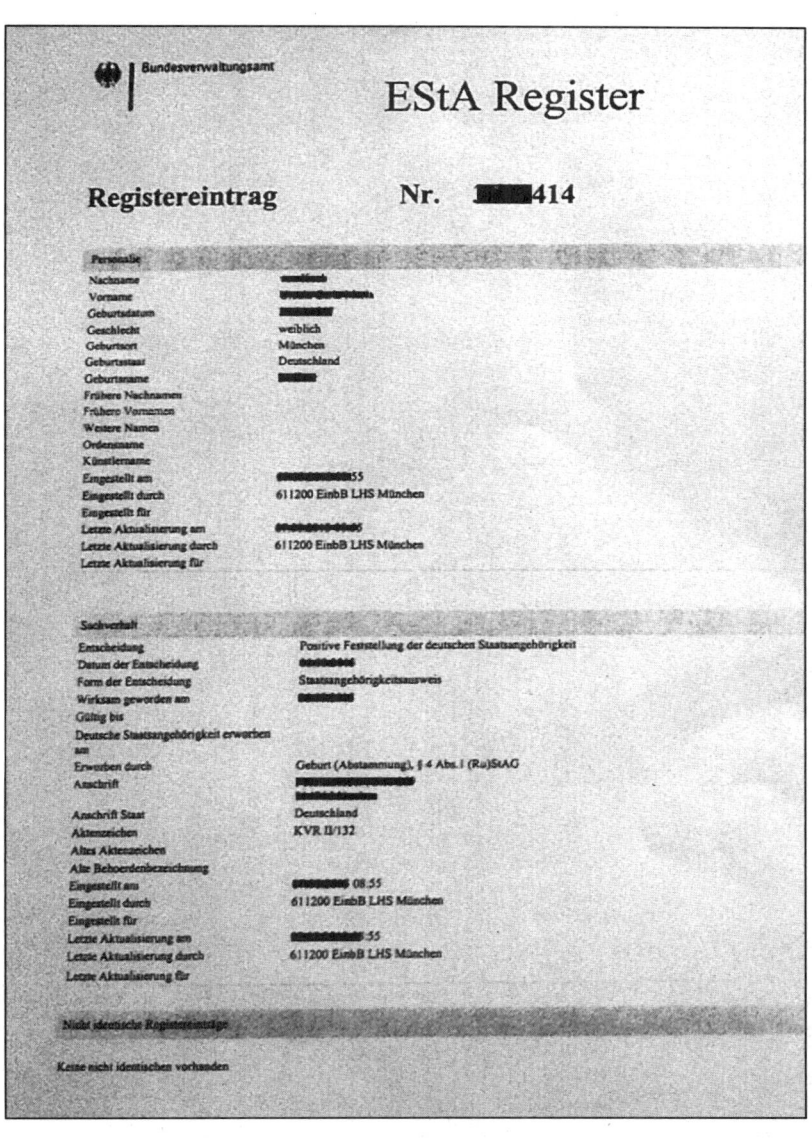

Abb. 7: EStA-Register-Auszug mit dem Vermerk: *„Erworben durch Geburt (Abstammung) nach § 4.1 (Ru) StAG"*

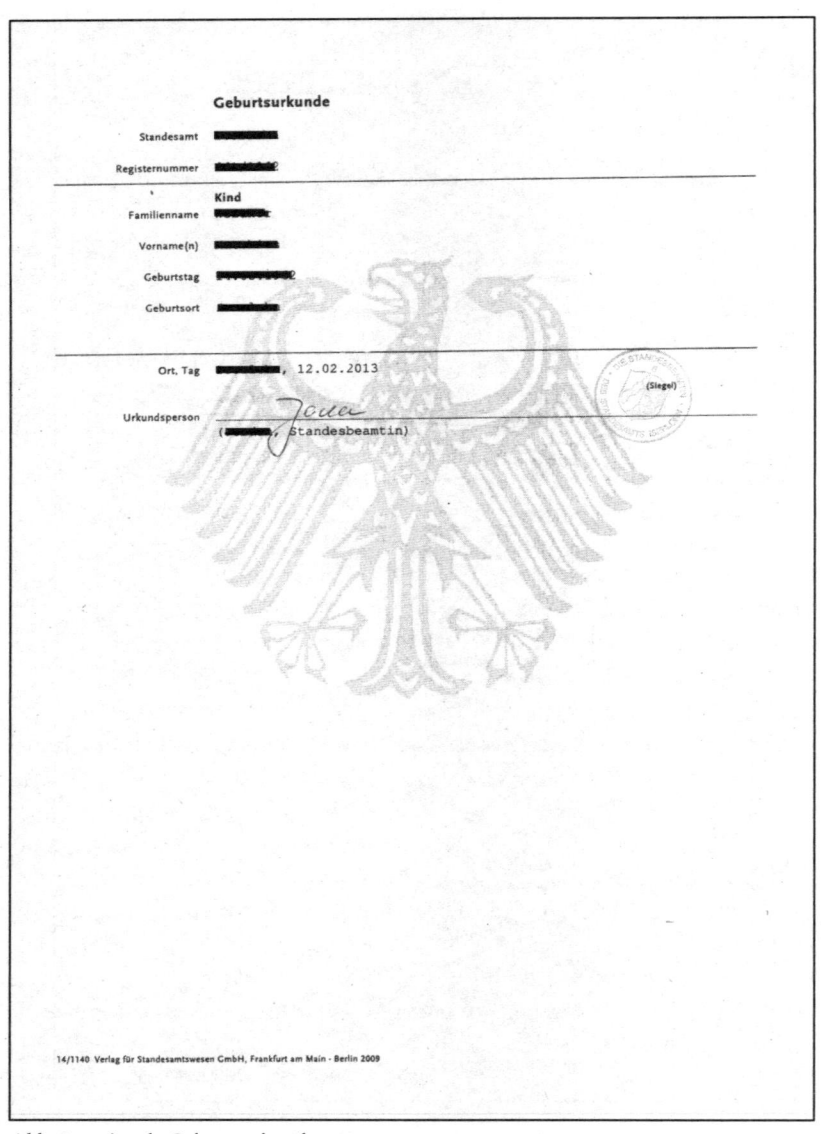

Geburtsurkunde

Standesamt ▪▪▪▪▪▪▪

Registernummer ▪▪▪▪▪▪▪▪

Kind

Familienname ▪▪▪▪▪▪

Vorname(n) ▪▪▪▪▪▪

Geburtstag ▪▪▪▪▪▪▪▪

Geburtsort ▪▪▪▪▪▪

Ort, Tag ▪▪▪▪▪▪, 12.02.2013

Urkundsperson

(▪▪▪▪▪, Standesbeamtin)

(Siegel)

14/1140 Verlag für Standesamtswesen GmbH, Frankfurt am Main · Berlin 2009

Abb. 8: nationale Geburtsurkunde

Interview mit Max von Frei, einem Insider

Sehr geehrter Herr von Frei, wie sind Sie denn mit dieser Thematik erstmals in Berührung gekommen?

Es war 2011, als ich noch der Inhaber eines Unternehmens im Vertrieb war und mich aufgrund eines betrügerischen Vorgehens gegen ein anderes Unternehmen zur Wehr setzen musste. Daher beschäftigte ich mich vor allem mit dem Handelsrecht und stieß in diesem Zuge auf die Thematik mit dem Staatsangehörigkeitsausweis. Zudem traf ich auf einer Medizinerveranstaltung in München eine Dame, die von meinem Dilemma etwas mitbekommen hatte und die mir erklärte, dass es eine Gruppe gibt, die sich regelmäßig trifft und die sich speziell mit dem Handelsrecht (dem Handelsrecht der USA, dem *UCC – Uniform Commercial Code*, dem See- und Handelsrecht sowie dem HGB und BGB), aber auch mit staatlich-politischen Hintergründen intensiv beschäftigt. Auf diesen Treffen wird besprochen, wie seit Jahrhunderten von einer kleinen Machtelite vorbereitet wird, alles auf der Welt ins Handelsrecht umzuwandeln, dass also der „Mensch", wie wir ihn an und für sich kennen, komplett zur „Sache" gemacht wird, um ihn als Ware und Dienstleistung vermarkten zu können.

Das ist derart geschickt eingefädelt, dass Worte oft doppelt belegt sind. Ein normaler Mensch kommt beispielsweise überhaupt nicht auf die Idee, dass er, wenn er beispielsweise vor Gericht steht, freiwillig durch eine geleistete Unterschrift und die Nennung und Bestätigung seines Namens einen Vertrag eingeht. Er meint, er ist vor einem hoheitlichen Gericht, ist er aber nicht. Und der vor Gericht Stehende wundert sich dann am Ende über ein Urteil, das er gar nicht versteht. Es geht oft gar nicht um die Argumentation. Das, was die Anwälte vor Gericht zelebrieren, ist ein reines Schauspiel. Es geht hier um Formalitäten – welche Fristen sind gesetzt, welche Zahlungsziele wurden eingehalten oder nicht eingehalten, wer hat wo unterschrieben, und sind diese Formalien eingehalten worden? Wenn ich das weiß, gewinne ich. Es geht meist um die Frage, wer wann welche vertraglichen Voraussetzungen geschaffen hat und diese sauber durchbringt.

Kennt er sich aber im Handelsrecht aus, versteht er es. Wie das möglich werden konnte und dass all das aus dem Amerikanischen kommt, habe

61

ich damals erfahren und somit gelernt, dieses System zu verstehen, es anzuwenden und mich auch zur Wehr zu setzen.

Wenn man beispielsweise mit einem Amerikaner einen Vertrag eingeht, ist das anders als in Deutschland. In Deutschland gilt ein Geschäft noch per Handschlag. Das gibt es im Amerikanischen nicht. Dort gilt nur, was schriftlich festgehalten wurde. Deswegen gibt es auch die ganzen Probleme mit den „networks" in Deutschland. Die amerikanischen „networks" versprechen Dir alles Mögliche, weil sie wissen, dass das total belanglos ist. Nach amerikanischem Recht gibt es keine mündlichen Absprachen.

Wie hat sich Ihr Leben dadurch verändert bzw. was taten Sie, nachdem Sie an den Treffen über das Handelsrecht teilgenommen hatten?

Wir wurden unterrichtet, dass wir, damit wir überhaupt tätig werden können, bestimmte rechtliche Schritte unternehmen müssen, um uns zu positionieren. Dazu gehört der *Staatsangehörigkeitsausweis* (den ich damals gleich für alle Familienmitglieder besorgt habe), dazu gehört die *nationale Geburtsurkunde* nach § 59 Personenstandsgesetz – die auch so gut wie kein Mensch kennt und die Sie auch als „natürliche Person" ausweist. Und das Nächste, was man unbedingt braucht, ist eine *Patientenverfügung*, denn ohne Patientenverfügung wird man gleich als schwachsinnig und schizophren tituliert und kommt unter Betreuung. Das ist alles wichtig, denn nur über den Staatsangehörigkeitsausweis kann ich im Außenverhältnis dokumentieren, dass ich eine „natürliche Person" habe und über die „natürliche Person" Zugang ins BGB bekomme, ansonsten bleibe ich immer in den Statuten der BRD hängen.

Aber Sie selbst zahlen keine Steuern mehr?

Nein. Ich bezahle keine Einkommensteuer oder andere vermeidbare Steuern. Wenn ich tanken gehe, bezahle ich logischerweise die MwSt mit. Das ist aber ein sehr langer Weg gewesen und ist auch noch nicht abgeschlossen. Ich befinde mich weiterhin im Rechtsstreit mit der BRD. Aber ich bezahle seit Jahren keine Steuern mehr. Und es gibt viele Menschen in Deutschland, die keine Steuern mehr zahlen – vor allem bei den „staatlich Selbstverwalteten". Aber es ist schon so, dass die BRD alles daran setzt, dass so etwas nicht einfach zu handhaben ist.

Ihr Verfahren ist also noch nicht abgeschlossen, Sie zahlen aber seit längerer Zeit keine Steuern mehr...

Ja, richtig. Aber sagen wir mal so, den Fall gibt es ganz, ganz selten, dass ein Finanzamt jetzt offiziell etwas einstellt und sagt: *„Ok, wir lassen Sie raus aus dem System!"* Wenn, dann wird das im Geheimen gemacht, also im direkten Gespräch – und dann mit dem Hinweis, das doch bitte nicht an die große Glocke zu hängen. So war es ja auch im Fall von M. H. aus Tübingen. Es wurde dann alles unter vier Augen geklärt und um Stillschweigen gebeten – ein Gentlemen's Agreement sozusagen. Man wird also kein Urteil oder eine Bestätigung mit Unterschrift erhalten und dem Vermerk: *„Sie müssen keine Steuern mehr bezahlen."*

Die richtigen Verhandlungen finden im Richterzimmer statt – vorher. Das ist, was ich den Leuten sage, wenn einer wirklich standhaft ist und sich sehr gut im Handelsrecht auskennt: *„Gehe ins Richterzimmer und frage den Richter, ob er sich dazu äußern möchte oder lieber das Verfahren einstellt."* Und es gibt eben Richter, die sind dann darauf eingegangen.

Es gibt aber außer Ihnen und Ihrer Gruppe und ähnlichen auch solche, die ebenfalls keine Steuern mehr bezahlen.

Ja, so ist es.

Und wer ist das?

Es gibt Menschen, die sich „staatlich selbst verwalten". Die haben mir gegenüber zumindest behauptet, dass sie keine Steuern mehr bezahlen. Überprüfen kann ich das allerdings nicht.

Und sind die auch den Weg über den Staatsangehörigkeitsausweis gegangen?

Nein, nicht unbedingt. Der Staatsangehörigkeitsausweis ist *ein* Weg. Und es ist der Weg, den ich gegangen bin. Gestern habe ich beispielsweise jemanden getroffen, der ist den Weg über die „juristische Person" gegangen. Er hatte die juristische Person gekündigt mit der Zurückgabe des Personalausweises.

Und wo kann man den zurückgeben?

Beim Einwohnermeldeamt, da, wo er auch ausgestellt wurde, oder beim Landratsamt. Aber die werden es einem nicht so einfach machen. Bei mir hat es fünf Anläufe gebraucht, bis ich das Ding endlich los war. Und das klappte auch nur, weil er beschädigt war. Dann müssen sie ihn zurücknehmen, da er deren Eigentum ist. Und ich darf kein fremdes Eigentum beschädigen. Die mussten ihn also laut Passausweisgesetz zurücknehmen. Und damit habe ich auch alle „invisiblen" Verträge, die durch Täuschung nach § 119 BGB von mir unwissentlich mit der Beantragung des Personalausweises mit beantragt wurden, gekündigt. Ich habe auch keinen neuen mehr genommen. Ich habe nur noch einen Reisepass. Und ein Reisepass ist ein Reisedokument. Nur über den Personalausweis sind alle Verträge verknüpft, die Verträge mit der BRD. Das ist aber nur ein Mittelweg. Ich habe auch noch andere Dokumente wie zum Beispiel die „nationale Geburtsurkunde" mit meinem Bild und diese dann notariell beglaubigen lassen. Das genügt, um mich auszuweisen.

Es ist also nicht so, dass ich – wenn ich diese und jene Schritte erfüllt habe – offiziell keine Steuern mehr bezahle...

Nein, das ist nicht so. Die BRD-Justiz lässt sich ständig neue Schliche einfallen. Es kommt vor allem auf die Konstitution des Menschen an, der diesen Weg einschlägt, wie gefestigt er ist, wie bereit er ist, den Weg bis zum Ende zu gehen usw... Die BRD-Behörden arbeiten immer mit Angst. Deswegen kann ich niemandem empfehlen, sich überhaupt auf diese Thematik einzulassen, wenn er nicht geistig gefestigt ist. Wer im Kampfmodus agiert und die BRD angreift und meint, sie besiegen zu können, der hat schon verloren, bevor er angefangen hat. Das ist auch der Grund, warum die meisten nicht so weit gekommen sind, wie ich gekommen bin, weil ich das alles anders sehe, aus einem anderen Blickwinkel. Mir geht es nicht darum, das System zu bekämpfen, sondern davon unabhängig zu werden. Ich möchte frei sein im eigenen Land. Vor allem geht es mir nicht darum, keine Steuern mehr zu bezahlen, sondern souverän zu sein – und ein bewusster Bürger. Ich zahle auch gerne Steuern, damit habe ich kein Problem. Ich habe nur ein Problem damit, wenn mit meinen Steuergeldern der Untergang und die Abschaffung des eigenen Landes von mir mitfinanziert wird. Viele der Mitstreiter in dieser Richtung sehen das System der BRD bzw. der Alliierten als einen Feind. Das sehe ich nicht unbedingt so. Das System hat durchaus seine Berechtigung – für einen bestimmten Teil der Bevölkerung. Hierzu ein kleines Beispiel. Wir hatten mit unserer Gruppe beliebige Personen befragt, nach dem Motto: *„Stell Dir mal vor, es gibt keine Gesetze mehr, jeder ist für sich selbst verantwortlich, und es kann auch niemand für etwas belangt werden. Was würdest Du dann tun?"* Die Antwort von einem war: *„Da würde ich die Leute voll bescheißen und betrügen, es wird mich ja eh keiner mehr kriegen..."* Das war ein ganz „normaler Bürger", ein Angestellter in irgend einer Firma – und dann kommt so eine Antwort. Da sind wir fast vom Stuhl gefallen. Und genau dafür brauchen wir die BRD, für solche Leute. Also die BRD hat durchaus ihre Berechtigung für geistig Minderbemittelte, für Leute, die nicht eigenverantwortlich leben können oder möchten – dass man diese Menschen unter Kontrolle hält. Deswegen achte ich auch die Polizei. Die Polizei macht hier einen ganz schwierigen Job, weil sie es nämlich weiß. Die Polizei kennt genau den Wert einer Unterschrift, sie kennt auch den Unterschied zwischen einer „Person" und einem „Mann" und einer „Frau". Und die wissen auch, dass die Haftung für die ganzen Sachen, die sie momentan tun, z.B. Haftbefehle durchführen, die nicht unterschrieben sind, laut §§ 823 und 839 BGB auf sie übergeht. Nur sie fühlen sich noch relativ sicher und ihrem Dienstherrn verpflichtet, weil es in der Regel eben niemanden gibt, der sich dagegen wehrt. Aber es gibt vermehrt Fälle, in denen die Polizei sagt: *„Ok, da machen wir nichts, der hat es verstanden, den lassen wir in Ruhe."* Bei Polizeikontrollen usw..

Was hat es nun mit der neuen Gerichtsvollzieher-Verordnung auf sich?

Es gibt eine *Gerichtsvollzieher-Verordnung* (GVO) aus dem Jahre 2012, bei der der Status, dass der Gerichtsvollzieher ein Beamter ist, ausgehoben wurde. Daraus geht ganz klar hervor, dass der Gerichtsvollzieher als Selbständiger handelt, und damit dürfte mehr als klar sein, dass er keine hoheitlichen Befugnisse mehr hat und dass er gemäß Auftrag handelt, sozusagen als freiwillig Dienstleistender, der für seine Handlungen selbst verantwortlich ist. Er darf heute auf keinen Fall in zivilrechtlichen Verfahren eine Haft androhen, weil es ein Verstoß gegen die Haager Landkriegsordnung ist. Aus demselben Grund darf er auch kein

Vermögen beschlagnahmen, er darf auch nichts pfänden, und er darf auch keine Vermögensauskunft entgegennehmen. Das ist aus der GVO, die es bis 2012 gab, herausgenommen worden. Das gibt es nicht mehr. Und obwohl es diese neue GVO gibt, tun die Gerichtsvollzieher so, als würde es diese nicht geben und wenden weiterhin das vorherige Recht an. Sie ignorieren die Umstellung, sind aber voll haftbar zu machen. Sie waren ja einst beamten-ähnlich. Deshalb kann sich ein Gerichtsvollzieher nicht herausreden mit dem Argument, er wüsste es nicht. Er hat sich schlau zu machen. Ich habe umfangreiche Ausarbeitungen über Gerichtsvollzieher, wogegen sie alles verstoßen.

Der Offenbarungseid und die Vermögensauskunft dürfen beispielsweise nur über die Judikative geleistet werden, also über einen Richter, der den, der das leistet, über die Folgen dieses Eides aufklärt. Das darf aber nicht an die Exekutive, also an den Gerichtsvollzieher übertragen werden. Das ist ein Verstoß gegen BGB § 261. Es ist zudem auch verbindlich, dass juristisch korrekt nur nach EG-Normenrecht nach CELEX-Nummer gehandelt werden darf. Und diese CELEX-Nummer gibt es nicht bei der GVO. Es handelt sich also um einen Verstoß gegen das Europa-Recht usw...

Wann begann all das?

Ich nehme an, dass diese Bestrebungen schon vor 1.000 Jahren über die Kirche begannen, über die verschiedenen päpstlichen Bullen. Das ist auch interessant: Alle diejenigen, die Geschichte studiert haben, ohne das Kirchenrecht zu kennen, verstehen nichts. Denn das Kirchenrecht und die päpstlichen Bullen sind engstens miteinander verknüpft. Und die Kirche hat genau bestimmt, wann wo welcher Krieg auf welche Weise stattfindet. Ohne die Kirche hätte es die letzten großen Kriege nicht gegeben. Wenn Du bei Wikipedia den Begriff „päpstliche Bullen" eingibst, dann siehst Du überall „spanischer Krieg", diese und jene Revolution, dass all das über die Kirche entsprechend eingesetzt wurde, um danach dort die Handelsrechte zu ändern. Und hinter der Kirche, hinter allen Religionen sind diese Illuminati-Familien. Alle drei großen Weltreligionen haben ja Moses als Ursprung. Dort liegt der Hund begraben. Und deren Plan ist eine Welt unter Handelsrecht, in der die Menschen Sklaven sind, eine „Sache", mit der man beliebig umgehen kann.

Der nächste Schritt sind die „Vereinigten Staaten von Europa" – aber ohne Bargeld?

Richtig. Die gibt es ja im Prinzip schon. Wir haben aber im Moment noch eine Wohlfühldiktatur, die bislang noch keiner so richtig merkt. Das Endziel, auf das die Regierenden hinarbeiten, ist, die Menschen derart in die Verzweiflung zu jagen, dass sie sich selbst – zum Beispiel in Form eines Bürgerkrieges oder eines weltweiten Krieges – dezimieren bzw. selbst vernichten. Laut den *Georgia Guidestones* sollen ja nach einem Krieg nur noch 500 Millionen Menschen auf der Erde übrig bleiben. Und darauf wird ganz gezielt hingearbeitet. Es gibt ja nicht nur in Paraguay, sondern auch in anderen Gegenden der Welt unterirdische Einrichtungen, in denen die Elite diese schwierigen Zeiten der Dezimierung überstehen kann. Am Ende bleiben dann den 500 mächtigsten Familien, die in ihren unterirdischen Städten überlebt haben, denen dann alles gehört und die das alles eingefädelt haben, zirka eine Million Sklaven pro Familie zur Verfügung. So in der Art ist das geplant.

Woher wissen Sie das?

Nun, es gibt hier in Deutschland einen Amerikaner, der aus einer der ersten Siedlerfamilien Amerikas stammt und dessen Vorfahren einst gegen den „District-of-Columbia-Act" von 1871 kämpften, durch den die USA privatisiert wurden. Er klärt darüber in einem engen Kreise auf – vor allem über das Handelsrecht und die juristische Situation Deutschlands.

Und der Schlüssel für die Versklavung ist das Handelsrecht?

Ja, und die Leute finden es ja auch noch gut! Das ist ja das infame dabei. Die Rockefellers und Konsorten haben ja sämtliche Bildungssysteme beeinflusst über ihre Think-Tanks, sie betreiben bewusste Geschichtsverfälschungen. Deren Think-Tanks, in die dann die Yale- und Harvard-Absolventen übergehen, haben

Abb. 9: Die Georgia Guidestones bilden ein großes Monument, das sich in Elbert County im US-Bundesstaat Georgia befindet.

die Psychologie des Menschen genau studiert, haben untersucht, was man tun muss, damit das, was man will, von den Menschen gewünscht wird. Sie verwirren und verdrehen die Denkprozesse der Menschen derart, dass diese am Ende ihre eigene Versklavung selbst wünschen, dass sie es gut finden. Die Menschen werden als Ware gesehen und auch als Ware gekennzeichnet, wie Vieh, mit einem RFID-Chip, den man jedem Menschen implantieren will – ja heute bereits implantiert! Zum Beispiel sagt man bei diesen Chips, dass es für die Kinder gefährlich ist – da draußen in der Welt – und man sie durch einen solchen Chip jederzeit finden kann; oder bei herzinfarktgefährdeten Menschen, dass deren Gesundheitszustand permanent überwacht werden kann... Auch der Krankenwagenfahrer findet auf dem Chip sämtliche Patientendaten und weiß sofort, was zu tun ist – das finden die Leute toll!

Es geht um die totale Verdummung und Verblödung der Menschen, die gar nicht verstehen, wozu ein Smartphone eigentlich da ist – nämlich zur Überwachung, um Bewegungsprofile zu erstellen. Die Geheimdienste freuen sich jeden Tag und arbeiten heutzutage zu 80% im Internet. Die dummen Menschen erledigen deren Arbeit – ganz umsonst...

Aber um jetzt die Kurve zum Positiven zu bekommen: Was kann ich tun, was muss ich verstehen? Hier hat Deutschland eine Schlüsselposition, weil wir als einziges Land auf der Welt seit 1990 in einem komplett rechtlosen Zustand sind. Seitdem ist die BRD de facto erloschen. Die hat der US-Außenminister James Baker im Juli 1990 aufgehoben, und es gibt auch kein „Vereinigtes Deutschland". Der Geltungsbereich im Artikel 23 des GG wurde damals aufgehoben. Und ein Gesetz, das keinen Geltungsbereich hat, das nicht räumlich zuzuordnen ist, ist nicht griffig, ist juristisch nicht haltbar, denn es muss aus einem Gesetz ganz klar hervorgehen, wo es anzuwenden ist. Und wenn das nicht der Fall ist, dann ist es nicht gültig. Daher gilt auch das Grundgesetz seit 1990 nicht mehr, denn das Grundgesetz war ein Gesetz zur Herstellung einer Ordnung in einem besetzten Land. Wenn ich jetzt aber als „juristische Person" zum Beispiel wählen gehe und die Politiker anerkenne, die für die „Firma BRD" Anordnungen erlassen, dann legitimiere ich sie dazu. Und durch die Stimmabgabe und das Tragen eines Personalausweises erkläre ich mich mit den Geschäftsbedingungen der BRD einverstanden. Und dann gelten auch das Grundgesetz und diese Anordnungen, sei es Steuern zu bezahlen usw.. Aber wenn ich sage: *„Moment mal, mit mir nicht, ihr seid gar kein Staat, ihr seid ja die fremdverwaltete Firma, die die Interessen der Alliierten hier vertritt und dafür da ist, uns nach Strich und Faden auszunehmen.*", dann habe ich die Möglichkeit, über den Staatsangehörigkeitsausweis eine „natürliche Person" zu bekommen. Dann gebe ich den Personalausweis zurück und steige aus deren System aus. Ich kann natürlich auch auswandern und in einem anderen Land eine andere Staatsangehörigkeit annehmen, aber nur, wenn ich vorher einen Staatsangehörigkeitsausweis besitze. Als Staatenloser bekomme ich keine Staatsangehörigkeit eines anderen Landes. Wenn heute ein Personalausweisträger eine Italienerin in Italien heiraten möchte, dann muss er, um die Heirat vollziehen zu können, einen Staatsangehörigkeitsausweis vorlegen, damit die angeheiratete Italienerin durch die Heirat nicht zu einer Staatenlosen wird. Deswegen bekommen auch Ausländer, die bei uns Asyl beantragen, einen anderen Personalausweis als die BRD-Staatenlosen. Bei denen steht im Feld oben „Familienname" und als Nationalität „D" für Deutschland und nicht wie sonst „Name" für die juristische Person und „DEUTSCH", was lediglich die Nationalität, aber nicht die Staatsangehörigkeit beschreibt – siehe § 5 (4, 2. und 5.) PAusWG. Was sich daraus als Konsequenz ergibt ist, dass viele Ausländer in der BRD straffällig geworden sind, aber in keiner Kriminalstatistik auftauchen dürfen, weil sie als Staatsangehörige Deutschlands dem Firmenkonstrukt BRD exterritorial gegenüberstehen. Das bedeutet, dass ich mit dem Staatsangehörigkeitsausweis erst jetzt das Niveau eines Asylanten oder Ausländers erreiche, was die Rechtsstellung betrifft. Laut internationalem Völkerrecht und dem Staatsangehörigkeitsrecht (RuStAG) darf kein Staatsangehöriger durch die Beantragung einer Staatsangehörigkeit eines anderen Landes zu einem Staatenlosen werden. Da die überwiegende Mehrzahl der BRD-Bewohner jedoch bereits staatenlos ist, kann ihnen demnach die Staatsangehörigkeit nicht mehr entzogen werden. In fast allen anderen Ländern der Welt sieht das ganz anders aus. Daher liegt auch die Lösung fast aller Probleme in der Welt ausschließlich im deutschsprachigen Raum. Oder kennen Sie ein Land, das technisch hoch entwickelt ist, immer noch weltweit die Nummer 1 mit Patentanmeldungen, geistig hoch entwickelt, aber noch nicht einmal über einen Schutz eines Staates verfügen kann, der sich durch die

Staatsangehörigkeit ausdrückt? **Ich kann aber auch Deutscher sein in Deutschland mit dem Staatsangehörigkeitsausweis und doch nicht zur „Firma" BRD gehören.** Das klingt etwas kompliziert, ist aber so... Durch den Staatsangehörigkeitsausweis werde ich zum „Staatsbürger". Ab dann bin ich auch selbstverantwortlich tätig.

Ab dann gelten für mich auch plötzlich Gesetze, dann bin ich Staatsangehöriger, habe eine „natürliche Person", und über die „natürliche Person" habe ich – als Person – Zugang zu den Gesetzen. Jetzt muss ich fragen: *„Zu welchen Gesetzen, welche sind denn überhaupt noch gültig?"*

Genau, welche denn?

Wenn ich weiß, dass die *Weimarer Verfassung* unter dem Versailler Diktat entstanden ist, kann das keine gültige Verfassung sein. Eine Verfassung ist immer freiwillig vom Volk. Das ist also keine Grundlage. Folglich muss ich noch weiter zurückgehen. Dann komme ich auf die letzte Verfassung, die 1850 entstanden und 1871 in Kraft getreten ist, also die *Verfassung vom Kaiserreich*, und habe damit einen Ansatzpunkt. Und um so weit zurückgehen zu können, haben die Besatzer eine Lücke gelassen. Und zwar über den Staatsangehörigkeitsausweis, über den Bezug zum *RuStAG*, dem *Reichs- und Staatsangehörigkeitsgesetz*. Das ist aber wieder ein zweischneidiges Schwert – Möglichkeit und Falle zugleich: Wenn ich hier zu kurz springe und mich nur auf das Staatsangehörigkeitsgesetz von 2000, als sie das RuStAG zu StAG abgeändert haben, beziehe und sage, es reicht mir, dass ich meine deutsche Abstammung bis 1937 nachweisen kann, dann bin ich immer noch in der Verfassung der Weimarer Republik – dem Geschäftsmodell der Weimarer Republik – und bin noch nicht in der **freien Verfassung**. Also muss ich es schaffen, über meine Ahnen zu beweisen, dass ich aus dem Königreich Preußen oder aus dem Königreich Bayern abstamme. Dann habe ich die „Bundesstaatsangehörigkeit", und die begründet die „mittelbare Reichsangehörigkeit".

Was wir heute haben, ist die „unmittelbare Reichsangehörigkeit". Und die „unmittelbare Reichsangehörigkeit" ist die, die früher in den deutschen Kolonien galt. Die Deutschen hatten ja – im Gegensatz zu den Briten, Spaniern oder Portugiesen – die Menschen in den Kolonien nicht als Sklaven behandelt, sondern ihnen fast die gleichen Rechte eingeräumt wie zuhause im Deutschen Reich. Diese Menschen hatten sogar eine Staatsangehörigkeit bekommen – die des Deutschen Reiches. Sie waren aber nicht wahlberechtigt. Deswegen waren sie nur „unmittelbare Reichsangehörige" – in der Kolonie. Und nur die, die hier in Deutschland leben, bekommen die „mittelbare Reichsangehörigkeit", aber nachgewiesen durch die Zugehörigkeit in einem Bundesstaat. Und der Bundesstaat war eben zum Beispiel das Königreich Preußen. Und jetzt beziehe ich meine Zugehörigkeit auf den Bundesstaat Königreich Preußen durch Abstammung meiner Großeltern. Den richtigen Antrag, der die Vorfahren dokumentiert, bekommt man beim Bundesverwaltungsamt, also der mit „Anlage V" (www.bva.bund.de). Den drucke ich aus, fülle ihn aus und gehe damit zum Rathaus. Hilfestellung gibt es bei: www.bewusst-treff.org, dort werden Seminare dazu angeboten.

Übrigens: Mit dem Beitritt zur UNO und zur NATO ist die BRD als Rechtsnachfolger des Dritten Reiches auf die Seite des Feindes gewechselt. Der Kriegsgegner ist das Dritte Reich. Als BRD-Deutscher bin ich als Rechtsnachfolger des Dritten Reiches somit Kriegsgegner. Folglich müsste ich als Abkömmling des Kaiserreiches mit dem Zweiten Weltkrieg und dessen Folgen nichts zu tun haben. Ich habe als Deutscher niemandem den Krieg erklärt...

Kommen wir kurz zurück zu dem Amerikaner.

Es gibt neben einem Mann aus dem Hochfinanzbereich, der aber nur eine bestimmte Klientel in dieser Hinsicht berät, eben auch den erwähnten Amerikaner. Er kommt aus dem Widerstandsclan gegen die US-Privatisierung 1871. Dieser Clan ist bis zum heutigen Tage in dieser Richtung aktiv. In Amerika gibt es aktuell mehrere Bewegungen, die es anstreben, diesen Zustand zu ändern. Er hat in Yale studiert – und dort speziell das Handelsrecht und Völkerrecht. Dieser weiß ganz genau, wie die Welt funktioniert. Er ist ein wandelndes Gesetzbuch. Er gibt Schulungen für Leute, die auf Empfehlung diese Informationen bekommen sollen. Er tritt nicht in der Öffentlichkeit auf, weil er nicht möchte, dass die falschen Leute Informationen bekommen, die teilweise sehr tiefgehend und tiefgreifend sind. Er sagt, dass wir uns im Moment in einer sehr schwierigen Situation befinden, dass die gesamte Welt kurz davor steht, komplett versklavt zu werden, und dass die Neue Weltregierung dabei ist, über die EUCOM in Stuttgart Europa entsprechend zu verwalten. Dann gibt es die Zusammenlegung von Kanada und den USA zu einem Staat, die Inselstaaten im Pazifik usw.. Es sind insgesamt fünf Verwaltungseinheiten geplant, die zentral regiert werden sollen, ohne irgendwelche rechtlichen Absicherungen, mit einer Kernbevölkerung von zirka 500 Millionen.

Von wo aus wird die Oberregierung gesteuert?

Das sind diese zirka 500 Familien. Es geht darum, dass diese Bankiersfamilien die Erde komplett beherrschen und ausbeuten wollen. Und dann soll jeder Mensch einen Chip bekommen. Sogar mein Nachbar hat schon einen. Der war für das Innenministerium tätig, und die Voraussetzung dafür war, dass er einen Chip hat. Er erzählte mir, dass er bei Wetterumsprüngen etwas spürt oder wenn ein neues Programm auf den Chip geladen wird. Auch Menschen in einem Arbeitsverhältnis, bei dem viel Geld transportiert wird (z.B. Automatenaufsteller), werden inzwischen gechipt.

Das Bargeld wird auf jeden Fall abgeschafft, sagt der Amerikaner, und dass die *Georgia Guidestones* die Wegrichtung darstellen und das Handelsrecht das Mittel dazu ist. Und er erklärt, dass ein großer Krieg geplant ist – oder war, weil der offenbar so nicht stattfindet. Der hätte schon stattfinden sollen. Vor allem hat man das Internet vollkommen unterschätzt – auch Facebook, wo am Anfang noch geschrieben wurde, wo jemand gerade am Strand liegt oder wen man gerade geküsst hat, wird nun eine Menge politischer Information ausgetauscht. Das wandelt sich alles vom Oberflächlichen zum Tiefgreifenden. Die Jugend hat sich sehr verändert, da sie sich ihre Informationen aus dem Internet holt und auch von alternativen Quellen – im Gegensatz zum Durchschnittsbürger ab 40-50, der noch eine vorzensierte Zeitung liest.

Zu 9/11 hat er beispielsweise gesagt, dass dort sogenannte Mini-Nukes, also Mini-Atombomben gezündet worden waren und dass in zwanzig anderen Gebäuden in den USA ebensolche gezündet worden wären, hätten die USA nicht Afghanistan angegriffen. Es war also eine Drohung der diversen Familien, eine Erpressung, um den Nahen Osten zu destabilisieren. Das Erpressungspotential liegt bei den Mini-Nukes, die auch in europäischen Städten platziert sind, durch die unsere Politiker auch erpresst werden. Das behauptet er zumindest.

Es gibt diese speziellen Bankiersfamilien, und die leben von unserer Lebensenergie. Wir arbeiten und die verdienen. Wir sind diejenigen, die für das Geld bürgen. Ohne uns gäbe es keinen einzigen Dollar, keinen einzigen Euro. Das heißt, wir sind die Gläubiger, und die Bank ist der Schuldner. Nur wird es uns genau andersherum verkauft. Und die Geburtsurkunde und die Staatsangehörigkeit offenbaren das. Und deswegen ist das auch meiner Ansicht nach das hochsensibelste Thema, welches es überhaupt gibt. Denn wenn wir verstehen, was die Staatsangehörigkeit bedeutet, dass die Geburtsurkunde ein Zertifikat ist, das genommen wird, um Geld zu schöpfen – das ist ein Wertpapier –, dann funktioniert das nur so lange, solange wir unwissend sind. Und das Beste ist, dass wir für unser eigenes Geld, das wir der Bank zur Verfügung stellen, auch noch Zinsen bezahlen – und dass wir die Immobilie, die wir bezahlt haben, noch zweimal zusätzlich bezahlen und es uns dann immer noch abgenommen werden kann, wenn wir die Grundsteuer nicht begleichen... Das kann es einfach nicht sein... Das heißt wir werden von ein paar wenigen Familien über das Finanzsystem, das sich über die Steuern Sklaven hält, komplett entrechtet. Und das läuft momentan in der Form des Handelsrechts. Und der Plan der Bundesregierung ist es, diese rechtlosen Wesen in eine noch rechtlosere EU-Diktatur zu überführen. Und das können wir aufhalten, nur wir als Deutsche, weil wir den größten Handlungsspielraum haben. Wenn wir aus der EU aussteigen, dann bricht die ganze EU in sich zusammen.

Was bringt mir nun das alles im täglichen Leben? Was habe ich davon, wenn ich diese Dokumente habe?

Wenn ich damit agiere, bringt es was. Wenn man sie nur hat, bringen sie nichts.

Und agieren heißt?

Es hilft im Umgang mit sog. „Ämtern" und dergleichen. Aber tatsächlich ist es so, dass es für viele uninteressant ist, die „normal" leben und in einem Geschäftsverhältnis sind. Es gibt Möglichkeiten, die Steuernummer loszuwerden. Man wird dann auch nicht mehr angeschrieben. Doch wie will ich ohne Steuernummer eine Firma, ein Gewerbe führen? Das geht nicht. Möchte ich im wirtschaftlichen Leben mitwirken, muss ich die Gesetze der BRD anerkennen. Das muss man einfach so festhalten. Entweder – oder. Oder man gründet einen Verein oder eine Stiftung als Alternative und lebt dann nach seinen eigenen Vereinsstatuten. Die Stiftung verwendet die Gelder dann nach eigenen Vorstellungen. Die Welt wird ohnehin über Vereine und Stiftungen regiert (siehe Rockefeller Foundation & Co.).

Deswegen aber nochmals mein Hinweis: Mir persönlich und auch unseren Gruppenmitgliedern geht es nicht darum, keine Steuern mehr zu bezahlen oder das System zu bekämpfen. Das mag das Anliegen anderer Leute sein, unseres nicht. Es geht um unsere geistige Freiheit, es geht um Gerechtigkeit und Wahrheit.

Also nochmals: Was bringt es mir persönlich oder den Lesern, dieses ganze Prozedere durchzuführen?

Für mich und meine Bekannten ging es immer darum, ein tieferes Bewusstsein dafür zu entwickeln, wie in Zukunft ein neuer Staat aussehen kann und soll – und dass man ohne dieses tiefgreifende Verständnis gar nicht wahlberechtigt sein dürfte. Man hat ja im Urwald einmal die Bundestagswahl wiederholt, also mit Analphabeten, und das Wahlergebnis für Angela Merkel war dort fast identisch, wie das Ergebnis der Bundestagswahl hier. Die Medien steuern das Wahlverhalten, wir werden vollkommen manipuliert. Und damit so etwas nicht passieren kann, muss ich mir erst einmal darüber im Klaren sein, was meine Rolle hier auf der Erde überhaupt ist, ich muss mir klar darüber sein, wo ich lebe, welche Nationalität ich besitze. Macht es Sinn, einem Staat anzugehören oder möchte ich nur zugehörig sein? Was erwarte ich von einem Staat, was erwartet der Staat von mir? Was bin ich bereit, für die Gemeinschaft zu leisten? Welche Verantwortung will ich übernehmen? Und wenn ich diese Fragen für mich geklärt habe, dann werde ich erst zum Staatsbürger, indem ich meine Rechte als Bürger wahrnehme. Und dann bin ich an und für sich erst wahlberechtigt.

Was ist, wenn es zu einer Währungsreform kommen sollte – und einer eventuellen Zwangsbesteuerung bzw. Enteignung?

Sollte es zu einer Währungsreform kommen und das Deutsche Reich wieder in Kraft gesetzt werden – denn diese Bestrebung gibt es im Hintergrund auch über den BND –, dann könnte es sehr wohl sein, dass zwischen „Staatenlosen" und „Staatsangehörigen" unterschieden wird. Und die sogenannte Staatsverschuldung wird über die Staatenlosen reguliert, und die Staatsangehörigen können ihre Immobilien behalten. Zudem werden sie stimmberechtigt sein und damit aufgerufen, dem neuen deutschen Volk eine neue Verfassung zu geben. Aber ob das so sein wird, weiß auch niemand. Wenn man fünf Staatsrechtler fragt, bekommt man fünf verschiedene Meinungen zu hören...

Aber alle wissen, dass Handlungsbedarf herrscht. Wenn zum Beispiel ein Amerikaner oder ein Russe hier etwas kauft – eine Immobilie beispielsweise –, verlangt er einen Eigentumsnachweis über das Katasteramt und nicht über das Grundbuch, weil er genau weiß, dass das Katasteramt kaiserliches Recht ist und das Grundbuchamt von Hitler eingeführt wurde.

Es geht also – ich wiederhole mich hier – nicht darum, etwas gegen die Firma BRD oder gegen das Grundgesetz zu unternehmen, sondern eher darum, etwas Neues aufzubauen, sollte es dieses momentane Konstrukt nicht mehr geben – sei es aufgrund eines Bürgerkriegs oder anderer Einflüsse...

Oder andersherum formuliert: damit es erst gar nicht zu einem Bürgerkrieg kommt und ich diese explosive Kraft – die ja bewusst in der Bevölkerung geschürt wird – durch diese Aufklärung herausnehme, indem ich mich damit beschäftige. Das ist das Entscheidende.

Wir stehen momentan – meiner Ansicht nach – vor einem Bürgerkrieg, und das weltweit. Und es gilt, diese Energien zu kanalisieren und die Luft rauszulassen und das Ganze zu transformieren in einen friedlichen Prozess. Das geht aber nur über das Verstehen dieser tiefen Zusammenhänge. Denn erst, wenn ich weiß, wie ich es nicht haben will, weiß ich, wie ich es will...

Wie sehen Sie nun die Situation Deutschlands im Moment?

Wir in Deutschland haben nun eine besondere Chance: Wir können uns unsere Staatlichkeit zurückholen. Wir können uns damit der Gängelung der BRD entziehen. Wir können eine eigene Verfassung erstellen (dies kann auf gar keinen Fall eine „Partei" für uns tun). Wir können die Europäer aufklären, dass sie das gleiche Schicksal erwartet, das wir schon erlebt haben. Wir können den Menschen in Europa das Bewusstsein für ihre landestypische Souveränität wieder in Erinnerung rufen und dass es das wert ist, dafür einzutreten. Wir in Deutschland haben noch einen Staat im Hintergrund, der eine Verfassung hat und noch keine „Firma" war – das Deutsche Reich. Es gibt im westlichen Bereich nur noch einen anderen Staat, der das von sich behaupten kann: die Vereinigten Staaten von Amerika mit ihrer beispiellosen Verfassung von 1776. Das, was den ursprünglichen Amerikanern bereits 1871 widerfahren ist, nämlich die Entrechtung eines ganzen Kontinents durch die Umwandlung in eine Corporation, eine Firma, ist genau das, was den Europäern bevorsteht, wenn sie jetzt nicht gemeinsam aufwachen (siehe dazu „Act of 1871" – District of Columbia).

Es geht darum zu verstehen, dass es sinnvoll ist, eine Nationalität zu besitzen, damit sich landestypische Besonderheiten entwickeln können, dass es sinnvoll ist, einem Staat angehörig zu sein, das heißt Miteigentümer zu sein, anstatt über eine Firma ausgebeutet zu werden; und dass es sinnvoll ist, gerade im deutschsprachigen Raum, auf dem D-A-CH der Welt, eine neue Welt zu bauen, die vollkommen anders funktioniert als alles andere, was zuvor bestanden hat. Jetzt ist die Zeit für einen grundlegenden Wechsel. Nur wir können ihn herbeiführen.

Vielen Dank für das Interview!

Das ist äußerst spannend, was uns Max von Frei hier offenbart hat. Einige Aspekte, die er gerade angesprochen hat, betrachten wir uns im weiteren Verlauf noch näher, um das Puzzle zu vervollständigen. Ich stimme mit ihm absolut überein, dass wir in dieser Zeit alle Möglichkeiten nutzen sollten, um die Menschen aufzuklären, damit ein friedlicher Wandel vollzogen werden kann. Dabei können wir in unserem Umkreis schon einmal beginnen.

Wozu ist es wichtig, eine „natürliche" von einer „juristischen Person" unterscheiden zu können?

Durch die Ausstellung des „Staatsangehörigkeitsausweises" erhält man eine „natürliche Person". Ab diesem Zeitpunkt ist man nicht mehr staatenlos. Es gilt ab sofort das BGB und HGB (Handelsgesetzbuch). *Staatenlos ohne Staatsangehörigkeitsausweis* ist man, weil der Personalausweis und der Reisepass nur die **juristische Person**, die gedachte Sache, dokumentieren. Im Einführungsgesetz zum BGB, dem sogenannten EGBGB, Artikel 10, heißt es: *„Der Name einer Person unterliegt dem Recht des Staates, dem die Person angehört."* Das wussten Sie nicht? Machen Sie sich keine Vorwürfe, nur wenige wissen das. Und laut § 28 PAuswV (1): Angaben zur Identitätsfeststellung von juristischen und natürlichen Personen sind dies insbesondere bei „natürlichen Personen" der *Familienname*... bei „juristischen Personen" insbesondere der *Name*. Laut *Black's Law Dictionary* (das maßgebliche Rechtswörterbuch für das Recht der USA) werden Firmen, Schiffe und Tote großgeschrieben. Eine gedachte Sache kann weder über eine Staatsangehörigkeit noch über eine Souveränität verfügen, geschweige denn eigene Rechte als Mensch geltend machen.

Logischerweise kann die „Firma" vor Gericht nur als Sache, z.B. *„in der Sache Max Mustermann"* im Handelsrecht abgeurteilt werden. Da geht es den Tieren in Deutschland schon besser. Sie dürfen dank den Tierschutzvereinen zumindest nicht mehr als „Sachen" betrachtet werden... (§ 90a BGB)

Weil dies aus Unkenntnis und Desinteresse zur Zeit so ist, kann „Menschenrechte in Deutschland" nicht als Stiftungsgrund zur Begründung einer Stiftung hergenommen werden. Es gibt schließlich nicht genügend „Menschen" in Deutschland – also Inhaber des „Gelben Scheins" nach RuStAG –, die ausreichen würden, eine Stiftung wirtschaftlich überlebensfähig zu gestalten... Es gibt ja fast nur „Sachen", „juristische Personen". Wofür brauche ich da „Menschenrechte"?

Durch die Ausstellung des Staatsangehörigkeitsausweises bekomme ich eine „natürliche Person". Das *bin* ich nicht. Ich <u>habe</u> diese natürliche Person, um mit dieser Person meine Rechte als „Mensch" (nach BGB alte Fassung, anstatt Palandt, Drittes Reich) geltend machen zu können. Um es noch einmal ganz deutlich zu sagen: Menschenrechte sind aber immer noch Personenrechte, meine „Maske" (Handelsrecht/BGB/Seerecht/Admirals Law/UCC). Zwar bin ich noch im Handelsrecht, habe aber erst jetzt die Möglichkeit, selbst über meine „natürliche Person" zu verfügen. Jetzt kann ich den Richter zu meinem Treuhänder machen, der dafür verantwortlich ist, meine Person schadfrei zu halten. Der Trick vor Gericht ist, dass die Richter, Anwälte und Staatsanwälte immer versuchen, dem Menschen, der vor Gericht steht, einzureden, er selbst sei der Treuhänder. Als Treuhänder darf ich aber kein Vermögen besitzen. Mein Job ist es, das Vermögen eines anderen lediglich zu verwalten. Die meisten kämpfen sogar noch dafür, selbst der Treuhänder zu sein und wundern sich regelmäßig, wieso sie vor Gericht verlieren… Dies sei hier nur vorab kurz erwähnt. Die verschiedenen Rollen im Gerichtssaal werde ich später beim Thema „Treuhand" noch genauer beschreiben. Dann wird dies für Sie noch verständlicher werden.

Das erscheint ein wenig kompliziert...

Ich weiß, dass das nicht immer auf Anhieb leicht zu verstehen ist, vor allem, wenn man noch nie von diesen Dingen gehört hat. Was gerade eben und vor dem Interview vielleicht zu komplex erschien, möchte ich daher noch einmal vereinfacht mit anderen Worten zusammenfassen:

Wir alle sind Männer und Frauen. Mit unseren „Personen" agieren wir im Geschäftsleben, schließen beispielsweise Verträge ab. Dabei ist zu berücksichtigen, dass die „Person" lediglich ein Stück Papier ist, entweder der „Gelbe Schein" oder „die nationale Geburtsurkunde", die unsere „natürliche Person" begründen. Mit der „natürlichen Person" genießen wir auch sogenannte „Bürgerrechte" bzw. „Menschenrechte". Die „natürliche Person" ist sozusagen das rechtliche „Abbild" von uns in der Außenwelt, wenn man es so nennen will. Erkennen kann man dies daran, dass wir einen *Vornamen* und einen *Familiennamen* haben, bei denen nur jeweils der Anfangsbuchstabe groß geschrieben wird, z.B. *Max Mustermann*. (Der juristische Fachbegriff lautet *capitis deminutio minima*.)

Als „juristische Personen" werden wiederum Firmen, Schiffe und Tote bezeichnet, und eben als „Sachen" behandelt. Diesen *können* gewisse Privilegien zugesprochen, jedoch jederzeit wieder aberkannt werden. Im Grunde genommen haben sie keinerlei Rechte. Übliches Merkmal einer „juristischen Person" ist die durchgehende Großschreibung des *Namens*, z.B. MAX MUSTERMANN. *(capitis deminutio maxima)* Und wer sich nicht als „natürliche Person" durch den Besitz eines „Gelben Scheins" oder einer „nationalen Geburtsurkunde" ausweisen kann, wird automatisch rechtlich als „juristische Person" behandelt. Im Gegensatz zur „natürlichen" Person hat die „juristische Person" keinen *Familiennamen* mehr, denn Sachen werden nur noch mit *Namen* versehen.

Werfen Sie hierfür einen Blick in Ihren **Personal**ausweis, welcher noch nicht einmal ein **Personen**ausweis oder eine Identitätskarte ist. Die deutsche Sprache ist hier wirklich sehr präzise bezüglich der Wortbedeutung. Da die BRD (sowie die meisten anderen Länder dieser Erde) bekanntlich firmenrechtlich verwaltet wird, kann sie hoheitlich auch keine BRD-Staatsangehörigkeiten vergeben, sondern allerhöchstens Personalausweise, wie man sie auch in größeren Firmen erhält. Zudem sind in so gut wie allen Personal-/Personenausweisen und Reisepässen weltweit die Vor- und Nachnamen (sowie die Staatsangehörigkeit) in GROßBUCHSTABEN geschrieben. Die durchgehende Großschreibung weist Sie somit als „juristische Person" (Fiktion) aus, jedoch nicht als „natürliche Person" (die bestimmte Bürgerrechte hätte). Auf den Ausweisdokumenten heißt es daher auch *„Name"* und nicht *„Familienname"*, wie es eigentlich bei einem Menschen aus Fleisch und Blut der Fall sein sollte.

Was genau hat es mit dieser „Capitis Deminutio" auf sich?

Folgende drei Begriffe, den rechtlichen Status von Männern und Frauen betreffend, sind aus dem römischen Recht bekannt:

- *capitis deminutio minima* als minimale Statusminderung – Wechsel in der Familienzugehörigkeit. Dies tritt dann ein, wenn sich nur die Verwandtschaftsverhältnisse ändern. Vor- und Familienname werden wie folgt geschrieben: *Max Mustermann* (z.B. bei Identitätskarten und Reisepässen der Schweiz sowie liechtensteinischen Reisepässen, wobei hier die Bezeichnung *Name* und nicht *Familienname* verwendet wird).

- *capitis deminutio media* als mittlere Statusminderung. Das bedeutet den Verlust der Bürgerrechte und der Familienzugehörigkeit. Immerhin hat man hier noch Freiheitsrechte. Bei diesem Status wird der Nachname durchgehend groß geschrieben: *Max MUSTERMANN* (z.B. bei liechtensteinischen Identitätskarten).

- *capitis deminutio maxima* als maximale, also größte Statusminderung. Es ist der Verlust der Bürgerrechte, der Familienzugehörigkeit **und der Freiheit.** Hierbei hat man alle Rechte verloren und kann beliebig bestraft, inhaftiert und versklavt werden. Man ist zudem staatenlos und wird nur noch als „Sache" nach Firmen- und Handelsrecht behandelt. Bei diesem Status hat man auch keinen *Familiennamen* mehr, sondern nur noch einen *Namen* mit durchgehender Großschreibung: *MAX MUSTERMANN* (in Ausweisdokumenten fast aller Länder vorzufinden).

Die lateinischen Worte bedeuten übersetzt: *capitis* = des Hauptes; *deminutio* (auch *diminutio*) = Verminderung oder Schmälerung; *minima* = kleine; *media* = mittlere und *maxima* = größte, also größte Statusminderung.

Interessant finde ich in diesem Zusammenhang, dass in ganz wenigen Ländern dieser Erde, wie z.B. der Schweiz und Liechtenstein, je nach Ausweisdokument zwar auch eine Entrechtung bis zu einem gewissen Grad vollzogen wurde, aber anscheinend bei weitem (noch) nicht so gravierend wie in Deutschland und dem Rest der Welt. In diesen Ländern scheint zumindest teilweise noch eine Souveränität sowohl beim Staat als auch bei seinen Bürgern vorhanden zu sein. Dieses Konzept der Einschränkung der Rechtsfähigkeit von Frauen und Männern (auch als *Infamie* bekannt) stammt ursprünglich aus dem alten Rom und wurde später in die abendländischen Rechtssysteme übernommen. Als damals ein römischer Senator auf die Idee kam, alle Sklaven mit einer weißen Armbinde versehen zu lassen, um sie besser erkennen zu können, wurde dieser durch einen weisen Senator gestoppt und wie folgt belehrt: *„Nein, wenn sie (die Sklaven) erkennen, wie viele sie sind, haben wir bald einen Aufstand."* Also ging man dazu über, die Namen der Sklaven durchgehend GROß zu schreiben, und so konnte man dennoch unterscheiden, wer Sklave war und wer frei.

Wenn man wissend argumentieren möchte, sollte man unbedingt eine Patientenverfügung nach § 1901a BGB besitzen, um nicht für betreuungswürdig erachtet (zwangspsychiatriert) zu werden. (www.patverfü.de) Um jedoch eine rechtskräftige Patientenverfügung durchsetzen zu können, braucht man zwingend den „Staatsangehörigkeitsausweis", **damit das BGB für diese <u>natürliche</u> Person überhaupt gilt.** Hier schließt sich also wieder der Kreis. Die Polizei lernt im Unterricht der „Staatsbürgerschaftskunde": Bürgerrechte oder sogenannte Deutschen-Grundrechte stehen nur Deutschen im Sinne des Art. 116 Grundgesetz zu. Ohne Staatsangehörigkeitsausweis gibt es keine rechtsbeständige Patientenverfügung nach BGB. Nur mit dem Personenstatut ist es sinnvoll, auf sein Recht als „Mann" oder „Frau" zu setzen, weil man sonst **vorher** aus dem Verkehr (in die Psychatrie) gezogen wird.

Die BRD stellt für Bürger innerhalb der BRD keine „Länderstaatsangehörigkeit", auch als „Heimatschein" bekannt, mehr aus. Durch die Ausstellung der deutschen Staatsangehörigkeit gemäß *ius sanguinis* – durch Abstammung, nachgewiesen bis vor 1914 – wird die **mittelbare Reichsangehörigkeit** zum Deutschen Reich (bitte nicht mit dem „Dritten Reich" verwechseln!!!) **durch die Länderstaatsangehörigkeit** zu einem Bundesstaat (Königreich Preußen, Sachsen, Bayern) bestätigt. Das Reichs- und Staatsangehörigkeitsgesetz (Ru)StAG ist glücklicherweise heute zum Stande vom 22.7.1913 gültig und ist die Voraussetzung, um nach Grundgesetz Artikel 116 Absatz 1 eine Staatsangehörigkeit bescheinigt zu bekommen.

Nachdem die Behörde den Staatsangehörigkeitsausweis ausgestellt hat, sollte sie in der Regel eine Personenstandsänderung im sogenannten EStA-Register (Entscheidungen in Staatsangehörigkeitsangelegenheiten) vorgenommen haben. Hat man selbst alles richtig gemacht, sollte dann Folgendes dort vermerkt sein: *Deutsche Staatsangehörigkeit erworben durch: Geburt (Abstammung), §4 Abs. 1 (Ru)StAG.* (siehe Abb. 6 und 7)

Hier ist übrigens der genaue Wortlaut des Gesetzestextes:

<u>§ 4 Abs. 1 RuStAG</u>

„Durch die Geburt erwirbt das eheliche Kind eines Deutschen die Staatsangehörigkeit des Vaters, das uneheliche Kind eines Deutschen die Staatsangehörigkeit der Mutter."

Da sich die Bundesregierung hier durch die Schreibweise sowohl auf das StAG als auch auf das RuStAG bezieht, gibt sie die Gültigkeit des alten RuStAG zu. Ob dieser Eintrag korrekt durchgeführt wurde, kann man in Erfahrung bringen, indem man eine Auskunft beim BVA einholt. Die BRD – das von den Alliierten eingesetzte Verwaltungskonstrukt – ist **verpflichtet,** die vom Antragsteller vorgenommene Arbeit des Zusammenstellens der Dokumente für den Bundesverwaltungsantrag beim BVA zu prüfen. Nach dieser Prüfung bescheinigt die Verwaltung, dass die Dokumente korrekt sind und stellt die Urkunde für die Richtigkeit des Antrages aus. **Damit bescheinigt sie die vom Antragsteller nachgewiesene Staatsangehörigkeit.** (Wichtiger Hinweis zur „deutschen Staatsangehörigkeit" unter [37])

Eine Vorwarnung an dieser Stelle:

Das offizielle Antragsformular des BVA ist im gesamten Bundesgebiet gültig. Lassen Sie sich von Ihrer örtlichen Stadtverwaltung keine anderen Antragsformulare „andrehen"! Denn bei diesen könnte u.U. – trotz Ihrer Nachweise bis vor 1914 – Ihre Abstammung nur bis 1937 berücksichtigt werden, womit man jedoch in den Statuten der Weimarer Republik gelangen würde. (Im EStA-Register ist dies nicht immer ersichtlich. In der Regel würde dann der Eintrag der Abstammung nach (Ru)StAG fehlen.) Lassen Sie sich also nicht abwimmeln und beharren Sie darauf, dass das offizielle Formular akzeptiert werden muss. So ist bekannt geworden, dass z.B. das *Kreisverwaltungsreferat* (KVR) in München ein eigenes Formular ausgibt, welches einen Nachweis nur bis 1937 ermöglicht. Daher ist Wachsamkeit geboten!

Holen Sie sich hinterher auch **unbedingt** eine Vollauskunft bei Ihrer Gemeinde ein. Laut Informationsfreiheitsgesetz und § 7 Abs. 1 und 2 sowie § 8 des Melderechtsrahmengesetzes hat jeder Anspruch darauf. Dort müsste dann Folgendes vermerkt sein: *Deutscher gem. § 1,3,4.1 RuStAG i.d.F. 1913 EStA Register-Nr. xyz.* Sollte hier etwas fehlen, sofort reklamieren!

Als Autor erwarte ich von Ihnen nicht, dass Sie dies alles auf Anhieb verstehen. Auch ich habe Jahre gebraucht, um dieses Spiel zu durchschauen. Interessanter ist es daher wohl eher für sogenannte Beamte und Juristen, damit sie nachher nicht sagen können, sie hätten von alledem nichts wissen können…

Der Weg in die vollkommene Entrechtung – oder der Weg in die totale Freiheit!

Wenn nun das Modell BRD als Vorzeigemodell für die EU herhalten soll, was ist denn dann die EU? Zusammengefasst ist die BRD ein Haufen von überwiegend Staatenlosen, die vollkommen entrechtet als „juristische Personen", schlechter gestellt als Vieh, als eine leblose Sache, nach Handelsrecht ausgebeutet werden. Die „gute" Seite von Chemtrails, HAARP, Elektrosmog, Nahrungsmittelzusätzen, Genfood, Mainstreammedien und Ereignissen wie der gewonnenen Fußballweltmeisterschaft ist, dass der Großteil der Deutschen nichts oder nur wenig davon bemerkt und fröhlich allen Europäern voran, freiwillig durch Unterschrift seinen eigenen Untergang besiegelt.

Schön, dass Sie nicht dazugehören und bis hierhin durchgehalten haben! Vielleicht haben Sie bisher eine Partei gewählt und verstehen nun, dass diese Politikdarsteller, egal welcher Partei sie angehören, nur durch die Abgabe Ihres Stimmzettels legalisiert werden. Laut Wahlgesetz dürfen nur Bundestagsabgeordnete gewählt werden, die die deutsche Staatsangehörigkeit im Sinne des Art. 116 Abs. 1 des Grundgesetzes besitzen.

Und wer darf überhaupt wählen? Richtig – nur Menschen, die im Besitz der deutschen Staatsangehörigkeit sind. Haben Sie gewählt? Halten Sie bereits die deutsche Staatsangehörigkeit in Ihren Händen?

Ach, Sie haben gewählt, sind aber gar nicht im Besitz der deutschen Staatsangehörigkeit? Und dann haben Sie vielleicht auch noch beispielsweise die „Grünen" gewählt, mit einem Herrn Özdemir? Kann der gemäß GG 116 Abs. 1 denn überhaupt gewählt werden? Was denken Sie, ist denn die Europawahl und die letzte Bundestagswahl überhaupt gültig? Und dieser rechtlose Rahmen soll also das Fundament für eine EU mit einer sogenannten „EU-Verfassung" und einem „EU-Staatsanwalt" werden?

Vielleicht war es Ihnen bisher egal, ob Sie von einem „Konzern Kreis Lippe" (www.kreis-lippe.de) oder einer Stadt mit einem Bürgermeister verwaltet werden. Vielleicht dachten Sie, dass es doch schön ist, wenn der Behördenbedienstete Sie als Kunden wahrnimmt?

Ist es nicht egal, ob ich „Kunde" oder „Bürger" bin? Was passiert in einem betriebswirtschaftlichen System, das gewinnorientiert arbeitet, mit unnötigen Kostenfaktoren – mit Kindererziehung; Altersabsicherung; guten Schulen; künstlerischen Strukturen; kranken und behinderten Menschen; geschützter Natur, die bisher nicht ausgebeutet werden durfte; dem Recht des Menschen auf frei zugängliches Wasser und einwandfreie Lebensmittel?

Ihnen fällt gewiss noch mehr ein. Richtig, es wird wegrationalisiert – zum Wohle der Investoren, zum Schaden der Menschen. Freihandelsabkommen TTIP und TISA lassen grüßen...

Es ist also doch nicht so ganz egal, ob ich staatenlos bin oder eine Staatsangehörigkeit besitze? Und es gibt noch einen weiteren wichtigen Aspekt bezüglich des Staatsangehörigkeitsausweises: Sollte es jemals zu einer Währungsreform kommen und einer Zwangsenteignung der Deutschen, so besagt das...

SHAEF Gesetz Nr. 52, Sperre und Kontrolle von Vermögen:

1. *Vermögen innerhalb des besetzten Gebietes, das unmittelbar oder mittelbar, ganz oder teilweise im Eigentum oder unter Kontrolle der folgenden Personen steht, **wird hiermit hinsichtlich Besitz oder Eigentumsrecht der Beschlagnahme**, Weisung, Verwaltung, Aufsicht oder sonstigen Kontrollen durch die Militärregierung **unterworfen**:*

   *(b) Regierungen, Staatsangehörige oder Einwohner von Staaten, mit **Ausnahme des Deutschen Reiches...***

Wer meint, in Deutschland eine Immobilie dauerhaft besitzen zu können, ohne einen Staatsangehörigkeitsausweis zu haben, wird sich in naher Zukunft noch wundern...

Ja, das ist die Realität, die in den deutschen Schulen und in den US-kontrollierten Medien hierzulande sicherlich nicht gelehrt wird. Die Geschichtsbücher werden eben immer von den Siegern geschrieben.

Was Souveränität betrifft, so ist die Situation in Österreich, der Schweiz und in den meisten anderen Ländern dieser Erde nicht besser. Es ist definitiv kein rein deutsches Problem. Seit dem Beginn des Zweiten Weltkriegs gibt es auf der Welt kaum noch souveräne Staaten, weder in Europa oder Asien, noch in Südamerika oder auf dem afrikanischen Kontinent. Sie unterstehen weiterhin alle der SHAEF-Kriegsgesetzgebung, weil die meisten Länder ab 1945 die SHAEF-Gesetze akzeptiert und sich diesen somit untergeordnet haben. Das ist mit ein Grund, warum die USA heute selbst ohne UN-Mandat – und somit rechtlich „legal" – überall in der Welt militärisch einmarschieren können. Was wir daher unbedingt brauchen, ist ein Friedensvertrag mit allen Ländern dieser Erde. Wie Sie bisher sicherlich feststellen konnten, geht es hierbei schon lange nicht mehr um Frieden in Deutschland allein. Es geht um den Weltfrieden! Und die Deutschen spielen eine fundamentale Rolle dabei! Dieses Thema ist derart umfangreich, dass ich hier aus Platz- und Zeitgründen nicht auf alle einzelnen Details eingehen kann. Ich habe hier aber die wichtigsten Punkte und Ereignisse für Sie aufgeführt. Es gibt Berge an Indizien und Beweisen, und täglich kommen immer mehr hinzu. Das Lügengebäude steht kurz davor, in sich zusammenzusacken. Falls Sie tiefer und ausführlicher in diese Materie einsteigen möchten, kann ich als Lektüre das Buch „Die BRD-GmbH" von Dr. Klaus Maurer empfehlen oder die Vorträge von Reiner Oberüber.

Obwohl fast die ganze Welt uns in ihren Sprachgebräuchen völlig selbstverständlich als „Germanien" und „Germanen" bezeichnet und schon immer bezeichnet hat, hat der zu ewiger Kollektivschuld und tiefster Selbstverleugnung umerzogene „moderne" Deutsche ein großes persönliches Problem mit diesen Begrifflichkeiten und rümpft gleich die Nase. Er reduziert diese Begriffe ausschließlich auf das Dritte Reich, was an kindlichem Blödsinn kaum noch zu überbieten ist. Dass es die Germanen bzw. die germanischen Völker schon abertausende von Jahren gibt und das Deutsche Reich sogar 1.000 Jahre vorher existierte, scheint ihm völlig fremd zu sein. Wenn man einen Schritt zurückgeht und das Ganze aus der Distanz betrachtet, erkennt man schnell, wie aberwitzig und komplett absurd solch ein Verhalten ist. Dabei spielt es keine Rolle, ob Germane, Schwede, Italiener, Araber oder Russe usw.. Jeder hat das Recht, auf seine Herkunft stolz zu sein, ohne gleich „rechts" oder „links" angehaucht zu sein. Hauptsache, man ist weder arrogant noch sonst wie überheblich. Dies trifft jedoch grundsätzlich auf alle Menschen zu, egal welcher Nation oder Hautfarbe. Es gibt z.B. in den USA mehr Rechtsradikale und echte Faschisten (= Kampfbünde) als anderswo in der Welt. Das nur einmal so, um die moralisch-verlogene Propaganda seitens gewisser Lobbys und Machtgruppierungen etwas wieder geradezurücken und den Dreck etwas gerechter zu verteilen.

Derweil berieseln uns die Massenmedien unermüdlich mit einseitig ausgerichteten Dokumentationen über den Zweiten Weltkrieg mit nur einem einzigen Ziel: um den Kult mit der Schuld aufrechtzuerhalten. Der teutonische Schuldtempel ist dabei auf drei Säulen aufgebaut:

- Historiker für die Schuld der Vergangenheit,
- Bankster für die Schuld der Zukunft,
- Kleriker für die Schuld der Ewigkeit.

Es ist allerhöchste Zeit, diesen Kreis der hochgradigen Verdummung und Bevormundung endlich zu durchbrechen – meinen Sie nicht auch?

Seit vielen Jahren sickert zudem in den Medien immer mehr durch, wie viele unserer „Volksvertreter" eine kranke Vorliebe für Kinder haben. In diesem tiefen Pädophilie-Sumpf stecken Hals über Kopf auch andere staatliche Instanzen, „Amtsträger" und „Würdenträger", die darin involviert und auch aktiv beteiligt sind, genauso wie hohe Banker und Inhaber führender Positionen aus Industrie, Wirtschaft und den Medienkonzernen. Dabei scheint es uns nicht großartig zu stören, dass wir hier von Kinderschändern und sonstigen Psychopathen und Sadisten regiert werden, zum Beispiel bei der Partei der „Grünen", die Skandal-Autor Akif Pirincci als „Pädophilen- oder Kindersex-Partei" bezeichnet. Wenn das Volk schon ganz offen missbraucht und ausgebeutet wird, kann man nur grob erahnen, was da im Geheimen so alles getrieben wird. Da stelle ich mir schon einmal ernsthaft die Frage, ob wir da überhaupt noch von „Menschen" regiert werden… Ich werde auf dieses Thema später noch einmal zurückkommen.[12]

Wie lange wollen wir uns das alles noch anschauen?

Es sollte sich mittlerweile herauskristallisiert haben, dass wir durch Wahlen nichts ändern können, zumindest nichts zum Positiven hin. Schauen Sie sich doch die letzten 20 bis 30 Jahre einmal an, in denen Sie evtl. jedes Mal Ihre Stimme „abgegeben" haben. Mal Hand aufs Herz: Hat sich in den ganzen Wahlperioden jemals etwas zum Positiven hin verändert? Oder wurde alles immer nur schlimmer? Selbst, wenn sich einmal eine hoffnungsvolle kleine Partei bilden sollte, die mit ehrlichen Absichten Änderungen durchführen würde, so wird im Vorfeld bereits dafür gesorgt, dass sie keine Chancen beim Wahlergebnis haben wird. Denn die Wahlausgänge werden vorab in Washington entschieden!

Wir haben Meinungsfreiheit? Weit gefehlt!

Was unsere Parteienvertreter im Hintergrund so alles mit Pressevertretern und Internationalisten treiben, erklärt uns Jan van Helsing in seinem Buch „Politisch Unkorrekt" unter der Überschrift „Wer verbietet uns die Freie Meinungsäußerung?": *„Es ist offensichtlich, dass es keine christlichen Konservativen sind, die uns diesen Maulkorb angelegt haben und die uns vorschreiben, wer und was ‚gut' ist und was ‚schlecht'. Nun mag man auf den ersten Blick die Ansicht vertreten, dass es die 68er sind, die heute Machtpositionen innehaben, also Linke, Sozialisten und Marxisten, und die heute auch in den Redaktionen sitzen – was sicherlich auch nicht unwahr ist. Es ist auch korrekt, dass größere Teile der Medienlandschaft Deutschlands einigen wenigen Besitzern gehören, von denen wiederum viele der SPD nahestehen. Über ihre Medienholding ‚Deutsche Druck- und Verlagsgesellschaft' (DDVG) hält die SPD Anteile an über 70 Zeitungen – unter anderem an über 30 Tageszeitungen, zirka 40 Anzeigenblättern und mehreren Magazinen – mit einer Gesamtauflage von über sechs Millionen Exemplaren und etwa 12 Millionen Lesern. Zudem hat die SPD Beteiligungen an zwei Fernsehsendern mit rund einer Million Zuschauern, an knapp 30 Radiosendern mit weit über zehn Millionen Hörern und an einem Kinderbuchverlag. Das ist also ‚nicht von schlechten Eltern'...*

Das erklärt aber nicht, wieso die CDU-nahe BILD-Zeitung die Themen ähnlich wie der ‚linke‘ Spiegel behandelt. Gerade diese beiden Magazine hatten das Buch von Thilo Sarrazin vorab mit Buchauszügen beworben! Ein Widerspruch? Nein, aber verstehen kann man das erst, wenn man weiß, dass die Chefredakteure der diversen – nach außen hin konträr gegenüberstehenden – großen Zeitungen in denselben internationalen Herrenclubs verkehren. Wenn man die Mitgliederlisten der ‚Bilderberger‘, der ‚Deutschen Gesellschaft für auswärtige Politik‘ (DGAP) oder der ‚Atlantik-Brücke‘ ansieht, stellt man fest, dass hier Grüne neben CDUlern, SPDlern und den Chefredakteuren der größten deutschen Zeitungen sitzen. Bei der Atlantik-Brücke sitzt beispielsweise ein Cem Özdemir neben Kai Diekmann und Herrn zu Guttenberg; Felix Merz bei Helmut Schmidt, Otty Schily oder Philipp Rösler – und alle zusammen in illustrer Runde mit Alan Greenspan oder Top-Illuminat Zbigniew Brzezinski.

Hier liegt der Hund begraben. Das ist ähnlich wie bei den US-Präsidentschaftswahlen, wo immer alle zur Wahl stehenden Kandidaten Mitglied des ‚Council on Foreign Relations‘ (CFR) sind, das von der Rockefeller-Foundation ins Leben gerufen wurde. Egal, wen man wählt, man wählt immer einen der ‚ihren‘.

Sie wissen nicht, was ich meine? Dann lassen Sie mich das am Beispiel der Atlantik-Brücke so ausdrücken: Dr. Arend Oetker, der auch der Präsident der DGAP ist, sagte über die Atlantik-Brücke im Jahre 2002: ‚Die USA werden von 200 Familien regiert, und zu denen wollen wir gute Kontakte haben.‘ Aus Europa kommen noch etwa 100 Familien mit hinzu. Das sind dann die Illuminati – die Crème de la Crème der westlichen Welt. Das sind diejenigen, die das Geld haben und dadurch Wirtschaft, Industrie und Medien in der Hand halten.

Einer, der diese ‚guten Beziehungen‘ pflegte, war unser ehemaliger Bundeskanzler Helmut Schmidt, der wie alle seine Nachfolger nach seinem Amtsantritt nach New York reiste, um beim CFR in der Park Avenue seine Instruktionen abzuholen. Die ARD berichtete über seinen Besuch im Pratt-House, dem Sitz des CFR, am 26.11.1975: ‚Ein Mann nach dem Geschmack der New Yorker, ein Mann, der begriffen hat, dass die Politik nur mehr als Hilfsorgan der alles beherrschenden Ökonomie fungiert und dass die Nationalstaaten im Grunde nur noch regionale Verwaltungseinheiten des Weltmarktes sind.‘

Sein angestrebtes Ziel hält der CFR auch gar nicht geheim und erklärt un-
verblümt: ‚Die Neue Weltordnung wird aufgebaut… Es kommt das Ende der
nationalen Souveränität. Stück für Stück wird die nationale Souveränität aus-
gehöhlt. Mit dieser Methode erreicht man viel mehr als mit dem altmodischen
frontalen Angriff.' (Journal des CFR 1947, S. 558)"

Wie wir hier gesehen haben, haben Politiker also rein gar nichts zu entscheiden – höchstens, welche Krawatte sie morgens binden dürfen, aber
selbst da bin ich mir nicht mehr ganz sicher. Das sind alles Politdarsteller,
die eine mehr oder weniger gute Performance auf der Politbühne abliefern.
Alle vier Jahre veranstaltet man dieselbe Theaterveranstaltung mit neuen
Farbspielen und lügt dem Volk schamlos ins Gesicht – auf Kosten der
Steuerzahler natürlich. Hinter ihnen sitzen, wie wir gerade gesehen haben,
internationale Strippenzieher, die die wahren Entscheidungen fällen.

Ein Mitbestimmungsrecht ist nur vorgetäuscht, um die Illusion von
Demokratie aufrechtzuerhalten. Durch Wahlen können wir allerhöchstens
kleinste Veränderungen **im** System, aber keinerlei Veränderungen **am** System vornehmen.

Zusammenfassung

Das waren bisher sehr viele Informationen auf einmal. So möchte ich hier die ersten beiden Kapitel in ihren Kernpunkten zur besseren Übersicht und zum Gesamtverständnis noch einmal zusammenfassend abschließen:

- Die BRD ist kein Staat, sondern eine von den Alliierten installierte Verwaltung, eine sog. *non-governmental Organization* (NGO) oder auch *Nichtregierungsorganisation* (NRO).

- Viele der sogenannten „Ämter" sind im internationalen Firmenregister eingetragene US-Handelsunternehmen.

- Das Grundgesetz ist keine Verfassung. Seine Gültigkeit ist höchstens noch pro forma vorhanden. Unser Land steht vor einer mit der HLKO verknüpften Rechtssituation. Alle „richtigen" deutschen Verfassungen sind noch immer gültig (1849, 1866/67 und 1871) und können auch eine Anwendung finden – weil ein souveränes Volk sie geschrieben hat. Sie würden erst dann verschwinden, wenn das souveräne Volk verschwunden ist. Deshalb ist es das Ziel der „Herrschenden", das „souveräne Volk" verschwinden zu lassen. Wer einen „Staatsangehörigkeitsausweis" hat (gemäß § 4.1 RuStAG vom Stand 1913), ist im Besitz einer **gesetzlichen Staatsangehörigkeit** in einem Bundesstaat, und das sichert der Person/Fiktion den Zugriff und das Recht auf alle deutschen Gesetze, bürgerlichen Rechte und sogenannte „Menschenrechte". Dadurch behält der Staatsbürger den Anspruch auf seine Bodenrechte, die ihm auch durch Alliierte nicht genommen werden können. Da das „von oben" nicht erwünscht ist, ist der Weg, den „Gelben Schein" zu erhalten, nicht immer einfach.

- Personalausweis und Reisepass bestätigen nicht die deutsche Staatsangehörigkeit. Deutscher ist nach dem Gesetz nur, wer einen Staatsangehörigkeitsausweis besitzt mit einer Abstammung nachgewiesen mittels Geburts- und Heiratsurkunden. Hat er dies nicht, ist seine Person ein *Apolid* (Staatenloser). Die Souveränität Deutschlands kann nur durch einen Friedensvertrag wiederhergestellt werden. Friedensverhandlungen sind mit „Staatenlosen" aber nicht möglich. Das Grundgesetz wurde so verfasst, dass die Deutschen eines Tages wieder „befriedet" werden können. Deswegen war von den Alliierten vorgesehen, dass es Personen, die keine Staatsangehörigkeit haben, möglich ist, diese zu erwerben, damit sie als „Staatsbürger" an Friedensverhandlungen teilnehmen dürfen (RuStAG 4.1, GG § 116-1).

- Das Besatzungsstatut ist nach wie vor gültig. Wir sind immer noch ein besetztes Land und somit keineswegs souverän.

- Wir haben bis heute immer noch keinen Friedensvertrag mit den Parteien des Ersten und Zweiten Weltkriegs. Es herrscht seit 1945 lediglich ein Waffenstillstand. Der Zwei-plus-vier Vertrag ist kein Friedensvertrag (siehe dazu die Zwei-plus-vier-Zusatzabkommen!).

- Es gibt zwei parallele Welten des seit Jahrhunderten angewandten Rechtssystems (*reale Welt* und *juristische Welt*). Wir werden als Sachen („juristische Personen") behandelt, als Staatenlose (Apolide) ohne jedwede Rechte.

- „Menschenrechte" sind Personenrechte. Personen sind immer auf der Seite der Fiktionen, auf der Seite des „Papiers" angesiedelt. Um Verwirrungen vorzubeugen, ist es besser, in der realen Welt die Begriffe „Männer", „Frauen", „Kinder" oder auch „Leute" zu verwenden.

- Gerichtsvollzieher sind seit dem 1.8.2012 keine Bundesbeamten mehr. Sie handeln seitdem als Selbständige.

- Die BRD-Politiker vertreten fremde Interessen und nicht die des Volkes. Durch die gegenwärtigen Parteien und Wahlen kann am jetzigen System kaum etwas verändert werden. Allerdings könnte die Anwendung der *Haager Landkriegsordnung* (HLKO) etwas bewegen!

- Sowohl die Weimarer Republik als auch das Dritte Reich waren zwar kommerziell/handelsrechtlich entstanden, jedoch ohne dass sich der Bürger bewusst darüber war, was genau geschah. Dasselbe gilt natürlich auch für die BRD und die ehemalige DDR.

- Der Weltfrieden kann nur von Deutschland ausgehen. Die Deutschen müssen den anderen mitteilen, dass die Voraussetzungen für Friedensverhandlungen gegeben sind, nicht umgekehrt. Privatorganisationen wie die UNO versuchen, das zu verhindern! Die UNO will keine „Staaten" und „Staatsbürger", sondern nur sog. „Weltbürger", die in ein kommerzielles Rechtssystem eingebunden sind – es geht nur ums Geld. Diese haben nur minimale Privilegien. Das „Staatliche" eines „Staatsbürgers" mit dem Recht auf Boden wird eingetauscht gegen „kommerzielles Recht". Nationalstaaten sind nur noch regionale Verwaltungseinheiten des Weltmarkts!

„Letztendlich wurden zwei Weltkriege geführt, um eben das, eine dominante Rolle Deutschlands, zu verhindern."
Henry Kissinger, in der „Welt am Sonntag" vom 23.10.1994

„Deutschland wird nicht mit dem Ziel der Befreiung besetzt, sondern als eine besiegte feindliche Nation zur Durchsetzung alliierter Interessen."
Amerikanische Regierungsanweisung IGCG 1067, April 1945

„Politische Dummheit kann man lernen, man braucht nur deutsche Schulen zu besuchen. Die Zukunft Deutschlands wird wahrscheinlich für den Rest des Jahrhunderts von Außenstehenden entschieden. Das einzige Volk, das dies nicht weiß, sind die Deutschen."
„The Spectator", 1959

„Kein größerer Schaden kann einer Nation zugefügt werden, als wenn man ihr den Nationalcharakter, die Eigenschaften ihres Geistes und ihrer Sprache nimmt."
Immanuel Kant (1724-1804)

Kapitel 3
Die Mechanismen zur Schaffung von Sklaven ohne Ketten in einem unsichtbaren Gefängnis

Geld und Geldsystem als Waffe gegen die Menschheit

Wer meint, das Geld sei „irgendwann" aus dem Tauschhandel „einfach mal eben so" entstanden, der irrt gewaltig. Das Geld als Zahlungsmittel haben die Machthaber alter Kulturen schon vor tausenden von Jahren eingeführt, um die Menschen beherrschen und versklaven zu können, ohne dass die Völker dies wirklich begriffen haben. So wie heute, hat auch die Elite damals das Monopol zur Herstellung und Verteilung des Geldes innegehabt. Dabei wurde über die Jahrhunderte und Jahrtausende hinweg das Geldsystem fortlaufend entwickelt und an die jeweilige vorherrschende Zeit angepasst und bis zum heutigen Tage hin so weit perfektioniert, damit die Masse das System nicht durchschaut.

Die heutigen Machthaber, die verdeckt im Hintergrund agieren, sind die Nachkommen der früheren Machthaber der alten Kulturen. Heute setzen diese sich vornehmlich aus diversen Familienclans zusammen, die u.a. an der Spitze der Konzerne, in Adelshäusern und unter den Religionsführern (vorrangig im Vatikan und in seinen diversen Unterorden) zu finden sind. Sie selbst bezeichnen sich als *Illuminati* (die Erleuchteten), eine Organisation, welche offiziell 1776 gegründet wurde und die sich der „dunklen Seite" verschrieben hat. Sie setzt sich aus Leuten verschiedener Nationen und Hautfarben zusammen, ganz unabhängig von den übrigen Religionen, denn ihre einzige Religion ist die von Luzifer. Sie sehen sich seit jeher als Weltherrscher an, kontrollieren über ihr weit gesponnenes Netz an unzähligen Organisationen (UNO, IWF, Weltbank, CFR, Trilaterale Kommission, Freimaurerlogen, Zentralbanken, humanistische Organisationen usw.) so ziemlich alle Weltgeschicke und meinen, sie dürften und müssten gar in den freien Willen der Menschen eingreifen, da diese ihrer Meinung nach angeblich nicht selbst in der Lage sind, selbstbestimmt zu leben und daher „geführt" werden müssen. Dabei sind ihnen alle Mittel recht, selbst vor Kriegen und Massenmord schrecken sie keineswegs zurück, um ihr Ziel der „Neuen Weltordnung", einer technokratischen Welt-diktatur, in der Menschen strengstens kontrolliert und überwacht werden, zu verwirklichen.

Was ist diese ‚Neue Weltordnung' überhaupt?

Dies beschreibt uns Michael Morris in seinem Bestseller „Was Sie nicht wissen sollen!": „*Seit mehreren hundert Jahren kontrollieren einige wenige europäische Familien alle westlichen Staaten, Regierungen, Volkswirtschaften und deren Währungen. Vor etwa hundert Jahren haben dieselben Familien auch die Kontrolle über die USA übernommen. Diese superreichen Clans streben ohne Zweifel die Weltherrschaft an und planen, unter dem Namen* **Neue Weltordnung** *eine Weltregierung und eine einheitliche Weltwährung zu etablieren und dabei die Unabhängigkeit der einzelnen Staaten und Währungen aufzulösen. Die neue Weltregierung soll von dieser Elite gestellt werden. Diese Elite glaubt offenbar, alleinig dazu berechtigt und befähigt zu sein, und sie hält sich auch genetisch für überlegen. Würde ihnen ihr Coup gelingen, hätten sie totale, und damit totalitäre Macht über die gesamte Weltbevölkerung, die dadurch nur noch Sklaven einer kleinen privilegierten Oberschicht wären. Es verwundert kaum, wenn man erkennt, dass diese geheime Oberschicht aus den wichtigsten Vertretern des europäischen Hochadels und des europäischen und amerikanischen Geldadels besteht.*

Diese Gruppe grauer Eminenzen hat vor allem im 20. Jahrhundert unglaubliche Erfolge auf dem Weg zu ihrem großen Ziel der ‚Weltregierung' aufzuweisen. Durch zahlreiche, teils offizielle, teils inoffizielle Organisationen lenken sie die Geschicke der Welt und bestimmen so die Rahmenbedingungen in unser aller Leben. Sie bestimmen über Krieg und Frieden, über Leben und Tod, darüber wer Präsident oder Bundeskanzler wird, und sie werden auch als die ‚Schattenregierung' oder als die ‚Illuminati' bezeichnet.

Der größte Teil der Menschheit hat keine Ahnung davon, dass dieses Schattenregime überhaupt existiert. Andere, die davon gehört haben, halten es für einen Mythos, eine ‚Verschwörungstheorie', und können oder wollen sich nicht vorstellen, dass unsere Politiker nur willenlose Marionetten derer sind, die das Geld haben. Auch wenn viele brave Bürger immer noch glauben möchten, dass der amerikanische Präsident der mächtigste Mann der Welt ist oder dass sie an der Wahlurne eine freie Entscheidung über die Regierung ihres Landes treffen können, so gibt es doch glücklicherweise immer mehr Menschen auf diesem Planeten, die erwachen und begreifen, dass es höchste Zeit ist, grundlegend etwas zu verändern auf Erden. Zu glauben, dass Wahlen in der westlichen Welt sehr viel freier seien als in der sogenannten Dritten Welt, ist Wunschdenken. Denn das Schattenregime besitzt nicht nur die wichtigsten Banken und Versicherungen, die größten Investmentfirmen und die Börsen selbst, sondern es besitzt auch alle wichtigen Presseagenturen und Medienkonzerne. Dadurch bestimmt diese geheime Regierung, was in der Zeitung steht, was im Fernsehen und Radio ausgestrahlt wird, welche Filme produziert werden und im Kino laufen. Sie bestimmt, welcher Politiker aufsteigt und wer einem Skandal zum Opfer fällt. Und offenbar hat sie auch Einfluss darauf, dass unliebsame Zeitgenossen ein früher Tod ereilt.

Kann ich das beweisen? Tja, wir haben uns ja angesehen, was Präsidenten und Politikern geschah, die an den Machtverhältnissen dieser Bankiers-Clans etwas ändern wollten. Ist das nicht Beweis genug? Und haben Politiker wie Woodrow Wilson nicht erklärt, dass es diese Verschwörung gibt? Das haben sie. Sie haben nur keine Namen genannt. Durch die Manipulation der Finanzmärkte, der Börsen und des Gold- und Silberpreises arbeiten sie unaufhörlich an einer Weltwährung. Der erste Schritt war der Dollar, der zweite der Euro, der dritte sollte der Amero werden und der vierte und letzte der Bancor, die bargeldlose Währung, die all unsere Guthaben, all unsere Freiheit und unsere Rechte auf einen Chip speichert. Dieser RFID-Chip ist bereits Realität und wurde bereits tausenden Menschen implantiert....

Wenn man den (teils sehr verworrenen) Spuren der Manipulatoren folgt, dann landet man unweigerlich immer wieder bei einigen wenigen Familien, die unterschiedlich prominent und öffentlich hinter all diesen Vorgängen stehen."

Einer der obersten, wenn nicht sogar DER oberste dieser Illuminaten war das Oberhaupt der Bankiersfamilie Rothschild, Mayer Amschel (1744-1812). Von ihm stammt folgendes Zitat: „Gebt mir die Kontrolle über die Währung einer Nation, dann ist es für mich gleichgültig, wer die Gesetze macht."

Verstehen Sie das? Es geht nicht um politisch „links" oder „rechts", um Russland, die USA oder sonst irgend ein Land. Wer die Geldströme und die Rohstoffe steuert, bestimmt, was auf der Erde geschieht!

Der bei Michael Morris erwähnte Woodrow Wilson war der US-Präsident, der 1913 den „Federal Reserve Act" unterschrieben hatte, durch den Amerika eine private Notenbank erhielt. Wilson sagte Jahre später dazu: *„Ich bin ein zutiefst unglücklicher Mann. Ich habe unwissentlich mein Land ruiniert. Eine große industrielle Nation wird von ihrem Kreditwesen kontrolliert. Unser Kreditwesen ist vereinigt. Daher sind das Wachstum unserer Nation und alle unsere Tätigkeiten in den Händen einiger weniger. Wir sind eine der am schlechtesten regierten, meistkontrollierten und -beherrschten Regierungen der zivilisierten Welt. Nicht länger eine Regierung der freien Meinung, nicht länger eine Regierung der Überzeugung oder des Mehrheitsentscheides, sondern eine Regierung der Ansichten und Nötigungen einer kleinen Gruppe herrschender Männer."*

Mehr zur FED erfahren Sie in Kürze.

Gerne möchte ich noch Jan van Helsing anführen, der uns noch etwas mehr über die *Neue Weltordnung* erklärt: *„...das angestrebte Ziel der Illuminati ist die Weltherrschaft, der sie den wohlklingenden Namen* **Neue Weltordnung** *gegeben haben. Diese hatte George Bush Senior erstmals am 11. September 1990, also ‚zufälligerweise' exakt elf Jahre vor dem Anschlag auf das WTC, öffentlich ausgerufen. Hauptbestandteil der Neuen Weltordnung ist neben einer Weltreligion der bargeldlose Zahlungsverkehr über Kreditkarten und später über einen unter der Haut implantierten Chip, der es ‚Big Brother', wie George Orwell die Illuminati nannte, ermöglicht, alle Menschen zu beherrschen.*

‚Um die Weltregierung umsetzen zu können, ist es nötig, Individualität, Loyalität gegenüber Familientraditionen, nationalen Patriotismus und religiöse Dogmen aus den Köpfen der Menschen zu bekommen.' Wenn wir diese Worte von Dr. George Brock Chisholm lesen, dem Mitbegründer und ersten Generaldirektor der ‚Weltgesundheitsorganisation' (WHO), dann wird verständlicher, was in unserer Welt geschieht und wieso die Ordnung, wie wir und unsere Eltern und Großeltern sie kennengelernt haben, aus den Fugen gerät – nicht, weil es sich natürlich so entwickelt hat, sondern weil es bewusst so herbeigeführt wurde! Es steckt ein Plan dahinter, ein böser Plan meiner Ansicht nach. Familien, Traditionen und Werte sollen zerstört werden, also all das, was uns in unserer Kindheit als ‚wichtig fürs Leben' vermittelt wurde.

Deswegen werden Worte wie Heimat, Volk, Familie, Tradition, National-
stolz, Glauben, Mann und Frau und ähnliche zu ‚Unworten', sie sind plötzlich ‚politisch unkorrekt' und nicht mehr erwünscht, da sie dem großen Ziel im
Wege stehen – der Weltregierung mit ihrem angestrebten Völker-Einheitsbrei.
Das bestätigte auch ein anderer ‚Insider', Strobe Talbott, der ehemalige Vize-
Außenminister Präsident Clintons, am 20. Juli 1992: ‚Im nächsten Jahrhundert werden Nationen, so wie wir sie kennen, veraltet sein; alle Staaten werden eine einzige globale Autorität anerkennen. Nationale Souveränität war
keine besonders gute Idee.'

Deren Ziel ist eine Weltregierung mit einer einzigen, globalen Währung,
und alle politischen Ereignisse der letzten 100 Jahre muss man in Bezug auf
dieses Ziel betrachten, denn erst dann versteht man den Kurs der Weltpolitik.
Und diese Weltregierung ist gekennzeichnet durch Kontrolle. Die totale Kontrolle erhält man, wenn es kein Bargeld mehr gibt, sondern nur noch virtuelles
Geld – gesteuert über gigantische Computeranlagen – und wenn jeder Mensch
einen kleinen Chip eingesetzt bekommt, der alles in einem ist: Krankenversi-
cherungskarte, Kreditkarte, Personalausweis und Führerschein. Durch diesen
Chip wird man jederzeit überall auffindbar und ist gleichzeitig ein gläserner
Mensch, denn jeglicher Zahlungsverkehr ist registriert. Derjenige, der auf den
Chip Zugriff hat, kann auf Knopfdruck das Geldguthaben eines unbequemen
Bürgers löschen, die Krankenversicherung sperren oder was auch immer. Da
sich aber kaum jemand freiwillig einen solchen Chip implantieren lassen wird,
haben sich die Leute, die die Welt gerne komplett besitzen möchten, einen
Plan ausgedacht, wie sie moderne, aufgeklärte Menschen dazu bringen, sich
diesen Chip freiwillig einpflanzen zu lassen. Der Schlüssel heißt ‚internationaler Terrorismus'. Das bedeutet, man schürt bewusst eine Angst vor einem Terrorismus – den es in dieser Form momentan gar nicht gibt –, um die Überwachung zu verstärken und Bürgerrechte einzuschränken. Das war ähnlich wie
bei der dritten RAF-Generation, der man verschiedene Morde in die Schuhe
geschoben hat und die nicht widersprechen konnte, da es sie in der damals dar-
gestellten Form laut Gerhard Wisnewski gar nicht gab...

Sie meinen, das wäre weit hergeholt? Mitnichten! Henry Kissinger – einer
der Top-Insider – hielt auf der Bilderberger-Konferenz in Evians, Frankreich,
1991 eine Rede, der folgender Auszug entstammt: ‚Heutzutage wäre Amerika
empört, wenn UN-Truppen Los Angeles besetzen würden, um die Ordnung
wiederherzustellen. In naher Zukunft wird es dankbar sein! Insbesondere

dann, wenn man den Leuten erzählt, dass von außerhalb eine Bedrohung existiert – egal, ob die Bedrohung real ist oder lediglich propagiert –, die unser aller Existenz bedroht. Dann wird es so sein, dass die Leute der ganzen Welt flehen werden, sie vor diesem Bösen zu retten. Das einzige, was jeder Mensch fürchtet, ist das Unbekannte. Wenn das präsentierte Szenarium eintritt, werden die Menschen ihre persönlichen Rechte freiwillig aufgeben, wenn ihnen im Gegenzug das persönliche Wohlergehen durch die Weltregierung garantiert wird.'

Man kreiert ein Problem, das es gar nicht gibt, und nutzt die Macht der Medien, um dieses fiktive Problem zu dramatisieren – ähnlich wie bei der Klimahysterie oder der Schweinegrippe. Durch eine Unvorsichtigkeit oder vielleicht sogar durch Hochmut kam dies durch Nicholas Rockefeller heraus, der dem inzwischen verstorbenen Filmemacher Aaron Russo gegenüber auch erwähnte, dass der ‚Krieg gegen den Terror‘ ein Riesenschwindel sei, künstlich geschaffen, um Angst und Panik zu erzeugen. Und dieser Nicholas Rockefeller hatte Aaron Russo gegenüber auch erwähnt, dass es zweierlei Mikro-Chips geben würde – einen für die ‚blöde Masse‘ und einen für die ‚Elite‘, der dann ähnlich einem Diplomatenpass funktionieren soll.

Das Ganze funktioniert nach dem Prinzip ‚ordo ab chao‘ (‚Ordnung aus dem Chaos‘) – die drei Worte, die wir im Siegel des Schottischen Ritus der Freimaurerei finden! Wenn man eine neue Ordnung – eine Neue Weltordnung – einführen möchte, so muss zunächst die alte Ordnung zerstört werden – die alten Werte, Familienbande und Glaubensrichtungen. Im Austausch dafür erhalten wir dann eine Überwachungsstruktur, die aber nicht von den einzelnen Staaten wie beispielsweise Deutschland oder Österreich kontrolliert wird – also dass Deutsche von der deutschen und dass Österreicher von der österreichischen Regierung überwacht werden –, sondern von der EU, der UNO oder den USA – oder eben auch von privaten Anbietern undefinierbarer Herkunft. Diese sind es, die die Daten dann verwalten und kontrollieren. Das machen sie ja jetzt auch schon. Fremde haben somit Zugang zu den privatesten Informationen von uns. Wir haben dann den Feind im eigenen Land, der weiß, was der deutsche Bürger denkt, isst, was er konsumiert, mit wem er was kommuniziert und so weiter – siehe Blackberry, Facebook, skype oder Twitter. Die überwiegend jugendlichen Nutzer sind sich gar nicht darüber bewusst, dass ihre Daten nie gelöscht werden. Und was die Mikro-Chips angeht: Die werden selbstverständlich nicht nur den Kriminellen eingepflanzt –

das ist nur der Vorwand zu Beginn –, sondern irgendwann allen Menschen, da uns nur deren Vorteile vorgestellt werden. Ein sehr enger Freund von mir, ein österreichischer Unternehmensberater, hatte sich im Jahre 2008 in London mit einer Dame getroffen, einem ehemaligen britischen Regierungsmitglied. Irgendwie beiläufig kamen sie beim anschließenden Essen auf das Thema Überwachung zu sprechen, die ja in England überall präsent ist. Und die Dame erklärte dann ganz ungeniert, dass sie selbst und ihre Familie, ‚die der gehobenen Gesellschaftsschicht angehört‘, bereits die Chips implantiert hätten und bald alle Engländer – ob sie das wollten oder nicht – Mikro-Chips unter die Haut implantiert bekämen. Die Frau war zur Überraschung meines Freundes ganz begeistert von dieser Tatsache."

Das Symbol, welches die Illuminaten gern häufig in der Öffentlichkeit verwenden, ist die Pyramide mit dem „Allsehenden Auge", welches Luzifer/Satan, den Widersacher Gottes repräsentiert und somit zum Ausdruck bringen soll, wer hinter einem Projekt, einer Firma etc. steht, ohne dass die Massen diese Symbolik verstehen oder einordnen können, weil ihr schlichtweg das Wissen dazu fehlt. Dieses Symbol findet sich z.B. auf der Rückseite der Ein-Dollarnote und wird auch sehr häufig in den Medien und der Unterhaltungsindustrie verwendet, wie wir gleich noch sehen werden. Des Weiteren bedienen sie sich bestimmter für sie wichtigen und bedeutenden okkulten Zahlen, wie 11, 13, 23 oder 33 als Erkennungsmerkmal.

Nachfolgend sehen Sie verschiedene Illuminati- und Freimaurersymbole, die in der Öffentlichkeit benutzt werden:

Abb. 10: Erleuchtete Pyramide mit abgesetzter Spitze.

Abb. 11: Dreimal die Zahl 11 = 33

99

Abb. 12: Die 1-Dollarnote ist gespickt mit zahlreicher Illuminatisymbolik. *„Aus vielen soll eins werden."* Das heißt alle Macht soll zur Spitze hin zentralisiert werden. Die Zahl 13 gilt in der Freimaurerei als Glückszahl und sagt aus, dass eine Unternehmung von Erfolg gekrönt ist. So häufig, wie die 13 vorkommt, ist ein Zufall definitiv ausgeschlossen.

Abb. 13: Für „Annuit Coeptis" (in 13 Buchstaben) gibt es zwei mögliche Übersetzungen: *„Er hat unserem Vorhaben zugestimmt."* oder *„Unser Vorhaben wird erfolgreich sein."* Zusammen mit dem unteren Teil ließe sich der Satz wie folgt zusammensetzen: *„Er (also Luzifer; A.d.V.) hat unserem Vorhaben der Neuen Weltordnung zugestimmt."* bzw. *„Wir werden mit unserem Vorhaben der Neuen Weltordnung Erfolg haben."* Deutlicher und offensichtlicher kann die Botschaft kaum noch sein.

Abb. 14: Logo des US-TV-Senders CBS.

Abb. 15: AOL-Unternehmenslogo – eine Pyramide mit dem Allsehenden Auge.

Abb. 16: Die Zahl 13 im Mc-Donald's-Logo. Das Wort Mc Donald's ist die 1.

Abb. 17: Die Zahl 33 im Langnese-Logo, welches den höchsten Freimaurergrad im Schottischen Ritus darstellt. Mit dem Schriftzug ist auch die 13 erkennbar.

Abb. 18: Olympische Spiele 2012: Einäugige Maskottchen und im Hintergrund auf dem Stadion rundherum aufgestellt sind Konstrukte in Pyramidenform zu sehen, wobei die abgesetzten Spitzen aus Scheinwerfern bestehen, die das Stadion erleuchten.

Abb. 19: Auch ein deutscher TV-Sender bedient sich der Symbolik des Allsehenden Auges und macht die Zuschauer dabei zum Affen.

Und das ist lediglich eine ganz kleine Auswahl. Wenn Sie das nächste Mal in die Stadt gehen, werden Sie solche Symbole zuhauf finden können, wenn Sie aufmerksam sind. Glauben Sie, dass Unternehmen und Veranstalter ihre Logos und Örtlichkeiten rein „zufällig" mit Illuminaten- und Freimaurersymbolen schmücken? Ganz sicher nicht.

„Bankraub ist eine Unternehmung von Dilettanten. Wahre Profis gründen eine Bank."

Berthold Brecht

Dass Geld aus dem Nichts bzw. aus Schulden geschöpft wird, wurde den Banken gesetzlich erlaubt bzw. diese haben die entsprechenden Gesetze selbst verfasst und den Politikern zur Verabschiedung vorgesetzt. Dass die Industrie die Gesetze zu ihren Gunsten ausgestaltet und vorgibt, ist heute kein Geheimnis mehr. Sie erinnern sich sicherlich noch an die Aussagen von Horst Seehofer in diesem Zusammenhang.

Selbst jeder Bankkaufmann lernt bereits in seiner Ausbildung, dass lediglich ein kleiner Prozentsatz (meist um die 5-10%, in anderen Ländern z.T. noch weniger) an Guthaben vorhanden sein muss, um eine noch größere Summe Geld zu erschaffen. Ein kleines Rechenbeispiel vereinfacht zur besseren Veranschaulichung: Eine Bankfiliale erhält von einem Sparer 1.000 Euro, welche auf sein Sparkonto eingezahlt werden. Mit diesen 1.000 Euro kann die Bank einem anderen Kunden einen Kredit vom bis zum 10fachen des Werts verleihen, in unserem Beispiel also bis zu 10.000 Euro. Die restlichen 9.000 Euro wurden über den Computer im Banksystem einfach elektronisch erzeugt. Die sind durch absolut nichts gedeckt, außer von den hinterlegten Sicherheiten des Kreditnehmers, bis hin zu seiner Arbeitskraft (Lohnpfändung).

Stellen Sie sich das nun im größeren Maße vor: Ihre Bankfiliale, Ihre Stadt und Gemeinde, Ihr Land – und dann weltweit. Das ist Geldschöpfung globalen Ausmaßes! Der Gipfel der Perversion ist dann erreicht, wenn sogar Großkonzerne eigene Banken gründen (z.B. VW-Bank, Toyota-Bank usw.) und sich dadurch selbst nicht nur mit Geld versorgen, sondern die Kredite (Schulden) als Ausgaben auch gleich noch von der Steuer absetzen können. Da frage ich mich: Warum können die Menschen dann nicht auch selbst ihr eigenes Geld schöpfen?

Das Geldsystem:
Interview mit Prof. Dr. Franz Hörmann – Teil 1

Aber was genau ist denn das „Schuldgeldsystem"? Wie ist es entstanden, und was bedeutet das für die Menschen heute? Hier möchte ich gerne einen wahren Experten zu Wort kommen lassen, Herrn Prof. Dr. Franz Hörmann, der als Dozent im Institut für Unternehmensrechnung an der *Wirtschaftsuniversität Wien* tätig und zudem der Autor des Buches „Das Ende des Geldes" ist.

Sehr geehrter Herr Prof. Dr. Hörmann, was können Sie uns zur Entstehungsgeschichte des Schuldgeldes erzählen?

In China war über 10.000 Jahre hindurch das sogenannte Fei-Lun-System (mit dem Symbol des „fliegenden Rades") gebräuchlich. Hier suchte man einen Händler auf, wählte einige seiner Waren, einigte sich auf einen Preis und nahm die Waren dann einfach mit. Der Händler notierte den Schuldbetrag in einem Kreidekreis an der Wand (wovon sich der Ausdruck „in der Kreide stehen" ableitet). Nach einigen Tagen suchte man dann den Händler auf und bot ihm eigene Waren an. Der Händler suchte sich nun etwas aus, man einigte sich abermals auf einen Preis, und danach wurde die Zahl im Kreidekreis entsprechend vermindert. Dieses System wurde in China noch vor dem Bau der großen Mauer angewandt, auch in der Zeit der mongolischen Besatzung. Die Mongolen (welche selbst mit Goldstücken und Stofflappen als „Geld" bezahlten) raubten damals den Chinesen alles Edelmetall und konnten sich danach nicht erklären, warum die chinesische Wirtschaft nicht komplett zum Erliegen kam, sondern scheinbar einfach unbeeinflusst weiter funktionierte, da die Chinesen ja kein werthaltiges Tauschmittel mehr besaßen – die Kreidekreise an der Wand wurden von den Mongolen überhaupt nicht als „Geld" wahrgenommen. (siehe[12a])

Der Ursprung des „Kredits" sozusagen...

Wir sehen aber schon im Fei-Lun-System, dass hier die Maßzahlen selbst eine Schuld (den Betrag der noch ausstehenden Gegenleistung) darstellen. Die Wertmaßzahl entsteht also dadurch, dass ein Geschäftspartner etwas leistet und der andere die Gegenleistung noch schuldig bleibt. Geld, das auf diese Art entsteht, wird „Kreditgeld" oder „Schuldgeld" genannt. Es verkörpert keinen positiven Wert (wie etwa Goldstücke, die selbst aber wieder die Gefahr der Verknappung zur Preistreiberei und Spekulation in sich bergen), sondern einen negativen Wert, eben die nach wie vor bestehende „Schuld".

Und dieses System hat man bis in die Neuzeit fortgeführt?

Diese Schuldgeldschöpfung hat noch vor der Französischen Revolution, als die Geldschöpfung noch in der Hand des Adels lag, wie folgt funktioniert: Zwei Adelige, die über sehr viel Vermögen verfügten (z.B. Ländereien und Schlösser im Wert von jeweils 10 Mio.), denen aber Zahlungsmittel fehlten (die also nicht liquide waren), konnten selbst „Geld schöpfen", indem jeder von ihnen einen Schuldschein im Betrag von z.B. 100.000 unterschrieb und sie danach diese Schuldscheine mit einander tauschten (Schuldscheintausch). Sodann konnte jeder den Schuldschein des anderen an Zahlung statt (wie ein Zahlungsmittel) weitergeben. Da die Schuldscheine auf denselben Betrag lauteten und jeweils auch durch ausreichendes Vermögen gedeckt waren, war das jederzeit einfach möglich. Solange die Bonität der Adeligen von den Inhabern der Schuldscheine nicht angezweifelt wurde, zirkulierten ihre Schuldscheine wie Zahlungsmittel in der Bevölkerung. Erst, wenn erste Zweifel an der Bonität auftauchten, musste ein Adeliger den Schuldschein zurücknehmen und an seiner Stelle z.B. mit Goldmünzen bezahlen (und vorher unter Umständen eine Liegenschaft verkaufen).

Das ist verständlich. Das funktioniert also nur so lange gut, solange Vertrauen und eine ausreichende Deckung vorhanden sind. Aber man erkennt, dass dieses System auch leicht manipulierbar ist, oder?

Im neunzehnten Jahrhundert druckten die Eigentümer der größten Kaufhäuser in den Wildweststädten der USA einfach Zahlen auf bunte Zettel, gaben diese an die Bevölkerung aus, bezeichneten die Scheine als „Geld" und sich selbst als „Banker" (dies war das Zeitalter der sogenannten „Wildcat-Banks"). Damals war aber noch die Golddeckung der Banknoten vorgeschrieben, daher schwärmten Bankenprüfer aus Was-

hington in den Wilden Westen aus, um in diesen Bankfilialen nachzu-
zählen, ob den Seriennummern der ausgegebenen Geldscheine auch eine
ausreichende Anzahl echter Goldmünzen gegenüberstand. Kaum dass
diese Bankprüfer mit dem Zählen in einer Bankfiliale fertig waren, pack-
ten die Banker die Goldmünzen in eine Kiste, luden sie auf eine schnelle
Kutsche und verbrachten sie noch vor Eintreffen der Bankprüfer in die
nächste Filiale, wo die Prüfer abermals dieselben Goldmünzen zählten
wie in der letzten Filiale. Wir lernen daraus: Das Abzählen getrennter
Einheiten ist ohne Identitätsmerkmal der gezählten Einheit logischerweise unmöglich!

**Das ist in der Tat sehr raffiniert und hinterlistig! Wie schaut die Situa-
tion denn heute aus, und – vor allem für die interessierten und versier-
ten Leser da draußen, – wie funktioniert diese Geldschöpfung „technisch"?**

Genau dieses Schuldgeldsystem existiert verdeckt (ohne, dass dies der
Bevölkerung, den Politikern oder auch den meisten Mitarbeitern von
Banken überhaupt bewusst ist!) noch heute. Wenn ein Unternehmer
oder eine Privatperson einen Bankkredit erhält, so „erhält" der „Kreditnehmer" in Wahrheit überhaupt nichts, solange der Kredit nicht in bar
behoben, sondern der Betrag elektronisch überwiesen wird. Der Bankmitarbeiter tippt einfach den Kreditbetrag in einen Computer und führt
damit eine Buchung aus. Einerseits entsteht in der Höhe des Kreditbe-
trags (tatsächlich erhöht um Zinsen und Spesen) eine Forderung der
Bank gegenüber dem „Kreditnehmer". Zugleich jedoch wird dem „Kreditnehmer" der „Kreditbetrag" auf einem Girokonto zur Verfügung gestellt (d.h. dort eingebucht), welches (als „Sichteinlage") auf der Passiv-
seite der Bankbilanz eine Verbindlichkeit (also Schuld) der Bank gegenüber dem „Kreditnehmer" darstellt. Diese „Kreditgeldschöpfung aus
Luft" wurde früher oftmals als „Verschwörungstheorie" bezeichnet, inzwischen aber sowohl von der *Bank of England*[12b] als auch von *Stan-
dard & Poors*[12c] als korrekt bestätigt.

**Jetzt können sich auch Kritiker und die Banken selbst nicht mehr her-
ausreden. Das heißt, das Geld kommt in Wirklichkeit nicht von den
Sparern bei der Bank?**

Das Geld, das die Bank dem „Kreditnehmer" als Zahl auf einem Konto zur Verfügung stellt, ist nicht das „verliehene Geld von Sparern", sondern das Ergebnis eines Buchungssatzes. Es ist also durch die Kreditvergabe erst entstanden und hat davor überhaupt noch nicht existiert. Wie der emeritierte deutsche Strafrechtsprofessor Michael Köhler in einem umfangreichen Artikel[12d] dargelegt hat, ist es Banken überhaupt nicht gestattet, das „Geld von Sparern zu verleihen", denn damit verstießen sie gegen die schon römisch-rechtliche Regel des Ulpian: *„Aliud es credere, aliud deponere."* (Das eine ist es, Kredit zu geben, etwas anderes ist es, Gelder treuhänderisch zu verwalten. Kurz gefasst: Ein Treuhand- und ein Leihvertrag sind stets voneinander getrennt und nicht implizit miteinander verbunden!)

Würde eine Bank daher tatsächlich „das Geld der Sparer verleihen", so beginge sie damit ein Vermögensdelikt! Behauptet ein Bankmitarbeiter gegenüber einem „Kreditnehmer" dies hingegen (obwohl die Zahlen auf dem Girokonto einfach durch einen Buchungssatz entstehen!), so wird der Tatbestand der Irreführung verwirklicht, und der Kreditvertrag ist anfechtbar bzw. nichtig. Banken dürfen daher nie das Geld der Sparer verleihen (Vermögensdelikt!), sie tun es auch nicht (es erfolgt eine Schuldbuchung der Bank)!

Das ist höchst interessant!

Die Vorgehensweise der „Kreditvergabe" entspricht nach wie vor dem Schuldscheintausch der Adeligen vor der Französischen Revolution, jedoch in gleichheitswidriger Form: Der Schuldschein der Bank ist das Giralgeld (jenes „Guthaben", das dem „Kreditnehmer" auf seinem Girokonto gebucht wird). Dieses ist jedoch nicht gedeckt. (Die Bank besitzt kein Deckungsvermögen, unser heutiges Geld ist „Fiat-Money", also ungedecktes Geld.) Das Giralgeld (= der Schuldschein der Bank) besitzt auch keine Frist, es wird zeitlich unbegrenzt in den Geldumlauf gebracht. (A. d. V: *Fiat* ist lateinisch und bedeutet: *es werde* oder *es entstehe*. Demnach: *„Es werde Geld!"*)

Demgegenüber ist der Kreditvertrag der Schuldschein des „Kreditnehmers". Dieser ist zumeist sowohl besichert als auch zeitlich begrenzt. Gelingt es dem „Kreditnehmer" nicht, fristgerecht in einen anderen Schuldschein (z.B. Giralgeld) zu wechseln, so greift die Bank auf seine

Sicherheiten zu und exekutiert. Die Bank jedoch kann den Schuldschein des „Kreditnehmers" (den Kreditvertrag) jederzeit weiterverkaufen und daher ebenso an eine andere Bank weitergeben wie Giralgeld. Es stehen einander daher zwei Schuldscheine gegenüber. Einer davon (Giralgeld) ist ungedeckt und unbefristet, der andere (Kreditvertrag) besichert und befristet. Daher besteht überhaupt keine Erfordernis, einen „Kredit zurückzuzahlen", denn die Bank erhielt ohnedies für ihren Schuldschein (ungedecktes Giralgeld) einen höherwertigen (den gedeckten Kreditvertrag).

Was bedeutet dies, wenn die Bank bei einem Zahlungsausfall gegen den Kunden vorgehen will?

Sollten Bankenanwälte Klagen wegen Zahlungsunwilligkeit anstrengen, so ist dem zunächst zu entgegnen, dass eben zu einer Zahlung kein Grund besteht, da ein bloßer Schuldscheintausch erfolgte. Sollten die Bankenanwälte hingegen weiter behaupten, es wäre „Geld verliehen" worden, so sollte einfach verlangt werden, die Herkunft der Gelder nachzuweisen. Dies wird der Bank regelmäßig nicht möglich sein, da das Kreditguthaben einfach als Buchungssatz entstanden ist. Entsprechende Sammelklagen werden bereits in Österreich[12e] und Deutschland[12f] vorbereitet, Interessenten sollten sich auf diesen Webseiten melden!

Das ist absolut brisant! Das würde heißen, die Banken müssen dazu gebracht werden, all ihre Bücher offenzulegen, damit dieser „Buchungstrick" und somit dieser gigantische Schwindel offenkundig wird, insbesondere in jenen Fällen, bei denen die Bank den Kreditvertrag weiterverkauft und somit die – eigentlich bereits ausgeglichene – Summe „doppelt" bekommen hat. Und so, wie ich das sehe, käme sie hierbei zusätzlich in eine weitere prekäre Lage: denn sie müsste auch noch nachweisen, wo sich der Kreditvertrag im <u>Original</u> befindet, denn Kopien sind aufgrund des Betrugsverdachts keine Beweise. Wenn dieser weiterverkauft wurde, kann sie nicht ausreichend nachweisen, dass überhaupt ein Kreditvertrag mit einem Kunden besteht. Hat die Bank eine von ihr <u>unterschriebene</u> Rechnung zwecks Begleichung der „Schulden" ausge-

stellt? Nein? Ein bloßer Kontoauszug mit der ausstehenden Summe ist nämlich keine rechtsgültige Rechnung.

Hier sei noch erwähnt, dass nicht nur in Deutschland und Österreich Klagen diesbezüglich am Laufen sind. Auch in Südafrika sind momentan wegen der vorhin aufgezählten Aspekte Gerichtsverfahren vor dem höchsten Gerichtshof gegen einige dort ansässige Banken anhängig, um u.a. über die Offenlegung der Buchführung und die Herausgabe des Kreditantrags im Original das Betrugsschema und die damit verbundene Ausbeutung der Menschen öffentlich aufzudecken. Dabei ist bekannt geworden, dass die Banken alle erdenklichen juristischen Tricks anwenden, um die Bücher bloß nicht offenlegen zu müssen. Hier hat man anscheinend voll ins Wespennest gestochen. Ich persönlich glaube, hier liegt großes Potenzial, um weltweit vor Gerichten diesen Betrug offenzulegen und die Banken reihenweise in die Haftung zu bringen.

Warum ist selbst das Papiergeld eigentlich nichts wert?

Während die Geschäftsbanken das Buchgeld (= Giralgeld) als Buchungssatz (eigene Bilanzschuld der Bank!) bei der Kreditvergabe schöpfen, können Geldscheine nur von den Zentralbanken gedruckt werden. Zirka 97% der gesamten Geldmenge besteht nur aus Buchgeld, d.h. befindet sich lediglich als Zahl im Computer einer Bank. Die meisten Zentralbanken der Welt stehen jedoch im Privateigentum, sie sind daher private, gewinnorientierte Unternehmen. Wenn nun etwa die FED (Federal Reserve, Zentralbank der USA) eine 100-Dollar-Note druckt, kostet sie das (der Baumwollschein, die Farbe und die Sicherheitsmerkmale) vielleicht 50 Cent. Sie verkauft jedoch diesen Geldschein danach nicht um die Herstellungskosten, sondern zum Preis des „Nominalen", des Nennwertes, also der Zahl, die auf dem Geldschein steht: 100 Dollar! Pro 100-Dollar-Schein erzielt die FED so (auf Steuerzahlerkosten!) einen Gewinn in Höhe von 99,50 Dollar, das entspricht 19.900% (in Worten: neunzehntausendneunhundert Prozent).

Das ist aber eine satte Gewinnmarge!

Es kommt aber noch besser: Der Finanzminister kann ja die Geldscheine nicht selbst wieder mit Geld bezahlen, denn das Monopol zum

108

Gelddrucken liegt ja bei der FED. Daher „kauft" er die Geldscheine nicht mit Geld, sondern mit einem Schuldschein, einer Staatsanleihe. Diese ist aber verzinst, d.h. die Geldscheine werden in gewisser Weise an den Staat vermietet. Die FED kann somit entweder die Staatsanleihe verkaufen oder die Zinsen (welche abermals die Steuerzahler bezahlen müssen) einstecken!

Aus diesem Grunde handelt es sich beim Drucken und In-Umlauf-Bringen von Geldscheinen durch ein privates Unternehmen um das weltweit einzige Geschäftsmodell, bei dem eine fast wertlose Ware (ein bedrucktes Stück Papier) ZUGLEICH VERKAUFT UND VERMIE-TET WIRD.

Das heißt, wir haben es hier mit einem riesigen Betrugsschema zu tun. Vielen Dank an dieser Stelle, Herr Prof. Dr. Hörmann.

Ich werde ihn im zweiten Teil des Buches noch einmal zu Wort kommen lassen, wo er uns eine zukunftsweisende Alternative zum Schuldgeldsystem präsentieren wird. In diesem Zusammenhang kann ich Ihnen die 50-minütige Dokumentation „Fabian, der Goldschmied – Gib mir die Welt plus 5 Prozent" empfehlen, welche das Bank- und Geldwesen in einfachen Worten erklärt. Sie findet sich auf youtube und ist vor allem auch für Jugendliche sehr leicht verständlich. Sie sollte in jeder Schule im Unterricht gezeigt werden.[13]

Nach diesem Interview möchte ich die wichtigsten Kernpunkte mit einigen Ergänzungen noch einmal zusammenfassen:

- Waren gibt es nur gegen Geld. Wenn Sie kein Geld haben, können Sie heute nahezu weltweit kaum überleben. Sie könnten sich nichts zu Essen kaufen, hätten kein Dach über dem Kopf und könnten kaum Ihre Grundbedürfnisse decken. Und zum Überleben in der Wildnis ist der heutige Homo sapiens weder geistig noch körperlich fähig genug.

- Internationale Konzerne haben sich weltweit Grund und Eigentum durch Gewalt und/oder „Gesetz" oder andere hinterhältige Methoden unter den Nagel gerissen und verkaufen alle Waren und Erzeugnisse aus den daraus gewonnenen Rohstoffen der Weltbevölkerung gegen ein Zahlungsmittel, welches sie selbst (die Hochfinanz/Zentralbanken) als Schuldgeldsystem eingeführt haben. Hierbei wird, meist durch das Drücken von ein paar Tasten im Computer, Geld aus dem Nichts erzeugt, und gegen Zins- und Zinseszins müssen Sie z.B. bei einer geliehenen Summe Geld stets mehr zurückzahlen, als Sie ursprünglich erhalten haben.

- Der Staat schöpft das Geld dabei nicht selbst, sondern leiht es sich gegen Zinsen von den **in privaten Händen** befindlichen Zentralbanken (sowie IWF und Weltbank), welche es bekanntlich aus dem Nichts erschaffen. Die Zinsen und Zinseszinsen zahlt die Regierung zurück, indem sie von den Menschen **Steuern und Abgaben** eintreibt. Das ist so wie die Mafia, nur im größeren Stil. Der Zinseszins lässt die ursprünglichen Schulden exponential ansteigen, wodurch eine Schuldenrückzahlung für die Regierung unmöglich wird. Wir zahlen in Folge immer mehr Steuern und Abgaben, und es ist niemals genug. Deswegen spricht man auch von Zinsknechtschaft – dem größten Betrugsschema seit Menschengedenken.

- Mit Geld und dem Geldsystem gekoppelt, schuften die Menschen durch die **Einführung der Lohnarbeit** den Großteil ihres Lebens, ihrer *wert*-vollen Lebenszeit, um genug von diesem Zahlungsmittel zu haben, um den Konzernen die Lebensmittel abzukaufen, die Miete zu zahlen usw., und das, obwohl Rohstoffe und Reichtümer ALLEN Menschen zugleich gehören, es alles im Überfluss gibt und kein Mensch von Geburt an fürs (Über)leben zahlen müsste. Vor allem nicht für Grundbedürfnisse, die allen kostenlos zustehen und nicht erst „erkauft" werden müssten von selbst ernannten Machthabern, die sich durch Raub eigenmächtig Natur und Erde einverleibt haben.

- Wenn Sie sich nun eine bestimmte Summe Geld von der Bank geliehen haben, müssen Sie durch den Zins- und Zinseszins mehr vom aus dem Nichts erschaffenen Geld zurückzahlen – Geld, welches komplett wertlos ist und nur durch unseren naiven Glauben so etwas wie einen Wert genießt. Sie bekommen wertlose Zettelchen

110

oder elektronische Zahlen im System gutgeschrieben (wo jede der Varianten jederzeit als wertlos deklariert oder gesperrt werden kann) und übergeben der Bank (dem Gelderschaffer) im Gegenzug aber **reale und *wert*-volle Sicherheiten, die Ihnen bei Zahlungsausfall sofort weggenommen werden.** Sie müssen noch mehr arbeiten als zuvor, um die Schulden plus Zinsen zurückzuzahlen, noch mehr für die Industrie schuften, die Ihnen immer weniger zahlt und Sie noch mehr ausbeutet. Letzten Endes gehört Ihnen nichts! Die Bank erzeugt das Geld bzw. das Kreditguthaben lediglich als internen Buchungssatz und nimmt dafür kein eigenes Geld her oder das der Sparer.

- Durch Kredite hat man die Menschen weltweit in die Konsum- und Schuldenfalle gelockt. Zig Millionen Häuser, Autos oder Reisen wurden mit Geld gekauft, welches nicht verdient wurde. Seit Beginn der Wirtschaftskrise haben Millionen ihre Arbeit verloren und konnten deswegen ihre Schulden nicht mehr abbezahlen. Die Auswirkungen in ihrer krassen Form sehen wir anhand der zahlreichen Zeltstädte außerhalb von US-Großstädten voll mit Menschen, die aufgrund des Jobverlusts und ihrer Zahlungsunfähigkeit ihre Häuser und all ihr Hab und Gut an die Banken verloren haben.

Das Schuldgeldsystem in seiner heutigen Form wurde 1913 von der amerikanischen Zentralbank (*Federal Reserve Bank*, kurz FED) eingeführt und dann weltweit umgesetzt. Im selben Jahr wurde in Amerika auch die Einkommensteuer eingeführt. Die FED ist hier alles andere als staatlich, das Wort „federal" nichts als eine dreiste Täuschung. Sie wurde von privaten Banken gegründet und befindet sich nach wie vor in Händen von Privatbankiers. Wenn die FED (sowie jede andere Zentralbank der Welt) wirklich staatlich wäre, dann müsste sich der Staat bei dieser Institution kein Geld leihen, sondern würde sein eigenes – staatliches – Geld ausgeben!

Wie entstand denn die FED?

Anfang des letzten Jahrhunderts machten sich die größten europäischen, privaten Bankhäuser darüber Gedanken, wie sie den US-Dollar in ihre Hände bekommen konnten, ohne dass es das Volk merkte. Den Plan, der 1910 ausgeheckt wurde, beschreibt G. Edward Griffin in seinem Buch „Die Kreatur von Jekyll Island": *„Die Elite der Finanzwelt hatte sich auf eine 800 Meilen lange Reise begeben, die sie nach Atlanta führte, dann nach Savannah und schließlich in die kleine Stadt Brunswick in Georgia. Dieses Brunswick erschien eigentlich als ein eher unbedeutendes Reiseziel. An der Atlantik-Küste gelegen, war es vor allem ein Fischerstädtchen mit einem kleinen, aber lebhaften Hafen, in dem Baumwolle und Nutzholz umgeschlagen wurden. Nur einige tausend Menschen lebten hier. Doch zu jener Zeit waren die Sea Islands, die die Küste von South Carolina bis Florida schützten, bereits bei den wirklich Reichen als beliebte Winterquartiere geschätzt. Eine dieser Inseln, gleich vor der Küste des Städtchens Brunswick gelegen, war erst kürzlich von J.P. Morgan und einigen seiner Geschäftspartnern erworben worden; hierhin kamen sie im Herbst und im Winter, um Enten oder Rotwild zu jagen und der Strenge des kalten Winters im Norden zu entfliehen. Diese Insel hieß Jekyll Island."*

Die sieben Herren berieten neun Tage unter strengster Geheimhaltung darüber, wie man das Finanzsystem der USA künftig neu strukturieren würde. Diese waren **Nelson Aldrich** (Senator und Vorsitzender des *Senate Finance Committee*, Vertrauter und Geschäftspartner von J.P. Morgan), **Abraham Piatt Andrew** (Ministerialdirektor des US-Schatzamtes, welches das amerikanische Gold verwaltete), **Frank A. Vanderlip** (Präsident der *National City Bank of New York*, auch Abgesandter von William Rockefeller und der Investmentbank *Kuhn-Loeb*), **Henry P. Davison** (Mitinhaber der *J.P. Morgan Company*), **Charles D. Norton** (Präsident von *J.P. Morgans First National Bank of New York*), **Paul M. Warburg** (Teilhaber von *Kuhn-Loeb* und Abgesandter der europäischen *Rothschild-Banken* und der deutschen *Warburg-Bank*) sowie **Benjamin Strong** (Vorstand von *J.P. Morgans Bankers Trust Company*), der später (1914 bis 1928) der erste Vorsitzende der New Yorker *FED* wurde. Diese sieben Personen waren die Vertreter der Rothschild-, Rockefeller-, Morgan- und Warburg-Clans und repräsentierten zusammen ein Drittel des damaligen Reichtums der gesamten Welt!

Von Michael Morris erfahren wir aus seinem Buch „Was Sie nicht wissen sollen!" zusätzlich: *„Bei den Besprechungen auf Jekyll Island ging es um nichts anderes als die Neuordnung des internationalen Finanzwesens. Es ging um die Frage, wie man die Konkurrenz ausschalten und das Geldwesen völlig in die Hände einiger weniger Großbanken bringen konnte. Von 1900 bis 1910 hatte sich die Zahl der Banken in den Vereinigten Staaten wieder mehr als verdoppelt. Es gab mehr als 20.000 Kleinbanken, vor allem im Süden und Westen des Landes, die den Mogulen in New York City die Suppe versalzten. Es ging aber auch darum, dass die Amerikaner nach wie vor Papiergeld ablehnten und auf Gold- und Silbermünzen bestanden, was den Bankern missfiel. Also erarbeiteten sie ein neues Bankengesetz, das jedoch von der Regierung unter William Howard Taft abgelehnt wurde.*

Deswegen brauchte der ‚Geld-Trust' einen anderen Präsidenten, der sich angriffslustig für die Vorlage einsetzen würde, und der erwählte Kandidat hieß Woodrow Wilson, der bereits öffentlich seine Ergebenheit erklärt hatte. Wilsons Nominierung auf dem Parteitag der Demokraten wurde von Colonel House sichergestellt, der eng mit Morgan und Warburg verbunden war. Um Präsident William Howard Taft keine Chance für die Wiederwahl zu gewähren, ermutigte der ‚Geld-Trust' den früheren Republikanischen Präsidenten Teddy Roosevelt, erneut zu kandidieren. Roosevelt gewann die Vorwahlen der Republikaner gegen Taft und trat nun bei der Endwahl gegen Woodrow Wilson an. Wilson und Roosevelt hatten beide während des ganzen Wahlkampfes vehement gegen den ‚Geld-Trust' gewettert, obwohl das Kartell den Wahlkampf beider Kandidaten finanzierte – vielleicht sogar ohne dass sie es wussten?

Wilson gewann die Wahl mit geringem Vorsprung und wurde der 28. Präsident der USA. Doch das Bankenkartell war im Geheimen der eigentliche Sieger! 1913 wurde auf Druck von Nelson Aldrich durch Präsident Woodrow Wilson in einer Nacht- und Nebelaktion der Federal Reserve Act erlassen, ein Gesetz, das die Macht über den US-Dollar wieder zurück in die Hände der mächtigsten Privatbankiers legte und weitreichende Folgen für die amerikanischen Bürger und letztlich für die gesamte Welt hatte! Dadurch kam es zur Gründung einer neuen, privaten Zentralbank der USA, der Federal Reserve Bank, kurz FED genannt."

Charles A. Lindbergh sen., der Vater des berühmten Atlantik-Fliegers, erklärte nach der Abstimmung vor dem Kongress: „Dieses Gesetz etabliert *das gigantischste Kartell auf Erden... dadurch wird die unsichtbare Regierung der Geldmacht legalisiert sein... Dies ist die verkleidete Aldrich-Gesetzesvorlage... Das neue Gesetz wird Inflation erzeugen, wann immer das Kartell die Inflation wünscht...*"

Dr. Wolfgang Freisleben, der Herausgeber des *geld-magazin.at*, berichtet weiter: *„Lindbergh sollte Recht behalten. Den ihm angebotenen ersten Vorsitz des Zentralbankrates (Federal Reserve Board) lehnte Paul Warburg 1914 als erst 1910 eingebürgerter Deutscher mit unüberhörbarem Akzent auch im Wissen um den damals latent vorhandenen Antisemitismus ab. Er wollte zunächst nur als eines der fünf Gründungsmitglieder des Zentralbankrates der FED in Erscheinung treten und reklamierte den gleichfalls aus einer jüdischen Familie stammenden Rechtsanwalt Charles Sumner Hamlin an die Spitze des Gremiums. Paul Warburg amtierte dann während des Ersten Weltkriegs von August 1916 bis August 1918 als Vizepräsident. Sein Bruder Max Warburg, der Bankier in Hamburg, war gleichzeitig nicht nur ein wesentlicher Kriegsfinanzier des deutschen Kaisers Wilhelm II., sondern verschiedenen Quellen zufolge auch Chef des deutschen Geheimdienstes. Beide Brüder waren schließlich bei den Reparationsverhandlungen nach dem Krieg in Paris an führender Stelle mit eingebunden – allerdings auf unterschiedlichen Seiten.*

Die Wichtigkeit seiner Person wurde dadurch unterstrichen, dass Paul Warburg bei der Gründung des exklusiven ‚Council on Foreign Relations' (CFR) 1921 ins Direktorium berufen wurde, das später viele Jahre der Bankier David Rockefeller lenkte. Das CFR gilt heute als Kaderschmiede amerikanischer Spitzenpolitiker und FED-Banker. Verbittert über antisemitisch gefärbte persönliche Angriffe nach dem Börsenkrach 1929 von Personen, die ihr Vermögen verloren hatten, starb er 1932."

Über die Machtfülle der Bankiers äußerte sich John F. Hylan, Bürgermeister von New York (1918-1925), 1922 voller Besorgnis: *„Die wirkliche Bedrohung unserer Republik ist die unsichtbare Regierung, welche wie ein gigantischer Oktopus seine schleimigen Arme über Stadt, Staat und Nation ausbreitet. Wie der reale Oktopus operiert sie verdeckt unter einem selbst kreierten Schirm. Am Kopf dieses Oktopus sind die Rockefeller und eine kleine Gruppe von machtvollen Bankhäusern, üblicherweise bezeichnet als interna-*

114

tionale Banker. Diese kleine geschlossene Gesellschaft, bestehend aus einfluss-reichen internationalen Bankiers, regiert im Grunde die gesamte Nation und zwar nach ihren eigenen Interessen. Sie kontrollieren im Prinzip beide Partei-en."

Genau diesen Institutionen versuchte J. F. Kennedy entgegenzuwirken. Am 27.4.1961 ließ er verlauten: *„Wir haben es mit einer monolithischen und ruchlosen weltweiten Verschwörung zu tun, die ihren Einfluss mit verdeckten Mitteln ausbreitet: mit Infiltration statt Invasion, mit Umsturz statt Wahlen, mit Einschüchterung statt Selbstbestimmung, mit Guerillakämpfern bei Nacht statt Armeen am Tag. Es ist ein System, das mit gewaltigen menschlichen und materiellen Ressourcen eine komplexe und effiziente Maschinerie aufgebaut hat, die militärische, diplomatische, geheimdienstliche, wirtschaftliche, wissen-schaftliche und politische Operationen verbindet. Ihre Pläne werden nicht veröffentlicht, sondern verborgen, ihre Fehlschläge werden begraben, nicht pu-bliziert, Andersdenkende werden nicht gelobt, sondern zum Schweigen ge-bracht, keine Ausgabe wird in Frage gestellt, kein Gerücht wird gedruckt, kein Geheimnis wird enthüllt."*

Weil er genau wusste, mit wem er es zu tun hatte und dass das Geldsys-tem der Schlüssel zu allem war, erließ er ein Gesetz, um die FED zu kippen und wieder einen eigenen, staatlichen US-Dollar zu etablieren. Das Resul-tat kennen wir – Mord! Nun mag ein Kritiker einwenden, dass dies Speku-lation wäre. Doch die erste Amtshandlung seines Nachfolgers Lyndon B. Johnson war es, genau diese letzte Amtshandlung seines Vorgängers rück-gängig zu machen!

Die *Weltbank* und der *Internationale Währungsfonds* (IWF) erzeugen wiederum ihrerseits Geld aus dem Nichts und leihen es anderen Ländern, die sie dadurch knechten und ausbeuten, z.B. in Form von Rohstoffen und anderen Schätzen, die die unterjochten Länder abgeben müssen, Marktöff-nung für internationale Investoren, aufgezwungenen Steuer- und Sparpro-grammen für die Bürger usw.. Was passiert, wenn sich ein Land weigert, den Erpressungen der internationalen Hochfinanz nachzugeben, haben wir mit den beiden Weltkriegen gesehen sowie in jüngerer Zeit an Ländern wie Irak, Libyen, Syrien, Iran und aktuell Russland. Die Länder, die sich weigern, ausgebeutet zu werden, werden in den gesteuerten Qualitätsmedien als „terroristisch" dargestellt – sog. „Schurkenstaaten" –, und das so lange und so häufig, bis die Menschen es tatsächlich glauben und einen Angriff mit kriegerischen Mitteln gutheißen, damit diese Länder dann auch *dämokratisiert* werden.

Fangen Sie an zu verstehen? Was wir hier haben, ist ein Schneeball- und Betrugssystem gigantischen Ausmaßes, welches dazu benutzt wird, Länder und Menschen weltweit zu knechten.

Übrigens, im Deutschen Kaiserreich betrug die Einkommensteuer nur zwischen 0,62% und 4%! Nein, das ist kein Witz. Die 4% waren dabei der Spitzensteuersatz für Jahreseinkommen ab 100.000 Mark, was zu dieser Zeit wirklich viel Geld war. Vergleichen Sie das bitte mit den heutigen Steuersätzen und Abgaben, mit denen wir meines Erachtens regelrecht ausgeraubt und ausgepresst werden. Wie war das damals möglich, fragen Sie sich jetzt?

Nun, das Kaiserreich war eben noch nicht vom Ausland unterjocht und musste sich das Geld auch nicht von Privatbanken leihen. Das Reich gab nämlich sein eigenes staatliches Geld aus![13a]

„Würden die Menschen das Geldsystem verstehen,
hätten wir eine Revolution noch vor morgen früh."
Henry Ford, Gründer der *Ford Motor Company*

„Ich glaube, dass die Bankinstitutionen gefährlicher für unsere
Freiheiten sind, als stehende Armeen. Wenn die Menschen Amerikas
jemals privaten Banken erlauben, die Ausgabe ihrer Währung zu
kontrollieren, erst durch Inflation, dann durch Deflation, dann werden die
Banken und die Unternehmen, die rund um die Banken entstehen, den
Menschen all ihren Besitz entziehen, bis ihre Kinder auf dem Kontinent,
den ihre Väter eroberten, obdachlos aufwachen."
Thomas Jefferson, 3. Präsident der USA

„Die Weltpolitik wird von einem Hochfinanz-Imperium regiert."
Oskar Lafontaine (ehem. Finanzminister)

Lohnarbeit als primäres Mittel zur Versklavung

Als die Sklavenhalter damals erkannt hatten, dass ihre Sklaven nur so viel bereit waren zu arbeiten, wie man sie gezwungen hatte, und dass Gefangenschaft und körperliche Foltermethoden keineswegs dazu beitrugen, dass die Arbeit mehr oder besser verrichtet wurde, sondern ganz im Gegenteil, sich die gehaltenen Sklaven schnell abnutzten, ist man dazu übergangen, den Sklaven mehr Freiheit einzuräumen. Die Ketten wurden abgeschafft, die Sklaven bekamen bessere Nahrung und durften irgendwann sogar selbst bei ihren Herren unter einem Dach wohnen. Den Sklaven ging es besser, sie waren gesünder und zufriedener, und so stieg ihre Arbeitsleistung signifikant an.

Im Laufe der Jahrhunderte erkannten die Sklavenhalter – die sogenannte „Elite" – schnell, dass je mehr Freiheiten sie den Sklaven gewährten, diese umso dankbarer und in Folge produktiver wurden. Die Sklaverei wurde dann auch irgendwann „offiziell" nach und nach komplett abgeschafft, und die Sklaven wurden überall in der Welt zur neuen Unterschicht. Diese durfte nun selber Land pachten, in ihren eigenen Häusern wohnen, heiraten und sich Dinge als Besitztümer aneignen. Alles, was die Menschen dafür brauchten, war „nur" das von den Privatbanken ausgegebene Zahlungsmittel namens „Geld" sowie Kredite. Und um an dieses Zahlungsmittel zu kommen, mussten die „befreiten" Sklaven weiterhin für die Machthaber (= Herren = Sklavenhalter) arbeiten, ohne dass diese überhaupt wussten oder nur ansatzweise erahnten, dass sie eigentlich weiterhin versklavt wurden – dieses Mal auf eine raffiniertere Weise. Nur die Methode hat sich geändert, wurde der neuen Zeit angepasst und verfeinert. Der Fokus vom örtlichen Sklavenhalter wurde lediglich aus dem Blickwinkel der Menschen verdrängt und zu neuen oder bereits seit Jahrhunderten und Jahrtausenden bestehenden Machtzentren und diversen Machtstrukturen hin verlagert, wie z.B. den Banken, der Industrie, dem Adel, den Religionen, den Politikern (= Sklavenaufseher) sowie Geheimlogen und Geheimdiensten, welche lediglich die Spielregeln angepasst haben, um ihre Macht nicht nur beizubehalten, sondern zu bündeln und zu vergrößern.

Dadurch, dass die Menschen nun sehr viel mehr Freiheiten genossen als früher, stiegen in Folge die Kreativität und die Produktivität im Lande enorm an. Die Machthaber haben dadurch ihren Reichtum in unvorstellbare Dimensionen gesteigert, während die Völker weiterhin ausgebeutet werden und für wenig Geld arbeiten müssen, um sich Essen und ein Dach über dem Kopf leisten zu können. Hin und wieder schaffen es einige, mehr Geld zu verdienen als andere, ein paar wenige werden vielleicht sogar wohlhabend, doch bleiben sie weiterhin Gefangene dieses Systems.

Das ist die Realität, in der wir heute leben. Da hat sich bis zum heutigen Tage nichts daran geändert!

Stellen Sie sich die Erde als eine große Viehweide vor. Die einzelnen Länder sind kleinere Viehweiden. Als „Menschenvieh" (so betrachten uns die Herrschenden) sind sie „frei", unter hohen Auflagen und Hürden zwar ihre Weide (Land) zu verlassen, gelangen jedoch auf eine andere Weide mit lediglich geringfügigen Unterschieden, mit etwas mehr oder weniger Freiheiten, wo aber im Grunde genau dasselbe System vorherrscht. Es gibt kein Entrinnen!

Kontrolle über das Wissen und die menschliche Wahrnehmung

Staatliches Lehrsystem zur Züchtung von Arbeitssklaven

Des Weiteren stecken wir unsere Kinder für 12 Jahre in einen Knast, wo sie vom Lehrsystem geistig vergewaltigt, degeneriert und zu neuen Arbeitssklaven abgerichtet werden, mit einem Notensystem bestraft und gedemütigt, wo gezielt und gewollt zahlreiche Minderwertigkeits- und Schuldkomplexe geschaffen werden, die die Kinder dann später als Erwachsene das ganze Leben lang prägen – gerade die wichtigste Zeit ihres Lebens, die sie für ihre Bewusstseinsentwicklung brauchen, wird ihnen weggenommen –, vollgepumpt mit unnützem „Wissen", wovon sie 90% später im Leben nie mehr wieder brauchen werden. Die wirklich wichtigen Dinge des Lebens bekommen sie in den Schulen und Universitäten nämlich nicht vermittelt, weil bestimmte Inhalte von „oben" strikt vorgegeben sind: gerade noch „intelligent" genug, um das Hamsterrad später schön am Laufen zu halten, aber verblendet und total verloren, nicht wissend, worauf es im Leben wirklich ankommt, geschweige denn, sich des **eigenen Lebenssinns** auch nur annähernd bewusst zu sein. Sie sind gepolt auf Materialismus und

Konsum sowie Egozentrik und Konkurrenzdenken; zu Ignoranz, Arroganz sowie Gleichgültigkeit und Autoritätsgehorsam verzogen. Sie sind nicht fähig, eigenständig zu denken, Dinge zu hinterfragen oder auch nur leichte Zusammenhänge zu verstehen.

Ernsthaft: Schauen Sie sich doch einmal die Kinder und Jugendlichen von heute an. Sie laufen wie Zombies mit ihrem Spyphone vor dem Gesicht durch die Gegend, nehmen ihre Umwelt und ihre Mitmenschen gar nicht mehr richtig wahr. Das sind die ersten Kandidaten, die sich später einen „I-Chip" ins Hirn implantieren lassen werden, damit sie sich das Internet gleich 24/7 auf die Hirnplatte laden können. Ist doch so...

Aber woher kommt dieser Schulzwang in Deutschland? In der Weimarer Republik wurde zum ersten Mal das Schulrecht flächendeckend eingeführt, welches vorher sonst nur in einigen Freistaaten der Fall war. Der Hintergrund damals war zu verhindern, dass die Kinder schon zu früh zur Feldarbeit herangezogen werden und um ihnen ein Recht auf Bildung einzuräumen. Soweit mag das teilweise auch sehr sinnvoll gewesen sein, so wie man heute in den Dritte-Welt-Ländern den Kindern ein Recht auf Allgemeinbildung immer mehr einräumt, um sie von den Straßen und der Kriminalität wegzuholen. Wie wir aber mittlerweile wissen, hat die Verordnung zum Schuldienst primär das Ziel, zukünftige Systemsklaven auszubilden. Doch Adolf Hitler hatte dann das ursprüngliche Schulrecht zu einem strikt verordneten Schulzwang umgewandelt, um eine staatskonforme Gleichschaltung der Meinung schon von Kindesbeinen an zu bewirken. Das kann man geschichtlich nachvollziehen.

Seit dieser Zeit hat man Hitlers Regelung nicht mehr hinterfragt, sondern führt es bis heute noch mit preußischer Genauigkeit fort, und alle Deutschen denken, dies sei normal und es ginge gar nicht anders. Der Schulzwang in Deutschland wird zur Not mit Polizeigewalt durchgesetzt und Eltern das Sorgerecht für ihre Kinder weggenommen, wenn diese ihre Kinder nicht in die Schule bringen. Allein schon diese Umstände zeigen, dass wir es hier keineswegs mit freiheitlich demokratischen, sondern mit diktatorischen Grundsätzen zu tun haben und dass wir kein Recht auf Freiheit und Selbstbestimmung genießen. **Nur tyrannische Regimes setzen in ihren Ländern Schulzwang durch.** Dabei hat das staatliche Schulsystem überwiegend nur Nachteile, die ich im Folgenden zur besseren Veranschaulichung noch etwas ausführlicher darstellen möchte:

119

- Kinder werden gezwungen, schon früh morgens um 8 Uhr zum Schul*dienst* anzutreten. Je nach Schulweg müssen sie bereits morgens ab 5:30 oder 6:00 Uhr aufstehen. Kinder und Jugendliche stecken noch in der Entwicklungsphase und brauchen teilweise besonders viel Schlaf. Konzentrationsschwäche, Übermüdung und chronische Müdigkeit sind oft die Folgen. Unsere Kinder werden krank. Dabei haben wir alle individuelle Bedürfnisse und individuelle Rhythmen, nach denen wir uns dann nicht mehr richten können. Unser Lebensrhythmus wird von der Regierung vorgegeben, und das ist grundsätzlich verkehrt!

- Es ist schon lange bewiesen – und dafür braucht man nicht einmal einen Abschluss, um zu erkennen –, dass Lernen unter Zwang einfach nicht funktioniert und überhaupt nicht effektiv ist. Was forciert wird, ist bloß stupides Auswendiglernen von Dingen, die man zu mindestens 90% später nie wieder braucht und auf die man auch überhaupt keine Lust hat. Das Gelernte wird so gut wie immer komplett vergessen.

Ich kann mich gut erinnern, wie ich selbst noch eine Zeit lang nach meinem Schulabschluss überhaupt keine Lust mehr hatte, Bücher zu lesen. Und so ergeht es ganz vielen Kindern und Jugendlichen heute. Durch Lernzwang entsteht Lernverdrossenheit, und jedes Mal, wenn man ein Buch sieht, kommt automatisch das Gefühl von „leiden" und „keine Lust haben" auf. Und gerade dann, wenn man etwas wirklich Sinnvolles lernen könnte, wurde einem schon im vornherein die Lust und Motivation dazu genommen.

- Das Schulsystem besteht grundsätzlich aus Strafmaßnahmen – in Form von Noten und negativem Feedback seitens der Lehrer, wenn man in ihren Augen (oder denen des Staates) etwas „falsch" gemacht hat. Dazu gesellen sich dann Hänseleien seitens anderer Schüler und evtl. weitere „Disziplinar"-Maßnahmen zuhause von den Eltern. Dies führt zu stetigen **Selbstwerteinbrüchen** und produziert laufend (Existenz)ängste bei unseren Kindern, da diese vermittelt bekommen, sie seien schlecht oder aus ihnen würde nie im Leben etwas Vernünftiges werden. Unterbewusste Programmierungen sind die Folge, die dann später nicht allzu selten zu selbsterfüllten Prophezeiungen werden, weil die Kinder seelisch kaputt gemacht wurden.

- In der Schule findet kaum bis kein praxisorientiertes Lernen statt. Es sind alles von „oben" vorgegebene ~~Lehrinhalte~~ Leerinhalte, die von ~~Lehrkörpern~~ Leerkörpern in die Hirne der Kinder indoktriniert werden. Nichts gegen die Lehrer im Lande, sie wissen es zumeist selbst nicht besser und müssen sich weitestgehend an die vorgegebenen Lehrinhalte halten. (Ist also nicht böse gemeint!)

Die Folge all dessen ist, dass die Schulen unsere Kinder zu einseitig ausrichten und sie zwar zu *nutzvollen*, unmündigen und nichthinterfragenden Sklaven des Systems machen, jedoch zu *nutzlosen* Individuen für die Gesellschaft und die Menschheit.

Die staatliche Schule ist somit nichts anderes als eine Unterrichtsvollzugsanstalt, wo die Kinder eben gar nicht lernen <u>können</u>, da sie ja *unter*-richtet werden. Freie Lern- und Erkenntnisprozesse werden unterbunden, wenn man nur Befehlen gehorchen und vorgesetzte Informationen auswendig lernen soll.

Der Trend geht jetzt schon eindeutig dahin, dass nur noch der Staat unsere Kinder erzieht. Das beginnt bereits mit der Krippe und endet mit dem Schul- oder Studienabschluss. In dieser ganzen Zeit des Heranwachsens und Erwachsenwerdens haben Sie Ihre Kinder kaum gesehen und hatten nur wenig Einfluss auf deren geistige Entwicklung. Dieser Umstand wird gerade dadurch verstärkt gefördert, indem man die Löhne in allen Branchen so weit nach unten gedrückt hat (und noch weiter nach unten drücken wird), sodass heute meistens beide Elternteile gezwungen sind zu arbeiten, um die Familie überhaupt ernähren zu können. Wenn es über diesen Weg nicht klappt, dann wird eben das Karrierebewusstsein gefördert, und somit werden Konsum, Macht oder Statussymbole in den Fokus gestellt, um dafür zu sorgen, dass beide Elternteile Vollzeit berufstätig sind. Die Folge ist, dass für die Kinder so gut wie keine Zeit mehr übrig bleibt, und genau das ist auch die Absicht – nämlich die Kinder von den Eltern zu trennen und die Familien zu zerstören! Das Ganze hat also System, und das nicht zu knapp.

Manipulation und Kontrolle über die Medien

Die nächste sehr wichtige Säule zur Manipulation der Massen sind allen voran die großen Medien. Es spielt keinerlei Rolle, ob es sich dabei um die Fernseh- und Radiosender handelt oder um die Zeitungen und Buchverlage. Sie alle gehören einem Medienkonglomerat, welches aus drei bis vier großen weltumspannenden Medienkonzernen besteht. Ihr Einfluss geht sogar bis in die kleinsten Lokalzeitungen Ihrer Stadt. Tagtäglich werden wir mit Lügen und geistlosen Inhalten gebetsmühlenartig berieselt. Ist Ihnen dabei jemals aufgefallen, dass die Nachrichten überwiegend nur aus negativen Inhalten bestehen?

Kriege, Umstürze, „Terror", Epidemien, Unwetter, Unfälle usw. – die Liste scheint endlos lang zu sein, jeden Tag. Dabei geschehen täglich weltweit so viele positive und wahrlich fortschrittliche Dinge, über die die Medien aber nie oder viel zu selten berichten. Daneben wird der Rest des TV-Programms mit exzessiven Gewalt- und Nacktdarstellungen sowie mit regelrecht verdummenden Talkshows ausgefüllt. Ich bin schon immer ein Fan von Filmen gewesen, von klein auf an, und kann mich noch sehr gut daran erinnern, wie viel Gewalt vor zehn bis fünfzehn Jahren in den Filmen vorhanden war, die ab 16 oder 18 Jahren freigegeben waren. Wenn ich einen Vergleich zu den heutigen Filmen ziehe, stelle ich fest, dass das, was früher sonst ab 18 freigegeben war und/oder geschnitten, heute bereits ein FSK 16 Siegel trägt, bei voller ungeschnittener Härte, wo Köpfe und Gliedmaßen durch die Gegend fliegen und literweise Blut über die Leinwand spritzt. Filme, die früher ab 16 Jahren frei waren, werden heute teilweise schon ab 12 freigegeben. Dieser Trend hat sich in einer relativ kurzen Zeit abgespielt. Das Ziel ist hierbei sehr offenkundig: Unsere Kinder und Jugendlichen sollen immer mehr mit Sex und Gewalt verroht werden, daher senkt man die Altersschwelle kontinuierlich herab. Im Gegenzug wird das Gewalt- und Ekelniveau in den Filmen laufend erhöht, damit auch die Erwachsenen immer mehr abstumpfen. Dabei sind die Altersfreigaben eigentlich ein Witz schlechthin. Gewalt verherrlichende Filme ab 18 sollten sich meiner Meinung nach selbst Erwachsene keineswegs anschauen, da sich die Szenen zu stark im Unterbewusstsein einprägen und dort Schäden in der Psyche des Menschen verursachen, was sich langfristig wiederum im Charakter widerspiegeln kann!

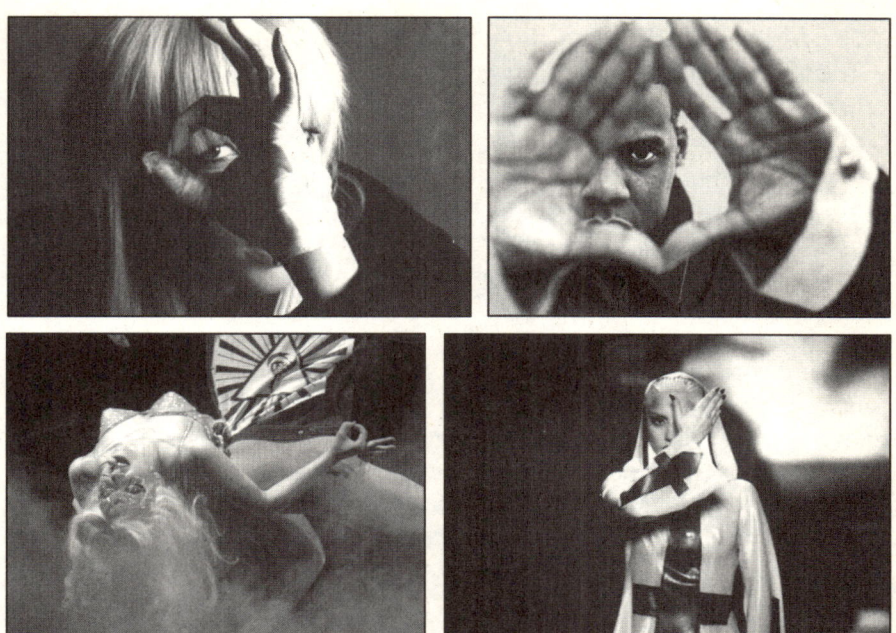

Abb. 20 links oben: Lady Gaga zeigt das Symbol des „Allsehenden Auges" der „Neuen Weltordnung" (NWO). Der Kreis mit den 3 gespreizten Fingern symbolisiert dreimal die Zahl 6, also 666 – die Zahl des Antichristen –, was für die Satanisten von großer Bedeutung ist.

Abb. 21 links unten: Lady Gaga auf der Bühne ihrer „Monster-Tour", ebenfalls mit der bekannten Handgeste. Vor ihr das Pyramidensymbol mit dem Allsehenden Auge.

Abb. 22 rechts unten: Hier mit dem umgedrehten Kreuz und dem „Allsehende-Auge"-Symbol in ihrem Musikvideo „Alejandro".

Abb. 23 rechts oben: Rapper und Freimaurer Jay-Z mit der Pyramide und dem Allsehenden Auge. Er arbeitet auch unter dem Pseudonym „Hova" und „J-Hova".

Nicht umsonst haben die US-Soldaten, als sie 1991 in Bagdad einmarschierten, Pornos an die Einheimischen verteilt und Heavy Metal aus den Lautsprechern tönen lassen... *Ordo ab Chao* heißt es im Siegel des Schottenritus der Freimaurerei, was bedeutet, dass man, wenn man eine neue Struktur aufbauen will, erst die alte durch Chaos zerstören muss. Und was bringt Zerstörung – vor allem in die Köpfe der Menschen? Einmal dürfen Sie raten!

Und haben Sie sich einmal die heutigen Musikvideos des Mainstreams angeschaut? Sie sind voll von Gewalt- und übertriebenen Nacktdarstellungen, die bereits ab dem Vormittag auf den Musikkanälen abgespielt werden, also zu genau der Zeit, zu der unsere kleinen Kinder zuschauen. Dabei finden sich mittlerweile auch häufig okkulte und satanische Darstellungen in solchen Videoclips, wobei ich mich ernsthaft wundere, dass Eltern die TV-Sender nicht schon massenweise mit Protestbriefen überflutet haben. So gut wie alle Pop-Größen im Mainstreambereich werden dabei zu solchen Handlungen in den Musikvideos missbraucht, oft mit deren Wissen, und oft machen sie mit, ohne alle Hintergründe zu kennen. Gerade die Musikindustrie offenbart durch solche Clips, dass sie Luzifer anbetet und dabei nicht nur Teil der *Neuen Weltordnung* (NWO) ist, sondern diese aktiv mit umsetzt. Den Kindern und Jugendlichen soll auf subtile Weise vermittelt werden, dass es in Ordnung ist, sich mit satanischen Symbolen zu schmücken und bereits mit 12 Jahren seine Sexualität „auszuleben", als Ausdruck des Individualismus und des „Anders-Seins". Dabei sind viele dieser Musikvideos derart ekelerregend, dass einem nur die Galle hochkommt.

Abb. 24: Popsängerin Rihanna mit einem verdeckten Auge und Teufelshörnern auf dem Kopf

Abb. 25: ...und hier mit eindeutiger NWO-Symbolik auf dem Dekolleté.

Abb. 26: Die *Man-Rune* (die Arme nach oben gerichtet) symbolisiert den Menschen und das Leben und steht für die göttlichen Kräfte. Auf dem Kopf stehend (also verkehrt herum, wie in der
Abbildung rechts oben) wird sie als *Yr-Rune* oder „Todesrune" bezeichnet und hat somit eine negative Wirkung. Der römische Kaiser Nero (37-66 n. Chr.) nutzte einst die Todesrune als Symbol,
um damit seine Verachtung für den Apostel Petrus zum Ausdruck zu bringen, welcher damals mit
dem Kopf nach unten gekreuzigt wurde. Seitdem ist dieses Symbol auch als „Nerokreuz" und als
Zeichen des „Antichristen" bekannt.
Als die Mauren beispielsweise 711 in Spanien einfielen, hatten sie die Todesrune auf ihrem Schild.
Mit dem gleichen Symbol kämpften 1099 die Sarazaren gegen die Kreuzritter. Der schottische Re-
formator John Knox (1505-1572) sah darin das „Zeichen des Tieres", und während des spanischen
Bürgerkrieges wurde die Todesrune Juden und Zigeunern auf den Leib gebrannt.
Ende der 1950er Jahre war es dann der englische Mathematiker und Philosoph Bertrand Russell,
der dafür bekannt war, gegen alles Göttliche zu sein, der dieses satanische Symbol als Motiv auf
den Bannern von Friedensmärschen in England einführte.
Gerade viele Teenager tragen heute das Symbol der Todesrune als Anhänger um den Hals oder auf
bedruckten T-Shirts. Bei Friedensbewegungen wird sie unwissentlich als „Friedens"-Fahne (Pea-
ce-Zeichen) getragen. Verbreiten Sie diese Information weiter, damit die Menschen das Symbol
richtig herum nutzen![13b]

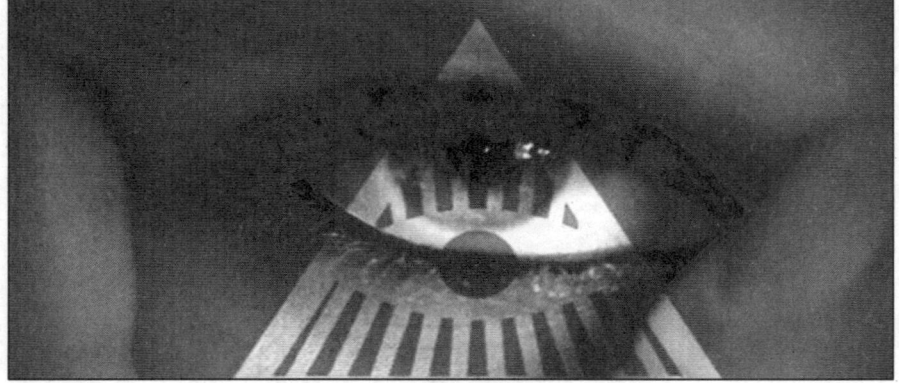

Abb. 27: Popsängerin Ke$ha im Videoclip „Die Young" („Sterbe jung").
Abb. 28: Ebenfalls aus demselben „Die Young"-Clip. Damit Sie auch unmissverständlich erkennen, wer dieses Video gesponsert hat.

Man könnte ein ganzes Buch nur mit solchen Bildern aus den verschiedensten Musikvideos von dutzenden Sängerinnen und Sängern füllen, die aufzeigen, dass das alles keine einzelnen Zufälle sind. Und sie beweisen vor allem, von welchen Kräften und Gesinnungen die Musikindustrie gesteuert wird. Dabei haben schon etliche Sängerinnen und Sänger sowie andere Promis vor laufenden Kameras häufig und dabei nicht aus Scherz offen zugegeben, dass sie ihre Seele an den Teufel verkauft haben.

Abb. 29: Oder nehmen wir den Pop-Sänger Robbie Williams. Was will er uns damit sagen, wenn er sich komplett in Schwarz gekleidet, ein umgedrehtes Kreuz darstellend, von der Bühne abseilen lässt?

Und jene, die das im Showbusiness tatsächlich auch gemacht haben, haben binnen kurzer Zeit einen kometenhaften Aufstieg vollzogen und sind ständig im Rampenlicht. Doch vergessen diese Leute schnell, dass der materielle Erfolg meist nur von kurzer oder mittelfristiger Dauer geprägt ist, denn die „dunkle Seite" fordert laufend bestimmte „Tribute", um den Erfolg auch weiter aufrechtzuerhalten. Das geht sogar so weit, dass man dabei auch nicht nur sprichwörtlich „über Leichen" gehen und viele andere skrupellose und schreckliche Dinge leisten muss. Erlaubt es sich ein Star dann irgendwann, den Gehorsam zu verweigern, weil er vielleicht doch Gewissensbisse bekommt oder aus sonstigen Gründen aussteigen möchte, dann bezahlt er im besten Fall mit dem Verlust von Aufträgen und dadurch, dass er meist finanziell gründlich ruiniert wird und im Showgeschäft nie mehr wieder Fuß fassen kann. Im schlimmsten Fall bezahlt er mit seinem eigenen Leben, dem eines Familienmitglieds oder eines engen Freundes. Gerade in den letzten zehn bis fünfzehn Jahren sind viele Film- und Musikstars reihenweise durch mysteriöse „Unfälle" oder eine „Überdosis" ums Leben gekommen. Das sind dann die Opfer, die man unter Umständen erbringen muss. Entweder man bringt den Satanisten im Showgeschäft (sozusagen den Erfüllungsgehilfen des Teufels) laufend Tribute und Opfer oder man endet selbst als eines. Das sind die knallharten Regeln. Und das wissen die Leute auch meist von vornherein, wenn sie sich auf solch einen „Deal" einlassen. Und wenn es jemand von ihnen wagt, diese Hintergründe und Machenschaften aufzudecken, wird die- oder derjenige genauso „verunfallt".

Das soll jetzt nicht heißen, dass sich alle Stars dem Teufel verschrieben haben. Auch da gibt es natürlich Ausnahmen und viele herzensgute Menschen. Heute ist es so, dass jene, die ihre Seele nicht an den Teufel verkaufen wollen, dann auch nur geringen bis mittelmäßigen Erfolg haben und eben nur sporadisch bis selten auf der Leinwand zu sehen sind.

Das ist die „Pop-Kultur" und „Showbranche", die wir heute haben. Die Hinweise sind überall zu finden, und man drückt sie uns regelrecht ins Gesicht. Wer Augen hat, der sehe. Wer Ohren hat, der höre. Diesbezüglich kann ich Ihnen die Internetseite *vigilantcitizen.com* empfehlen, wenn Sie tiefer in die Thematik der okkulten Medienindustrie einsteigen möchten. Dieselbe okkulte Symbolik findet sich auch in zahlreichen Hollywoodfilmen wieder. Man kann sagen, dass die ganze Unterhaltungsbranche von dunklen Energien infiltriert wurde, mit dem Ziel, die Massen, wie das Wort „*Unter*-haltung" schon sagt, *unten zu halten*. Aber nicht nur das: Wenn wir die Musikvideos noch einmal als Beispiel nehmen, so werden in diesen ja okkulte Rituale praktiziert, an denen die Zuschauer – hier vorrangig Kinder und Jugendliche – passiv teilnehmen, wodurch sie teilweise auch zu solchen Handlungen förmlich animiert werden.

Die Medien steuern gezielt und bewusst, was wir sehen und hören *sollen* und weniger, was wir wirklich wollen oder brauchen. Dabei bedienen sie sich stets eines einfachen Konzepts: **dem Vorenthalten von (wichtigen) Informationen.** Wenn es irgendwo in der Welt Krieg gibt und die Medien würden gar nichts darüber berichten, dann wüssten die Menschen hierzulande nicht Bescheid. Abgesehen von Einzelfällen, wie z.B. dass man Verwandte im betroffenen Land hat und über diese von dem Kriegszustand dort erfährt, wäre die breite Masse nach wie vor unwissend. Wenn irgendwo ein Ingenieur eine bahnbrechende Erfindung präsentiert, welche all unsere Energieprobleme weltweit lösen könnte, und die Medien nichts darüber berichten, dann wissen wir ebenfalls nicht darüber Bescheid. Doch der psychologische Effekt kommt erst noch... Wenn wir über etwas nicht Bescheid wissen, neigen wir dann automatisch dazu, es nicht glauben zu können, wenn uns dann doch einmal jemand von dieser bahnbrechenden Entdeckung berichten sollte. Wenn nicht alle Medien davon berichten, dann *„gibt es so etwas nicht"*, dann ist so etwas *„unmöglich"*, denn: *„Wenn es das wirklich gäbe, hätten die Medien doch darüber berichtet!"*, lautet dann meist die einhellige Meinung. Jetzt dürfen Sie sich vorstellen, dass die Medien das laufend tun, jeden Tag, jahrein, jahraus, über Jahrzehnte – uns nämlich ständig und bewusst Wissen vorenthalten. Genauso handhaben das die staatlichen Lehrsysteme sowie die Wissenschaft, die „Wissen schafft" und somit das vorgibt, was in den Schulen und Universitäten an Wissen oder besser gesagt unvollständigem Halbwissen und Falschwissen durchgelassen wird.

Erkennen Sie, was durch das „bloße" Vorenthalten von Wissen in allen Bereichen entsteht? Eine „dumme" Gesellschaft, deren Horizont durch das begrenzte Wissen sehr eingeschränkt ist. Alles, was sich außerhalb dieses engen Horizonts befindet, entzieht sich der Vorstellungskraft dieser Menschen. Dinge, die man nicht kennt und von denen man nie etwas gehört oder gesehen hat, werden in den meisten Fällen schlichtweg nicht geglaubt. Doch nur, weil wir etwas nie gesehen oder gehört haben, heißt das noch lange nicht, dass es nicht existiert oder etwas nicht möglich ist, richtig?

Wer also das Wissen von höherer Ebene aus kontrolliert und steuert, kontrolliert den Verstand der Menschen sowie ihre **Wahrnehmung** von der Welt. Wissen bzw. Nichtwissen ist somit eines der wichtigsten Machtinstrumente der Herrscher. Schließen Sie daher bestimmte und Ihnen fremd anmutende Dinge nicht gleich kategorisch aus. Seien Sie stets offen für Neues und offen dafür, Ihren Horizont laufend zu erweitern, auch wenn es bedeutet, das eigene Weltbild mehrmals komplett umkrempeln zu müssen.

Die Manipulation unserer Wahrnehmung geht noch tiefer...

Alles im Universum besteht aus Energie, Frequenzen und Schwingung – genauso wie wir selbst. Alles hat eine bestimmte Wellenlänge und trägt ein Informationsfeld mit sich. Diese Informationen nehmen wir hauptsächlich durch unsere fünf Sinne wahr und entschlüsseln sie anschließend in unserem Gehirn (Computer), das diese elektrischen Signale verarbeitet. Das ist dann die Realität, die wir im „Außen" wahrnehmen. Zirka achtzig Prozent dieser von uns konstruierten Realität stammt von den Informationen, die wir über unsere Augen aufnehmen. Von den visuellen Informationen erreicht lediglich ein Bruchteil unser Bewusstsein. Der Rest wird vom Unterbewusstsein aufgenommen und verarbeitet. Daher liegt es nahe, sich besonders über unsere Augen in unser Unterbewusstsein zu „hacken", um uns dort unterbewusst zu programmieren. Und hier spielen die Symbole, die uns tagtäglich umgeben, eine wichtige Rolle. Denn Symbole können mit bestimmten Informationen (Absichten) codiert werden, die unser Unterbewusstsein dann entschlüsselt. Einen Teil der Symbole haben Sie vorhin anhand der Beispiele in Musikvideos gesehen.

Wie leicht durch Frequenzen und Informationsfelder unsere Realität erheblich manipuliert werden kann, möchte ich anhand der folgenden beiden Beispiele aufzeigen: Als Mitte 2009 in den USA der Wechsel vom Analog-TV zum digitalen Fernsehen vollzogen wurde, waren Astronomen das erste Mal in der Lage, mit ihren Radioteleskopen bestimmte Galaxien und Sterne zu entdecken, die sie vorher nicht sehen konnten. Warum? Weil die Sendefrequenzen vom Analog-TV in einem Bereich zwischen 700 und 800 MHz operierten und diese die natürlich vorkommenden Frequenzen in demselben Frequenzspektrum überlagert hatten. Diese Überlagerung wirkte wie eine Wand oder vielmehr wie ein Schleier, der bestimmte Informationen nicht mehr durchließ. Dieses Zeitfenster der klaren Sicht dauerte jedoch nicht lange, weil die freigewordenen Frequenzen an Mobilfunkanbieter versteigert wurden. Was nun die weltweite Umstellung auf Digital-TV aber alles vor uns versteckt, ist vermutlich noch unbekannt. Wenn wir dann noch die zahlreichen anderen Frequenzen berücksichtigen, mit denen wir täglich belagert werden (Mobilfunk, drahtloses Internet überall usw.), die teilweise im selben Frequenzspektrum agieren wie unser Gehirn, können wir annehmen, dass dies ganz sicher nicht zu unserem Wohl passiert und dadurch wohl verhindert werden soll, dass wir bestimmte Dinge sehen bzw. wahrnehmen.

Ein anderes Beispiel ist der Erlebnisbericht von Michael Talbot, der sich in seinem Buch „Das Holographische Universum" an eine Veranstaltung im kleinen Rahmen unter Freunden Mitte der 1970er-Jahre erinnert, bei der sein Vater einen Berufshypnotiseur engagiert hatte. Eine der Versuchspersonen mit dem Namen Tom erwies sich dabei als besonders beeinflussbar. Talbot schildert das Ereignis wie folgt: *„Tom erwies sich als ausgezeichnete Versuchsperson, und schon nach wenigen Sekunden hatte ihn der Hypnotiseur in einen tiefen Trancezustand versetzt. Er machte dann mit den üblichen Tricks weiter, wie man sie auf der Bühne vorführt. Er redete Tom ein, im Zimmer befinde sich eine Giraffe, und schon sperrte Tom vor Staunen den Mund auf. Anschließend erklärte er Tom, eine Kartoffel sei eigentlich ein Apfel, den dieser dann mit Genuss verspeiste. Doch der Höhepunkt des Abends kam, als er Tom sagte, seine minderjährige Tochter Laura sei für ihn vollkommen unsichtbar, sobald er aus der Trance erwache. Der Hypnotiseur stellte Laura direkt vor den Stuhl, auf dem Tom saß, weckte ihn auf und fragte ihn, ob er sie sehen könne.*

Tom schaute sich im Zimmer um, und sein Blick schien durch seine kichernde Tochter hindurchzugehen. ,Nein', entgegnete er. Der Hypnotiseur fragte ihn, ob er sich seiner Sache sicher sei, und wiederum antwortete Tom mit ,Nein', obwohl Laura immer lauter kicherte. Dann trat der Hypnotiseur hinter das Mädchen, so dass er Toms Blicken entzogen war, und holte einen Gegenstand aus der Tasche. Er verbarg den Gegenstand so sorgfältig, dass niemand im Zimmer ihn sehen konnte, und drückte ihn Laura ins Kreuz. Er forderte Tom auf, den Gegenstand zu identifizieren. Tom beugte sich vor, als wolle er direkt durch Lauras Magen hindurchstarren, und erwiderte, es sei eine Taschenuhr. Der Hypnotiseur nickte und fragte Tom, ob er die Inschrift auf der Uhr lesen könne. Tom kniff die Augen zusammen, so als strenge er sich an, die Schrift zu entziffern, und las dann sowohl den Namen des Uhrbesitzers (den keiner der Anwesenden kannte) als auch die Widmung vor. Daraufhin zeigte der Hypnotiseur die Uhr und ließ sie im Zimmer herumgehen, damit sich alle davon überzeugen konnten, dass Tom die Inschrift richtig gelesen hatte."

Das ist absolut erstaunlich, oder? Was ist hier geschehen? Nun, die Vermutung liegt nahe, dass der Hypnotiseur eine Art Blockade in Toms Unterbewusstsein eingeschleust hat, welche verhinderte, dass sein Gehirn das Frequenz-/Informationsfeld seiner Tochter wahrnehmen bzw. entschlüsseln konnte. Deshalb hat er auch durch sie „hindurchgeschaut". Diese Blockade wirkte sozusagen wie ein Frequenz**filter**. Deshalb konnte er seine Tochter nicht mehr sehen, und hören konnte er sie auch nicht. Sie war für ihn schlichtweg nicht existent im Raum.

Das eröffnet schier ungeahnte Möglichkeiten, das Bewusstsein der Menschen zu manipulieren. Erkennen Sie, was das für eine mächtige Waffe ist? Und leider wird diese Waffe tatsächlich schon sehr lange gegen uns eingesetzt. Durch das Fernsehen, Computer, Satelliten-TV-Signale, das Radio, die Mobilfunkwellen, das drahtlose Internet sowie WiFi und Bluetooth ist unsere Erde von einem dichten Frequenzgitter eingeschlossen, worüber das Unterbewusstsein der Menschen mit unterschwelligen Botschaften ständig manipuliert und programmiert wird. Diese Manipulationen sorgen u.a. dafür, dass die Masse der Menschen die Wahrheit und die Zusammenhänge nicht sehen kann. Je nachdem, wie tief und fest die Programmierungen im Gehirn sind, sorgen diese dafür, dass die Wahrheit auch selbst dann nicht erkannt wird, wenn sie auf einem Silbertablett serviert wird. Programmierungen von den Kindesbeinen an durch die Eltern, die Gesellschaft, die Religionen usw. erledigen dann noch ihr Übriges.

Gerade in den bereits erwähnten satanisch-illuminatisch bebilderten Musikvideos werden sowohl über Bilder als auch über akustische Signale unterschwellige Botschaften an unser Gehirn gesandt. Solche Botschaften können alles Mögliche beinhalten: bestimmte Dinge zu konsumieren (Alkohol, Drogen, Fast Food), bestimmte Dinge zu tun (Gewalt, Sex, Gehorsam, Unterwürfigkeit, Dinge nicht zu hinterfragen) oder eine bestimmte Meinung oder einen Gemütszustand anzunehmen, der eigentlich nicht der eigene ist (die Regierung ist toll, Krieg ist notwendig, Gewalt ist gut, das Fördern von Minderwertigkeitskomplexen, Trauer, Neid, Hass usw.).

Natürlich ist nicht jeder Mensch gleich empfänglich für Programmierungen. Es ist aber umso wichtiger, mehr und mehr seinem Herzen und seiner Intuition als seinem Verstand zu folgen sowie kritisches Denken und Hinterfragen immer wieder neu zu üben – wie ein Muskel, der trainiert werden möchte, um nicht schlapp zu werden. Ebenfalls ist es sinnvoll, nicht jeden Technik-Schnickschnack mitzumachen und auch öfters mal einfach Abstand von der Technik zu suchen. Sie soll uns zwar dienen, aber uns nicht beherrschen. Bei mir ist die Kiste auch meist abgeschaltet, gerade weil da eben oft nur negativer unterschwelliger Müll gesendet wird. Ein weltweit flächendeckender und lang andauernder Stromausfall, z.B. ausgelöst durch eine starke Sonneneruption, dürfte spätestens dann dafür sorgen, dass der „Schleier" bei ganz vielen Menschen fallen wird. Die Menschen werden die Welt dann mit ganz anderen Augen „sehen"...[13c]

„Was wir wissen, ist ein Tropfen; was wir nicht wissen, ein Ozean."

Isaac Newton

Zusammenfassend können wir nun festhalten, dass die altertümliche Sklaverei durch die viel effektivere Lohnarbeit ersetzt wurde. Gekoppelt mit einem Schuldgeldsystem und der Kontrolle des Verstandes der Menschen über das staatliche Lehrsystem und die Medien, wurde somit die moderne „Sklaverei 2.0" erschaffen. Der Begriff „Lohnsklave" kommt in diesem Zusammenhang nicht von ungefähr. Mit diesen Mechanismen hat man es geschafft, die ganze Welt geistig und physisch zu versklaven. Dadurch, dass alles größer, globaler und komplexer ausgestaltet wurde sowie durch mannigfaltige Lügen, Täuschungen und Ablenkungen, wurden die Menschen weitestgehend erfolgreich hinters Licht geführt und wurde ihnen die Illusion von Freiheit verkauft – ähnlich der Illusion, Sie hätten bei den Wahlen wirklich eine Wahl oder gar ein Mitspracherecht. Ja, Sie dürfen sich Ihre Henker selbst aussuchen bzw. die Farben Ihrer Gefängnisgitter.

Wir erkennen zudem, dass man selbst als Selbständiger oder Freiberufler heute nach wie vor durch das Geldsystem versklavt ist. Man hat zwar mehr Freiheiten in Bezug auf Arbeitszeiten, denn schließlich sind Selbständige und Gewerbetreibende besonders produktiv für das System. Aber auch dieser Gruppe von Menschen werden immer mehr Freiheiten genommen, z.B. durch Zwangsbeiträge für Versicherungen und Rente, Kammerbeiträge, weitere Steuern, höhere bürokratische Hürden usw..

Die Folgen der Abschaffung des Bargeldes

Die Perfektion dieser Sklaverei wäre in dem Moment vollendet, wenn das Bargeld – wie an früherer Stelle bereits erwähnt – komplett abgeschafft und durch rein elektronisches Geld ersetzt würde. In Schweden ist man bereits auf dem Weg dahin. Mit dem Ausweiten der bargeldlosen Zahlungsmittel (Kreditkarten, Handyzahlung etc.) rückt dieses Ziel immer näher. Es fehlt dann nur noch ein bewusst herbeigeführter Auslöser (Banken- oder Börsencrash in Folge der inszenierten Finanzkrise), um die Abschaffung des Bargelds vor dem „Pöbel" zu rechtfertigen. Denn dann wäre jeder Erdbewohner komplett gläsern, und den Machthabern „unliebsame" Zeitgenossen kann man einfach zentral **jederzeit** alle Konten sperren – und das **weltweit**. Ist man aus dem System dann ausgeschlossen, kann man sich weder etwas zu essen kaufen noch seine Miete weiterhin zahlen – gar nichts! Als Angestellter wird man fristlos entlassen, weil man ja kein Geld mehr empfangen kann und somit kein „Mitglied" im System mehr ist. Eine Überweisung an Dritte ist oder wird aufgrund des Abführens von Steuern und Sozialabgaben nicht zugelassen. Als Selbständiger können Sie ebenfalls keine Zahlungen mehr annehmen. Ausreisen können Sie auch nicht, weil Sie zahlungsunfähig sind. Und jenen, deren Konten nicht gesperrt wurden (also allen anderen Menschen) kann man ebenso elektronisch die Ausreise in bestimmte Länder blockieren. Und selbst, wenn man es dann trotz allem schaffen sollte, aus dem Land zu entfliehen, hat man lediglich die eigene Weide verlassen. Denn auf der nächsten Weide herrscht dasselbe System, und elektronisch sind sie genauestens bekannt und weltweit gesperrt, weil der Datenaustausch international in ein und demselben Computersystem läuft und „Flüchtlinge" damit lückenlos und zeitnah identifiziert werden.

Verstehen Sie nun, wohin die Reise geht, wenn wir dies zulassen? Ich glaube, dass dies den meisten überhaupt noch nicht in vollem Umfang bewusst ist. Um die Situation kurz vor Augen zu führen, die dann auf uns alle zukommen wird: Durch die restlose Abschaffung des Bargeldes wird jeder von uns vor die Wahl gestellt – entweder sind wir dann komplett **integriert,** oder komplett **raus** aus dem System. Und beides dann mit den jeweiligen Konsequenzen! Etwas dazwischen, wo wir uns teilweise dem einen oder anderen noch entziehen konnten – so, wie es bisher möglich war –, wird es dann nicht mehr geben!

Für welche Seite würden Sie sich dann entscheiden? Ich zumindest möchte dann aus dem System raus sein, denn ich habe kein Interesse daran, in einem globalen Faschistenstaat zu leben, in dem ich rund um die Uhr überwacht, kontrolliert und gegängelt werde, keine Freiheiten mehr habe oder einen Mikrochip implantiert bekomme, der mich zum gefühllosen und *systemkonformen* „Zombie" macht (und gerade der Chip könnte am Ende tatsächlich diese „entweder-oder-Entscheidung" sein). Aber dafür müssen wir bereits <u>jetzt</u> alternative Lösungen umsetzen. Diese sind auch zwingend notwendig – ganz unabhängig davon, ob wir später vor die Wahl gestellt werden oder nicht. Das jetzige System muss so oder so entweder abgeschafft oder grundlegend zum Positiven hin transformiert werden.

Ist all das Teil eines vor langer Zeit erdachten Planes? Vor 2.000 Jahren hatte der Jünger Johannes prophezeit (Johannes 13,18): „*Und es ward ihm gegeben, dass es dem Bilde des Tieres Geist gab* (TV, Computer, Smartphone; A.d.V.), *damit des Tieres Bild redete und machte, dass alle, welche nicht des Tieres Bild anbeteten, getötet würden. Und es macht, dass sie allesamt, die Kleinen und Großen, die Reichen und Armen, die Freien und Knechte, sich ein Malzeichen geben an ihre rechte Hand oder Stirn, dass niemand kaufen oder verkaufen kann, er habe denn das Malzeichen, nämlich den Namen des Tieres oder die Zahl seines Namens. Hier ist Weisheit! Wer Verstand hat, der überlege die Zahl des Tieres; denn es ist eines Menschen Zahl und seine Zahl ist sechshundertsechsundsechzig.*"

Bedeutet das, dass keiner „*kaufen und verkaufen kann, der nicht das Malzeichen des Tieres hat*", wer keinen Barcode oder Mikrochip implantiert hat? Sieht für mich ganz danach aus...

Wir leben in einem riesengroßen Gefängnis ohne sichtbare Gitter. Ein gigantisches und perfekt ausgeklügeltes Hamsterrad, aus dem kaum jemand jemals wieder entrinnen kann – außer die Menschen wachen auf und erkennen endlich, was hier die ganze Zeit gespielt wird!

Aber wir haben doch viel Freizeit!

Jetzt könnten Sie vielleicht sagen: *„Nun ja, das, was wir heute haben, ist immer noch besser als im Mittelalter, und heute haben wir durch die Wochenenden, Feiertage und Urlaube auch mehr Freizeit."* Ja, man räumt uns gewisse Freiheiten ein, das ist richtig. Dies geschieht jedoch ausschließlich unter dem Aspekt, dass wir ein Gefühl von Freiheit haben sollen. Wenn wir uns frei fühlen, sind wir viel kreativer und produktiver und somit besonders wertvolles „Humankapital" für Industrie und Wirtschaft.

Aber stellen Sie sich selbst einmal ernsthaft die Frage, ob täglich 8-12 Stunden Arbeit Ihr ganzes Leben lang, nur um überleben zu können (plus evtl. ein paar Ersparnisse), für Sie wirklich Freiheit bedeutet? Nennen Sie das „frei sein"?

Doch möchte ich gern den Zeitfaktor und die „Freizeit" genauer unter die Lupe nehmen. Der durchschnittliche Lohnsklave hat einen 8h-Vertrag, und naiv gerechnet könnte man daher sagen, der Tag besteht für diesen aus 8 Stunden Arbeit, 8 Stunden Freizeit und 8 Stunden Schlaf. Doch ist das nicht ganz richtig, denn sowohl der Schlaf als auch der Großteil der Freizeit müssen prinzipiell dafür aufgebracht werden, dass der Sklave seine Arbeit ordnungsgemäß, leistungsfähig und zufriedenstellend erledigen kann. Der Lohnsklave muss einfach schlafen, weil er sonst bei der Arbeit keine Leistung erbringen kann. Er muss einkaufen, kochen, (gesund) essen und spülen, weil er sonst hungrig zur Arbeit müsste, zu schwach wäre und unter Konzentrationsmangel leiden würde. Er muss sich und seine Arbeitskleidung waschen, weil er nicht stinkend oder „unpassend" gekleidet zur Arbeit kommen kann. Dann haben wir noch den Weg zur Arbeit und zurück, welcher keineswegs als frei verfügbare Zeit anzusehen ist. Selbst die Pausenzeiten im Betrieb kann der Lohnsklave auch nur in den wenigsten Fällen nach seinen Wünschen nutzen. Dasselbe mit unbezahlten Überstunden.

Würde man das aufschlüsseln, ergäbe sich grob folgende Rechnung:

8 h reguläre Arbeitszeit
1 h Überstunden
1 h innerbetriebliche Pause
1,5 h täglicher Weg zur Arbeit hin und zurück

8 h Schlaf
0,5 h Einkauf, Behörden, Arztbesuch etc.
1 h duschen, frühstücken, ankleiden, schminken, rasieren
1 h notwendige Haushaltsarbeiten
----
22 h insgesamt

Bleiben dann noch ganze zwei Stunden, die Sie ganz für sich haben. Zugegeben, nicht alles in der obigen Rechnung hat einen direkten Zusammenhang zur Arbeit, schließlich muss jeder schlafen, auch wenn er nicht arbeiten müsste, das ist richtig. Doch prozentual müssten Sie auch bei den letzten vier der genannten Punkte mindestens 50% anrechnen, weil Sie Ihren Lebensrhythmus strikt an den Arbeitszeiten orientieren müssen und dadurch keinen bis kaum Spielraum haben für die anderen Dinge. Aber selbst, wenn Sie sich die ersten vier Zahlen anschauen, dann sind das täglich fast 12 Stunden, die Sie **direkt** mit Ihrer Arbeit verbringen. Haben Sie mehr Überstunden oder einen längeren Weg zur Arbeit, dann dementsprechend mehr. **Summa summarum ist das mehr als die Hälfte Ihrer Lebenszeit!**

Das Wertvollste, was ein Lohnsklave dem System gibt, ist also seine Zeit! Und der Sklave gibt viel mehr davon her, als ihm überhaupt bewusst ist, weil er die vielen versteckten Anteile gar nicht sieht. So, wie bei den Steuern und Abgaben... Ist Ihnen bewusst, dass es nicht bei den bloß 20-30% Einkommensteuer bleibt? Hinzu kommen noch die ganzen Sozialabgaben. Wenn Sie in den Laden gehen, zahlen Sie auf fast alles rund 20% Mehrwertsteuer, je nach Land. Die Produkte wurden meist durch mehrere Einzelteile/Rohstoffe zusammengesetzt, die wiederum von anderen Zulieferern gekauft bzw. importiert wurden, wo auch jeweils Mehrwertsteuer bzw. Zolleinfuhrumsatzsteuer plus Gebühren berechnet wurden. Dann kommen noch die Zwischenverkäufe von Großhandel und Distributionen hinzu, wo überall nochmals die Mehrwertsteuer berechnet wurde (und diese nur dann nicht weiter aufgeschlagen wird, sofern der Unternehmer genügend Umsatzsteuer als Vorsteuer von seinen Ausgaben gegenrechnen kann), bis hin zum Einzelhandel, also dem Laden, wo Sie dann schlussendlich einkaufen und dann **nochmals** Mehrwertsteuer auf die dann angehäufte Summe zahlen (obwohl vorher schon mehrfach besteuert wurde). Der Liter Benzin wird allein beim Endkunden doppelt besteuert, einmal durch die Mehrwertsteuer und einmal durch die Mineralölsteuer. Auf die meisten Verträge, die Sie abschließen, zahlen Sie ebenfalls Mehrwertsteuer. Dann haben wir noch zahlreiche Zwangsabgaben wie die Rundfunkgebühr, die Kfz-Steuer, Hundesteuer, Grundsteuer, Tabaksteuer, Branntweinsteuer, Knöllchen wegen Falschparkens uvm.. Selbständige zahlen zusätzlich Gewerbesteuer und Kammerbeiträge.

Ihre reale Abgabenquote von den Bruttoeinnahmen wird bei etwa 80% liegen. Und wenn Sie es schaffen, den Rest dann noch zu sparen, fallen auf die Zinsen oder Erträge später noch einmal Zinsabschlag- oder Kapitalertragssteuer an.

Früher im Mittelalter musste man den „Zehnten" abgeben. Heute können wir froh sein, ihn behalten zu dürfen. Meinen Sie nicht auch, dass da Methode dahintersteckt?

Das System raubt dem Lohnsklaven seine wertvolle Lebenszeit, mit der er ansonsten etwas für sich selbst aufbauen und seiner wahren Bestimmung folgen könnte. Das System sagt aber, dass es so etwas wie eine „Bestimmung" gar nicht gibt, dass das Unfug ist, Spinnerei. Und das System hält ihn ständig beschäftigt, lenkt ihn ständig durch unwichtige Dinge ab (Politik, TV, Konsum etc.), es verdummt ihn, damit er erst gar nicht auf solche Gedanken kommt und z.B. auch gar nicht merkt, dass von seinem Gehalt letztes Endes fast nichts übrig bleibt oder er nicht einmal annähernd die Mechanismen seiner Versklavung durchschaut.

Wir opfern fast unsere gesamte wertvolle Lebenszeit, unsere Gesundheit und Energie, um zu 95% für andere zu arbeiten. Wir sind nichts weiter als Bio-Batterien, die das Hamsterrad am Leben und die Machthaber weiter an der Macht erhalten, die wie Vampire von **unserer** Lebensenergie leben.

Glauben Sie immer noch, Sie seien wirklich frei?

„*Niemand ist hoffnungsloser versklavt als der,*
der fälschlich glaubt, frei zu sein."
Johann Wolfgang von Goethe (1749-1832)

„*Die glücklichen Sklaven sind die erbittertsten Feinde der Freiheit.*"
Marie von Ebner-Eschenbach (1830-1916)

„*Wer nicht mindestens zwei Drittel des Tages*
zu seiner freien Verfügung hat, ist ein Sklave."
Friedrich Nietzsche (1844-1900)

Kapitel 4
Der Vatikan und die römisch-katholische Kirche

Da wir in den ersten Kapiteln nun die Außenhülle aufgebohrt haben, stoßen wir jetzt etwas tiefer zum Kern vor...

Die Trennung von Staat und Kirche war nur ein weiteres Täuschungsmanöver von vielen, um die Menschen glauben zu lassen, der vatikanische Papst und die (katholische) Kirche hätten ihre Macht über die Jahrhunderte stetig abgegeben und die Menschen seien nun endlich von diesen „mittelalterlichen" Machtinstitutionen befreit worden. Aber weit gefehlt! Die heutigen mosaischen Religionen sind die direkten Nachfolger des Babylon- und Mithraskultes, den es vor ein paar tausend Jahren gab, als bereits die babylonischen Priester die damaligen Herrscher waren. Man braucht sich nur einmal die Kluft der heutigen Kuttenträger (z.B. Fischhut und Talar) und einige der Bräuche und Rituale anzuschauen (z.B. Weihnachten und Ostern, die nachweislich rein gar nichts mit Jesus zu tun haben), um zu sehen, dass diese eins zu eins aus dem babylonischen Priestertum übernommen wurden. Filmdokumentationen wie z.B. der *Zeitgeist-Film* haben tief recherchiert und die wahrlich zahlreichen Parallelen zum Babylonkult und den Baalspriestern aufgezeigt. So versteckt sich z.B. hinter dem christlichen Weihnachtsfest in Wahrheit die Anbetung des babylonischen „Gottes" Nimrod als Gott des Planeten *Saturn* im alten Rom (Rom war auch als „Stadt des Saturn" bekannt). Dessen „Geburtstag" feierte man in den sogenannten *Saturnalien*, die zwischen dem 17. und 30. Dezember stattfanden und an denen man dem Gott *Saturnus* Opfergaben brachte, Bäume schmückte usw.. Die katholische Kirche hatte diesen „Geburtstag" übernommen und als Feier der Geburt Jesu Christi deklariert. Auf den Saturnkult komme ich später noch ausführlicher zu sprechen.

Und wo wir gerade beim „Fischhut" sind – der Fisch fängt bekanntlich vom Kopf an zu stinken, wie wir gleich sehen werden...

Wie vorher schon angedeutet, hat die katholische Kirche spätestens seit der Weimarer Republik ihre Macht auch in Deutschland wieder maßgeblich ausdehnen können, nachdem Otto von Bismarck bereits im Deutschen

Kaiserreich (Erstes Deutsches Reich) im Machtkampf mit der Kirche (der sogenannte „Kulturkampf") nach anfänglichen Maßnahmen zur Zurückdrängung ihres Einflusses und zur strikten Trennung von Staat und Kirche später wieder zurückruderte und aufgrund des politischen Drucks auch seitens seiner Unterstützer viele Kompromisse mit der Kirche einging bzw. eingehen musste. So hatte Bismarck zuvor durch Anordnungen und Gesetze u.a. bewirkt, dass die katholische Abteilung im preußischen Kultusministerium aufgelöst und die geistliche Schulaufsicht in Preußen durch eine staatliche ersetzt wurde. Des Weiteren hat er 1872 dem Jesuitenorden verboten, in Deutschland Niederlassungen zu errichten, und im sogenannten „Brotkorbgesetz" vom April 1875 entzog er der Kirche zusätzlich alle staatlichen Zuwendungen – aus gutem Grund, wie wir noch weiter erörtern werden. Schließlich wusste der Mann damals sehr gut, womit er es zu tun hatte. Der Moment, ab dem dieser Machtkampf zwischen dem Deutschen Kaiserreich und der katholischen Kirche ab 1887 endete und die meisten Einschränkungen nach und nach wieder aufgehoben wurden, markierte den Beginn vom Ende der Souveränität des Deutschen Kaiserreiches und seines Volkes. Die beiden darauffolgenden Weltkriege erledigten dann ihr Übriges. Sie können das kaum glauben? Merken Sie sich diese Stelle hier gut. Am Ende dieses Kapitels komme ich nämlich noch einmal darauf zurück.

Doch warum gibt es Religionen und Kirchen?

Diese Frage kann man leicht beantworten: Die Religionen haben die Herrschenden geschaffen, um die Menschen von Gott zu trennen. Das passierte automatisch durch das Zwischenschalten einer Institution, die den Menschen seit jeher suggeriert, um ein guter Gläubiger zu sein, müsse man regelmäßig in die Kirche/Moschee etc. gehen, beichten und brav die ganzen Bräuche mitmachen und befolgen. Wenn man sich das ganze Theater dann anschaut, erkennt man schnell, dass die Scharen von Menschen nicht Gott anbeten, sondern den Priester, die Kirche, den Weihnachtsbaum und den Papst, der sich nach wie vor als den König der Welt betrachtet. Was wir hier haben, ist reiner Götzenkult und Götzenanbetung. Das sieht man dann sehr gut an den ganzen Menschen, die in der Kirche fromm tun und in absoluter Naivität tatsächlich glauben, all ihre Sünden durch Spenden und Beichten wieder gut gemacht zu haben. Wenn die Messe dann zu Ende ist und sie wieder aus der Kirche herausströmen, fängt das Lästern, Tratschen und Beneiden anderer dann sofort wieder an, und die nächsten Leichen werden im Keller gestapelt.

Ich sehe das eher so: *„Wenn ich an Gott glaube, dann geschieht dies aus meinem Herzen heraus. Wenn ich Gott um Hilfe bitten möchte, dann kann ich dies von zuhause aus tun. Dafür brauche ich keine Häuser und Möchtegernvermittler, die mir die Leviten lesen, mich mit scheinheiligen Vorwürfen berieseln und gleichzeitig das Geld aus der Tasche ziehen. Um an Gott zu glauben, braucht kein Mensch dieser Erde einen zwischengeschalteten ‚Vermittler' oder eine zwischengeschaltete Institution!"*

Die Religionen wurden auch geschaffen, um die Menschheit in verschiedene Lager zu spalten, die Menschen voneinander zu trennen, ganz nach dem „Teile und Herrsche"-Prinzip Machiavellis. So hat man sie über die letzten Jahrhunderte und Jahrtausende in zahlreichen Religionskriegen gegeneinander gehetzt, und im „Namen Gottes" wurden dabei hunderte Millionen von Menschen getötet. Des Weiteren sind die Religionen dazu da, den Menschen ein tiefes Schuldbewusstsein einzuimpfen. Dabei bedienen sich alle Religionen der gleichen Hierarchiestruktur, um von oben nach unten hin eine systematische Gehirnwäsche zu betreiben und wo man von oben gesagt bekommt, dass, wenn man nicht regelmäßig zur Kirche, Moschee, Synagoge oder was auch immer geht, man ein „schlechter Gläubiger" ist. In der katholischen Kirche kommt man sogar bereits als Sünder zur Welt. Ständig werden einem Angst und Schuld eingetrichtert, sollte man die ganzen Bräuche nicht mitmachen, also z.B. sich nicht taufen und firmen lassen, nicht in der Kirche bzw. religiös heiraten usw.. Wenn Sie aus der Kirche oder der besagten Religion dann einmal austreten sollten, dürfen Sie sich von den „Würdenträgern" sogar anhören, dass Sie sich dadurch von Gott und dem Glauben abgewandt haben, obwohl das eine mit dem anderen aber auch rein gar nichts zu tun hat. Überall finden wir Zwänge und Methoden, um die „Schafe" in die Schuld und Angst zu bringen. Glauben Sie, dass Gott das so gewollt hat? Ist das in seinem Sinne?
Und spätestens dann, wenn man entdeckt, dass alle großen Religionen, – sei es nun im Christentum, im Islam, im Judentum oder im Hinduismus

– Frauen (und zum Teil auch andere Kasten oder Volksgruppen usw.) als mehr oder weniger minderwertig betrachten, braucht es keine zwei Hirnzellen, um zu begreifen, wie böse und menschenfeindlich diese Institutionen eigentlich in Wirklichkeit sind. Wir leben in einer männlich dominierten Welt, in der die weiblichen Energien massivst unterdrückt werden, weil Frauen von Natur aus liebevoller, sanfter, kreativer und intuitiver sind als Männer. Diese Unterdrückung wird von den Religionen schon jahrtausendelang praktiziert und hat in allen Bereichen des gesellschaftlichen und kulturellen Lebens Einzug gehalten. Wegen dieser einseitigen Dominanz ist hier auf der Erde ein großes Ungleichgewicht der Energien entstanden. Um Harmonie zu haben, müssen weibliche und männliche Energien *gleichermaßen* geschätzt, geachtet und gefördert werden.

Doch wir haben bisher lediglich an der Oberfläche gekratzt...

Wolf im Schafspelz

Dass die Priester und Oberhäupter der Kirchen ganz und gar nicht so fromm sind, sehen wir an den ganzen Kindersexskandalen, die sich im Verborgenen kilometerhoch getürmt haben und über die Medien nur in homöopathischen Dosen über die Jahre hinweg bekannt gemacht werden. Es treten mehr und mehr Opfer ans Tageslicht, die sich trauen, von ihren grausamen Erlebnissen zu berichten. In diese Skandale sind vom Priester bis hin zu den Kardinälen und Bischöfen alle Ränge dieser Hierarchien verwickelt. Je höher der Rang, desto tiefer und dunkler der Sumpf. In neueren Enthüllungen von 2013 hat z.B. ein verurteilter, pädophiler römischer Priester offenbart, dass es innerhalb der römischen Kirche ein Schwulen-Sexnetzwerk gäbe, das minderjährige Jungs, die u.a. auch in satanischen Ritualen missbraucht werden, an Kleriker vermittelt. Im Mittelpunkt des Pädophilieskandals stand auch der frühere Papst Benedikt XVI., der wohl eher aufgrund seiner Verwicklungen in diesem okkulten Netzwerk zurückgetreten sein dürfte, als aus angeblichen Gesundheitsgründen. So wählte er nach seinem Rücktritt nicht umsonst den Vatikan als sein Domizil. Das garantiert ihm schließlich lebenslange Immunität vor Strafverfolgung.

Dass der Vatikan in seinem Stadtstaat Sex mit Kindern ab 12 Jahren legal erlaubt, dürften die Wenigsten wissen, und es erklärt so einiges. Da das kanonische Recht kein Sexualstrafrecht enthält (man sollte sich einmal fragen, warum?), greift der Vatikan auf eine alte Fassung des italienischen Strafrechts von 1924/1929 zurück. In Italien selbst liegt das Schutzalter aber mittlerweile bei 14 Jahren. Gerade im Hinblick auf das Zölibat mutet das schon grotesk an. Anscheinend erachtet der Vatikan es als nicht notwendig, zumindest nach außen hin offiziell das Schutzalter deutlich anzuheben. Sie glauben mir nicht? Schlagen Sie im Quellenverzeichnis den dazugehörigen Artikel der WELT auf.[14] Da steht unter anderem: *Doch für Kinder, die im Vatikan selbst leben, ist das eigentlich keine beruhigende Nachricht. Der Vatikanstaat hat nämlich das niedrigste Schutzalter für Kinder in ganz Europa. Es liegt bei zwölf Jahren, in Deutschland dagegen bei 14 Jahren, in der Schweiz sogar bei 16 Jahren. Als Schutzalter bezeichnet man die Altersgrenze für Kinder, ab der Erwachsene und Jugendliche unter Umständen sexuelle Beziehungen mit ihnen haben dürfen.*"

Als wenn das noch nicht genug wäre, haben auf einer italienischen Bischofskonferenz Ende März 2014 die italienischen Bischöfe – mit Unterstützung des Vatikans – eine Richtlinie verabschiedet, welche besagt, dass die Kleriker Kindesmissbrauch nicht mehr der Polizei melden müssen.

Finden Sie das in Ordnung? Gehört sich das moralisch und ethisch für sogenannte „Vertreter Gottes"? Und welche Bedeutung kommt dem Zwangszölibat in dieser Hinsicht zu? Es ist eine Methode, um die Priester zu unterdrücken, damit diese von der Wahrheit abgelenkt werden – der Wahrheit, dass die Liebe und Sexualität zwischen Mann und Frau heilig und das größte Geschenk Gottes ist. Dies durch ein auferlegtes Verbot zu leugnen, ist gegen die Natur des Menschen und somit gegen Gott selbst. Es ist einfach nur krank.

Wenn das wahre Ausmaß all der abscheulichen Taten jemals bekannt wird, dann möchte ich nicht in der Haut auch nur einer dieser „Würdenträger" stecken – auch nicht, wenn die ganzen Skandale der Vatikanbank, wie Geldwäsche, Kooperationen mit der Mafia und andere dunkle Geschäfte, das breite Licht der Öffentlichkeit erblicken. So soll laut dem italienischen Enthüllungsjournalisten Gianluigi Nuzzi die Vatikanbank u.a. bereits in den 1970er-Jahren über Scheinfirmen auf den Bahamas und Panama große Summen an Geld aus dem südamerikanischen Kokainhandel verschoben haben. Gegen eine Zahlung der Vatikanbank in Höhe von 224 Millionen Dollar habe die italienische Justiz aber jedwede Untersuchungen in diesem Zusammenhang wieder eingestellt – mal davon abgesehen, dass der Vatikan italienischen Gesetzen sowieso nicht unterliegt und Ermittlungen der italienischen Justiz keinerlei strafbare Konsequenzen nach sich ziehen würden. Was zudem die wenigsten Deutschen wissen werden ist, dass der Vatikan im Zweiten Weltkrieg die alliierten Kriegsmächte mit Geldern in Millionenhöhe finanziert hat. Die Gelder wurden direkt an die privaten US-Großbanken *J.P. Morgan* und *Morgan Chase* transferiert. Diese wiederum finanzierten beide Seiten des Krieges (einschließlich Hitler), so, wie die Hochfinanz das sonst auch immer tut, um von allen Varianten eines Geschehens zu profitieren. Nehmen wir das „Familienunternehmen" Rothschild: Im amerikanischen Sezessionskrieg (1861-1865) kämpften die Nordstaaten (gegen Sklavenhaltung) gegen die Südstaaten (für Sklavenhaltung). Vor dem Krieg ließ die Familie Rothschild durch ihre Agenten die „Pro-Union"-Einstellung der Nordstaaten schüren. Gleichzeitig schürten aber andere Rothschild-Agenten die „Kontra-Union"-Einstellung der Südstaaten. Als der Krieg dann ausbrach, finanzierte die Rothschild-Bank in London die Nordstaaten und die Pariser Rothschild-Bank den Süden. Die einzigen, die diesen Krieg wirklich gewonnen hatten, waren die Rothschilds. *„Wenn zwei sich streiten, freut sich der Dritte."* ist das Prinzip, nach dem die Hochfinanz agiert.

Und der Vatikan arbeitet nach demselben Prinzip! Die Vatikanbank fungierte beispielsweise während des Zweiten Weltkriegs als Geldwaschanlage, wodurch auch britische Diplomaten und alliierte Soldaten hinter den feindlichen Linien mit Geld versorgt wurden. Aber die Mittel flossen hauptsächlich in die USA und in die dortige Rüstungsindustrie. Ob bewusst oder nicht, aber letzten Endes hat dieses Geld vermutlich mit dazu beigetragen, dass Millionen Deutsche umgebracht und zahlreiche deutsche Städte dem Erdboden gleich gemacht wurden.

Vatikan – Big Business

Doch der Vatikan mischt auch in der Weltwirtschaft ganz kräftig mit – und zwar im ganz großen Stil. Seine auswärtigen Finanzreserven lagert er vornehmlich an der Wall Street, und der Wert all seiner Aktien und sonstigen Beteiligungen kann auf mittlerweile über 100 Milliarden Euro geschätzt werden. Aber auch als „größter religiöser Wirtschaftskonzern" ist klotzen und nicht kleckern angesagt. Dem Vatikan gehört z.B. die italienische Gasfirma *Italgas*, welche wiederum Tochtergesellschaften in 36 italienischen Städten unterhält. Weiterhin ist die Gesellschaft *Molini e Pastificio Pantanella* in seinem Vollbesitz, welche verschiedene Sorten von Pasta, Kuchen und Gebäck produziert. Neben großen Beteiligungen an *Alitalia* und *Fiat* ist der Kleinstaat an wahrlich unzähligen weiteren Firmen und Gesellschaften in allen möglichen Branchen beteiligt, darunter Zement, Textilien, Chemie, Stahl, Nahrungsmittel, Keramik, Papier, Bauwirtschaft, Industrieöfen und Munition, um nur ein paar zu nennen. Und das nicht nur in Italien, sondern auch in Europa und Nord- und Südamerika. Ein Drittel aller italienischen Banken hat vatikanisches Geld gelagert. Der Vatikan besitzt zudem selbst viele römische Banken. In seinem alleinigen Besitz befinden sich: die *Banco Ambrosiana* in Mailand, die *Banca Provinciale Lombarda*, *Piccolo Credito Bergamasco*, *Credito Romagnolo*, *Banca Cattolica del Veneto*, *Banco di San Geminiano e San Prospero* und die *Banca San Paolo*.

Der Vatikan ist auch der größte Immobilien- und Großgrundbesitzer auf diesem Planeten. Damit sind natürlich nicht die paar Kirchenhäuser gemeint. Mindestens ein Drittel aller Häuser in Rom gehören ihm, und zusätzlich besitzt er zahlreiche andere Städte und Stadtteile in Italien. Die Immobilien befinden sich dabei zumeist in den allerbesten Lagen. Praktisch alles vom Campo dei Fiori bis zum Tiber und vorbei an der Piazza Navona und der umliegenden Gegend ist in seinem Besitz, also rund die Hälfte des historischen Zentrums mit insgesamt über 2.500 „Pälästen". Da diese Immobilien als „ausländisches Territorium" gelten, tauchen sie auch nirgends im Katasteramt auf. Doch das ist noch längst nicht alles. In vielen Ländern dieser Erde gehören der römisch-katholischen Kirche ganze Landstriche! So zählen zu ihren Besitztümern u.a. 1,1 Mio. ha Ackerland in den USA, zirka 100.000 ha in England, über 500.000 ha Ackerland in Italien. Die katholische Kirche ist laut den Recherchen des Sozialwissenschaftlers

Carsten Frerk mit 8,25 Milliarden qm größter privater Grundbesitzer in Deutschland. Sie besitzt zudem stattliche 20% aller Felder in Spanien, Portugal und Argentinien. (siehe dazu auch www.freie-christen.com)

Seien Sie versichert, das sind auch nur die Dinge, die bekannt sind. Die Verstrickungen und Verästelungen des Vatikans sind so zahlreich und vielschichtig, dass es unmöglich geworden ist, sie alle aufzudecken – insbesondere, weil der Vatikan auch niemandem Rechenschaft schuldig ist. Er genießt die höchste diplomatische Immunität. Der Autor Nino-Lo Bello drückte es 1970 in einem Artikel sehr treffend aus: *„Wie reich ist eigentlich der Papst? Oder anders formuliert: Wie viel Geld besitzt die römisch-katholische Kirche? Die Frage war nur schwer zu beantworten, denn die Finanzoperationen des Vatikans sind in ein tiefes Geheimnis gehüllt. Er ist der einzige Staat der Welt, der nie ein Budget veröffentlicht. Er ist die einzige kirchliche Institution, die ihre Finanztransaktionen streng geheim hält. Seine Unternehmungen sind so verästelt und kompliziert, dass es zweifelhaft erscheint, ob ein einziger Mensch jemals einen vollständigen Überblick über den Besitz des Vatikans gewinnen kann."*

Zumindest war dies bis zum Jahr 2013 so, als Papst Franziskus mit den Skandalen der Vatikanbank „aufräumen" wollte und die *Vatikanbank (Instituto per le Opere di Religione*, IOR; *Institut für die religiösen Werke)* das erste Mal seit ihrer Gründung 1887 für das Jahr 2012 einen Geschäftsbericht veröffentlichte und für dieses Jahr einen Gewinn von knapp 87 Mio. Euro offiziell verbuchte. Bargeld und kurzfristige Einlagen beliefen sich demnach auf 1,2 Milliarden Euro und das Wertpapierdepot auf 3,6 Milliarden Euro. Der Goldbesitz wurde mit einem Wert von rund 41 Millionen Euro ausgewiesen, was ungefähr anderthalb Tonnen Gold entspricht.

Sie meinen, das sei viel? Nein, nein, das ist noch längst nicht alles, falls die offiziellen Zahlen stimmen sollten. Der Vatikan besaß laut der italienischen Zeitschrift *Oggi* bereits 1952 einen Goldschatz im damaligen Wert von umgerechnet ca. 3,5 Milliarden Euro. 1952 lag der Goldpreis bei zirka $ 35 pro Feinunze. Im Mai 2014 betrug der Preis etwa $ 1.250. Das ist eine 35-fache Wertsteigerung, die Inflation einmal außen vor gelassen. Also nach heutigem Stand ist dieses Gold über 122 Milliarden Euro wert. Wir dürfen davon ausgehen, dass der Kleinstaat mittlerweile viel mehr Gold gehortet hat, welches u.a. in Tresoren der *New Yorker Zentralbank*, der *Bank of England* und der *Schweizerischen Nationalbank* gelagert wird. Und in der Tat dürfte das so sein, denn der veröffentlichte Geschäftsbericht für 2012 ist lediglich der Bericht der *Vatikanbank IOR*, und diese verwaltet **nur** einen Bruchteil des päpstlichen Vermögens! Der Papst besitzt noch zahlreiche andere Stellen der Güterverwaltung, die alle unabhängig voneinander arbeiten. Der veröffentlichte Bericht ist somit nur Augenwischerei für die Öffentlichkeit gewesen (und das, obwohl die offiziellen Zahlen allein schon stattlich sind).

Aber die Frage, die sich jeder Mensch und vor allem die kirchengläubigen Christen hier einmal stellen sollten ist, wo der Vatikan denn so viel Geld, Gold, Ländereien und sonstige Reichtümer her hat. Warum ist der Vatikan ein global operierender Wirtschaftskonzern? Warum ist es die reichste Institution der Welt? Und vor allem, **WAS** hat das alles bitteschön mit Gott und Jesus und seinen Botschaften zu tun? Was hat das mit bedingungsloser Nächstenliebe zu tun?

Die lange Blutspur der katholischen Kirche

Doch schon die ganzen letzten zweitausend Jahre hat sich der Vatikan laufend Reichtümer unter den Nagel gerissen: Blutgeld durch Menschenhandel, Sklaverei und Prostitution; durch Raubmord während der jahrhundertelangen Kreuzzüge und Eroberungszügen weltweit; etwa eine Milliarde Gulden durch den 600 Jahre langen Ablasshandel; durch Erbschleichereien; schon seit jeher durch die Abgabe des „Zehnten", welcher im Mittelalter mit körperlicher Gewalt und Mord eingetrieben wurde und heute noch in Form von Kirchensteuern aus den allgemeinen Steuertöpfen und zahlreichen Subventionen vom Staat sowie durch den Verkauf von Segen und Titeln auch heute noch.

Selbst die Inquisition und die Hexenverbrennungen waren für die Leute damals nicht umsonst. Die Inquisition war eine Raub- und Lynchjustiz, bei der nach Schätzungen insgesamt mehrere Millionen Menschen brutalst umgebracht wurden. Wurde jemand von der Inquisitionsbehörde beschuldigt, kamen die Beamten in sein Haus und haben schon einmal das ganze Hab und Gut inventarisiert. Unabhängig vom Ausgang des Prozesses wurde die Familie aus dem Haus geworfen. Sämtliches Geld, Hab und Gut gingen in den Besitz der Kirche über. Wurde derjenige dann gefoltert und/oder umgebracht, so mussten das Opfer oder seine Angehörigen jeden einzelnen Handgriff sowie das Essen der Folterknechte auch noch bezahlen. So ist zum Beispiel aus Darmstadt eine Preisliste bekannt, wonach das Henken eines Menschen 18 Kreuzer und das lebendige Verbrennen einer „Hexe" 14 Kreuzer kostete. Für die anderen Foltermethoden gab es je nach Aufwand verschiedene Preise. Das ist derart ungeheuerlich! Da fehlen einem nur noch die Worte. Selbst Verstorbene konnten noch im Nachhinein der Ketzerei beschuldigt werden, um den Erben das hinterlassene Vermögen wegzunehmen.

Im Folgenden eine kleine Zusammenfassung der „ruhmreichen" Taten der katholischen Kirche:

Heiden: 9.-12. Jahrhundert – Zehntausende germanische und slawische „Heiden" werden vom deutschen Adel mit Gewalt zum Christentum bekehrt oder grausam ermordet.

Kreuzzüge: 11.-13. Jahrhundert – Auf Betreiben der Päpste fanden sieben Kreuzzüge ins „Heilige Land" Palästina statt, die nach Schätzung des Autors Hans Wollschläger („Die bewaffneten Wallfahrten nach Jerusalem") insgesamt 22 Millionen Menschen das Leben kosteten.

Juden: 11.-14. Jahrhundert – Blutige Pogrome mit tausenden von Toten.

Inquisition: 13.-18. Jahrhundert – etwa 1 Million Tote. Manche Schätzungen gehen sogar von bis zu 10 Millionen Toten aus. Unzählige Gefolterte, Misshandelte und Verstümmelte.

„Hexen": 16.-18. Jahrhundert – Nach manchen Schätzungen wurden bis zu eine Million Menschen, zumeist Frauen, grausamst ermordet – die Hälfte davon allein in Deutschland.

Eroberung Amerikas: Laut dem Theologen Leonardo Boff starben in den ersten 150 Jahren nach der Eroberung durch die Spanier 100 Millionen Menschen. Es soll der größte Völkermord aller Zeiten gewesen sein.

Völkermord in Kroatien: Zwischen 1941 und 1943 wurden unter maßgeblicher Beteiligung katholischer Kleriker zirka 750.000 orthodoxe Serben umgebracht.

Hinzu kommen noch die Verfolgung und Ermordung von vielen anderen Andersgläubigen, den Tempelrittern, Katharern, Hussiten usw.. Die Liste ist somit noch lange nicht vollständig, aber ich denke bis hierhin reicht es, um aufzuzeigen, was die Kirche „im Namen Gottes" alles getan hat.[(14)]

Ich weiß, dass einige jetzt meinen könnten, dass jeder Mensch mal Fehler macht und auch die Kirche somit nicht unfehlbar ist. Wenn ein einzelner Papst sich einmal „verirren" und einem Wahn verfallen sollte, würde ich sagen, ja, das kann sicherlich einmal vorkommen, schließlich kann jeder im Leben in die Versuchung geraten oder gelockt werden. Aber schauen Sie sich die Liste oben an! Kann man sich über ganze Jahrhunderte und zwei Jahrtausende so häufig verirren und immer wieder bloß „Fehler machen"? Durch Fehler zig und hunderte Millionen Menschen umbringen? Nein! Das sind alles keine Fehler, Versehen oder Zufälle! Dahinter steckt ganz deutlich ein langfristiger Plan mit dem festen Ziel, bewusst und systematisch möglichst die ganze Welt der dunklen Seite zu unterjochen. Wer „im Namen Gottes" so viele Kriege führt und von der Anzahl her ganze Völker und Länder abschlachtet (mehr als Lenin, Stalin und andere zusammen), der arbeitet definitiv **nicht** für die gute Seite! Keine andere Institution der Welt verhält sich so grausam, so barbarisch und abgrundtief böse und dabei gleichzeitig in höchstem Maße scheinheilig und heuchlerisch, wie es der Vatikan und die katholische Kirche seit jeher tun. Die Leute müssen nur einmal endlich ihre Augen aufmachen. Aber das Gesamtbild wird bald noch schlüssiger werden...

Die Skandale, die in den Medien durchsickern, sind mittlerweile aber so zahlreich geworden, dass wir nicht mehr bloß von Einzelfällen sprechen können. Indizien und Beweise gibt es wahrlich zuhauf. Doch die meisten Menschen wollen sie gar nicht sehen. Entweder weil sie all das nicht glauben wollen oder weil sie sich selbst eingestehen müssten, dass sie ihr ganzes Leben lang einem Irrglauben aufgesessen waren und ebenso lang getäuscht und belogen wurden.

Abb. 30 links oben: Das Allsehende Auge Luzifers – St. Stanis-laus-Kirche in Krakau, Polen – kein Einzelfall...

Abb. 31 rechts oben: Kirche „Salt Lake Temple" der Mormonen mit dem Allsehenden Auge.

Abb. 32: Hier am Eingang des Aachener Doms. Nur ein weiteres von wirklich vielen Beispielen.

Die Wahrheit tut in solchen Fällen meistens weh. So auch zum Beispiel die Aussage vom verstorbenen Papst Johannes Paul II., welcher am 12. Dezember 1984 in der Los Angeles Times wie folgt zitiert wurde: *„Geht nicht zu Gott zur Vergebung der Sünden, kommt zu mir."*

Ja, werter Leser, das ist pure Blasphemie! Der Papst sagte damit nicht nur indirekt, dass er selbst Gott ist, sondern stellt sich sogar über den wahren Gott.[15] Und wer stellt sich über Gott? Nur die dunkle Seite macht das!

Auf seiner Bergpredigt im Jahre 2000 vor 80.000 Anwesenden wird dies noch deutlicher: Hinter ihm auf dem Stuhl war das Kreuz <u>verkehrt herum</u> abgebildet!

Abb. 33 und 34: Der Stuhl des Papstes trägt das Kreuz des Antichristen – es ist verkehrt herum! Hier aus verschiedenen Perspektiven. Sie glauben, dies sei „Zufall" oder ein organisatorisches „Versehen", welches man bei den stunden- und tagelangen Vorbereitungen durch dutzende von Menschen nicht hat sehen können? Ich bitte Sie! Offiziell sagt man, es sei das Petrus-Kreuz, welches hier dargestellt wird, da Petrus verkehrt herum gekreuzigt wurde. Aber wer weiß das in der Öffentlichkeit? Nein, so etwas macht man nicht zufällig.

Abb. 35: Papst Benedikt mit böser Miene

Abb. 36: Noch böser… Decken Sie einmal den oberen und unteren Teil des Gesichts mit den Händen ab, bis Sie nur noch die Augen sehen. Mal ernsthaft, sieht das für Sie nach einem liebe- und lichtvollen Menschen aus?

Abb. 37 und 38: Hier mit „netter" Handgeste – die Mano cornuta, das Teufelzeichen! Glauben Sie immer noch, der Papst sei der Stellvertreter Gottes? Fragt sich hier nur, welchen „Gottes"...

Abb. 39: Papst Franziskus auf dem Cover des TIME-Magazins vom Juli 2013. Die Hörner des Buchstaben „M" auf seinem Kopf sind ganz sicher nicht rein zufällig so platziert worden.
Das Cover dieser Ausgabe ist zudem fast komplett in rot und schwarz gehalten, den beliebten Farben im Satanismus.

Unter den Priestern (und anderen Glaubensvertretern) gibt es ganz sicher auch jede Menge positive Ausnahmen, die mit alledem nichts zu tun haben – tatsächlich ist es so, dass viele der Schweinereien erst durch Theologen an die Öffentlichkeit kamen! Doch die ganze Machtinstitution ist durch und durch verseucht mit abgrundtief negativen Elementen. Je höher man hier die Hierarchie hinaufgeht, umso tiefer der Sumpf und umso mehr offenbart sich das wahre Grauen dieser Religion, wo man schnell erkennt, dass sich die dunkle Seite nur hinter dem Licht der geheuchelten „Barmherzigkeit" und „Nächstenliebe" versteckt, um ihr Handeln vor der breiten Öffentlichkeit gut verbergen zu können. Man kann daher mit Gewissheit behaupten, dass die Massen buchstäblich „hinters Licht" geführt wurden.

Energievampirismus und schwarze Magie

Aber was sind Religionen noch? Die Religionen dieser Welt bringen Menschen unwissentlich dazu, den „falschen Gott" (oder „falsche Götter" = Dämonen) anzubeten. Anbetung ist eine Form der starken Aufmerksamkeit. Aufmerksamkeit wiederum ist eine konzentrierte Form von Gedanken und Emotionen. Und Letztere sind Energie. Richtig, Gedanken und Emotionen sind ausgesandte Energie. Das hat man mittlerweile sogar wissenschaftlich bestätigt. Wenn man alle Religionen dieser Welt zusammenzählt, so hat man die halbe Welt dazu gebracht, in Wirklichkeit Satan und somit die dunkle Seite anzubeten und sogar laufend an satanischen Ritualen teilzunehmen. Oder was meinen Sie, repräsentieren z.B. die Hostie und der rote Wein in der Kirche? Die Hostie repräsentiert das Fleisch des Körpers und der rote Wein stellt das Blut von Jesus Christus dar. Das Wort *Hostie* kommt aus dem Lateinischen und bedeutet *Opfer*, *Opfertier* oder *Opfergabe*. Es wird in Form einer *Oblate* (lat.: Oblata) gereicht, welches ebenfalls übersetzt *Opfergaben* heißt. Das Blut (der Wein) wird dabei vom Priester in einem goldenen Opferkelch (wobei Gold hier die Anbetung des Mammons repräsentiert) aufgefangen, und er trinkt es bei der Messe stellvertretend für alle Anwesenden. Finden Sie nicht auch, dass das „Einverleiben" dieser Opfergaben, also von dem Leib und Blut Christi, absolut widerlich und verwerflich ist? Ist das nicht Hinweis genug, dass es sich hierbei um, gelinde gesagt, ein sehr makaberes Ritual handelt? Im Satanismus werden regelmäßig Menschen (vorrangig Kinder) geopfert, und Kannibalismus ist Teil des Rituals. (Nein, das ist kein Witz. Das ist bittere Realität!) Die katholische Kirche hat dies eins zu eins symbolisch übernommen. Darüber sollte man einmal nachdenken. Und gerade zu den Weihnachts- und Osterfesten werden besonders viele Menschen geopfert, und dadurch, dass Leute weltweit diese zum reinen Kommerz pervertierten „Feste" mitfeiern, also ihnen irgendeine Form der Aufmerksamkeit widmen, füttern sie unbewusst diese Opferfeste mit massenhaft Energie und huldigen dadurch, ohne es zu wissen, Satan und dem Mammon.

Durch die Aufmerksamkeit der Gläubigen findet ein unglaublich großer Transfer ihrer Lebensenergie statt, wovon sich die dunkle Seite über diese Religionen ernährt und so zu einem großen Teil ihre Kraft bezieht. Dem Teufel ist es dabei völlig egal, ob die Menschen ihm wissentlich oder unwissentlich huldigen. Er bezieht seine Energie so oder so...

Sofern Sie praktizierender Katholik einer christlichen Religion sind, bitte ich Sie, sich einmal vor den Spiegel zu stellen und sich langsam zu bekreuzigen, ganz <u>ohne</u> Absicht dahinter. Ziehen Sie gedanklich die Linien des Kreuzes. Fällt Ihnen dabei etwas auf? Der obere Balken ist länger als der untere. Folglich ist das Kreuz auf dem Kopf stehend. Und keiner merkt's... Zudem himmeln Millionen von Menschen den Papst regelrecht an. Ist das nicht Götzenanbetung par excellence? Was hat das mit Gott und dem wahren Ur-Christentum zu tun? Dabei warnte schon die (Fälscher)bibel richtigerweise vor „falschen Propheten".

Übrigens, die Nichtpraktizierenden unter Ihnen dürfen diesen Selbstversuch vorm Spiegel selbstverständlich ebenfalls durchführen. Grundsätzlich einmal folgende Frage an dieser Stelle: Wieso „um Himmels Willen" sollten Sie an sich <u>ritualmäßig</u> ein auf dem Kopf stehendes Kreuz zeichnen, welches in dem angewandten Sinne ein Symbol der Hinrichtung ist? Oder warum trägt man ein Hinrichtungsobjekt (Kruzifix) gar um den Hals? Wenn Jesus durch eine Guillotine gestorben wäre, würden Sie Ihren Körper oder Ihre Wohnung ebenfalls damit „beschmücken"? Ist Ihnen bewusst, welche negativen Energien Sie damit – nach dem „Gesetz der Anziehung" – zu sich einladen? Oh Herr... lass' Bewusstsein regnen! Und am besten eine ganze Menge davon!

Von der Taufe bis zum Tod werden an den Menschen ganz ohne deren Wissen etliche weitere schwarzmagische Rituale verübt. So werden z.B. bei der Taufe jeweils ein Kreuz auf die Stirn (geistig nicht sehen dürfen, Blockierung der Hellsichtigkeit, das „Dritte Auge" wird verschlossen), auf den Mund (nicht sprechen dürfen) und auf die Brust (Herzchakra, nicht lieben dürfen) gezeichnet. Das Ganze wird bei der Kommunion dann noch einmal wiederholt. (Wie man diese Rituale auflösen kann, habe ich für die interessierten Leser in einem gesonderten Abschnitt hinten im Quellenverzeichnis unter[36] als zusätzliche Hilfestellung zur Verfügung gestellt.)

Doch ist man einmal in die Kirche eingetreten (meist ab der Geburt durch die Taufe), kann man nicht mehr austreten. Austreten können Sie lediglich aus der Kirchensteuer. Einmal bei der Kirche registriert, ist man für immer dort registriert. Das wird erst so richtig offenkundig anhand der Tatsache, dass man sich aus dem Taufregister nicht löschen lassen kann. Das hat die Kirche natürlich mit Absicht so gemacht.

Eben hatte ich erwähnt, dass durch das Kreuzzeichen auf die Stirn das „Dritte Auge" verschlossen wird, das „Stirnchakra". Was sind Chakren? Chakren (Singular Chakra, aus dem Sanskrit: Kreis, Rad) sind feinstoffliche Energiezentren in Form von Energiewirbeln, die sich im Körper und außerhalb des Körpers (Vorder- und Rückseite) befinden und sowohl die Organe als auch das Energiesystem des Körpers mit Lebensenergie versorgen. Das Herzchakra ist eines der sieben Hauptchakren, die sich entlang der Wirbelsäule des Menschen befinden und miteinander verbunden sind. Durch belastende Situationen (z.B. Stress, zu wenig Schlaf, negative Gedanken und Emotionen etc.) und traumatische Ereignisse im Leben können einzelne oder bestimmte Chakren blockiert werden, was eine Unterversorgung der bestimmten Bereiche des Körpers zur Folge hat, für die die Chakren zuständig sind. Eine dauerhafte Unterversorgung führt meist zu chronischen Krankheitssymptomen.

Übersicht der sieben Hauptchakren

Abb. 40: Die sieben Hauptchakren

Die einzelnen Chakren haben bestimmte Bezeichnungen, denen bestimmte Aspekte und Aufgaben zugeordnet sind. Sie entsprechen auch den sieben Hauptdrüsen des endokrinen Systems.

Von unten nach oben hin:

1. Chakra = Wurzelchakra, befindet sich im Bereich des Anus und der Genitalien. Es ist wichtig für die Erdung. Verbindung zum Irdischen, Überleben, Lebenskraft. Farbzuordnung: Rot.

2. Chakra = Sakralchakra oder Sexualchakra genannt, befindet sich etwa eine Handbreit unter dem Bauchnabel. Es steht für Sexualität, Lebenslust und Schaffenskraft. Farbe: Orange.

3. Chakra = Solarplexuschakra, liegt – wie der Name sagt – im Solarplexusbereich und auf der Höhe des Magens. Gedanken und Glaubensmuster sowie unser Willen sind hier angesiedelt. Bauchgefühl bzw. Intuition. Farbe: Gelb.

4. Chakra = Herzchakra, liegt auf der Höhe des Herzens. Es ist wichtig für Mitgefühl, Feingefühl, Hingabe und bedingungslose Liebe. Das Herzchakra vereint die oberen und die unteren Chakren. Es hat die Farbe Grün.

5. Chakra = Halschakra, steht für Individualität und Weisheit und für das Aussprechen von Wahrheit. Es steht für Kommunikation sowie Selbstausdruck unserer Seele. Es hat die Farbe Blau.

6. Chakra = Stirnchakra, sitzt zwischen den Augenbrauen, auch als „Drittes Auge" bekannt. Es steht für Öffnung und Ausdruck der Seele. Wichtig für die Intuition, Kreativität, Visionen und Hellsichtigkeit. Farbe: Violett.

7. Chakra = Kronenchakra oder Scheitelchakra genannt, sitzt wenige Zentimeter über dem Scheitelpunkt des Kopfes. Es ist wichtig für die Verbindung mit Gott und dem Universum. Durch dieses bekommt man Zugang zu „höherem Wissen" und zum Einheitsbewusstsein. Farbe: Weiß.

Saturnkult = Anbetung Satans

Jetzt glauben Sie aber nicht, die evangelische oder die orthodoxe Kirche wären besser als der Vatikan – genauso wenig, wie der jüdische oder der islamische Glauben. Sie alle basieren auf dem babylonischen Götzendienst und somit der Anbetung Satans. Nur die Namen und ein paar Rituale hat man ausgetauscht, geändert oder hinzugefügt. Sie erinnern sich noch an die zuvor erwähnte Anbetung des Saturngottes im christlichen Glauben? Dies finden wir auch in den anderen Religionen wieder, bloß in anderer Form. Im Islam ist die *Kaaba* (arabisch für Kubus, Würfel) für die Moslems der

heiligste Ort auf der Erde. Es ist ein großes schwarzes Gebäude in Würfelform, welches sich im Innenhof der größten Moschee der Welt, in Mekka,
Saudi Arabien, befindet. Es wird behauptet, dass dieses Gebäude einst von
Adam erbaut und die Ruine von Abraham später als Wallfahrtsort wieder
aufgebaut wurde. (siehe Abb. 43)

Interessant ist in diesem Zusammenhang, dass die Personen *Adam* und
Abraham in allen drei mosaischen Religionen vorkommen. Drinnen im Gebäude liegt ein schwarzer Stein, vom dem behauptet wird, er sei ein Meteo-
rit oder sonst eines übernatürlichen Ursprungs. Verschiedene Traditionen
behaupten gar, dass Abraham diesen Stein von Erzengel Gabriel erhalten
habe. Ziel eines jeden Moslems soll es sein, wenigstens einmal im Leben
nach Mekka zu reisen, um an den verschiedenen Ritualen teilzunehmen. So
umrunden die Pilger das schwarze Gebäude *sieben Mal gegen den Uhrzeigersinn*, und bei jeder Umrundung soll der schwarze Stein geküsst oder be-
rührt werden, um ihm dadurch die Ehre zu erweisen. Die Pilger werden
auch angewiesen, sich in *konzentrischen Kreisen* um das Gebäude herum zu
versammeln und zu beten.

Der Planet Saturn wird seit jeher mit der Farbe Schwarz assoziiert, mit
der Dunkelheit, weil man im Altertum annahm, er sei von allen Planeten
am weitesten von der Sonne entfernt, dass er somit am wenigsten Licht ab-
bekomme und es dort deswegen ständig kalt und dunkel sei. Schwarz ist
auch die Farbe der (dunklen) Materie. Der Polarwirbel am Nordpol des Saturns ist ein seltenes Phänomen, dessen Entstehung bisher als ungeklärt
gilt. Er hat eine fast perfekte Sechseckform, die in dreidimensionaler Sicht
einen Würfel darstellt, um den sich Stürme *gegen den Uhrzeigersinn* drehen.
Daher wird der Saturn auch als **schwarzer Würfel** dargestellt. Die heidni-
sche Gottheit *Pan*, in Gestalt des **Baphomets**, hat den Planeten Saturn
ebenfalls repräsentiert. (*Pan* ist auch der Name einer der zweiundsechzig
bisher bekannten Saturnmonde.)
Dieser Planet ist zudem von großen Ringen umgeben, welche sich in
sieben Ringgruppen unterteilen. In der griechischen Mythologie ist der für
seine Grausamkeit bekannte Saturngott unter dem Namen *Chronos* bekannt und gilt als Herrscher der Zeit. Das astronomische Symbol dieses
Planeten repräsentiert die stilisierte *Sichel*, welches die Sichel von Chronos

ist, sozusagen der „Sensemann", der das Leben der Sterblichen, also ihre Lebenszeit beendet.

Der Saturn macht somit die Menschen zu Sklaven der Zeit. Nach ihm sind auch unsere Uhren benannt (Chronometer). In der ägyptischen Mythologie ist er unter dem Namen *Seth* bekannt, dem Gott der Dunkelheit, des Krieges, des Chaos und der Zerstörung. Geheimgesellschaften wie die Freimaurer oder die Bruderschaft des Saturns (*Fraternitas Saturni*), welche in Deutschland als einflussreichste magisch-okkulte Geheimgesellschaft gilt, huldigen genau dieser Gottheit. So schreibt der Freimaurer J. S. M. Ward in seinem Buch „Freemasonry and the Ancient Gods" (zu deutsch: „Freimaurer und die alten Götter"): *„Saturn ist das Gegenteil von Jupiter. Er ist der Satan, der Versucher oder vielmehr der Tester. Seine Funktion ist es, die niederen Triebe des Menschen zu bestrafen und zu zähmen."*

Das Wort *Saturn* wird hierbei sicherlich nicht zufällig dem Wort *Satan* ähneln, vor allem in der englischen Aussprache. In der irischen Sprache wird der Planet *Satarn* genannt. In der südafrikanischen Bantusprache Xhosa wiederum *isateni*. Sie klingen alle dem Wort *Satan* sehr ähnlich. Die satanische Bedeutung des Saturns lässt auch die Bruderschaft Saturns durchblicken, auch wenn sie dies selbst natürlich abstreitet und sich nach außen hin als spirituelle Loge mit hehren Zielen gibt. So schreibt der Großmeister dieses Ordens, G. Gregorius, über den Weg und Ziel des Saturnanhängers: *„Er wird dann zum Meister des oberen und des unteren Lichtes. Die Dämonen der Tiefe zwingt er, und die Engel der mentalen Sphäre müssen ihm dienen. – Ist seine Reife dann soweit vorgeschritten, steht er mit klarem furchtlosen Blicke dem Hüter der Schwelle gegenüber, und Saturn wird seinem Diener das dunkle Tor öffnen. Ein so geformter geistiger Mensch wird sich immer als Weltbürger fühlen und erkennt keine Grenzen an zwischen Volk, Rasse und Nation. **Die üblichen Moral- und Ethikgesetze existieren für ihn nur dann, wenn er sie verstandesgemäß einhalten muss. Er wird sich immer nach aller Möglichkeit isolieren. Er weiß, je einsamer er wird, desto leichter wird ihm diese gewollte Isolierung."*** (Hervorhebung durch den Autor)

Interessant und äußerst fragwürdig zugleich sind hier die Ausdrücke „dunkles Tor" und „Weltbürger". Als Weltbürger (Codewort für die *Neue*

160

Weltordnung) hört der Saturnanhänger, sofern er sich auf diesen Weg einlässt, dann auch auf, an die Werte Ethik und Moral zu glauben und wird sich wohl nur dann „verstandesgemäß" an diese halten, um nicht in Schwierigkeiten zu geraten bzw. den Schein nach außen hin zu wahren. Und wenn man an Ethik und Moral nicht glauben oder sich an diese nicht halten muss, dann rechtfertigt das auch Raub, Diebstahl und Mord – also ganz die luziferische Doktrin, welche akribisch von den Illuminaten und Satanisten befolgt wird, gemäß den Lehren des bekannten Schwarzmagiers Aleister Crowley („*Tu was du willst soll sein das ganze Gesetz.*").

Um nun wieder auf die Kaaba zurückzukommen, ist es somit ganz sicher kein Zufall, dass die islamischen Pilger in den **Massenritualen** den schwarzen Würfel (Saturn) *sieben Mal* umrunden (sieben Ringgruppen des Saturn), *gegen den Uhrzeigersinn* (Nordpol des Saturn) und in konzentrischen Kreisen (Ringe des Saturn) um den Würfel herum versammelt beten müssen. Durch dieses Ritual entstehen große Mengen Energie, von denen sich die dunkle Seite dann ernährt. Der schwarze Kubus ist nichts weiter als eines der Symbole für den Planeten Saturn. Die Anbetung Saturns bzw. des „Saturngottes" ist somit die Anbetung Satans, welcher sich geschickt und listig hinter verschiedenen Namen und Formen versteckt, wovor auch in der Bibel schon gewarnt wurde. Und die Moslems beten sogar fünf Mal am Tag – Richtung Mekka kniend – zu ihm. Gerade viele Moslems prahlen damit, dass sie im Gegensatz zu allen anderen „Ungläubigen" am meisten zu Gott beten und sich sogar vor ihm niederknien. Wenn die nur wüssten...

Laut Erzählungen von verschiedenen antiken Zivilisationen soll unser Sonnensystem einst zwei Sonnen gehabt haben, die uns heute bekannte *Sonne* und den *Saturn*. Letzterer soll nur nachts geschienen haben. Auch deshalb wurde der Planet als die *Schwarze Sonne* bekannt. Das ist der eigentliche Sonnenkult. Der heilige Feiertag der Christen ist daher nicht umsonst der Sonntag. Und das christliche – zumeist schwarze – Kreuz ist nichts weiter als ein aufgeklappter Würfel. Das zuvor erwähnte Weihnachtsfest feiert den Saturngott. Im Englischen ist der Weihnachtsmann als *Santa Claus* bekannt, ein Anagramm für *Satan Lucas*. Der Teufel mag solche Wortspielereien und versteckte Botschaften, die „direkt ins Gesicht" der unwissenden und naiven Massen gedrückt werden. Die Juden feiern ihren Sabbat am Samstag. Der Tag Samstag steht für den Planeten Saturn. Im Englischen wird dies offensichtlicher, denn dort heißt der Samstag „Saturday" (Saturnday = Saturntag). Auch der Gebetsriemen in Form eines schwarzen Würfels, den sich orthodoxe Juden beim Gebet um die Stirn schnallen, erinnert daran. (siehe Abb. 57) Und dass der alttestamentarische rachsüchtige Gott der Juden und Christen, nämlich *Jehova* (bzw. *Yahovah*, *Jahwe*), aller Wahrscheinlichkeit nach genau dieser Saturngott ist, verrät das hebräische Wort *hova*, was übersetzt Unheil, Boshaftigkeit oder Lüsternheit bedeutet. Wenn man Jehova in die beiden Wörter *Yah* und *Hovah* aufspaltet, hätten wir dann den „Gott des Unheils". Auch wenn sich Gelehrte und Forscher hier über den Ursprung des Wortes *Jehova* strittig sind, so gibt es Hinweise, dass der ursprüngliche Name Gottes im Hebräischen *Ahayah* lautete, was übersetzt *„Ich bin"* bzw. *„Ich werde sein"* heißt und in der alten hebräischen Bibel an dreiundvierzig Stellen für die Erwähnung Gottes benutzt wird. Das Wort *Jehova* gibt diese Bedeutung nicht her und wurde allem Anschein nach von Pharisäern in das Alte Testament eingeschleust und dessen Wortherkunft verfälscht, um die Anbetung von Ba'al bzw. Nimrod (dem babylonischen Gott) weiterzuführen. In Indien heißt Samstag „Shanivar", benannt nach *Shani*, dem hinduistischen Gott des Saturns. In Indien gibt es sogar Tempel, die ganz allein ihm gewidmet und wo die Tempelgebäude ganz in schwarz angemalt sind. Wir sehen hier, dass bereits die alten Kulturen diesen Saturnkult praktiziert haben, womöglich schon seit zehntausend Jahren oder noch viel länger. Und wenn wir uns die Zahlensymbolik hier anschauen, sehen wir, dass der Saturn für die Zahl sechs steht, also die Zahl der Materie. Im Nordpol des Saturns haben wir die Sechseckform, Samstag ist der sechste Tag der Woche, und von der Sonne aus gesehen ist Saturn der sechste Planet. Hier haben wir also mitunter die von Satanisten so verehrte Zahl 666. Das schwarze Hakenkreuz der Nationalsozialisten symbolisiert ebenfalls die Anbetung der schwarzen Sonne, also Saturns/Satans. Für die Moslems wiederum ist der Freitag der wichtigste Tag in der Woche. Dieser Tag steht für den Planeten Venus, welcher auch als Morgenstern bzw. Lichtbringer bekannt ist. Dreimal dürfen Sie raten, wie das lateinische Wort für *Lichtbringer* lautet? Es ist *Luzifer*! Das ist derjenige, der sich hinter dem Licht versteckt. Dieser Morgen*stern* befindet sich daher auch auf den meisten Landesflaggen islamischer Länder, und Grün (die Farbe der Venus) ist auch deshalb primär deren Nationalfarbe. Die Mondsichel soll eigentlich einen Teil Saturns darstellen. Das saturnische Konzept hat man hier mit der Venus verknüpft. Der Teufel hat eben viele Namen...

Wofür steht der Würfel symbolisch auch noch? Er ist das Symbol von Zwang und des Aufzwingens des Willens auf die Menschen. Wir selbst wurden hier auf der Erde in eine Art geschlossene Box (Gefängnis) gesteckt mit der Absicht, uns von der Natur und von Gott zu trennen sowie die menschliche Seele zu unterdrücken. Durch seine begrenzte Größe und seine drei Dimensionen werden wir im Raum festgehalten. Durch seine Machtmatrix hier auf der Erde, die uns unterbewusst programmiert und steuert, sind wir zudem in der Zeit gefangen (*Chronos*) und durch die Farbe Schwarz auch in der Materie, vor allem im Hinblick auf Materialismus. Der Würfel ist somit auch ein Symbol für Beschränkung und des Eingesperrtseins, im Dunkeln sein. Dies trifft auf die Menschheit für die letzten paar tausend Jahre sehr gut zu. Auch aufgrund seiner geometrischen Struktur, der eckigen und kantigen Form, ist der Würfel eher disharmonisch von seiner Energie her. Schauen wir uns um in der Welt, so finden wir überall diese Würfelform. Häuser, Hochhäuser, Plattenbauten, Bürotürme sind meistens nur lieblose und kalte Kastenformen, in die die Menschen hineingepresst werden.

Saturn ist auch als „Herr der Ringe" bekannt, ganz nach der gleichnamigen Buch- und Filmreihe, bei der es um den Kampf zwischen Gut und Böse geht und wo das Machtzentrum des Bösen als ein in Flammen loderndes *Allsehendes Auge* dargestellt wird. Am Südpol des Saturns wütet ein ortsfester hurrikanähnlicher Sturm mit rund 8.000 Kilometern Durchmesser, dessen Zentrum wie ein Auge aussieht. Die Trauringe bei der Heirat symbolisieren ebenfalls den Saturn. Was die frisch getrauten Eheleute nicht wissen: In Wahrheit binden sie sich mit diesen Ringen vertraglich an den Saturngott/Satan. Noch ein Grund mehr, dieses schwarzmagische Ritual und diesen unbewusst eingegangenen Vertrag aufzulösen! (Mehr dazu unter[36])

In zahlreichen Hollywoodfilmen (überwiegend im Science-Fiction-Genre) wird der Saturn symbolisch dargestellt. So werden herausragende Leistungen in den Filmgenres Science Fiction, Fantasy und Horror auch nicht umsonst mit dem *Saturn-Award*-Preis ausgezeichnet (warum gerade *Saturn* und nicht *Mars*, *Space* oder *Galaxy Award*?). Und solch einen schwarzen Kubus finden wir überall auf der Welt als Ausdruck der Verehrung, nicht nur in Mekka. Viele Firmen weltweit schmücken sich ebenfalls mit der Saturnsymbolik. Wie wir mittlerweile wissen, sind Symbole, genau wie Audiosignale, nichts anderes, als Träger von Informationen. Diese gelangen über die Augen ins Gehirn und werden dort vom Unterbewusstsein des Menschen aufgenommen, und daraus entwickelt dieser seine wahrgenommene Realität. Nun können Sie sich ausmalen, dass negativ behaftete Symbole, in denen eine bestimmte Absicht codiert ist, die Menschen negativ programmieren und deren Realität, also deren Sicht auf die Welt, manipuliert wird – und das tagtäglich. Der Mensch ist sich dieser Manipulation meistens gar nicht bewusst.

Und dreimal dürfen Sie raten, wer der „Gott" des Bankwesens ist? Richtig, Saturn! Der Saturnkult ist überall in unserem Alltag präsent – in Form von ausufernden Gesetzen, Regeln, Kontrollwahn und sich ständig wiederholenden Ritualen, in Form von Traditionen. Überall dort, wo die Farben Schwarz und Rot dominieren, deutet dies ebenfalls darauf hin. So ist es z.B. sicher kein Zufall, dass die Personen im Rechtssystem so gut wie alle schwarze Roben tragen – zum Beispiel im Gerichtssaal. Priester und Rabbiner tragen überwiegend Schwarz, genauso die College-Absolventen in den USA, die bei ihrer Feier in schwarzen Roben gekleidet sind und dazu eine schwarze, quadratische Kopfbedeckung tragen. Satanisten tragen meist komplett Schwarz. In den semitischen Sprachen wurde Saturn auch *El* genannt, was übersetzt *Gottheit* heißt. Und somit finden wir auch gerade heute im Sprachgebrauch viele Assoziationen zum Saturn, wie z.B. die **El**-ite, die durch **el**-ections (engl. für Wahlen) zu (saturnischen) Herrschern auserwählt wird.

Als Zeichen ihrer Macht haben Königinnen und Könige daher auch eine Krone (= Saturnring) auf dem Kopf getragen. Der Kreis mit einem mittigen Kreuz darin ist als Sonnensymbol bekannt. Auf vielen christlichen Abbildungen ist dieser in Form eines Heiligenscheins ebenfalls ein heimlicher Hinweis auf diesen Sonnen- bzw. Saturnkult. Die Phönizier, die ebenfalls dem Saturn als ihrem Gott huldigten, assoziierten diesen Planeten auch mit der purpurnen Farbe – dieselbe Farbe, die sehr häufig in den Gewändern der christlichen „Würdenträger" vorkommt, vor allem in den höheren Rängen dieser Hierarchien (Bischöfe, Kardinäle).

Wissen Sie übrigens, was ein „Saturno" ist? Ich musste dies ebenfalls nachschlagen und wurde bei Wikipedia fündig, welche folgende Erklärung liefert: *„Als **Saturno** oder **Cappello romano** (scherzhaft Don-Camillo-Hut) bezeichnet man eine besonders in Italien übliche Kopfbedeckung römischer Geistlicher. (…) Der Hut ist vollkommen rund und besitzt eine weite Krempe, die an die Ringe des Saturn erinnert. Die Hüte aller Geistlichen, mit Ausnahme des Papstes, sind schwarz. Bischöfe tragen eine gold-grüne Hutschnur mit einer grünen Quaste daran, Kardinäle eine gold-rote Hutschnur mit roter Quaste. Die Kopfbedeckung des Papstes ist rot und mit goldenen Stickereien verziert."*

Ah ja, hier haben wir wieder die Farben Rot und Schwarz und die Information, dass besonders römische Geistliche diesen Saturn-Hut gerne tragen. Passend dazu findet sich ein Artikel der F.A.Z. vom 7.9.2006 zur Papstmode mit dem Titel „Behütet vom Saturn". Abgebildet: Papst Benedikt XVI. – im Artikel heißt es dazu: „*(...) Und am Mittwoch überraschte er zur wöchentlichen Generalaudienz auf dem Petersplatz mit einem Hut mit einer breiten Krempe, die dem Planetenring des Saturn nachempfunden ist – woher der goldbestickte Hut seinen Namen ,Saturno' erhält."*

Was fällt hier besonders auf? Der Titel lautet nicht „Behütet vom Saturno", wie man es eventuell erwarten würde, sondern „Behütet vom Saturn". Hier ist eindeutig der Planet gemeint. Dies soll eine geheime Botschaft an die Wissenden sein, die damit zum Ausdruck bringt, wem der Papst dient und unter wessen „Schutz" er steht. (siehe Abb. 61)

Nun, jetzt ist das alles nicht mehr geheim (dies schreibe ich gerade mit einem Schmunzeln). Das Ganze könnte man hier seitenweise mit etlichen Beispielen weiter belegen. So viele „Zufälle" auf einmal können einfach keine Zufälle mehr sein.

Aber erkennen Sie jetzt das gemeinsame Muster all dieser Religionen? Seit tausenden von Jahren regieren stets dieselben Blutlinien diesen Planeten. Seit tausenden von Jahren praktizieren die Menschen den Saturnkult und somit die Anbetung und Verehrung Satans, ohne es zu wissen. Die römische Kirche hat das Ur-Christentum gekapert, um für die dunkle Seite so viele Seelen wie möglich einzufangen, sie hinters Licht zu führen. Es herrscht in der Tat ein Kampf um die Seelen auf diesem Planeten. Die

Hirnwäsche mit den Religionskulten hat dabei bestens funktioniert. Wie teuflisch das Ganze tatsächlich ist, schauen wir uns gleich anhand von einem bestimmten Mechanismus noch ausführlicher an.

Die fernöstlichen Religionen sind somit ebenfalls Teil der großen Agenda (einzig allein der Buddhismus und die Sikh-Religion heben sich hier positiver ab). Sie alle sind Aspekte ein und derselben Medaille, nur mit verschiedenen Ausgestaltungsmerkmalen, um die Menschheit in Gruppen zu spalten und voneinander getrennt besser beherrschen zu können. Das ist das klassische „Teile und Herrsche"-Prinzip Machiavellis. Das Endziel unserer illuminierten Machthaber besteht darin, all die Religionen wieder abzuschaffen und zu einer einzigen luziferischen Eine-Welt-Religion zusammenzuführen, ganz nach dem Motto „Aus Vielem Eins". Dies wird unter dem scheinheiligen Vorwand geschehen, dass alle Menschen – egal welcher Religion, Herkunft, Hautfarbe etc. – zusammenkommen sollen, um Einigkeit zu fördern. Der erste Schritt in diese Richtung wird bald getan. In Berlin soll bis 2015 das „House of One" („Haus des Einen") als erste Glaubensstätte gebaut werden, wo Christen, Moslems und Juden gemeinsam beten sollen. Dann vereinen sich drei luziferische Religionen unter einem Dach. Wenn diese Entwicklung dann weltweit umgesetzt wird, ist die satanische Eine-Welt-Religion nur noch einen kleinen Schritt entfernt. Dass dies realistischer denn je erscheint, beweist auch das letzte Treffen von Papst Franziskus mit dem ehemaligen israelischen Präsidenten Shimon Peres im September 2014. Peres legte dem Papst nahe, im Rahmen einer Friedensinitiative eine UN-ähnliche Organisation namens „Die Vereinten Religionen" zu etablieren. Dass Menschen zusammenhalten sollen, ist natürlich ein willkommenes Ziel, keine Frage. Doch dies soll unter bestimmten Absichten und unter falschem Vorwand der Eliten passieren.[15]

Ich kann nur noch einmal zusammenfassend betonen: Glauben Sie an Gott aus Ihrem Herzen heraus. Gott finden Sie im stillen Gebet. Der Zugang dazu findet sich in Ihrem Innern und nicht im Außen – und schon gar nicht bei irgendwelchen selbsternannten Religions(ver)führern. Gegen wirklich weise und herzensgute spirituelle Begleiter und Wegbereiter ist überhaupt nichts einzuwenden, und man kann sehr viel von ihnen lernen. Doch institutionalisierte Machtorganisationen, die die Menschen absichtlich fehlleiten, um sie als Sklaven zu halten, brauchen wir definitiv nicht.

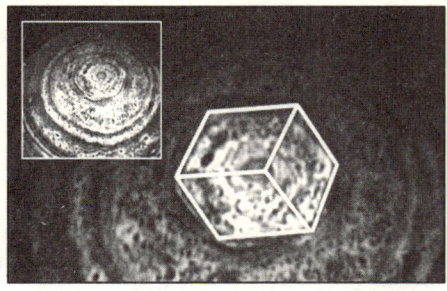 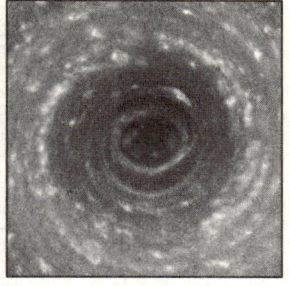

Abb. 41 oben links: Polarwirbel des Nordpols am Saturn mit hexagonaler Struktur und mit einem „Loch" in der Mitte, welches das Zentrum, also das Auge darstellt. Daneben eine Ausschnittvergrößerung und die Sechseckform in 3D. Das ergibt einen Würfel, der aussieht, als ob er auf der Spitze „stehen" würde.

Abb. 42: Der Südpol des Saturns, ein Sturm mit einem Auge darin. Interessanterweise wurde dieses Bild *„Dem Saturn ins Auge schauen."* betitelt. Damit wird das „Allsehende Auge" Luzifers/Satans gemeint sein, welches auch die Illuminaten gern als Symbol verwenden.

Abb. 43: Die Kaaba in Mekka, Saudi Arabien.

Abb. 44: Schwarzer Würfel in Santa Ana, Kalifornien.

Abb. 45: Hier in Manhattan in New York.

Abb. 46: In Dänemark darf auch keiner fehlen...

Abb. 47: In Australien steht auch ein „Prachtexemplar".

Abb. 48: In New York am Broadway steht ein roter Würfel mit einem Loch, welches das Auge des Saturn-Sturms darstellen soll.

Abb. 49: Das Logo der Fluggesellschaft Boeing.

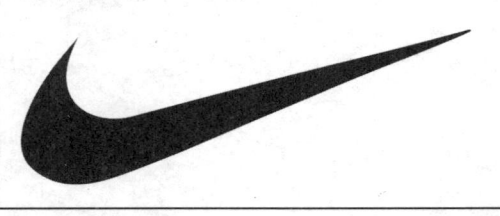

Abb. 50: Logo eines amerikanischen Internetproviders
Abb. 51: Logo des Turnschuhherstellers Nike, das einen Ausschnitt des äußeren Saturnrings zeigt
Abb. 52: Saturn-Automarke von General Motors
Abb. 53: Logo des bekannten Elektrofachmarkts mit einem fast vollständig in schwarz abgebildeten Saturn
Abb. 54: Internet-Explorer-Browser von Microsoft

Abb. 55: Werbebanner einer Firma, die Webdesigns und andere Internetlösungen anbietet, angebracht auf der Seite eines Kunden. *Saturn* als Wort; die Zahl 6, welche von einem schwarzen Kreis umhüllt ist und der Würfel mit einem Loch darin. Der hat alle Hausaufgaben gemacht...

Abb. 56: Spielekonsole *Nintendo Gamecube* (*cube*, engl.: Kubus, Würfel). Andere Spielekonsolen werden ebenfalls oft als schwarze Boxen angeboten.

Abb. 57: Als *Tefilin* bezeichneter Gebetsriemen der Juden

Abb. 58: Teil eines Fensters am Südturm des Kölner Doms. Gesponsert von Friedrich Wilhelm Waffenschmidt anlässlich seines 55. Hochzeitstags. Er und seine Frau sind die Gründer des Saturn-Elektrofachmarkts. Was hat so etwas in einer Kirche zu suchen?

Abb. 59 Mitte oben: Aufnahme der Cassini-Weltraumsonde im erhöhten Farbkontrast: Von der Sonne angestrahlt sieht der Planet Saturn aus weiter Ferne wie ein erleuchtetes Auge aus, das Lichtstrahlen aussendet. Erinnert Sie das an etwas?

Abb. 60 Mitte unten: Links das astronomische Symbol für den Planeten Saturn. Rechts das Logo des Jesuitenordens. Ich glaube, das sagt wirklich alles...

Abb. 61: Papst Benedikt XVI. *„unter dem Schutz des Saturns"*

Das teuflische Konzept der 3 Kronen der Gewalt

Verlust der Menschenrechte ab der Geburt

Wie ich zuvor bereits erwähnt habe, haben weder der Papst noch die katholische Kirche jemals ihre Macht abgegeben. Sie wurde über die Jahrhunderte und Jahrtausende hinweg aufrechterhalten und ausgebaut. Sie ist lediglich in den Hintergrund getreten, außerhalb der unmittelbaren Sichtweite. Die Form der Erscheinung sowie die Bezeichnungen wurden teilweise abgeändert, um die Spuren der Vergangenheit zu verschleiern. Die Weltmacht des Vatikans (sowie seiner Unterorden, vorrangig der Jesuiten) ist dabei auf einem bestimmten „rechtlichen" Fundament auf eine Art und Weise installiert worden, sodass die wenigsten Menschen dieses raffinierte „Konzept" durchschauen. In den folgenden Abschnitten werden wir auf das Basiswissen zurückgreifen, welches wir uns insbesondere in den ersten beiden Kapiteln erarbeitet haben. Einzelne Aspekte werde ich dabei wiederholen, um erstens die vorigen Informationen noch einmal aufzufrischen und zweitens, um die wichtigen Zusammenhänge als Puzzleteile nun miteinander zu verbinden, wodurch sich das Gesamtbild dann vervollständigen wird. Am Ende dieses Kapitels werden Sie ein übergeordnetes Verständnis über das „rechtliche Konstrukt" unserer Sklaverei erlangen.

So kommen wir auch gleich zu dem wichtigen Kern, den es gilt, gut zu verstehen. Durch meine Recherchen habe ich Folgendes herausgefunden: Bereits 1302 erließ Papst Bonifatius VIII. die berühmte päpstliche Bulle *Unam Sanctam*, in welcher er verfügte, dass alle Geschöpfe auf der Erde dem Papst unterworfen sind. Somit beanspruchte er die Kontrolle über die gesamte Erde und hat sich dadurch zum König bzw. Herrscher der Welt erklärt. Im Laufe der nachfolgenden zwei Jahrhunderte wurde dieser Herrschaftsanspruch durch weitere päpstliche Bullen gefestigt. Die nächsten drei päpstlichen Bullen (Kronen) bewirken, dass bei der Geburt jedes Menschen **drei Treuhandgesellschaften (Trusts)** erschaffen werden:

- **Die erste Krone** wurde von Papst Nikolaus V. im Jahre 1455 durch die päpstliche Bulle *Romanus Pontifex* erlassen, in welcher verfügt wurde, **dass das neugeborene Kind von allem Recht auf Eigentum getrennt ist.**

Es besagt schlichtweg, dass Ihnen z.B. Ihr Haus oder Grundstück nicht gehört. Sie haben kein Recht auf Titel, und auch sonst gehört Ihnen rein gar nichts. Sie haben lediglich ein Nutzungsrecht und nicht mehr. Wenn Ihnen <u>wirklich</u> etwas gehören würde, dann würden Sie keine Grundsteuer bezahlen. Nochmals zum Mitschreiben: **Sie haben lediglich ein Nutzungsrecht. Und für die Nutzung zahlen Sie eine laufende Gebühr (Steuer).** Wenn Sie die Nutzungsgebühren nicht zahlen, was passiert dann? Richtig, Sie werden gepfändet, und man nimmt Ihnen Ihr Auto, Ihr Haus/Grundstück usw. wieder weg. Egal, ob Sie es schon „abbezahlt" haben. Klingelt's jetzt?

Direkt nach der Geburt spricht man Ihnen also bereits Ihr Recht auf Eigentum ab. Formell passiert dies durch einen Eintrag in ein Register mit der Erteilung einer Registernummer sowie durch die Eintragung Ihres Namens und somit der gleichzeitigen Schaffung einer „juristischen Person" (als Treuhand), die denselben Namen trägt wie Sie. Ihnen gehört nicht einmal Ihr Name (siehe Artikel 10 EGBGB).

- **Die zweite Krone** wurde von Papst Sixtus IV. im Jahre 1481 durch die päpstliche Bulle *Aeterni Regis* erlassen. *Regis* ist im Lateinischen der Genitiv von Rex, was „König" oder „Herrscher" heißt. Man könnte *Aeterni Regis* als „Ewige Herrschaft" oder „Ewiger Besitz des Herrschers" übersetzen.

Durch diese zweite Bulle **wird das Kind der Rechte auf seinen Körper beraubt.** Sie sind somit zu ewiger Knechtschaft verdammt. Sie haben nicht einmal mehr Recht auf Ihren eigenen Körper. Beste Beispiele dafür sind die Wehrpflicht, welche auch in Deutschland jederzeit wieder eingeführt werden kann, sowie ärztliche Zwangsbehandlungen und Zwangsmedikationen, wenn eine staatliche Institution der Meinung ist, Sie seien „psychisch krank" oder man müsse vermeintlich krebskranke Kinder zur Not per Zwang mit radioaktiver Bestrahlung und Chemotherapie „behandeln". Die geplanten Zwangsimpfungen bei der nächsten inszenierten „Pandemie" spielen in dieser Hinsicht ebenfalls eine Rolle. Und selbst auf Ihre eigene Arbeitskraft müssen Sie Steuern zahlen (Einkommensteuer). Formell passiert diese Art der Entrechtung durch die Hinterlegung Ihrer Geburtsurkunde in Form einer Bürgschaft beim *Internationalen Währungsfonds* (IWF), wo sie wie ein Pfandbrief/Schuldschein behandelt wird. Von der Geburt an sind Sie und Ihr Körper nun wertvolles *Humankapital*, was es maximalstmöglich auszubeuten gilt.

Da der Staat das Recht auf den Namen der Person hat, werden – über die Schweizer *Bank für internationalen Zahlungsausgleich* (BIZ) – in Höhe der Bürgschaft Gelder bei der jeweiligen Zentralbank des jeweiligen Landes angewiesen.

- **Die dritte Krone** wurde von Papst Paul III. im Jahre 1537 durch die päpstliche Bulle *Convocation* erlassen, **wodurch die römisch-katholische Kirche Anspruch auf die Seele des Kindes erhebt.** Formell passiert dies durch die Erstellung eines Taufscheins und Hinterlegung dieses Zertifikats als Anleihe bei der *City of London*.
  Die drei Kronen (*Triregnum*) sind in Form von drei Reifen auf der päpstlichen Krone, der Tiara, dargestellt.

Halten wir also fest:

1. Eintragung der Geburt und des Namens in ein Register = Kein Recht auf Eigentum und den eigenen Namen. Schaffung einer fiktiven Person, die als „Strohmann" fungiert.

2. Ihre Geburtsurkunde dient als Pfandbrief/Bürgschaft = Verkauf Ihres Körpers an den Herrscher der römisch-katholischen Kirche. Sie beurkundet den Tod des Menschen und gleichzeitig die Geburt einer Rechtspersönlichkeit als Fiktion. Die Geburtsurkunde ist somit gleichzeitig auch Totenschein.

3. Ihr Taufschein wird als Anleihe an die *City of London* übergeben = Verkauf Ihrer Seele an den Herrscher der römisch-katholischen Kirche.

Nun, *meine* Seele gehört denen ganz bestimmt nicht und Ihre sicherlich auch nicht, aber das ist das „rechtlich-formelle" Fundament, welches sie erschaffen haben und wodurch sie die Herrschaft über die gesamte Welt samt aller Lebewesen für sich beanspruchen und auch weitestgehend real umsetzen.

Jetzt sollte deutlich geworden sein, dass der Papst sicherlich kein Vertreter Gottes, sondern viel wahrscheinlicher der Stellvertreter Satans ist. Ihm geht es darum, für die dunkle Seite so viele Seelen wie möglich einzufangen. Sie persönlich müssen nicht daran glauben, aber Sie wollten die Wahrheit wissen, selbst wenn diese bitter ist. „Die" machen und praktizieren dies tatsächlich wie beschrieben zur Versklavung der Menschheit, und das ist schließlich maßgebend hier. Und Milliarden von Menschen himmeln ihre Religionsführer auch noch an. Das schreit buchstäblich bis zum Himmel.

Dieses System der Treuhandgesellschaften durchzieht die ganze Welt wie ein Spinnennetz in allen möglichen Bereichen des privaten und geschäftlichen Lebens, den *Vereinten Nationen* (UN), der *Genfer Konvention* sowie all den anderen Konventionen, die uns angeblich „frei" gemacht haben. Alle „Staaten" dieser Welt sind keine souveränen Staaten, sondern verwaltete Treuhandunternehmen.

Solch eine Treuhandgesellschaft wird auch *Cestui Que Vie Trust* genannt, was ein *Lehen auf Lebenszeit* ist – ein „begebenes Lehen" zu schulden, das fiktive Konzept für ein erkauftes Leben in Form einer testamentarischen Stiftung (Trust). Da England schon seit jeher im Besitz des Vatikans war, wurden die päpstlichen Verordnungen und Machtansprüche daher in englische Gesetze übernommen, welche in England 1540 und 1666 in den *Cestui Que Vie Acts* verabschiedet wurden und der Regierung somit ermöglichten, die „juristische Person" eines Menschen (Strohmann) zum direkten Handel zu benutzen. Der Mensch wurde dadurch treuhänderisch verantwortlich (also haftbar) für diese erschaffene „juristische Person". Dieses System wurde dann nach und nach in der ganzen Welt umgesetzt.

Ab der Geburt werden jedem Menschen seine von Gott gegebenen Menschenrechte abgenommen, und er wird ohne sein Wissen oder seine Erlaubnis in ein Konstrukt aus Firmen-/Handelsrecht und see-kanonischem Recht hineingezwängt. An dieser Stelle sei kurz erwähnt, dass sofern Sie Elternteil sind, Sie jetzt kein schlechtes Gewissen haben müssen. Schließlich wussten Sie es nicht besser. Man hat uns alle mit diesem System übel hereingelegt. Laut den Informationen, die ich zusammengetragen habe, sind Sie selbst zwar der Begünstigte dieser Treuhandgesellschaften, aber die Regierung ist der Treuhänder. Damit Sie persönlich sich „unterwerfen", für alles die Haftung übernehmen und die Regierung dann von Ihnen profitiert anstatt Sie selbst, bedarf es jedoch, je nach Begebenheit, Ihrer einmaligen oder fortlaufenden Willensbekundung, nämlich Ihrer Unterschrift bei allem, was sie bei Behörden oder Verwaltungen beantragen, wohingegen von den Behörden niemand die Haftung übernimmt (*„maschinell erstelltes Schreiben auch ohne Unterschrift gültig"* oder *„im Auftrag"* unterschrieben). Mit unserer Unterschrift gehen wir jedes Mal einen neuen Vertrag mit den staatlichen Instanzen ein, sei es das Finanzamt, das Standesamt (Paare sollten sich eine Heirat daher zweimal überlegen), das Bürgerbüro/Rathaus (Personalausweis/Reisepass), das Jobcenter usw., wo wir jedes Mal die Haftung für unseren Namen übernehmen.

Was hier umgesetzt wird, ist reines Firmen- und Vertragsrecht, was unter Täuschung und Irreführung heimlich an uns angewandt wird.

Übrigens, haben Sie sich einmal Ihren Personalausweis genauer angeschaut? Auf der Rückseite des alten Ausweises erkennt man bei genauem Hinschauen die männlichen und weiblichen Geschlechtsorgane abgebildet. Wenn Sie den Ausweis um 180 Grad drehen (auf den Kopf stellen), erkennen Sie zudem ganz deutlich einen Teufelskopf mit Hörnern, was den Dämon „Baphomet" darstellt. Und wie es sich für einen Dämon der Wollust gehört, ist es natürlich kein Zufall, dass er mit perverser Symbolik gespickt ist. Und für alle Freunde der „Zufalls"-Theorie... haltet einmal die Vorderseite ins UV-Licht. Zum Vorschein kommen Bundesadler, deren verlängerte Schwänze *umgedrehte Kreuze* darstellen. Wie groß ist wohl die Chance, dass gleich zwei okkulte satanische Symbole auf einem Dokument vorzufinden sind? Was haben solche Elemente da überhaupt zu suchen? Leute, macht die Augen auf! (siehe Abb. 62-66)

Da der alte bundesdeutsche Personalausweis so viel Kritik mit sich brachte und die Symbolik einfach zu offensichtlich war, hat man die satanischen Symbole im neuen elektronischen Ausweis weggelassen. Der neue Personalausweis hat aber dafür ein anderes „Feature" integriert, nämlich einen RFID-Chip. Der befindet sich – die Vorderseite betrachtend – in der rechten oberen Ecke und kann durch Kippen und gegen das Licht halten als viereckige Delle erkannt werden. Doch dieser enthält nicht nur Ihre persönlichen Daten in elektronischer Form, sondern es handelt sich hierbei gleichzeitig um einen Ortungschip, mit dem Sie über Satellit weltweit geortet werden können. Abhilfe kann dadurch geschaffen werden, dass man solch einen neuen Ausweis für drei Sekunden in die Mikrowelle legt. Der Chip wird dadurch zerstört und ist unbrauchbar (kann dann aber als Beschädigung von „Staats"-Eigentum geahndet werden, nur damit Sie Bescheid wissen). Oder Sie führen das Dokument einfach nicht mehr mit sich… Im Fachhandel gibt es auch spezielle Pass- und Ausweishüllen, welche die Dokumente abschirmen (ähnlich, wie es sie auch für Mobiltelefone gibt). Es wäre interessant zu wissen, inwieweit auch alle anderen heutigen Bank- und Kreditkarten überall auf der Welt ortbar sind und Bewegungsprofile über uns erstellen. Insider sind herzlich eingeladen, hier als Whistleblower einmal aus dem Nähkästchen zu plaudern. Es wird Zeit, dass alle Wahrheiten ans Tageslicht kommen. Und ich meine wirklich ALLE.

Doch ob Sie nun den alten oder den neuen Personalausweis besitzen, beide haben noch eine ganz spezielle Besonderheit integriert: Auf dem Foto im Halsbereich befindet sich ein roter Punkt, welcher den Menschen als „Identigramm"-Sicherheitsmerkmal verkauft wird. Den Punkt erkennen Sie bei flachem Betrachtungswinkel. Dies ist eine Art Resonanzplättchen, welches auf energetischer Ebene eine Blockierung des Hals-Chakras und vor allem der Schilddrüse bewirkt. Die Schilddrüse produziert wichtige Hormone, welche den Stoffwechsel und Funktionen fast aller Organe beeinflussen. „*Warum*", fragen Sie sich jetzt? Damit das Volk den Mund nicht aufmacht und gesundheitlich geschwächt wird!

Mittlerweile wissen viele Menschen, dass ihr Handy eine potenzielle Wanze und Ortungsgerät in einem ist und lassen es daher öfters zuhause. Genauso wissen die meisten auch, dass das Festnetztelefon oft abgehört wird, wenn darüber bestimmte Schlüsselbegriffe kommuniziert werden. Aber einen Personalausweis tragen die meisten stets mit sich, und da würden sie nie vermuten, dass sie darüber ebenso jederzeit weltweit geortet werden können. Von allen Ländern ist Deutschland in Sachen Spionage und Überwachungstechnologien Exportweltmeister und Spitzenmeister im Kontroll- und Überwachungswahn. In England und den USA mögen wir zwar vielleicht *sichtbar* mehr Überwachungskameras vorfinden, doch in Deutschland läuft die individuelle und die Massenüberwachung auf einer versteckten und noch hinterhältigeren Ebene ab, sodass die Menschen das kaum mitbekommen. Die STASI-Methoden hat man keineswegs abgeschafft, sondern über die Jahre verfeinert und perfektioniert. Fakt ist, dass <u>andere</u> Länder hier von Deutschland lernen und abgucken.

Sie halten das alles für Fantastereien mit den Überwachungsmerkmalen in den Personalausweisen? Kann ich Ihnen nicht übelnehmen. Doch ich kann Ihnen sagen, dass diese integrierten Elemente tatsächlich funktionieren wie eben beschrieben – und das sehr effektiv. Das weiß ich aus höchst zuverlässigen Quellen. Dies zeigt zudem, wie weit die Technologien wirklich fortgeschritten sind, wenn man bedenkt, dass das Identigramm (der rote Punkt) bereits seit dem 1. November 2001 in die Personalausweise integriert wird, also „zufällig" kurz nach den Anschlägen des 11. Septembers, welche von Geheimdiensten inszeniert wurden, um weltweit den Ausbau eines globalen Überwachungsstaates voranzutreiben. (siehe die Aussagen von Nicholas Rockefeller, S. 98)

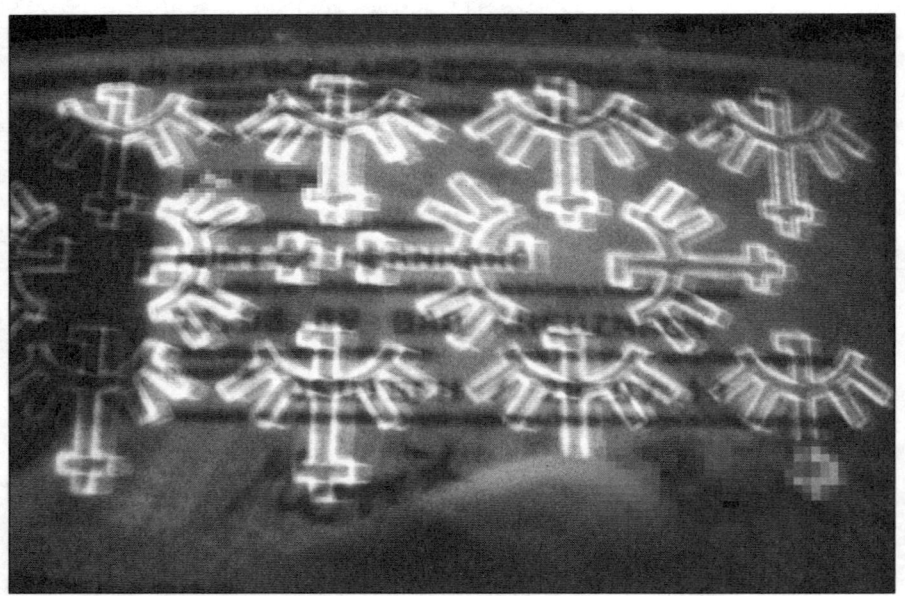

Abb. 62: Die Vorderseite des alten Personalausweises (unter UV-Licht) mit einem faschistisch anmutenden „Bundesadler", nach unten hin mit einem umgedrehten Kreuz.

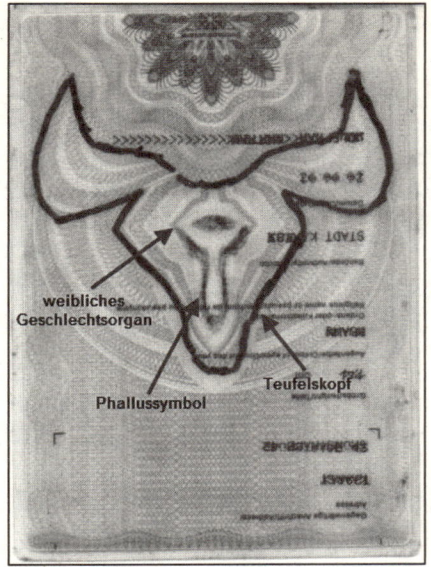

weibliches
Geschlechtsorgan

Phallussymbol

Teufelskopf

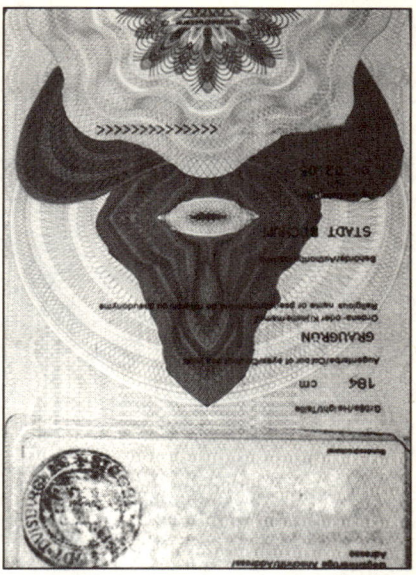

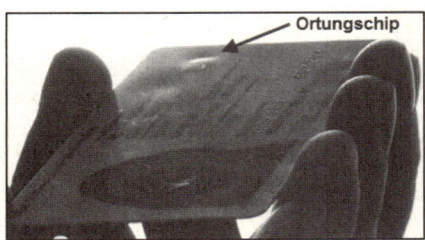

Ortungschip

Abb. 63 links oben: Rückseite des alten Personalausweises mit dem deutlich erkennbaren Dämonskopf und den Geschlechtsorganen. Muss es noch deutlicher sein?

Abb. 64 rechts oben: Hier noch einmal anders hervorgehoben.

Abb. 65 links unten: Der neue deutsche Personalausweis mit dem integrierten Ortungschip.

Abb. 66 rechts unten: Das Identigramm: Es blockiert die Schilddrüse und das Halschakra.

Das mit den bundesdeutschen Ausweisdokumenten ist also ein weiteres Mittel, um uns Bürger „mundtot" zu halten und bestätigt umso mehr, wessen Geistes Kind die Machthaber sind und wem oder was diese wirklich dienen. Ich bin mir sicher, dass die Ausweise und Reisepässe anderer Länder ähnliche Überwachungsmerkmale beinhalten. Alle seit dem 11. September 2001 neu ausgestellten Dokumente dürften zumindest einen per Satellit ortbaren Chip beinhalten.

Als Personen bzw. Firmenpersonal haften wir ja somit auch laufend für die Firma BRD, für die Banken und das von ihnen ausgegebene Schuldgeld (Stichpunkt ESM, Bankenrettungen).

Um noch einmal kurz zu der Sache mit dem Treuhandsystem zurückzukommen... Sobald Sie etwas *regis*-trieren, also z.B. Ihr Kind, Ihr Auto oder Ihren Hund, händigen Sie sämtliche Rechte daran an den Staat aus. In dem Wort *registrieren* ist interessanterweise das Wort *regis* enthalten, welches ja ein Genitiv des lateinischen Wortes *rex* (König, Herrscher) ist – also dem Herrscher, dem König. Sie übergeben sämtliche Rechte an einer registrierten Sache somit in Wirklichkeit dem König bzw. der Krone (Papst). Das ist zwar etwas weit hergeholt, doch würde es mich keineswegs wundern, wenn dieser Begriff doppelt belegt wäre.

Erinnern wir uns an dieser Stelle noch einmal an die durchgehend große Schreibweise unserer Namen in Ausweisdokumenten, in denen wir eben nicht als „Männer" und „Frauen" (bzw. als „natürliche Personen"), sondern als „juristische Personen", also als „Sachen" ausgewiesen und auch so behandelt werden. Daher haben wir auch keine wirklichen „Menschenrechte". Hin und wieder werden uns zwar Menschen-„Rechte" zugesprochen, aber nur dann, wenn es den (finanziellen) Interessen der Machthaber zugutekommt oder um den Schein von Freiheit zu wahren. Als Firmenpersonal unterliegen wir ferner der Geschäftsordnung und haben somit allen „Gesetzen" (Firmenrichtlinien) Folge zu leisten sowie ohne Widerstand unser Geburtstreuhandkonto stets aufzufüllen bzw. Abbuchungen aus diesem laufend zu „autorisieren", insbesondere durch Steuern und Zwangsmitgliedschaften (Krankenversicherung, Rentenversicherung, Arbeitslosenversicherung, Rundfunkbeiträge, Handelskammerbeiträge) sowie durch Bußgelder (wenn man bei Rot über die Ampel geht, Müll auf die Straße wirft etc.).

178

Sind die sogenannten „Menschenrechte" eine Falle?

Wie wir bereits im zweiten Kapitel erfahren haben, wird jetzt umso deutlicher, dass selbst der Begriff „Mensch" genau wie „Person" ebenfalls eine juristische Fiktion, eine tote Rechtspersönlichkeit darstellt. Wir erklären uns zu Menschen und fordern daher unsere Menschenrechte ein. Die „Menschenrechte" wurden wiederum von globalen Machtinstanzen wie der UN (ebenfalls eine Firma) eingeführt, und können von diesen auch jederzeit wieder abgeschafft werden, um uns komplett zu entrechten! Dies erklärt auch, warum unsere Regierenden z.B. Wasser nicht als „Menschenrecht" betrachten, denn Fiktionen haben bekanntlich keine Rechte. Wir sind ja in erster Linie „Mann" und „Frau". Das mit den Menschenrechten ist also ein weiterer juristischer Trick, damit wir uns nicht als „Mann" oder „Frau" auf unsere nämlich *von Gott gegebenen Rechte* berufen. Warum sollte sich also ein Mann oder eine Frau anmaßen, anderen irgendwelche Rechte einzuräumen, die diejenigen ohnehin schon haben? Denn wir haben vom Schöpfer schon von Geburt an alle Rechte bekommen! In dem Augenblick also, in dem wir die Menschenrechte von einer Machtorganisation anerkennen, verzichten wir alle auf unsere von Gott gegebenen Rechte und erkennen die Gesetzesgeber (dieser Menschenrechte) somit als Schöpfer an. Hier fällt mir in diesem Zusammenhang wieder der Personen- und Götzenkult ein, auf den die Leute massenweise hereingefallen sind.

Das Wort „Person" stammt übrigens vom Lateinischen *persona* ab und bedeutet übersetzt *Maske* (auch *personare*: durchtönen, also durch die Maske/Rolle tönen, durch etwas hindurch wirken; von dem griechischen *perzônare* abgeleitet: einen Gürtel anlegen). Und dies passt von seiner Bedeutung her genau zu dem Wesen einer „Fiktion", einer „gedachten Sache". Daher verkleiden sich „Staatsbedienstete" auch mit den unterschiedlichsten Trachten und Kleidern – gerade in den Gerichten sehr gut zu sehen und noch deutlicher im angelsächsischen Raum, wo die Richter neben den Roben auch noch Perücken aufsetzen. Sie alle setzen eine Maske auf, bevor sie die Bühne als *Personen* betreten, um „im Namen des Volkes" Urteile zu fällen. Wenn dies alles nicht bitterer Ernst wäre, könnte man meinen, man sei auf einer Theaterveranstaltung.

Sie sehen schon, was das alles für ein Chaos ist und wie juristisch komplex und hinterhältig das Ganze ausgestaltet wurde, um uns zu täuschen und auszutricksen. Daher gehört dieses ganze künstlich erschaffene Macht- und Kontrollkonstrukt meiner Meinung nach auch gänzlich abgeschafft. Wir brauchen einen kompletten Neuanfang und eine Rückkehr zum Naturrecht. Sind Sie auch dabei? Prima! Im zweiten Teil werde ich Ideen und mögliche Lösungsansätze darlegen, die wir alle gemeinsam umsetzen können.

Das Treuhandsystem am Beispiel vor Gericht erklärt

Da dieses System vielen Menschen zu komplex erscheint, möchte ich das System der Treuhand an einem anderen Beispiel erklären, um die verschiedenen Rollen besser zu verdeutlichen. Das geht am besten und am verständlichsten anhand eines Gerichtsverfahrens, bei dem es darum geht, die drei Rollen im Gerichtssaal zu besetzen, welche von Fachleuten wie Max von Frei wie folgt geschildert werden:

1. Die des Verwalters/Treuhänders,
2. die des Begünstigten,
3. die des Vollziehers.

Wie zuvor erwähnt, sind Sie als Mensch eigentlich Begünstigter dieser Treuhand, und die BRD ist der Verwalter und somit der Haftende. **Bedenken Sie, nur Ihre „juristische Person", der geschaffene „Strohmann", ist zahlungspflichtig, nicht Sie selbst als „Mann" oder „Frau".** In dem Moment, in dem Sie aber auf Ihren NAMEN (= juristische Person) reagieren und sich als diesen NAMEN zu erkennen geben (sowohl mündlich als auch in Schriftstücken durch Ihre Unterschrift, die ja eine Willensbekundung ist), sind die Rollen nun getauscht worden. Die BRD wird nun der Begünstigte, und Sie übernehmen die Haftung als Verwalter der „juristischen Person" (über Ihre Geburtsurkunde, die ja als Pfandbrief fungiert). In Gerichtsverfahren heißt es auch deshalb immer „*Gericht Stadt Musterdorf verhandelt in der Sache MAX MUSTERMANN gegen XYZ*". Damit wird eindeutig gezeigt, dass es nicht um „Menschen", sondern um „Sachen" bzw. „Gegenstände" geht. Und für (tote) Sachen herrscht deshalb auch Anwaltszwang, spätestens ab der zweiten Instanz.

Zu Beginn eines Gerichtsverfahrens werden die Rollen neu verteilt, weil jedes Verfahren gegen eine Treuhand eine eigene Treuhand darstellt. Am Anfang der Verhandlung ist der Richter der Treuhänder und somit Haftender. Der Staatsanwalt ist der Vollzieher, und wir sind demnach der Begünstigte. Der Richter wird gleich zu Beginn den NAMEN des Betroffenen (also der zu verhandelnden Sache, Treuhand) aufrufen. Sobald Sie den NAMEN annehmen, indem Sie z.B. bejahen, dass Sie es sind bzw. sich schon von vornherein als diesen NAMEN als anwesend zu Protokoll vorgestellt haben, tauschen die Rollen (vorher nicht). Nun sind **Sie** der Treuhänder und Haftender.

Wie verhält man sich dann vor Gericht am besten?

Max von Frei und andere, die mit dem „Gelben Schein" vertraut sind, schildern folgende – recht interessante – Vorgehensweise: Sowohl die Regierung als auch die Richter werden Sie stets dazu auffordern und drängen, den NAMEN anzunehmen, damit diese ihre Haftung an Sie abtreten können. Denn diese wollen nicht haften, sie wollen die Begünstigten über Ihr Treuhandvermögen werden. Alle Gerichtsverfahren sind daher in Wirklichkeit Treuhandverfahren. Und laut Gesetz gibt es nur die drei oben erwähnten Rollen. Im Gerichtssaal sind deswegen auch alle bestimmten Plätze bereits vorgegeben und „reserviert". Sobald Sie sich neben Ihren Anwalt setzen, haben Sie das private Schiedsgericht anerkannt. Setzen Sie sich daher am besten in die Zuschauerreihe oder stehen frei im Raum. Widerstehen Sie allen Verlockungen Ihres Anwalts, sich neben ihn zu setzen. Seine Rolle ist nämlich die, **Sie** wissentlich oder unwissentlich in die Haftung zu locken. Wenn der Richter nun nach dem NAMEN fragt bzw. fragt, ob dieser NAME anwesend ist, können Sie Folgendes sagen: *„Nein, in der Treuhandsache MUSTERMANN, MAX mit Geschäftszeichen xyz ist als Begünstigter dieser Treuhand hier anwesend: Max, natürliche Person gemäß §1 BGB für Max von Musterdorf, Mann aus der Familie Mustermann."*

Aus Gründen der Rechtssicherheit fragen Sie den Richter und den Staatsanwalt sofort im Anschluss, wer von den beiden die übrigen zwei Rollen übernehmen will, denn die des Begünstigten ist nun bereits vergeben (und man kann nicht Begünstigter und Verwalter gleichzeitig sein). Vielleicht wird der Richter zuerst ignorieren, was Sie gesagt haben und Sie erneut auffordern, den NAMEN anzunehmen. Er wird sogar drohen, beleidigen, vielleicht laut werden und Sie regelrecht bedrängen, die Haftungsrolle, also den NAMEN zu übernehmen. Bleiben Sie stark und lassen sich nicht unterkriegen. Geben Sie zu Protokoll, dass Sie ausschließlich Begünstigter sind, der Richter Treuhänder und somit Haftender der **Sache MAX MUSTERMANN** und der Staatsanwalt der Vollzieher. Da der Richter den NAMEN und somit seine Haftung nicht losgeworden ist, wird er sich beeilen, das Verfahren schnellstmöglich einzustellen.

Ein weiterer Schritt könnte darin bestehen, dass wir sämtliche Vollstreckungsankündigungen seitens der Städte/Gerichte, die uns postalisch zugesandt werden, als „natürliche Person" beantworten und denen gleich zu Beginn zu verstehen geben, dass wir die Begünstigten sind. (Als *natürliche Person* haben Sie nach außen hin zumindest bestimmte Rechte – siehe „Gelber Schein".) Wir fordern die Eröffnung eines Insolvenzverfahrens gegen die „Treuhand NAME" sowie dessen Abwicklung. Nach Abwicklung soll die Treuhand aufgelöst und sämtliches Treuhandvermögen an uns ausbezahlt werden, weil wir schließlich die Begünstigten sind.

Ich möchte Sie hier jedoch daran erinnern, dass diese Vorgehensweise natürlich keine Garantie für einen Erfolg darstellt und nur teilweise in zivilrechtlichen Angelegenheiten und bei Ordnungswidrigkeiten – wenn überhaupt – anwendbar ist. Sie ist nicht anwendbar bei strafrechtlichen Belangen (Diebstahl, vorsätzliche Körperverletzung oder schlimmer), und dieses gerichtliche Prozedere soll auch nicht dazu animieren, kriminell zu werden. Ich selbst habe das vor Gericht nicht praktiziert, aber Max von Frei und ein paar andere Leute. An dem Ausgang einiger Verfahren sind oft auch bestimmte Interessengruppen wie Freimaurerlogen, Lobbyverbände usw. interessiert, und sie werden den Richter vorher über den gewünschten Ausgang instruiert haben. Denken Sie daran, wir haben es hier keineswegs mit einem Rechtsstaat zu tun. Auch dürften die Richter total überrascht (und teilweise geschockt) sein, dass ein „normaler Bürger" über die wahren rechtlichen Hintergründe Bescheid weiß und womöglich, um sich selbst aus der Affäre zu ziehen, recht pampig reagieren. Vielleicht wird der Richter auch fluchtartig den Gerichtssaal verlassen, wenn Sie ihn und die Staatsanwaltschaft dazu auffordern, ihre Scheckhefte zu zücken. Sollten Sie in die unliebsame Situation geraten, einmal vor Gericht erscheinen zu „müssen", laden Sie so viele Augenzeugen wie möglich zu dem Termin ein.

Würden das tatsächlich immer mehr Menschen tun, würde sich die Allgemeinheit über diese „geheimen" Rechtspraktiken umso mehr bewusst werden – und diese auch hinterfragen. Für den nicht ganz unwahrscheinlichen Fall, dass man Sie aufgrund Ihrer „fragwürdigen Rechtsauffassung" unter medizinische Zwangsbetreuung stellen oder Sie zumindest zu einem Psychologen schicken will, zaubern Sie aus Ihrer Tasche eine von Ihnen unterschriebene Patientenverfügung hervor, von denen Ihre Familienmitglieder selbstverständlich eine Kopie haben. Sicher ist sicher, denn denen ist aus lauter Verzweiflung alles zuzutrauen, und es hat auch schon Fälle gegeben, bei denen Leuten mit Führerscheinentzug gedroht wurde, wenn sie ihre Rechtsauffassung nicht unverzüglich ändern oder sich nicht von einem Psychologen bescheinigen lassen, dass sie noch alle Tassen im Oberstübchen haben. Das ist kein Witz. Das ist die „Demokratie", in der wir leben. Den Verwaltungsmitarbeitern ist es dabei völlig egal, ob Sie zu 200% Recht haben. Gerade „Beamte" in höheren Positionen wissen nämlich häufig ganz gut, was Sache ist. Denn solche Geschütze fahren nur diejenigen auf, die etwas gewaltig zu verbergen haben und dabei eben auch vor solchen Gestapomethoden nicht zurückschrecken, um den Status quo zu erhalten. Doch wie gesagt: Was würde passieren, wenn tausende Menschen von dem hier erfahren und aufgrund dessen vor Gericht völlig anders agieren?

Interessant ist in diesem Zusammenhang auch das Thema „Kreditvertrag" (oder Hypothekendarlehen) bei der Bank. Da die Bank Geld hergibt, welches sie eigentlich nicht hat und auch nicht rechtmäßig besitzt (Stichwort „Geldschöpfung"), handelt es sich hier zudem von vornherein um vorsätzliche böswillige Täuschung und Betrug. Warum sollten Kreditnehmer also etwas zurückzahlen (und dann meist das Doppelte der ursprünglichen Summe), was der Bank nicht einmal selbst gehört, die es folglich auch nicht weitergeben und zurückfordern darf? Und letzten Endes zahlen wir für Geld, das uns über die Treuhand ohnehin schon gehört!

In Kapitel 3 haben wir durch Prof. Hörmann erfahren, dass die Banken die Kreditverträge durchaus auch an andere Banken weiterverkaufen können. In solchen Fällen würde es mich aber auch nicht wundern, wenn die Originale dieser Verträge bei der EZB oder beim IWF als Pfand hinterlegt wären. Dies mag weit hergeholt sein, doch wenn man bedenkt, dass jeder Einzelne in diesem großen Pfand- und Treuhandsystem von Geburt an fest eingegliedert ist, dieses ganze System auf Schulden und Pfandbürgschaft ausgelegt ist und die Geschäftsbanken selbst von der Zentralbank mit Geld versorgt werden, so scheint dies gar nicht so abwegig zu sein. Falls von den Leserinnen und Lesern jemand konkrete Insiderinformationen diesbezüglich hat, kann er sich gerne über Zuschriften an die Verlagsadresse melden.

Jetzt wird zudem klar, warum die BRD so sehr zum Einwanderungsland umgewandelt wurde. Denn für jeden, der einwandert, werden eine oder mehrere neue Treuhandgesellschaften gegründet, welche dann zu Haftungszwecken sowie zur Schröpfung des Treuhandvermögens herangezogen werden. Würde das nicht passieren, würde das ganze Schuldgeldsystem viel schneller zusammenbrechen. Auch die sogenannte „Privatinsolvenz" erscheint unter diesen Aspekten unter einem völlig neuen Licht. Denn welche Rechtsform kann eigentlich überhaupt in die Insolvenz samt Abwicklung gehen? Doch nur Firmen („juristische Personen")! Das bedeutet, dass der Mensch selbst nie insolvent gehen kann, sondern lediglich seine „juristische Person", die in Form der Treuhand abgewickelt und quasi neugestartet wird. Dass einem in Folge die Schulden erlassen werden (wenn auch unter bestimmten Auflagen), ist somit auch absolut logisch. Denn der Mensch besitzt in Wirklichkeit keine finanziellen Schulden, wenn man bedenkt, dass er ein Anrecht darauf hat, mit allem kostenlos versorgt zu werden. Es ist ja sein Geburtsrecht.

Das Treuhandsystem erklärt nun auch, wie zuvor bereits angemerkt, weshalb Eltern auch keinerlei Ansprüche mehr auf ihre Kinder haben. Zeigen Sie die Geburt Ihres Kindes (als *Produkt* von Mann & Frau) beim Standesamt nicht rechtzeitig an und weigern sich, dem Staat Ihr Kind

(= Treuhandvermögen) sozusagen „zu treuen Händen" zu übergeben, drohen nicht nur Geldstrafen, sondern Klinik, Ärzte und Hebammen sind verpflichtet, die Geburt auch ohne die Eltern anzumelden.

Was passiert, wenn Sie Ihre Kinder nicht in die Schule bringen? Sofern es eine Schulpflicht gibt, nimmt der Staat Ihnen über das Jugendamt Ihre Kinder weg. Warum? Weil Sie die Ansprüche auf Ihre Kinder spätestens mit der Beantragung der Geburtsurkunde an den Staat (und die Kirche) verloren haben. Und der Staat ist energisch daran interessiert, dass alle Kinder **staatskonform** *(v)erzogen* werden, um später als Arbeitssklaven das Hamsterrad schön am Laufen zu halten. Je nach Land gilt dasselbe für eine eventuelle Impfpflicht.

Die ganze Geschichte mit den Treuhandgesellschaften kam immer mehr ans Tageslicht, als u.a. amerikanische und kanadische Bürger herausfanden, dass auf ihren Geburtsurkunden (welche dort auf exakt demselben Papier gedruckt werden wie Aktienzertifikate, die dort von einer „Bank Note Company" gedruckt werden) neben der Registernummer auch eine weitere Nummer eingetragen ist und sie dahinterkamen, dass es sich dabei um Wertpapier-Kennnummern handelt und die Geburtsurkunden allem Anschein nach an den dortigen Börsen gehandelt werden. Auf solch einem Papier sind hierzulande auch die deutschen Sozialversicherungsausweise gedruckt. Auch durch die ganzen Firmeneintragungen von deutschen Bundesländern, Städten, Kommunen, Gerichten, dem Bundestag, der POLIZEI (= privater Wachschutz der BRD zur Durchsetzung ihrer Interessen) usw. sind viele aufmerksame Menschen stutzig und hellhörig geworden. Von da an kamen bei Recherchen immer mehr Hintergründe zu Tage, die man bis in all die letzten Jahrhunderte zurückverfolgen konnte.

In Amerika war es übrigens im Jahre 1871, als der 41. US-Kongress unter massivstem Einfluss europäischer Bankiers (unter Einfluss der Freimaurer und Jesuiten) mit einem Gesetz die Firma THE UNITED STATES (die Großschreibweise für Firmen) im Distrikt Washington D.C. gründete, somit die eigentlichen Vereinigten Staaten von Amerika überlagerte und diese in ein großes gewerbliches Unternehmen umwandelte („Act of 1871"). Die Einzelstaaten hat man einfach vertraglich eingebunden und die amerikanischen Bürger somit ohne ihr Wissen zu Angestellten, zum „Personal" gemacht. Als dann 1913 der „Federal Reserve Act" die Gründung der privaten Zentralbank FED zur Folge hatte, welche Geld aus dem Nichts erzeugte und das heute noch tut, muss sich diese „Firma USA" seit diesem Zeitpunkt für all ihre Ausgaben das Geld laufend von dieser Zentralbank gegen Zinsen leihen. Die Zinsen zahlt sie der Bank zurück, indem sie seit 1913 Einkommensteuer von den Bürgern eintreibt, die es laut der amerikanischen Verfassung gar nicht geben dürfte. Als durch den Ersten Weltkrieg und die nachfolgende Wirtschaftskrise die Firma USA 1933 bankrott war, bot sie der FED, um weiterhin geschäftsfähig bleiben zu können, von nun an ihre Bürger (Personal) als Sicherheiten an. 1933 wurden dann zum ersten Mal Geburtsurkunden für alle Bürger obligatorisch, welche seitdem als Bankbürgschaften und Wertpapiere fungieren. Nachdem Teile der Deutschen Wehrmacht im Mai 1945 kapituliert hatten, gründeten die Siegermächte, wie wir mittlerweile wissen, auf deutschem Boden das „Vereinigte Wirtschaftsgebiet" als BRD und führten sogleich ihr Pfand- und Treuhandsystem in ihrer neuen Kolonie ein.

Wie viel solch eine Geburtsurkunde wert ist bzw. welche Summe im Treuhandkonto hinterlegt ist, konnte ich bisher leider nicht in Erfahrung bringen. Verschiedenen Berichten zufolge soll der Wert mindestens eine sieben- bis achtstellige Summe sein, was von Land zu Land verschieden ist. Der Wert soll dabei dem durchschnittlich zu erwartenden Gewinn entsprechen, welcher sich aus der Arbeitsleistung, Kreativität (Patente etc.), dem Konsum und den daraus resultierenden Steuereinnahmen eines Bürgers in seiner durchschnittlichen Lebenszeit errechnen soll. Vielleicht gibt es unter den Lesern Insider, die Genaueres wissen? Wenn ja, bitte melden!

In den USA gab es in den 1960er-Jahren einen Gerichtsprozess, bei dem sich ein Mann im Zusammenhang mit einer Zwangsvollstreckung gegen die Praktik der Geldschöpfung aus dem Nichts zur Wehr setzte. Dr. Wolfgang Freisleben berichtet (www.geld-magazin.at): *„Kein Wunder, dass die Finanzwelt über diesen Mechanismus beharrlich den Mantel des Schweigens ausbreitet. Wie brisant diese Art der Kreditvergabe mittels fiktivem, aus Luft ,geschöpftem' Geld ist, bewies der amerikanische Rechtsanwalt Jerome Daly, der sich erfolgreich gegen die Klage der First National Bank of Montgomery wehrte. Der auch unter der Bezeichnung ,Credit River Case' bekannte Fall war ein zivilrechtliches Gerichtsverfahren in den Vereinigten Staaten,*

186

über das vom Friedensrichter Martin Vincent Mahoney (1915-1969) am 9. Dezember 1968 entschieden wurde. Es ging darum, dass der Anwalt Jerome Daly die Raten einer Hypothek für sein Wohnhaus bei der First National Bank of Montgomery nicht mehr bedienen konnte, worauf die Bank vor dem Justice Court, Credit River Township in Scott County (Minnesota) auf Zahlung der Restraten nach erfolgter Kündigung der Hypothek klagte.

Auch die Klage auf Zwangsvollstreckung wurde aus folgenden Gründen abgewiesen:

• Es gebe keine verfassungsrechtliche Grundlage, ein Statut oder eine gesetzliche Grundlage, dass Geldmengen aus dem Nichts (,Fiat-Geld') erschaffen werden dürfen.

• Die Bank habe für die Hypothek gar keinen entsprechenden reellen Gegenwert erbracht.

• Die Klägerpartei gebe zu, dass sie, zusammen mit der Federal Reserve Bank von Minneapolis, die gesamte Summe von 14 Millionen US-Dollar in Geld und Kredit durch einen Buchhaltungseintrag in ihre Bücher erzeugt habe.

Richter Mahoney merkte während der Verhandlung an: ,Nur Gott kann etwas Wertvolles aus dem Nichts schaffen.' Er starb vier Monate später unter nicht geklärten Umständen. Einige Quellen sprechen von Mord. Die Bank hatte am nächsten Tag Berufung gegen das Urteil eingelegt, das auch tatsächlich in der nächsten Instanz aufgehoben wurde, allerdings nicht mit fundierten Argumenten, sondern lediglich aus formalen Gründen: Dem Friedensrichter wurde nämlich das Recht für ein derartiges Urteil kurzerhand abgesprochen. 2008 wurden in Utah ein halbes Dutzend ähnlich lautender Urteile der ersten Instanz von einem District Court mit der gleichen Begründung wie in Minnesota aufgehoben."

Was können wir anhand dieses Berichts sehr gut erkennen? Dass sich die Banken hier selbst verraten haben (nämlich, dass Geld aus dem Nichts bloß durch einen Buchungssatz entstanden ist, genau so, wie es Prof. Dr. Hörmann im Interview erklärt hat)!

Die Geburtsurkunde sind nicht SIE!

Die Regierungen haben uns glauben lassen, dass die Geburtsurkunde *wir* selbst seien. Aber das stimmt keineswegs. Die Geburtsurkunde dient wie gesagt zur Schaffung einer „Person" (in Form einer Treuhand) und wird als Pfandbrief genutzt. Sie hat nichts mit Ihnen selbst zu tun, außer der Tatsache, dass sie denselben Namen trägt. Haben Sie sich jemals gefragt, warum wir überhaupt so etwas wie Geburtsurkunden brauchen? Verpflichtende Geburtsurkunden gab es erstmals in England ab 1837. In den USA und Kanada sogar erst ab 1933 flächendeckend – nachdem die „Firma USA" bekanntlich pleite ging. Davor wurden je nach Land die Lebendgeburten zumeist lediglich aufgezeichnet, was völlig ausreichend ist und wäre, auch heutzutage. Es gibt keinerlei Grund, eine extra Urkunde/Zertifikat auszustellen und die Geburt in einem speziellen Geburtenregister zu registrieren. Jetzt wissen wir aber warum... In vielen Teilen der Welt hatte früher sonst die Kirche den Personenstand geführt, aus genau denselben Gründen, nämlich um eine Übersicht über die „Schäflein" zu haben und von diesen den „Zehnten" einzukassieren.

Nur Sklaven müssen wie Vieh gekennzeichnet und jederzeit als handelbare Weltware identifizierbar sein. Im Zweiten Weltkrieg war es der gelbe Judenstern als Armbinde, heute benutzt man Geburtsurkunden, Ausweise und Pässe. Warum man in einer freien Welt solche Dinge nicht braucht, erfahren Sie im zweiten Teil dieses Buchs...

Nachfolgend noch ein Zitat von Oberst Edward Mandell House, Diplomat und wichtigster außenpolitischer Berater von US-Präsident Woodrow Wilson 1913-1921, aus einem privaten Gespräch mit diesem, bei dem House sich zur geplanten Umstellung von Golddeckung auf Volksbürgschaft/Schuldgeld wie folgt äußerte: *„Schon bald werden alle Amerikaner verpflichtet sein, ihr biologisches Eigentum* (A.d.V.: sich und ihre Kinder) *in einem nationalen Überwachungssystem registrieren zu lassen, welches auf Basis des alten Pfandsystems funktioniert. Durch diese Methodik können wir die Leute zwingen, sich unserer Agenda zu unterwerfen und zu Bürgen für die Deckung unseres wertlosen Papiergelds machen. Jeder Amerikaner wird gezwungen sein, sich registrieren zu lassen, oder aber darunter leiden, keinen Job zu bekommen und erwerbsunfähig zu bleiben. Sie werden unser Pfandbesitz* *sein, und wir werden das Pfandrecht an ihnen durch das Handelsrecht für immer behalten. Dadurch, dass die Amerikaner unwissentlich oder unwillentlich ihre Frachtbriefe (=Geburtsschein) bei uns abliefern, werden sie als bankrott und insolvent bewertet und durch Besteuerung immer ein wirtschaftlicher Sklave bleiben, abgesichert nur durch ihre eigene Bürgschaft. Wir versorgen die Registrierenden mit Pfandverschreibungen und Schuld(geld) und nennen das Beihilfe und ‚Sozialversicherung'. Sie werden ihrer Rechte beraubt werden und einen kommerziellen Wert haben, um uns einen Gewinn sicherzustellen. Und sie werden nicht klüger, denn kein Mensch unter einer Million könnte jemals unsere Pläne herausfinden. Dies wird uns unweigerlich riesige Gewinne jenseits unserer kühnsten Erwartungen bringen und jeden Amerikaner zum Beiträger zu diesem Betrug machen. Ohne es zu merken, wird uns jeder Amerikaner für etwaige Verluste, die wir verursachen, absichern, und auf diese Weise – so kann man feststellen – versichern, jeder Amerikaner wird unbewusst unser Diener sein, aber widerwillig. Die Menschen werden hilflos und ohne Hoffnung auf ihre Erlösung werden, und wir werden das hohe Amt des Präsidenten unseres Betrugs-Unternehmens damit beschäftigen, diese Verschwörung gegen Amerika zu schüren."*

Und genau dieses „Pfandsystem" haben wir heute weltweit.

Das ist ein „netter" Zeitgenosse, dieser Colonel House, welcher übrigens Jesuit gewesen sein soll. Der Jesuitenorden ist ein geheimer militärischer Orden, der den Vatikan fest im Griff hat und seit Jahrhunderten aus dem Verborgenen die Weltgeschicke steuert. Der Anführer ist ein Jesuitengeneral, auch als „Schwarzer Papst" bekannt, der quasi für die Massen unsichtbar hinter dem weißen Papst steht und die eigentliche Macht im Vatikan innehat. Da der aktuelle Papst Franziskus gleichzeitig Jesuit ist (und der erste Jesuit, der das Papst-Amt bekleidet), stellt sich die berechtigte Frage, ob er nun der weiße und schwarze Papst in einer Person ist? Zumindest makaber mutet eine Aussage von ihm bei seiner ersten Ansprache als Papst an: *„Ich wünsche mir, dass alle nach diesen Tagen der Gnade den Mut haben – wirklich den Mut – in Anwesenheit des Herrn zu schreiten, mit dem Kreuz des Herrn; die Kirche auf das Blut des Herrn zu bauen, das am Kreuz vergossen wurde; und sich zur einzigen Herrlichkeit zu bekennen, zum gekreuzigten Christus."* (Hervorhebung durch den Autor)

Ein gefolterter Jesus als „einzige Herrlichkeit"? Bei solch einem Satz müsste eigentlich ein großer Aufschrei durch die weltweite Kirchengemeinde gehen! Und Franziskus deutet mit seiner Aussage zugleich an, dass die Kirche und ihre Macht eben auf das millionenfache Blutvergießen gebaut wurde und diese blutige Tradition der katholischen Kirche weitergeführt wird. Symbolisch hierfür ist auch, dass er, wie bereits Papst Johannes Paul II., zum selben Kruzifix greift, welches einen besonders gequälten und geschundenen Jesus zeigt. Von der Symbolik her ist das die gleiche wie bei den barbarischen Kriegsstämmen, die die Leichen und Skalps ihrer getöteten Gegner als Zeichen des Triumphs vor sich hertrugen. So zeigt auch hier der Vatikan ganz demonstrativ: *„Wir haben Jesus gequält, gefoltert und besiegt. Unterwerft Euch vor diesem Stab, sonst wird es Euch ähnlich ergehen."*

Die Jesuiten haben die Welt wie ein Virus infiltriert. So finden sie sich in verschiedenen Organisationen wieder, wie z.B. der *NATO*, der *Europäischen Kommission*, in hohen Regierungsämtern weltweit, in „Think-Tanks" wie dem *Council on Foreign Relations*, den *Bilderbergern* oder der *Trilateralen Kommission*, an der Spitze von Zentralbanken und Großbanken, Geheimdiensten usw..

Wie wir nun sehen, ist das, was Sie ein paar Seiten zuvor über die weltweiten geschäftlichen und finanziellen Verstrickungen des Vatikans gelesen haben, nur die Spitze des Eisbergs gewesen. Eine ehemalige Mitarbeiterin der Weltbank, Karen Hudes, die zwanzig Jahre lang als höhergestellte Anwältin in der dortigen Rechtsabteilung arbeitete und 2007 entlassen wurde, weil sie begann, die zahlreichen Korruptionen innerhalb dieser Institution aufzudecken, hat in zahlreichen Interviews bestätigt, dass der Vatikan das Zentrum der Weltmacht ist. Als Insiderin offenbarte sie, dass sämtliche Steuereinnahmen der USA zu den Bankiers in der *City of London* transferiert werden (die sogenannten Zinszahlungen für das geliehene Geld der Zentralbank). Die *City of London* wiederum behält vierzig Prozent selbst ein, und die restlichen sechzig Prozent werden an die Jesuiten im Vatikan überwiesen! Ja, Sie haben richtig gelesen! Lesen Sie die letzten Sätze ruhig mehrmals durch, um das schiere Ausmaß zu erfassen. Nach dem, was wir nun über das weltweite Treuhandsystem wissen, werden sämtliche oder zumindest der Großteil aller Steuereinnahmen weltweit genauso dorthin transferiert. Wir reden hier wahrlich über **gigantische** Summen mit so vielen Nullen, dass uns beim Anblick der Zahlen vermutlich schwindelig werden würde. Es ist ja nun kein Wunder, dass der Vatikan in der Lage ist, weltweit ganze Landstriche aufzukaufen und sich sämtliche Goldreserven unter den Nagel zu reißen. Und die tatsächlichen Goldbestände weltweit sollen laut Hudes in Wahrheit drei bis viermal höher sein, als die offiziellen Zahlen preisgeben. Da ist so viel unvorstellbar großer Reichtum vorhanden, dass selbst in diesem Geldsystem jeder Mensch auf diesem Planeten sein Leben lang in Hülle und Fülle leben könnte. Nach ihren Aussagen sind die *Weltbank* und der *Internationale Währungsfonds* ohnehin zwei Seiten derselben Medaille, da die oberen Mitglieder in den Chefetagen beider Institute vertreten sind.

Jetzt stellt sich natürlich die berechtigte Frage, wenn nun die USA (und andere Länder) 100% ihrer Steuereinnahmen abführen müssen, wie sich denn die Regierung selber finanziert? Auch dieses Geheimnis lüftete Frau Hudes: Die US-Regierung finanziert sich selbst durch illegalen Drogenverkauf! Daher auch u.a. der Krieg in Afghanistan, um sich genügend Nachschub für den Weltmarkt zu sichern. Der Geheimdienst CIA ist maßgeblich für die Durchführung des Drogenverkaufs sowie für die Sicherung von Goldbeständen zuständig. Laut Hudes unterstehen sämtliche Geheimdienste der Welt den Jesuiten, die wiederum ihren eigenen obersten Geheimdienst im Vatikan unterhalten. Jetzt macht es natürlich umso mehr Sinn, dass der oberste Führer der Jesuiten ein General ist. Generäle gibt es sonst nur beim Militär.[16]

Fangen Sie allmählich an, die verschiedenen Puzzleteile (Geldsystem, Lohnarbeit, Lehrsystem und Treuhandsystem) zum Gesamtbild einzuordnen? Wird Ihnen jetzt das schiere Ausmaß unserer Versklavung bewusst?

„Man kann einen Teil des Volkes die ganze Zeit täuschen,
und das ganze Volk einen Teil der Zeit.
Aber man kann nicht das ganze Volk die ganze Zeit täuschen.“
Abraham Lincoln (16. US-Präsident)

Die 3 Machtzentren dieser Welt

Die Machthaber auf diesem Planeten haben ihre Macht auf drei kleine Machtdistrikte bzw. Stadtstaaten verteilt:

Vatikanstadt

Die katholische Kirche besitzt, wie wir gelernt haben, so ziemlich alles und jeden auf diesem Planeten. Sie ist reicher als jede Bank auf der Welt, reicher als jeder Staat, der größte Grundstückseigentümer und überhaupt der größte Vermögensanhäufer der Welt. Der Vatikan ist die Krone und das Zentrum der Weltmacht. Er ist die in der Bibel erwähnte „Hure Babylons". Die Königin von England wiederum ist „nur" eine Dienerin des Papstes. Der Vatikan kontrolliert die Welt spirituell, oder besser gesagt, begeht spirituellen Massenmissbrauch.

City of London

Mit der *City of London* (CoL) ist nicht London als Stadt gemeint. Innerhalb von London gibt es den bereits erwähnten Stadtstaat mit rund 8.000 Einwohnern – als Corporation (also Firma) gegründet – mit eigenen Gesetzen und einem eigenen Bürgermeister. Die CoL gehört nicht zu Großbritannien und untersteht somit auch nicht der britischen Gerichtsbarkeit. Selbst die Königin von England muss sich wie bei einem Staatsbesuch anmelden, um die im Volksmund genannte „Square Mile" (Quadratmeile) zu betreten, wo sie von dem Bürgermeister und Oberhaupt der City, dem sogenannten Lord Mayor empfangen wird. Dieser wiederum wird von den Einwohnern der City gewählt, wobei die dort ansässigen Firmen zusammengezählt 23.000 Stimmen und somit immer eine Dreiviertel-Mehrheit haben. Die CoL ist das Weltfinanzzentrum und gleichzeitig der größte Finanzhandelsplatz der Welt, in dem sich auch die britische, private Zentralbank, die *Bank of England* befindet. Hier wird die Welt im Auftrag des Vatikans wirtschaftlich kontrolliert und über spezielle Kreditinstrumente ausgebeutet und in Schuldknechtschaft gebracht. Dadurch, dass die *London Corporation* ihre eigene Staatlichkeit hat und Großbritannien exterritorial gegenübersteht, können die Banker und Manager die Wertpapiere, Devisen und andere Finanzinstrumente hier über alle Grenzen hinweg handeln, vor keinem

Gericht der Welt belangt werden, und außerdem kann keine Regierung ihre Geschäfte kontrollieren. Sie können schalten und walten, wie sie wollen. Laut eigenen Aussagen dieser Banker habe die „moderne Ära" der City bereits im Jahre 1067 begonnen und sei somit älter als das Parlament. Seit rund eintausend Jahren sei die City die Hauptquelle für Kredite an die Monarchen gewesen! Rund 240 ausländische Banken sind in der CoL ansässig. Hinzu kommen zahlreiche amerikanische Brokerfirmen und Investmentbanken, welche große Teile ihrer Kundengelder dorthin ausgelagert haben und diese als „Hebel" für ihre Spekulationen nutzen. „Hebel" bedeutet, dass man z.B. mit einem Betrag von 1 Mio. Euro eine bis zu 100fache Menge an den Märkten handeln kann, obwohl das Geld in Wirklichkeit nicht vorhanden ist – man in diesem Fall also eine Summe von 100 Mio. Euro bewegen kann, man aber nur ein Prozent dieser Summe als hinterlegte Sicherheit braucht. Erst dadurch wurden exorbitante Spekulationen an den Weltfinanzmärkten möglich. (Für all diejenigen, denen die Entstehungsgeschichte der *Bank of England* nicht geläufig sein sollte, hier eine kurze Zusammenfassung: Die *Bank of England* wurde am 27. Juli 1694 als private Notenbank gegründet. Der englische König war so klamm, dass er von einem Konsortium privater Bankiers dringend einen Kredit in Höhe von 1,2 Millionen Pfund benötigte. Dafür musste er ihnen das Recht übertragen, fortan das offizielle britische Geld ausgeben zu dürfen – zu einem Zinssatz von 8 Prozent! Der Staat nahm also fortan Geld in Form eines Kredites von der privaten *Bank of England* auf, worauf der Staat – besser gesagt das Volk, das dieses Geld nutzen musste – der Bank 8% Zinsen zahlen musste. Der König hatte also die Arbeitskraft seines Volkes an die Bankiers verkauft, wodurch sie im Grunde deren Sklaven wurden, da sie deren Geld nutzen mussten.)

Washington D.C.

Das D.C. steht für „District of Columbia". Als Firma gegründet, agiert Washington D.C. im Auftrag der CoL und außerhalb der amerikanischen Verfassung (und somit außerhalb der Interessen der Amerikaner). Hier sitzt das Militärzentrum der Welt. Hat die katholische Kirche fast 2.000 Jahre lang „im Namen Gottes" Millionen von Menschen zu Tode „geliebt", geteert, gepfählt, geviertelt, verbrannt, verfolgt und konvertiert, so lässt sie die Drecksarbeit seit ein paar Jahrhunderten doch lieber andere machen – hier vorrangig durch die USA als Rammbock. Von hier aus werden Länder weltweit kreuzzugartig „im Namen der Demokratie befreit", fast ausschließlich mit Waffengewalt und selbst geplanten und inszenierten Umstürzen, farbigen „Revolutionen" und Terroranschlägen unter falscher Flagge. Jedem Land, welches eingenommen wurde, hat man dabei all seine Goldreserven gestohlen und in die Tresore der privaten Zentralbank FED eingelagert. Zudem wurde im besetzten Land sogleich eine westliche Zentralbankfiliale installiert sowie das bekannte Pfand- und Treuhandsystem eingeführt, falls dieses dort nicht bereits seit einer früheren Invasion vorhanden war.

An dieser Stelle möchte ich Sie noch einmal an den Kulturkampf zwischen Otto von Bismarck und der römisch-katholischen Kirche erinnern, wobei Bismarck gegen den wachsenden Einfluss der Kirche und den der Jesuiten vorging. Was die Kirche Ende des 19. und Anfang des 20. Jahrhunderts auf politischem Wege nicht durchsetzen konnte, wurde dann eben durch die beiden darauffolgenden Weltkriege mit Gewalt und Vernichtung durchgesetzt. Spätestens jetzt sollte Ihnen ein großes Licht aufgegangen und nachvollziehbar sein, warum die letzten einhundertfünfzig Jahre so vehement Krieg gegen die Deutschen geführt wurde. Es ging darum, das deutsche Volk zu versklaven und auszubeuten! Und auf dem Weg zur Weltherrschaft, der *Neuen Weltordnung*, darf dann niemand im Wege sein.

Neben diesen drei Hauptmachtzentren gibt es noch die vorhin erwähnte BIZ, welche als oberste Zentralbank der Welt fungiert. Sie hat auch Hitler im Zweiten Weltkrieg finanziell unterstützt.

Alle oben genannten Machtdistrikte haben Folgendes gemeinsam:

- Sie stehen unter keiner nationalen Autorität;
- sie zahlen keinerlei Steuern;
- sie haben ihre eigene unabhängige Staatsflagge,
- haben ihre eigenen Gesetze;
- haben ihre eigenen Polizeikräfte;
- sind abgeschottet und immun vor internationalen Strafverfolgungen.[17]

Die Macht geht insgesamt also von ganz anderen „Herrschern" aus, als wir immer dachten, und somit wird noch besser verständlich, warum die nationalen Politiker nur Abnicker ihrer Herren und wieso Wahlen reine Kasperveranstaltungen sind.

Jetzt machen die im ersten Kapitel zitierten Aussagen der Politiker und die zahlreichen Hinweise in der Politik umso mehr Sinn, da es sich in Bezug auf die Regierung nämlich um Geschäfte, Geschäftsbereiche, Geschäftsführer und Geschäftsordnungen handelt. Das rechtliche (aber nicht legitime) Rahmenwerk für diese Geschäftsstrukturen haben wir soeben durchleuchtet.

Es ist interessant und fast unfassbar zugleich, wie die Menschen durch Lügen, Täuschung und Betrug hinters Licht geführt und ihrer Rechte beraubt wurden. Ich habe dem Ganzen definitiv nicht zugestimmt, und die Tatsache, dass so etwas hinterrücks ab dem Zeitpunkt der Geburt passiert, ist zutiefst heimtückisch und hinterhältig, einfach nur abgrundtief **böse**. Und weil dies ohne unser Wissen passierte und zu einem Zeitpunkt, zu dem wir selbst nicht hätten mündig entscheiden können (selbst wenn wir darüber Bescheid gewusst hätten), ist dieser perfide Akt der Versklavung rechtlich betrachtet und moralisch-ethisch erst recht null und nichtig! (§ 123 BGB, Täuschung im Rechtsverkehr) **Verträge zwischen zwei Parteien zu Lasten Dritter sind nämlich selbst im Handelsrecht illegal, genauso wie einseitig geschlossene Verträge ohne der Zustimmung der anderen Partei.** Diese global erschaffene Machtstruktur hat auch sämtliche Massenmedien (TV, Presse, Radio usw.), die Wissenschaft und das komplette Gesundheits-, Bildungs-, Versorgungs- und Transportwesen fest im Griff.

Sie glauben das nicht? Nun, einer aus der Medienwelt hatte einmal Klartext gesprochen. Er war einer derjenigen, die mit „im Boot" saßen. Auch wenn das folgende Zitat des ehemaligen Redaktionschefs der *New York Times*, John Swinton, aus dem Jahre 1880 stammt, so gilt es immer noch für die Gegenwart: „*Es gibt hier und heute in Amerika nichts, was man als unabhängige Presse bezeichnen könnte. Sie wissen das, und ich weiß das. Es gibt keinen unter Ihnen, der es wagt, seine ehrliche Meinung zu schreiben, und wenn Sie sie schrieben, wüssten Sie im Voraus, dass sie niemals gedruckt würde. Ich werde wöchentlich dafür bezahlt, meine ehrliche Überzeugung aus der Zeitung, der ich verbunden bin, herauszuhalten. Anderen von Ihnen werden ähnliche Gehälter für Ähnliches gezahlt, und jeder von Ihnen, der so dumm wäre, seine ehrliche Meinung zu schreiben, stünde auf der Straße und müsste sich nach einer anderen Arbeit umsehen. Würde ich mir erlauben, meine ehrliche Meinung in einer Ausgabe meiner Zeitung erscheinen zu lassen, würden keine vierundzwanzig Stunden vergehen und ich wäre meine Stelle los. Das Geschäft von uns Journalisten ist es, die Wahrheit zu zerstören, freiheraus zu lügen, zu verfälschen, zu Füßen des Mammons zu kriechen und unser Land und seine Menschen fürs tägliche Brot zu verkaufen. Sie wissen es, ich weiß es. Was soll also der törichte Trinkspruch auf die unabhängige Presse? Wir sind die Werkzeuge und Vasallen reicher Menschen hinter der Szene. Wir sind die Marionetten, sie ziehen die Schnüre und wir tanzen. Unsere Talente, unsere Fähigkeiten und unsere Leben sind alle das Eigentum anderer. Wir sind intellektuelle Prostituierte.“*

Der inzwischen 99-jährige David Rockefeller ist einer dieser *„reichen Menschen hinter der Szene“*, wie sich John Swinton ausdrückt, und hatte bei der Eröffnung der Bilderberger-Konferenz, einem jährlichen geheimen Treffen der wichtigsten und einflussreichsten Personen der westlichen Welt, im Jahre 1991 in Baden-Baden die „wirkliche“ Aufgabe der Presse auch unverhohlen ausgesprochen: *„Wir sind der Washington Post, der New York Times, dem Time Magazine und anderen großen Medien dankbar, deren Direktoren unseren Treffen beiwohnten und sich an ihr Versprechen, Diskretion zu wahren, beinahe vierzig Jahre lang gehalten haben. Es wäre uns unmöglich gewesen, unseren Plan für die Welt zu entwickeln, hätten wir all diese Jahre im hellen Scheinwerferlicht der Öffentlichkeit gestanden. Aber die Welt ist jetzt entwickelter und vorbereitet, sich in Richtung auf eine Weltregierung zu bewegen, die niemals wieder Krieg kennen wird, sondern nichts als Frieden und Wohlstand für die ganze Menschheit. Die supranationale Souveränität einer intellektuellen Elite und der Bankiers der Welt ist der in den vergangenen Jahrhunderten praktizierten nationalen Selbstbestimmung sicherlich vorzuziehen.“*

Es wird nur das an Informationen verbreitet und gelehrt, nur jene gesundheitlichen Behandlungen (= zugelassene Tötungsmethoden) zugelassen, die von „oben“ erlaubt werden und den Interessen der Machthaber dienen. Und das höchste Interesse einer gewinnorientierten Firma ist es, maximalen Gewinn zu erwirtschaften. Da schreckt man auch keineswegs vor Massenmorden und Zerstörung der Umwelt zurück, um die Interessen zu wahren und zu verteidigen, wie z.B. das Abholzen der Regenwälder, das Abzapfen von Öl, Gas und anderen Rohstoffen aus der Erde, das Abfeuern von mit Uran verseuchter Munition in Kampfgebieten, Atombombentests usw.. Die Liste ist lang und reicht bis zum Mond.

Schauen Sie sich die Welt heute doch genau an. Wo stehen wir momentan? Es wird sukzessive ein Land nach dem anderen eingenommen, ein Krieg nach dem anderen angezettelt. Von oben herab werden wir mit Chemtrails vergiftet (aus Flugzeugen versprühte, mit Metallen und Chemikalien angereicherte Kondensstreifen, die sich nicht auflösen, sondern ausdehnen und den Himmel verdunkeln), um uns erstens geistig weiter zu benebeln und zweitens, um der milliardenschweren Pharmaindustrie neue dauernd kranke Kunden auf Lebenszeit zu liefern. Dabei werden unsere Kinder durch die Impfungen schon von Geburt an lebenslang krank gemacht. Oder finden Sie es tatsächlich „normal" und „logisch", dass man Menschen gentechnisch und militärisch gezüchtete bio-chemische Substanzen zusammen mit Nervengiften wie Formaldehyd, Quecksilber und Aluminium in den Körper spritzt? Gehört so ein Kampfcocktail in unsere Körper? Entspricht DAS der Natur? Dabei wurde die Infektionstheorie von Jenner und Pasteur schon lange widerlegt. Mittlerweile steigt die Zahl der Ärzte täglich, die diesen Wahnsinn nicht mehr mitmachen wollen, weil sie es einfach nicht mehr mit ihrem Gewissen vereinbaren können.

Sie heben gerade die Augenbrauen? Fragen Sie sich doch einmal, wie es möglich ist, dass Naturvölker und Menschen in bestimmten Kulturkreisen auf dieser Welt bei hervorragender Gesundheit reihenweise über 100 Jahre alt werden, obwohl sie ärmer sind und teilweise unter hygienisch deutlich schlechteren Verhältnissen leben als die Menschen im „zivilisierten Westen" – und sich nie im Leben haben impfen lassen? Fangen Sie an, Dinge zu hinterfragen. Fangen Sie an, selber nachzudenken, anstatt auswendig Gelerntes abzuspulen. Schauen Sie sich hierzu bitte die am Ende des Buches aufgeführten Vorträge zu Impfungen und zur **Neuen Medizin** an. Es könnten die wichtigsten Informationen sein, die Sie je in Ihrem Leben erfahren haben. Auch wenn Sie anfangs skeptisch sein mögen, tun Sie es nicht als Schwachsinn ab. Schieben Sie Ihr Besserwisser-Ego einmal beiseite. Seien Sie einfach nur offen – offen dafür, Neues zu lernen, über den Tellerrand zu schauen und Ihr altes Weltbild anzupassen. Es könnte Ihnen oder jemandem, den Sie kennen, evtl. einmal das Leben retten. Beim Schauen der Vorträge wird Ihnen nicht nur ein Licht, sondern ein ganzes Meer an Lichtern aufgehen, das verspreche ich Ihnen.[18]

Das, was Sie bis hierher gelesen haben, wollen die Machthaber am liebsten um jeden Preis umsetzen – und verhindern, dass die Menschen ihr raffiniertes und intrigantes Spiel durchschauen. **Diese Informationen für sich allein sind entscheidend und wichtig genug, das Kartenhaus zum Einsturz zu bringen.** Täglich erfahren mehr und mehr Menschen von all diesen Machenschaften und Mechanismen. Es ist unsere Aufgabe, diese Informationen in die Welt zu tragen und so vielen Menschen wie möglich zukommen zu lassen, damit es noch viele mehr werden und dieses Machtsystem so schnell wie möglich zu Fall gebracht wird. **Das Wissen und die Erkenntnis sind immer der erste notwendige Schritt zur Veränderung.**

Sie selbst haben es in der Hand, wie vielen Menschen Sie in Ihrem Umkreis davon erzählen möchten. Nur sitzen Sie bloß nicht allein auf diesem Wissen herum, sondern teilen Sie es mit Ihren Mitmenschen. Fangen Sie bei Ihrer Familie und Freunden an. Am besten heute noch.

> *„Der Zustand unserer heutigen Welt ist krank und pervers;*
> *alles ist verkehrt und auf den Kopf gestellt:*
> *Mediziner und Ärzte zerstören Gesundheit und Leben;*
> *Lehrer und Professoren zerstören Bildung;*
> *Wissenschaftler zerstören Wissen;*
> *Richter zerstören Recht und Gesetz;*
> *Banker zerstören Währung und Geld;*
> *Politiker zerstören Freiheit und Staat;*
> *Journalisten zerstören Information.*
> *Die Welt ist so, weil die Mehrheit der Menschen es zulässt.“*
> Norbert Knobloch (dt. Autor und Philosoph)

Kapitel 5
Der wichtigste Kontroll- und Machtmechanismus: Angst

Den wichtigsten Aspekt bei dieser weltweit umwobenen Verschwörung und Knechtung der Menschheit habe ich mir für den Schluss dieses ersten Teils aufgehoben.

Das wichtigste Element, mit dem die Machthaber die Menschen unter Kontrolle haben, ist die **Angst**! Sie bringen uns dazu, dass wir nicht nur Angst vor ihnen haben und vor allen möglichen „Konsequenzen", wenn wir ihnen nicht gehorchen, sondern dass wir Angst vor allem Möglichen im Leben haben. Dies passiert u.a. über das Lehrsystem und über Manipulationen in den Medien, durch die wir täglich „Schreckensmeldungen" und aufgeputschte Propaganda serviert bekommen, z.B. Angst vor „Terroristen", Angst vor Krebs und „unheilbaren" oder „ansteckenden" Krankheiten, Angst vor Radioaktivität (Fukushima), Angst vor diesem und jenem.

Das Geldsystem und die Lohnarbeit/Arbeitslosigkeit schüren Existenz- und Zukunftsängste. Mit diesen einhergehend haben die Menschen Angst vor ihren Vorgesetzten; Angst vor Mobbing; Angst, den Job zu verlieren und kein Geld mehr zu haben; Angst, auf der Straße zu landen. Die Banken und Versicherungen verkaufen uns zudem die klassische Angst vor der Zukunft und damit einhergehend alle möglichen Versicherungsprodukte. Man solle sich vor allem Möglichen im Leben versichern. So wird uns noch das letzte Geld aus den Taschen gezogen, für Eventualitäten, die meistens nie im Leben eintreffen. Und wenn man dann doch in eine Situation gerät, in der man die Leistung aus einer Versicherung abrufen muss, stellen sich die Versicherungen mit ihren eigenen „Sachverständigen" in den meisten Fällen quer und suchen nach allen möglichen Rechtfertigungen und Ausreden, Ihnen die Leistung nicht auszuzahlen. Ist doch so, nicht wahr?

Wir sollen Vorsorge betreiben, sagt man uns. In einigen wenigen Fällen ergibt das im gesunden Maße sicherlich durchaus Sinn (z.B. einen Teil seiner Ersparnisse in Edelmetalle umzuwandeln), aber das, was heute propagiert wird, geht über alle Grenzen des gesunden Menschenverstandes hinaus. *Vor*-sorge bedeutet, sich *vorab zu sorgen*, Angst vor der Zukunft zu haben. Wenn ich ständig Angst vor der Zukunft habe, dann lebe ich nicht im *Hier und Jetzt.* Aus Angst treffen die Menschen zumeist die falschen Entscheidungen im Leben. Aus Angst treffen die Menschen oft überhaupt keine Entscheidungen. Angst sorgt dafür, dass wir stehenbleiben und im Leben nicht richtig vorwärtskommen. Und oft haben wir Angst vor uns selbst (nämlich davor, die *richtige* Entscheidung zu treffen).

Aus Ängsten entwickeln sich oft richtige Phobien, Panik und Depressionen. Ängste sind zudem die Hauptursache von vielen Krankheiten. Angst sorgt für Minderwertigkeitskomplexe und mangelnde Selbstwertschätzung: *„Nicht gut genug zu sein."* für die Firma, den Partner – oder als Kind nicht genug „wert" zu sein, wenn man z.B. schlechte Noten in der Schule hat; Angst, deshalb später beruflich keinen Erfolg zu haben; Angst, nicht anerkannt und akzeptiert zu sein.

Das sind nur ein paar wenige Beispiele. Wir haben so ziemlich vor allem und jedem Angst. Angst entwickelt sich auch oft zu Missgunst gegenüber den Mitmenschen, zu Wut und Hass. Fragen Sie sich doch einmal selbst, wovor Sie so alles Angst haben. Seien Sie dabei ehrlich. Nicht zu mir, sondern zu sich selbst!

Auf der nachfolgenden Seite sehen Sie das Schaubild der Ebenen des Bewusstseins nach Dr. David R. Hawkins, dem US-amerikanischen Psychiater, Arzt und Autor. Er hat dies sehr übersichtlich dargestellt. In seinem Buch berichtet Dr. David Hawkins über seine mehr als 30-jährige Forschungsarbeit als Psychiater, in welcher er die menschlichen Bewusstseinsebenen mithilfe einer von ihm weiterentwickelten Kinesiologiemethode skizziert und anhand eines leicht verständlichen Schaubilds aufgeschlüsselt hat. Dabei nutzt er eine Messwertskala zwischen 0 und 1.000, mit welcher man die verschiedenen Bewusstseinsebenen kinesiologisch messen kann, wobei die Ebene Null den physischen Tod darstellt sowie die tiefste Ebene, auf die ein Mensch überhaupt sinken kann. 1.000 sieht er als den absoluten Zustand der Erleuchtung, den die wenigsten Menschen (im Moment) erreichen. (Anmerkung: Die *Kinesiologie*, auch als *Muskeltest* bekannt, ist eine erfolgreich praktizierte alternativ-medizinische Methode, wodurch man Antworten zu Lebensthemen und Glaubenssätzen erhalten sowie Blockaden, die auf bewusster oder unbewusster Ebene sitzen, aufspüren kann. Selbst Verträglichkeiten zu Nahrungsmitteln und Vitaminpräparaten lassen sich so individuell nachprüfen.

Karte des Bewußtseins

Gottes-verständnis	Lebensauf-fassung	Ebene	Meßwert	Emotion	Prozeß
(Gott ist...)	(Das Leben ist...)				
Selbst	Ist	Erleuchtung	700–1000	unbeschreibbar	reines Bewußtsein
allumfassend	vollkommen	Frieden	600	Seligkeit	Erleuchtung
eins	vollständig	Freude	540	Heiterkeit	Verklärung
liebend	gütig	Liebe	500	Verehrung	Offenbarung
weise	bedeutungsvoll	Verstand	400	Verständnis	Abstraktion
gnädig	harmonisch	Akzeptanz	350	Vergebung	Transzendenz
inspirierend	hoffnungsvoll	Bereitwilligkeit	310	Optimismus	Intention
befähigend	befriedigend	Neutralität	250	Vertrauen	sich befreien
erlaubend	machbar	Mut	200	Bejahung	sich befähigen
gleichgültig	fordernd	Stolz	175	Verachtung	sich aufblasen
vergeltend	gegnerisch	Wut	150	Haß	Aggression
ablehnend	enttäuschend	Begehrlichkeit	125	Verlangen	Versklavung
strafend	beängstigend	Angst	100	Ängstlichkeit	Rückzug
verachtend	tragisch	Kummer	75	Reue	Verzweiflung
verdammend	hoffnungslos	Apathie	50	Hoffnungslosigkeit	Resignation
rachsüchtig	böse	Schuld-bewußtsein	30	Selbstschuld-zuweisung Schuldannahme	Zerstörung
selbst-verachtend	elend	Scham	20	Erniedrigung	Ausmerzung

Links am Rand: Kraft · Macht · ohne Macht / Ohnmacht
Rechts am Rand: Mitgefühl · Mitleid

Abb. 67: Aus dem Buch „*Die Ebenen des Bewusstseins: Von der Kraft, die wir ausstrahlen*" von David R. Hawkins

201

Die Muskeln dienen hier als Indikatoren. Wenn Sie z.B. einen Arm horizontal ausstrecken und dabei an ein bestimmtes Thema denken, welches Sie bearbeiten möchten (z.B. Geld, Partnerschaft etc.), wird der Kinesiologe versuchen, diesen Arm nach unten zu drücken. Können Sie dem Druck nicht standhalten, ist dies ein Hinweis darauf, dass da eine Blockade in Bezug auf das Thema (oder die Fragestellung, die nur mit Ja/Nein zu beantworten ist) vorliegt. Das funktioniert übrigens auch mit einem horizontal ausgestreckten Bein, während Sie sitzen. Der Hintergrund ist, dass ein Muskel bei Stress oder einer bestimmten Information (z.B. eine Unverträglichkeit) mit einem Nachgeben reagiert. Diese Erstreaktion des Muskels kann nicht vom Verstand kontrolliert werden, da sie vom autonomen Nervensystem gesteuert wird. Diese Muskeltestmethode wurde vom amerikanischen Chiropraktiker George Goodheart in den 1960er-Jahren entwickelt.)

Auf dem Schaubild sehen wir die Ebenen in zwei Hauptteile aufgeteilt, den unteren Teil, der die negativen Aspekte und Eigenschaften abbildet, und den oberen Teil mit den positiven, wobei der Mittelteil als „Schwelle" nach oben/unten hin zu betrachten ist.

Wenn wir uns die Regierung und die Herrschenden betrachten, wo meinen Sie, wären diese auf dieser Skala wiederzufinden? Ich würde sagen, so ziemlich genau zwischen den Ebenen der *Angst* und *Stolz,* inkl. *Wut* und *Begehrlichkeit.* Betrachten Sie dabei auch links und rechts die Aspekte in den anderen Spalten. Die Machthaber *verachten* die Menschen und betrachten uns als „niederes Vieh". Uns gegenüber haben sie eine *gegnerische* Position eingenommen. Zuweilen sind sie voller (Hab)gier und *Begehrlichkeiten.* Sie *verlangen* von uns immer mehr Steuern und Abgaben und dass wir uns ihnen weiterhin als *Sklaven* unterordnen. Von uns wird immer nur *gefordert.*

Wenn das Volk anfängt zu rebellieren, schlagen die Herrscher in *Wut* und *Hass* über und verordnen mitunter auch *aggressive* Maßnahmen (Polizeibrutalität, Einsatz der Armee im Innern, Bußgelder, Sanktionen usw.). Damit die Regierung stets *Macht* über uns hat, tut sie alles, um uns auf der Ebene der *Angst* zu halten. Wenn sie nun selbst anfängt, *Angst* vor uns zu bekommen (dass wir aufwachen und ihr Spiel nicht mehr mitspielen wollen), sie somit auf dieselbe Ebene wie die Mehrheit der Menschen gelangt, tut sie alles, um uns auf der Skala noch weiter nach unten zu bringen, insbesondere auf die Ebenen der *Apathie* (Gleichgültigkeit), des *Schuldbewusstseins* und der *Scham* – also auf die untersten Ebenen, wo wir uns *ohnmächtig* (ohne Macht) und *hoffnungslos* fühlen. Die Menschen betrachten das Leben als *böse* und *elendig* und sind der Auffassung, dass Gott ein *rachsüchtiger* und *strafender* Gott ist. Sie selbst zerfließen dabei in *Selbstmitleid* und *resignieren* bzw. kapitulieren innerlich. Wir geben uns selbst und allen anderen die Schuld für unsere eigene Misere.

In diesem niedrigen Zustand ziehen wir unsere Mitmenschen gern mit runter und sind nur noch eine Belastung für die anderen (oder umgekehrt, sofern wir dies zulassen). Wenn wir selbst schon tief „gefallen" sind, können wir es auch nicht gern sehen, wenn es anderen auch nur etwas besser geht (Neid, Missgunst). Viele Menschen neigen dann dazu, über ihre Mitmenschen selbst Macht und Kontrolle ausüben zu wollen und sie gar zu erniedrigen, z.B. indem man andere bei der Arbeit mobbt, seinen Partner unterdrückt, seine Kinder schlägt oder sie emotional missbraucht usw.. Hauptsache, man kann andere unter sein eigenes Level „drücken". Oft passiert dies sogar unbewusst und automatisch. Kommt Ihnen solch ein Verhalten in ihrem Umkreis bekannt vor?

Derart abgelenkt und mit niederen Emotionen beschäftigt, sind die Menschen dann auch nicht in der Lage, über den Tellerrand hinaus zu schauen und größere Zusammenhänge zu sehen.

Angst frisst die Seele auf...

Angst ist das Gegenteil von Liebe

Die Herrscher sind sich der Macht der Angst bestens bewusst und wenden alle möglichen Mittel an, um uns ständig in Angst zu halten. Auf diesem niedrigen Niveau haltend, sind die Menschen mit sich selbst beschäftigt und zerfleischen sich sogar gegenseitig. Es ist ein Selbstläufer, und die da „oben" reiben sich fleißig die Hände.

Da die Herrschenden selbst keinen Zustand von Liebe und Frieden erreichen, können sie mit den höheren Bewusstseinsebenen auch überhaupt nichts anfangen, sind kaltherzig und gleichgültig. Dies erklärt auch sehr gut ihr Verhalten dem Volk gegenüber. Egal, welche anderen Mechanismen (Geldsystem, Lohnarbeit) die Machthaber verwenden, um uns zu kontrollieren und zu knechten, der wichtigste Mechanismus ist die Angst. Denn vor lauter Angst können die Menschen nicht „Nein" und „Stopp!" sagen, wenn es notwendig und angebracht wäre, die Regierung in ihre Schranken zu weisen. Sie haben schlichtweg Angst, den Mund aufzumachen und sich zu wehren.

Der andere Grund, warum sie uns in den niedrigen Ebenen dauerhaft festhalten wollen ist, weil sie sich von unseren niedrigschwingenden Emotionen (Frustration, Angst, Wut, Depressionen, Hass, Missgunst usw.) ernähren und dadurch eben Macht über uns bekommen! Das ist wiederum auch der Grund, was ich an früherer Stelle bereits kurz angerissen hatte, warum so endlos viele Kinder weltweit spurlos verschwinden und sexuell missbraucht und rituell umgebracht werden. Durch den sexuellen Akt und durch die Todesängste werden Energien freigesetzt, von denen sich die Täter bzw. die Dämonen, von denen sie „besessen" sind, nähren. Und da Kinder vor ihrer Pubertät und als Jungfrau noch die reinste Form von Energie in sich tragen, sind sie für den rituellen Missbrauch und Mord daher besonders begehrenswert, vor allem auch Babys. Ich weiß, das ist sehr harter Tobak, aber es ist verkehrt, diese Tatsachen weiterhin zu ignorieren, zu tabuisieren oder in den Bereich der Fantasie abzutun. Viele ehemalige Satanisten, die ausgestiegen sind, haben unabhängig voneinander über diese Vorfälle berichtet und es mehrfach bezeugt. Opfer, die überlebt haben, haben über ihre Erlebnisse berichtet, die das ebenfalls bestätigen. Fragen Sie sich doch einmal, warum Kindesmissbrauch gerade fast ausschließlich in Regierungs-, Adels-, und Religionskreisen geschieht? Diese Dinge passieren wirklich aus den genannten Gründen, und es ist notwendig, die Menschen darüber aufzuklären. Nur so beginnen wir erst zu verstehen, *was* da überhaupt vor sich geht und vor allem *warum*. Und wenn wir dies dann wissen und verstanden haben, können wir gezielter an uns selbst arbeiten, um diese teils schreckliche und ausufernde Situation in der Welt aufzuhalten und umzukehren. Wenn aber keiner Bescheid weiß, dann tappen alle nur weiterhin im Dunkeln herum, so wie die ganzen letzten Jahrhunderte und Jahrtausende.

Jetzt wissen wir aber zumindest Bescheid. Und wir haben erfahren und begriffen, dass Gedanken und Emotionen nichts anderes als eine Form von *Energie* sind. Es ist daher wirklich an der Zeit, dass die Menschen endlich ihre Ängste hinter sich lassen und ihr Leben wieder selbstbewusst und selbstbestimmt in die Hand nehmen! Denn nur durch unsere Ängste haben „die" erst Macht über uns erlangt. Füttern wir sie nicht mehr weiter.

Gefangen in der Zeitmatrix

Möchten Sie ein Geheimnis erfahren? Die Zeit existiert gar nicht! Damit meine ich nicht unsere Lebenszeit, diese würde ich auch eher als Lebensdauer bezeichnen, um keine Missverständnisse aufkommen zu lassen. Ich meine, die „messbare" Zeit und ihre Zeiteinheiten. Die Zeit ist lediglich ein Konstrukt, auf das man sich in einem Konsens irgendwann einmal geeinigt hat. Wir haben die Umdrehung der Erde, des Mondes und die Umkreisung der Sonne herangezogen, diese anschließend in mehrere Segmente aufgeteilt, welchen wir wiederum bestimmte Bezeichnungen gegeben haben, also Tag und Nacht, Monat, 24 Stunden (Tag), Stunde, Minute. Es gibt auch keine Minuten. Aber wir haben entschieden, dass nachdem wir bis 60 (Sekunden) gezählt haben, eine Minute vergangen ist. Basierend auf dieser Minute, berechnen wir dann Stunden, Tage, Monate, Jahre, Jahrhunderte usw..

In bestimmten Situationen mag das durchaus sinnvoll erscheinen, insbesondere im Bereich der Astronomie und um die verschiedenen kosmischen Zyklen (z.B. anhand des Mayakalenders) zu berechnen oder Sternzeichen zu bestimmen, um im Einklang mit der Natur und dem Universum zu leben. Doch hat man uns programmiert, nach bestimmten **vorgegebenen** Zeiteinheiten zu leben, um uns besser beherrschen zu können. Die ganze industrialisierte Arbeitswelt richtet sich nach diesen Zeiteinheiten, und wir glauben, die Zeit wäre real und greifbar.

Schauen Sie sich die Welt heute an. Alles richtet sich nach der Zeit. Die Menschen haben ständig „keine Zeit", müssen ständig zu bestimmten „Zeiten" aufstehen und zu bestimmten vorgegebenen „Zeiten" zur Lohnarbeit antreten. Das geht sogar soweit, dass das eigene Leben nicht mehr nach der Natur ausgerichtet, sondern maßgeblich vom *Terminkalender* bestimmt wird. Wir haben sogar eine Atomuhr, die die Zeit bis auf die Nanosekunde genau misst. Was für ein ausgewachsener Blödsinn!

Und ist der gregorianische Kalender, nach dem wir heute leben, überhaupt „richtig"? Wissen Sie, woher dieser Kalender stammt? Es war Papst Gregor XIII., der den gregorianischen Kalender 1582 mit der päpstlichen Bulle *Inter gravissimas* verordnete und somit den vorigen julianischen Kalender (sowie andere Kalender) ablöste, welcher dem Jahreslauf der Sonne 10 Tage nachhinkte. Zur Berechnung des Osterfests mussten laut der katholischen Kirche drei Dinge feststehen: das genaue Datum des Frühlingsanfangs, die Bestimmung des Frühlingsvollmonds sowie die Bestimmung des darauf folgenden Sonntags, an dem dann Ostern gefeiert wird. Die Ungenauigkeit des julianischen Kalenders hatte den Nachteil, dass sich über die etwa 1.500 Jahre seit seiner Einführung durch Julius Cäsar, das Datum von Frühlingsanfang und Ostern verschoben hatte. Der gregorianische Kalender ist im Grunde nur eine verbesserte Version des julianischen Kalenders.

Wir können somit festhalten, dass der Kalender und die Zeitrechnung, nach der wir heute unser ganzes Leben ausrichten, vom Vatikan Ende des 16. Jahrhunderts verordnet und sukzessive in fast allen Teilen der Welt eingeführt wurde. Die katholische Kirche hat durch diesen Akt mal soeben das Geburtsdatum und die Sternzeichen von hunderten Millionen Menschen geändert. Das ist ein enormer gesellschaftlich-kultureller und energetischer Eingriff in die Menschheitsgeschichte und somit in das kollektive Bewusstseinsfeld. Zudem bezieht sich unser Kalender auf ein vermeintliches Ereignis in der Vergangenheit, nämlich die Geburt Jesu Christi, und darauf basiert überwiegend unsere heutige Zeitrechnung. Aber was ist, wenn der Zeitpunkt der Geburt Jesu gar nicht stimmen sollte? Was wäre, wenn Jesus z.B. 500 Jahre früher gelebt hat und die offizielle Geschichtsschreibung somit falsch ist? Dann hätten wir aktuell nicht das Jahr 2014, sondern 2514 nach Christus. Ein interessanter Aspekt, der zum Nachdenken anregt...

Die Moslems und Juden haben wiederum andere Zeitrechnungen, beziehen sich auf andere Ereignisse oder Begebenheiten als Bezugspunkte, und daran sieht man, was für ein Chaos das Ganze mit den unterschiedlichen Kalendern ist. Es ist ein Instrument, um die Massen zu verwirren und zu steuern – so ähnlich, wie der Mist mit den ganzen Religionen, wo jede für sich die absolute Wahrheit gepachtet haben will und kräftig gegeneinander gehetzt wird. Nur die reine hundertprozentige Wahrheit sucht man vergeblich bei diesen.

Was die Situation zusätzlich schlimmer macht, sind die beiden Zeitumstellungen jedes Jahr, mit denen unsere biologische Uhr und unser natürlicher Rhythmus zusätzlich erheblich irritiert werden – ein Unding, welches ganz klar abgeschafft gehört.

Übrigens: Eine Armbanduhr komplett aus Metall am Handgelenk getragen, taktet über den Herzmeridian das Herz auf 60 Schläge die Minute. Dabei spielt es keine Rolle, ob es sich um eine analoge oder eine digitale Uhr handelt und diese links oder rechts an der Hand getragen wird. Das Metall fungiert hierbei als idealer Leiter, welcher die eingestellte Taktung an den Herzmeridian überträgt. Der Herzmeridian wiederum regelt nicht nur die Blutzirkulation im Körper, sondern steuert auch das Gehirn und die fünf Sinne. Er kontrolliert die Gefühle und passt die äußeren Sinnesreize an die inneren Verhältnisse des Körpers an. Durch eine fest eingestellte und immer gleiche, monotone Taktung, sollen die Menschen „mechanisiert" und quasi zu Robotern gemacht werden. Leicht umgehen lässt sich dies, wenn das Armband entweder komplett oder zumindest zu einem Teil aus Leder oder einem anderen Material besteht, welches keine leitenden Eigenschaften hat. Dadurch können die Signale nicht mehr an den Herzmeridian übertragen werden. Genauso wenig ist es ratsam, Armreife, Halsketten oder Ringe komplett aus Metall (auch Edelmetall nicht, welches beste

Leitungseigenschaften hat) am Körper zu tragen. Solch geschlossene „Kreisläufe" erdrücken und engen den Träger energetisch ein, „ketten" ihn fest.

Die Zeit, von der wir meinen, dass sie existiert, ist also bloß eine Illusion, die uns auferlegt wurde, nach der wir uns zu richten und zu leben haben – nach der wir wie Roboter *funktionieren* müssen. Der „Puls der Zeit" taktet regelrecht unseren kompletten Lebensrhythmus.

Und weil uns nicht bewusst ist, dass so etwas wie „Zeit" nicht existiert, erachten wir es als nicht notwendig, uns auf das *Hier und Jetzt* zu konzentrieren, in dem sich unser Leben abspielt. Stattdessen hängen wir mit unseren Gedanken in der „Vergangenheit" und „Zukunft" fest, beschäftigen uns also mit Dingen, die entweder schon geschehen oder noch gar nicht geschehen sind und vielleicht auch nie geschehen werden.

Es gibt nur das JETZT. Das andauernde, ewige Jetzt.

Die heutige Zeitrechnung muss man natürlich nicht gleich von heute auf morgen komplett abschaffen, und ich denke, das würde auch nur schrittweise und in längeren Etappen möglich sein. Wir leben schon sehr lange mit dem aktuellen Kalendersystem, welches in fast all unsere Lebensbereiche mehr oder weniger integriert ist. Doch wir wurden regelrecht zu Sklaven der Zeit gemacht, und da bin ich überzeugt, wäre es ganz sinnvoll, wenn wir hier eine „Entschleunigung" bzw. Entkopplung praktizieren, damit die Zeit mehr in den Hintergrund rückt und unser Leben nicht mehr so beherrscht; damit wir den damit verbundenen Stressfaktor herausnehmen und im *Hier und Jetzt* leben.

Ähnliches kann man – zumindest teilweise – auch von anderen Maßeinheiten wie Gewichts- und Längenangaben behaupten. Die Diätindustrie richtet sich nach Kalorien und Kilogramm und bestimmt, zusammen mit der Bekleidungsbranche, wie viel „gesund" oder was „normal" zu sein hat. Unsere komplette Wirtschaft ist auf Maßeinheiten angewiesen, weil diese ihre Produkte in Maßeinheiten einteilt, die sie zu bestimmten Preisen dann verkauft. Die Maßeinheiten werden also dazu missbraucht, um **Profite** zu erwirtschaften – Lebensmittel und Waren, die uns eigentlich kostenlos zustehen. Und wenn etwas kostenlos ist, spielt es keine Rolle mehr, was oder wie viel eigentlich ein „Kilo" ist (außer vielleicht für ein Rezept, wo es ganz genau stimmen muss). Man nimmt sich nach „Augenmaß", also so viel, wie man benötigt bzw. geht nach seinem innerem *Gefühl*. Oder es heißt dann: *„Nimm' Dir, soviel Du brauchst."* Und genau das ist durch die vorgesetzten Zeit- und anderen Maßeinheiten bezweckt worden: dass sich die Menschen immer mehr vom „natürlichen Lauf" der Dinge im Leben entfernt haben.

Sie finden das banal und dass ich übertreibe?

Vielleicht ein wenig, mag sein. Das ist aber notwendig, um aufzuzeigen, wie total überbewertet diese Aspekte geworden sind und zu welch großem Teil diese das Leben der gesamten Menschheit bisher – zumeist negativ – beeinflusst haben. Und wenn man dies dann sieht und begreift, dann erkennt man schnell, dass sie keinen so „kleinen" Einfluss auf uns ausüben – ganz im Gegenteil! Es sind Instrumente, die man gegen uns benutzt, die man nutzt, um unseren Horizont einzugrenzen und auf dieser schmalen Spur des Denkens und des Bewusstseins jahrhunderte- und jahrtausendelang zu halten.

Ich finde, dass weniger *Maßregelung* und *Kontrolle* zu einem freieren Leben führt.

Morpheus:

„Die Matrix ist allgegenwärtig. Sie umgibt uns. Selbst hier ist sie, in diesem Zimmer. Du siehst sie, wenn Du aus dem Fenster guckst oder den Fernseher anmachst. Du kannst sie spüren, wenn Du zur Arbeit gehst. Oder in die Kirche. Und wenn Du Deine Steuern zahlst. Es ist eine Scheinwelt, die man Dir vorgaukelt, um Dich von der Wahrheit abzulenken.“

Neo:

„Welche Wahrheit?“

Morpheus:

„Dass Du ein Sklave bist, Neo. Du wurdest wie alle in die Sklaverei geboren und lebst in einem Gefängnis, das Du weder anfassen noch riechen kannst. Ein Gefängnis für Deinen Verstand.“

Dialogausschnitt aus dem Film „Matrix“ von 1999

Viele Filme aus Hollywood erzählen uns tagtäglich, was Sache ist, und halten uns die Wahrheit oft unverblümt ins Gesicht. Oft sagen sie uns schon Jahre im Voraus, was auf uns zukommen soll. Aber die Menschen tun es stets als bloße Fiktion ab. Und „die da oben“ sagen sich dann in ihrer grenzenlosen Arroganz und Überheblichkeit: *„Haben die dummen Schafe doch selbst Schuld, wenn sie's nicht kapieren!“*

Die Herrschenden haben uns intelligent genug gemacht, damit wir uns selbst versklaven, jedoch nicht intelligent genug, das auch zu erkennen. Doch das Pendel schlägt um und offenbart den Menschen nun immer mehr die andere Seite der Medaille...

Teil II

Die andere Seite der Medaille –

wie wir uns selbst aus der Gefangenschaft
befreien, unser Leben wieder selbst in die Hand
nehmen und ein Leben in Frieden
und Harmonie erschaffen.

Kapitel 6
Befreien Sie sich von Ihren Ängsten und altem Ballast!

Da wir den „schweren" Teil nun hinter uns haben und diesen auch hinter uns lassen dürfen, knüpfe ich hier gleich an das letzte Kapitel an, in dem wir uns das Schaubild der Ebenen des Bewusstseins noch einmal anschauen. (Abb. 67, S. 201)

Wie wir erkannt haben, sind Angst und niedere Emotionen die wichtigsten Mittel der Machthaber, um uns „unten" zu halten, damit sie uns fortlaufend kontrollieren und beherrschen können. Aber was wäre, wenn der Großteil der Menschheit keinerlei Angst mehr vor ihnen hätte? Das Spiel wäre schlagartig aus, und wir wären nicht mehr beherrschbar! Denn bewusstseinsmäßig wären wir weit „über" ihnen, und in solch einem Zustand wären wir in der Lage, all die alternativen Lösungen <u>flächendeckend</u> umzusetzen, welche im Einklang mit der Natur sind und welche Freiheit und Wohlstand für alle Menschen sicherstellen. **Unser Ziel im Leben sollte es sein, dauerhaft oder zumindest größtenteils im Zustand der Liebe zu sein und dabei auch nach höheren Bewusstseinszuständen zu streben.**

Um Ängste aufzulösen, bedarf es erstens der Erkenntnis und Einsicht, dass man selbst Angst vor bestimmten Dingen hat, und zweitens der Bereitschaft und des Willens, die eigenen Ängste auch aufzulösen zu *wollen*. Wenn Sie selber nicht bereit sind, an sich zu arbeiten, dann werden Sie nur mühevoll oder gar nicht vorankommen. Sie haben sich jedoch nicht rein zufällig entschieden, dieses Buch zu kaufen. Sie haben es bis hierher geschafft und sind somit bereit, den nächsten Schritt zu tun. Und das ist entscheidend, denn wenn Sie im Leben vorwärtskommen möchten, müssen Sie Schritte tätigen, sich in Bewegung setzen – einen Schritt nach dem anderen. Selbst ein 1.000-km-Marsch beginnt stets mit dem ersten Schritt.

Es gibt verschiedene Wege, um eigene Ängste aufzulösen. Dabei gibt es nicht „den einen" richtigen Weg. Jeder Mensch ist anders. Jeder Mensch hat andere Lebensaufgaben und Lernprozesse zu bewältigen. Jeder ist individuell. Ein solcher Weg kann sein, die Ängste zu konfrontieren über Selbstreflexion und Selbstbeobachtung. Beobachten Sie Ihr eigenes Verhalten, wie Sie z.B. in bestimmten Situationen reagieren. Reagieren Sie angstbeladen oder souverän und in Liebe?

Ziehen Sie sich zurück, und rufen Sie sich die Situation oder das Ereignis nochmals ins Gedächtnis. Fragen Sie sich selbst dabei, **warum** Sie überhaupt Angst haben. Haben Sie schon immer so reagiert? Und wenn ja, von wem haben Sie sich das abgeguckt bzw. solch ein Verhalten übernommen? In solch einem „herausfordernden" System, in dem wir heute leben, ist es leider unvermeidlich, dass wir uns Verhaltensmuster aneignen, die nicht unsere eigenen sind. Als Kinder kopieren wir Verhaltensweisen von unseren Eltern, Geschwistern, Mitschülern und der Gesellschaft, die uns unser ganzes Leben lang prägen, ohne dass es uns bewusst ist. Sie werden zur Routine, zum festprogrammierten Verhalten.

Wenn Sie erkannt haben, von wem oder wo Sie sich dieses Verhalten angeeignet haben, können Sie herangehen und sich das nächste Mal <u>bewusst</u> entscheiden, anders zu reagieren und das alte Verhalten einfach *loszulassen*. Das erfordert Übung und Disziplin. Je häufiger Sie das praktizieren, desto schneller eignen Sie sich ein besseres Verhaltensmuster an und fallen gleichzeitig seltener wieder in alte zurück. Fragen Sie sich in der betreffenden Situation stets: „*Halt! Ist es wirklich so schlimm?*" und „*Hat die Situation vielleicht doch eine gute Seite?*". Oft hilft auch die Frage: „*Was kann ich daraus lernen?*" oder „*Wie kann ich das anders meistern?*". Indem Sie sich also aktiv mit der Situation beschäftigen, sie hinterfragen, erscheint das Ganze auf einmal weniger schlimm als bisher. Dasselbe gilt, wenn Sie zu Wutausbrüchen neigen. Indem Sie innerlich „*Stopp!*" oder „*Halt. Moment!*" sagen und innerlich bis zehn zählen, bremsen Sie weitere vorschnelle Reaktionen ab und steigern sich emotional nicht tiefer hinein. So können Sie dann die Situation ruhiger und „distanzierter" betrachten und eine andere Entscheidung fällen.

Sprechen Sie mit Ihrer Familie und besten Freunden über Ihre Ängste und Gefühle. Darüber zu sprechen kann schon ein gutes Stück Erleichterung und Selbsterkenntnis mit sich bringen. Eine ehrliche Meinung von Dritten kann hierbei entscheidend dazu beitragen, wenn man selbst den „Wald vor lauter Bäumen" nicht mehr sieht. Auch lassen sich Lösungen gemeinsam oft effektiver erarbeiten.

„Furcht besiegt mehr Menschen als irgendetwas anderes auf der Welt."
Ralph Waldo Emerson

Suchen Sie sich notfalls Hilfe

Sollten Sie es allein nicht schaffen, scheuen Sie keineswegs davor zurück, sich kompetente Hilfe zu holen. Je nachdem, wie sehr Ihre Ängste Ihr Leben beherrschen und Sie folglich am Weiterkommen hindern, weil Sie sich selbst ständig blockieren und dadurch aus dem Kreis nicht allein ausbrechen können, gibt es die Möglichkeit, Gesprächstherapien (z.B. bei Psychologen oder erfahrenen Lebensberatern) in Anspruch zu nehmen. Es gibt z.B. auch sehr gute Kinesiologen, die die Ursache von Ängsten herausfinden (welche auch aus früheren Leben stammen können) und diese mit Ihnen gemeinsam dann gezielt auflösen können. Ich persönlich habe mit kinesiologischen Balancen sehr gute Erfolge erzielt.

Sie können vor allem aber auch Gott um Hilfe bitten, die Schöpferkraft. Und hierin steckt auch der wahre Sinn eines Gebets. Anstatt auswendig gelernte, von bestimmten Religionen vorgegebene Gebete abzuspulen, die nichts mit ihrer persönlichen Situation zu tun haben und die Sie womöglich mehr oder weniger belanglos vor sich hin murmeln (und sich dann beschweren, dass Gebete nicht helfen), bitten Sie gezielt und von Herzen mit Ihrem Anliegen. Dabei muss die Antwort nicht immer dann kommen, wenn Sie es erwarten, und meist macht sie sich in einer Art und Weise bemerkbar, die Sie evtl. nicht immer erkennen, z.B. über Ideen und Eingebungen oder über bestimmte Menschen, die Ihnen über den Weg laufen und Ihnen in einer gewissen Weise zur Antwort oder Lösung verhelfen. Seien Sie also offen und unvoreingenommen. Hören Sie hin, schauen Sie hin.

Je nachdem, um welche Ängste es sich handelt, kann deren Auflösung längere Zeit in Anspruch nehmen oder aber auch binnen Sekunden geschehen, wenn Sie sich bewusst dafür entscheiden. Wenn Sie wissen, dass Sie durch das **Gesetz der Anziehung** genau das in Ihr Leben ziehen, was Sie denken und fühlen, dann können Sie Ihre Gedanken und Gefühle bewusster steuern. Denn **Gleiches zieht Gleiches an**. Achten Sie also darauf, was Sie hinaussenden. Wenn Sie in Liebe sind, ziehen Sie auch Liebevolles in Ihr Leben.

Das, was für die Angst gilt, gilt natürlich auch für die anderen Bewusstseinszustände. Viele Menschen haben starke Schuld- und Minderwertigkeitskomplexe, die oft aus den frühen Kinderjahren stammen. Sie wurden entweder von Ihren Eltern nicht genug geliebt oder haben sich ständig Vorwürfe anhören müssen. Ein Weg, da wieder rauszukommen ist, mit den eigenen Eltern offen, <u>auf Augenhöhe</u> darüber zu sprechen, wo keiner dem anderen untergeordnet ist. Wichtig dabei ist, vergeben zu können. Denn dadurch wird Heilung erst möglich, auf beiden Seiten. Eventuell kann auch eine Familienaufstellung sinnvoll sein, um Zerrüttungen wieder in Balance zu bringen. Dies hat schon sehr vielen Familien geholfen. Eine Aussprache und Aussöhnung innerhalb der Familie ist besonders wichtig fürs Seelenheil.

Hören Sie öfters positive und aufmunternde Musik! Sie hilft oft, uns aus niederen Emotionen in höhere Ebenen „hinaufzuschwingen". Sport und Bewegung können ebenfalls helfen, angestauten Ärger und Kummer wieder loszuwerden. Besonders effektiv sind u.a. Yoga, Falun Gong und Tai Chi bzw. das, was Ihnen Spaß macht und wozu Sie Lust verspüren. Gerade Yoga und Falun Gong sind in der Lage, mittel- und langfristig innere Blockaden zu lösen, die Chakren auszubalancieren und das eigene Bewusstsein zu erweitern. Wagen Sie hin und wieder auch einmal riskantere Abenteuer. Bungee-Jumping oder Fallschirmspringen sind sehr gute Methoden, um neue Grenzen zu entdecken. Ok, es darf natürlich auch ein oder zwei Nummern kleiner sein. ☺ Auf verschiedenen Volksfesten gibt es Achterbahnen und andere nervenkitzelnde Attraktionen. Wenn Sie sich da trauen und *Mut* haben, neigen Sie dazu, in Ihrem Leben auch einmal neue Dinge auszuprobieren, einfach Neues zu wagen und dadurch über sich hinauszuwachsen.

Probieren Sie grundsätzlich neue Dinge aus, die Sie noch nie gemacht haben. Fahren Sie mal eine andere Strecke zur Arbeit oder machen Sie woanders Urlaub. Dadurch signalisieren Sie dem Universum, dass Sie bereit sind, neue Wege zu beschreiten und somit offen sind für **neue Dinge**.

Erweitern Sie Ihren Horizont!

Was sind die kosmischen Gesetze?

Ich habe bisher zumindest eines der sieben kosmischen Gesetze (auch als *Naturgesetze* oder *Hermetische Gesetze* bekannt, nach dem Überlieferer Hermes Trismegistos) kurz erwähnt und möchte an dieser Stelle gern näher auf diese eingehen, weil es für viele Leser ein neues Gebiet ist. Das Wissen über diese Gesetze trägt maßgeblich zum Verständnis über das Leben selbst bei und warum jene Dinge uns ständig widerfahren. Die Welt, in der wir leben, ist bestimmten Gesetzmäßigkeiten unterworfen. So wie die physische Welt ihre Gesetze hat, so existieren bestimmte Gesetze auch in der feinstofflichen Welt, nämlich die kosmischen Gesetze. Das Wort *Kosmos* ist griechisch und bedeutet übersetzt *Ordnung*. Das Gegenteil davon ist das griechische Wort *Chaos*, was *Unordnung* bedeutet.

1. Das Gesetz des Geistes

Alles ist Geist. Dieses Gesetz beschreibt die wichtigste Essenz im Universum: Alles ist mit allem verbunden, und alles ist EINS. Die Schöpferkraft (Gott) des Universums ist reiner Geist, aus dem alle Schöpfung entspringt. Der Geist herrscht also über die Materie. Unsere Gedanken erschaffen und verändern ebenfalls. Daher sollen wir auf unsere Gedanken stets achten, denn sie können erschaffen, aber auch zerstören. Licht und bedingungslose Liebe sind dabei die mächtigsten Kräfte der Schöpfung. Aus dem Gesetz des Geistes heraus ergeben sich alle anderen Gesetze.

2. Das Gesetz von Ursache und Wirkung

Es ist auch als Karma- oder Kausalitätsgesetz bekannt. Das Wort *Karma* kommt aus dem Sanskrit und bedeutet „die Tat“. Es wird häufig auch als „Weg des Dienens“ übersetzt. Wenn ich z.B. andere ständig schlecht behandle, dann brauche ich mich nicht zu wundern, wenn mich andere dann auch schlecht behandeln. Egal, was wir im Leben tun und als **Ursache** setzen, ob schlecht oder gut, fällt irgendwann wieder auf uns zurück, und wir dürfen die **Wirkung** für unser Handeln erfahren. Sicherlich kennen Sie in diesem Zusammenhang den bekannten Spruch *„Was Du nicht willst, das man Dir tut, das füg' auch keinem andern zu.“* Bekannt ist auch der Satz: *„Was man sät, wird man ernten.“*, welcher es noch deutlicher auf den Punkt bringt. Auch wenn ich dann nichts Gutes im Leben bewirke (nicht nur für mich, sondern auch für meine Familie, Freunde, für die Natur und Tiere, für andere Menschen), also kein *positives Karma* schaffe, dann brauche ich mich ebenso wenig darüber zu wundern, wenn mir selber nichts oder nur selten Gutes im Leben widerfährt. Dabei muss die Wirkung nicht immer gleich und in der exakt genauen Art und Weise zurückkommen. Wir leben noch in der materiell dichten 3D-Realität, wo sich Dinge langsamer manifestieren, damit wir Zeit und Gelegenheit haben, den Umgang mit den Naturgesetzen zu erlernen, auch wenn wir fünf oder fünfzig Leben dafür brauchen sollten. Was häufig als „Bestrafung Gottes" fehlinterpretiert wird, ist im Grunde nichts anderes, als die Konsequenz für all unser Handeln zu tragen. Es soll uns unsere Fehler vor Augen führen, damit wir aus diesen lernen. Dabei werden wir so oft mit den gleichen Problemen konfrontiert, bis wir diese für uns gelöst haben und dadurch seelisch in unserem Bewusstsein gereift sind. Doch die Erde und das gesamte Sonnensystem heben ihre Frequenz die letzten Jahre und Jahrzehnte stetig an – aufgrund der Annäherung unseres Sonnensystems an das Galaxiszentrum –, sodass die Naturgesetze immer schneller zum Tragen kommen. Dies führt dazu und wird noch weiter dazu führen, dass wir uns über unser Handeln immer mehr bewusst werden und somit aus unseren Fehlern schneller lernen. Und was die Menschen aussenden und tun, wird von diesem globalen Bewusstseinsfeld aufgenommen und manifestiert sich dann im Äußeren.

3. Das Gesetz der Analogie

Dieses Gesetz besagt, dass in allen Ebenen des Daseins eine Entsprechung vorhanden ist, in der die gleichen Gesetze herrschen: Wie oben, so unten. Wie innen, so außen. Wie im Kleinen, so im Großen. Ein sehr gutes Beispiel zur Veranschaulichung ist die Struktur eines Atoms, welches in seinem Inneren, dem Atomkern, aus Protonen und Neutronen besteht und außen von Elektronen in kreisförmigen oder elliptischen Bahnen umkreist wird. Eine Photographie des Atomkerns (1 Pikometer) entspricht einer Photographie der Erde aus 1 Mio. km Entfernung und ebenfalls der Milchstraße aus 10.000.000 Lichtjahren Entfernung. Wie im Mikrokosmos, so im Makrokosmos. Das Große können wir im Kleinen wiederfinden und umgekehrt genauso. Aber auch auf uns selbst trifft das zu. So, wie wir innerlich sind, nehmen wir auch unsere Außenwelt wahr, die uns wie ein Spiegel vorhält, was in uns selber vorgeht.

4. Das Gesetz der Anziehung

Dieses wird auch als *Gesetz der Resonanz* bezeichnet (aus dem Lateinischen *resonare*: zurückklingen). Der bekannte Ausspruch „*Gleiches zieht Gleiches an.*" bringt dieses Gesetz auf einen Nenner. Alles, was wir denken und fühlen, sind Energien, die wir aussenden, und genau diese Verhältnisse werden wir wieder in unser Leben ziehen. Wenn wir voller Angst sind, ziehen wir andere verängstigte Menschen an oder neue Situationen, die uns immer wieder Angst bescheren. Denken wir ständig an Mangel, ziehen wir Mangel und Armut in unser Leben. Vor allem, wenn wir negativ denken, passiert es häufig, dass wir verstorbene Seelen anziehen, die in derselben negativen Verfassung sind wie wir und durch uns ihre früheren Gesinnungen und Gelüste ausleben bzw. unsere eigenen Verhaltensmuster sogar noch verstärken. Hierbei spricht man auch von *Besetzungen*. Solche Seelen haften sich dann an unsere Aura, unser Energiefeld an und bleiben so lange bei uns, bis wir zur Besinnung kommen und unser Verhalten grundlegend ändern (oder Hilfe von jemandem in Anspruch nehmen, der Besetzungen entfernen kann). Sind wir hingegen fröhlich und voller Liebe, treffen wir wiederum auf genau solche Menschen, die mit uns in Resonanz stehen, sozusagen auf der gleichen Wellenlänge sind, wie wir.

5. Das Gesetz der Harmonie oder des Ausgleichs

Harmonie (Liebe) ist der Ur-Zustand des Universums. Der Fluss allen Lebens ist Harmonie, und alles strebt zur Harmonie und zum Ausgleich hin. Wenn wir auf der Erde geboren werden, bringen wir viele passive und unverwirklichte Potentiale mit und streben danach, diese weiterzuentwickeln und in einen ausgeglichenen Zustand zu bringen. Im Leben werden wir also mit Lernaufgaben konfrontiert, die uns wie ein Spiegel aufzeigen, was wir noch lernen und in uns selbst heilen dürfen. Am meisten passiert dies in einem Familienverbund und in der Partnerschaft, wo uns das Gegenüber oft unsere Fehler aufzeigt, damit wir an uns arbeiten können. Dabei werden uns auch so lange unsere negativen Glaubensvorstellungen vorgeführt, bis wir diese aufgelöst und transformiert haben – und somit in Harmonie kommen. Des Weiteren ist alles im Universum ein Geben und Nehmen. Alles ist im Fluss. Wenn wir nur horten und festhalten, kommt dieser Fluss ins Stocken und alles stagniert. Alles, was diesen Lebensfluss blockiert, kann sich nicht lange halten und muss wieder gehen. Es findet stets ein Ausgleich statt. Wenn wir bereit sind zu geben, wird uns gegeben. Wir sollten uns aber dem Wohlstand und der Fülle gegenüber auch öffnen und stets dankbar für die Gaben sein, die uns zuteil werden.

6. Das Gesetz des Rhythmus

Alles ist Vibration, alles ist Schwingung und folgt dabei einem Rhythmus in Form von Zyklen, Kreisläufen und Spiralen. Wenn wir uns die Natur anschauen, so finden wir diesen Rhythmus in Form von blühen und verwelken, kommen und gehen, leben und sterben sowie der Bewegung der Planeten auf ihren elliptischen Bahnen. Dabei gibt es in der gesamten Natur keine Erscheinung mit einem Anfang und einem Ende, ohne dass das Ende nicht gleichzeitig der Anfang von wieder etwas Neuem und oft Gegensätzlichem ist. Auf den Tag folgt die Nacht, nach der Ebbe kommt die Flut, auf den Sommer folgt der Herbst. Ohne das Einatmen wäre auch das Ausatmen nicht möglich. Alles fließt hinein und wieder hinaus. Es ist ein ständiges Auf und Ab wie beim Pendel, welches nach rechts genau so weit schwingt, wie nach links. Es ist ein ausgleichender Rhythmus. Das Gesetz des Rhythmus ist somit auch das *Gesetz der Reinkarnation*, denn so, wie das Leben in der Materie sich in zwei Polaritäten aufteilt, so besteht das Leben selbst aus zwei Teilen – dem Diesseits und dem Jenseits. Wenn wir hier im Diesseits sterben, werden wir im Jenseits geboren. Verlassen wir die jenseitige Ebene, werden wir wieder in der Materie geboren.

7. Das Gesetz der Polarität

Wir leben in einer Welt der Dualität. Alles hat ein Paar von Gegensätzen: oben und unten, rechts und links, warm und kalt, Licht und Dunkelheit, Tag und Nacht, Nord- und Südpol, Krieg und Frieden, gut und böse, Yin und Yang, männlich und weiblich. Dabei schließen sich die Gegensätze keineswegs aus, denn sie sind stets ein Teil des Ganzen und bedingen einander. In der Dualität kann der eine Pol nicht ohne den anderen existieren, und dies soll uns bestimmte Lernprozesse ermöglichen. Um Liebe erfahren und wertschätzen zu können, müssen wir auch das Gegenteil im Leben zumindest einmal kennengelernt haben. Wenn wir negative Erlebnisse hatten, wissen wir, was gute Erlebnisse sind. Um zu erfahren, was Reichtum wirklich bedeutet, müssen wir zuerst Mangelzustände erfahren haben. Daher sollen wir auch nicht urteilen oder werten und auch eine Gegenmeinung anerkennen. Wir selbst tragen in uns sowohl männliche als auch weibliche Aspekte, und unser Ziel sollte sein, beide Aspekte ins Gleichgewicht zu bringen, damit wir „in unserer Mitte" sind, wie es so schön heißt.

Karma? Frühere Leben?

Nun habe ich zuvor auch wiederholt den Begriff „früheres Leben" erwähnt. Was hat es damit auf sich? Die Reinkarnationslehre (aus dem Lateinischen *re in carne* = zurück ins Fleisch, in die Materie), also die Lehre der Wiedergeburt, gehört mit zu den wichtigsten Lehren, die insbesondere den Menschen der westlichen Welt lange vorenthalten wurden. Dabei war es einst die katholische Kirche, die die Reinkarnationslehre ganz früh aus der Bibel verbannte, um durch das Vorenthalten von wichtigem Wissen genau die Situation zu beschwören, die wir heute haben. Was schon im alten Indien und im alten China seit Jahrtausenden und wahrscheinlich noch viel länger bekannt und fester Bestandteil des Lebens war – und gerade im asiatischen Raum auch heute weit verbreitet ist –, findet nun wieder vermehrt Einzug in unsere „moderne" Zivilisation. Selbst im deutschsprachigen Fernsehen wurden öfters Menschen in Reportagen interviewt, die sich an ihre früheren Leben erinnern können.

Großer Beliebtheit erfreuten sich dabei vor allem jene Berichte, bei denen die Befragten sich freiwillig durch einen ausgebildeten Hypnotiseur oder Rückführungstherapeuten einer Rückführung vor laufender Kamera unterzogen haben und dabei sehr detailreich bestimmte Szenen aus einem ihrer früheren Leben beschrieben, darunter auch Ereignisse und Orte, die sie sehr genau beschreiben konnten. Nach der Hypnose hat man anhand der Beschreibungen die Orte (z.B. eine Burg oder ein Platz in einer ländlichen Gegend) tatsächlich auffinden können, wo die Befragten entweder gelebt oder ein bestimmtes Ereignis in einer bestimmten Epoche erlebt hatten. Tiefgründige und aufwendige Recherchen des TV-Teams vor Ort, z.B. ob jene geschilderten Ereignisse tatsächlich an diesem Ort in den letzten paar hundert Jahren stattgefunden haben, führten meist zu positiven Ergebnissen. Dabei waren die Informationen entweder nicht allgemein zugänglich oder nicht mehr bekannt. So hat man ausschließen können, dass die Probanden irgendwelche Informationen vorher auswendig gelernt hatten. Diese Versuche mit der Hypnose hat man mittlerweile weltweit durchgeführt und immer wieder verblüffenderweise feststellen und sich eingestehen müssen, dass die Schilderungen keinen anderen Schluss zulassen können als den, dass es sich tatsächlich um Erinnerungen bzw. um tief gespeichertes Wissen über die vergangenen Leben handelt. Reinkarnationstherapeuten haben immer wieder beobachtet, dass gerade viele Kinder sich an ihr vorheriges Leben erinnern können, da sie im jetzigen Leben noch nicht lange hier sind und sowohl die Erinnerung noch so frisch als auch ihre Anbindung an die göttlichen Sphären noch stark ausgeprägt ist.

Und es ist in der Tat so. All unsere Leben sind in unserer Seele und in unserer Aura gespeichert. Die Aura ist ein feinstoffliches Energie- und Informationsfeld, das unseren physischen Körper umgibt, uns schützt, uns mit Informationen versorgt und auch nach außen hin mit unserer Umwelt und den Energien im Außen interagiert. Unsere Chakren sind Bestandteil dieser Aura. Die meisten Menschen können die Aura (noch) nicht sehen, weil wir oft nur einen winzig kleinen Teil des sichtbaren Lichtfrequenzspektrums wahrnehmen können. Und das Feld der Aura befindet sich außerhalb dieses für uns sichtbaren Bereichs. Hellsichtige Personen jedoch, deren „Drittes Auge" (Zirbeldrüse) geöffnet und weiter entwickelt ist, sind im Stande, die Aura und die Chakren zu sehen und die in ihr gespeicherten Informationen zu lesen. So können sie u.a. erkennen, wo die Blockaden auf feinstofflicher Ebene liegen und den Menschen rechtzeitig warnen, bevor diese zu schwereren Krankheiten auf physischer Ebene führen. Auch kann man anhand der Aura z.B. den Gemütszustand des Menschen sehen. Wenn jemand wütend und in Rage ist, färbt sich seine Aura rot. Babys und viele kleine Kinder sind ebenfalls in der Lage, nicht nur die Aura, sondern alle möglichen feinstofflichen Energien um sie herum zu sehen. Oft schreien sie auch deshalb „grundlos", weil sie verstorbene Seelen oder böswillige Energien wahrnehmen, die ihnen Angst machen. Bei kleineren Kindern ist der „imaginäre Freund" oft ein Hinweis, dass diese hellsichtig, hellhörig oder gar beides sind. Diese Fähigkeiten verlieren sich zumeist spätestens mit dem Eintritt in die Grundschule, wo überwiegend nur die linke Gehirnhälfte (rational, logisch, analytisch) beansprucht wird und die rechte (kreativ, intuitiv, visionär) dann zu verkümmern beginnt. Oft werden die Kinder aber bereits von ihren Eltern derart zurechtgestutzt, wonach solche

Dinge „bloß Fantasien" sind, dass das Kind den Eindruck gewinnt, es sei nicht „normal" und die Fähigkeiten deshalb unterdrückt werden. Tiere sind übrigens auch hellsichtig und hellhörig, da sie ein weitaus größeres Frequenzspektrum wahrnehmen als der Mensch. Wenn Sie einen Hund haben, werden Sie sicherlich öfters feststellen, dass dieser auf einen bestimmten Punkt in der Luft starrt und diesen „grundlos" anbellt. Bei Katzen können Sie dies auch beobachten. Jetzt wissen Sie, weshalb...

Ich selbst habe während meines Lebens sehr häufig von meinen früheren Leben geträumt. Ich träumte von Situationen, von denen ich garantiert wusste, dass es keine Erinnerungen aus dem jetzigen Leben waren. Sie fühlten sich irgendwie „anders" an als die gewöhnlichen Träume, die man sonst hat. Und nach dem Aufwachen wusste ich instinktiv, dass es aus einem früheren Leben sein musste. Auch wusste ich diese zumeist von jenen Träumen zu unterscheiden, die sich im Hier und Jetzt abspielten oder bei denen mein Unterbewusstsein belastende Dinge aufarbeitete. Als mir dann noch ein hellsichtiges Medium, welches ich vor Jahren kennengelernt habe, in vielen Gesprächen die Ursachen meiner aktuellen Probleme offenbarte und dass diese aus diversen früheren Leben stammten, begann für mich alles einen Sinn zu ergeben – vor allem **das Naturgesetz von Ursache und Wirkung.** Als ich dann anschließend die empfohlenen Auflösungs-Rituale und -Gebete durchführte und wenig später dann tatsächlich eine Erleichterung und ein Verschwinden meiner Symptome oder der prekären Situation erfahren habe, war dies für mich dann der endgültige Beweis dafür, dass ich nicht nur dieses Leben hier lebe, sondern schon etliche andere Inkarnationen hinter mir habe, so wie die meisten anderen Menschen auch. Solch eine Auflösung passiert häufig dadurch, dass wir erstens erkennen, was da überhaupt die Ursache gewesen ist, dann den Zusammenhang zur aktuellen, heutigen Situation verstehen und anschließend uns selber für die verübten Taten von Herzen vergeben, aber auch den anderen Seelen, die uns Schaden zugefügt haben. Sofern andere Seelen durch uns Leid erfahren mussten, ist es besonders wichtig, ehrliche Reue zu zeigen und diese um Verzeihung zu bitten.

Dabei ist die göttlich-geistige Welt in all ihrer Weisheit und Güte sehr geduldig mit uns und gewährt uns in zig oder hunderten Leben immer wieder eine Chance, damit wir es besser machen und wieder zurück zu Gott, zum Ursprung finden, was das Ziel einer jeden Seele ist. Die verschiedenen Leben sind vergleichbar mit den Klassen einer Schule, wobei eine Klasse etwa einem Leben auf der Erde entsprechen würde, um das hier etwas vereinfacht darzustellen. Wenn man die eine Klasse gemeistert und die Tests und Prüfungen bestanden hat, darf man in die nächste Klasse übergehen, in der neue (Lern)aufgaben und Prüfungen (Lebensprüfungen) zu absolvieren und zu bestehen sind. Hat man aber die Prüfungen vergeigt, muss man dieselbe Klasse wiederholen und noch einmal dieselben Tests und Prüfungen durchlaufen. Im wahren Leben wäre dies dann so, dass man noch einmal inkarniert (oder mehrmals, falls nötig) und während dieses Lebens erneut mit denselben Erfahrungen konfrontiert wird, um diese zu meistern. So steigt man allmählich von Klasse zu Klasse auf, und mit jeder höheren Stufe werden wir mit neuen und größeren Herausforderungen konfrontiert. Je mehr wir uns im Laufe aller Inkarnationen entwickeln, desto mehr Verantwortung dürfen wir übernehmen, um noch weiter heranzureifen und anderen Menschen und dem „Schöpfungsprojekt" noch mehr zu dienen. Die Seele bleibt stets die gleiche, nur der Körper wird jedes Mal gewechselt. Mal inkarnieren wir als Mann, mal als Frau, mal als Deutscher, mal als Afrikaner oder Chinese. Das eine Mal sind wir arm, im anderen Leben dafür reich. Wir erleben alle möglichen Facetten des Lebens, erlernen alle möglichen Fertigkeiten und sammeln dadurch die verschiedensten Erfahrungen. Dabei lösen wir uns erst wieder von diesem *Rad der Wiedergeburt*, wenn wir alle Aufgaben und Lernprozesse gemeistert haben, die wir uns selbst vorgenommen hatten – einschließlich des Ausgleichens von negativem Karma. Sind alle Ziele irgendwann erreicht worden, können wir dann entscheiden, ob wir nochmals freiwillig auf der Erde inkarnieren (um z.B. jemandem als Freund beizustehen) oder im Jenseits unseren Entwicklungs- und Reifeprozess weiter fortsetzen möchten.

Spätestens jetzt wird uns auch deutlich, wie total unsinnig Rassismus und sonstige Vorurteile gegenüber anderen Menschen sind, wenn wir wissen, dass wir in unseren Vorleben selbst bereits zahlreiche Nationalitäten und Kulturen durchlebt haben. Die anderen Menschen könnten schließlich in einem unserer Vorleben Familienmitglieder oder Freunde gewesen sein. Wenn wir das wissen, dann wissen wir auch, dass die anderen somit ein Teil von uns selbst sind, und wenn wir andere hassen, hassen wir im Grunde auch uns selbst. Ich glaube, das ist eine der größten Erkenntnisse, aber auch gleichzeitig die größte Prüfung, die die Menschheit bestehen muss, um auf der Evolutionsskala eine Klasse aufzusteigen. Haben wir das als menschliche Rasse im Kollektiv erkannt und verstanden, kann auch dauerhafter Weltfrieden möglich sein. Und erst dann, wenn wir das gemeistert haben und uns gegenseitig nicht mehr bekriegen, erst dann wird auch ein friedvoller Kontakt zu Zivilisationen außerhalb unseres Sonnensystems stattfinden. Denn diese sind in der Regel vom Bewusstsein her deutlich weiter entwickelt als wir, und sie warten darauf, bis wir das Bewusstsein der Liebe erreicht haben. Solange halten diese sich verständlicherweise fern von uns und beobachten das Geschehen hier auf der Erde. Dies erklärt, weshalb es bisher auch keinen Massenkontakt gegeben hat. Wenn die Menschen hier auf der Erde sich schon gegenseitig nicht akzeptieren und respektieren, wie um Himmels Willen würden sie „Fremde aus dem All" behandeln?

Da sich unser Planet und unser Sonnensystem als Teil eines großen kosmischen Zyklusses momentan in einem Evolutionsprozess und somit in einem tiefgreifenden Wandel befinden, haben sich in unserer jetzigen Zeit ganz viele Seelen dazu entschlossen, so viel alten Ballast wie möglich loszuwerden, um sich so weiterzuentwickeln und mit der Erde gemeinsam in ein neues Zeitalter zu schreiten – ein Zeitalter, in welchem wir neue Lösungen umsetzen und ein liebevolles Leben miteinander und im Gleichklang mit der Natur leben dürfen und in welchem die weiblichen und männlichen Energien wieder ausgewogen sind. Dies erklärt unter anderem, warum gerade in der heutigen Zeit so viele Menschen schwere Lebenskrisen durchmachen. Es spitzt sich alles regelrecht zu. Der ganze alte Kram möchte endlich gelöst und hinter sich gelassen werden.

Jetzt können Sie sich vorstellen, dass wenn alle Menschen über die Reinkarnationslehre Bescheid wüssten und sich ihrer zahlreichen Leben bewusst wären, die meisten sicherlich ein weitaus verantwortungsbewussteres und liebevolleres Leben führen würden. Denn wenn man sich der Konsequenzen einmal bewusst ist, wird man sich dreimal überlegen, ob man anderen Schaden zufügt, meinen Sie nicht auch? Die Zustände auf unserem Planeten wären heute sehr viel friedlicher und harmonischer.

Karma als Ursache für viele Probleme und Blockaden

Wenn Sie das Gefühl haben, dass in Ihrem Leben grundsätzlich Vieles schiefläuft, die Lebensumstände wie „verhext" erscheinen und alles irgendwie blockiert zu sein scheint, dann könnte durchaus Karma im Spiel sein, welches die Ursache dafür ist, dass Sie im Leben einfach nicht vorwärtskommen – egal, was Sie auch machen und tun – oder Sie ein Schicksalsschlag nach dem anderen heimsucht. Wer hat denn nicht schon solche Momente und ganze Phasen im Leben gehabt? Bei einigen Menschen mal weniger, bei anderen dafür häufiger und stärker ausgeprägt. Oft wissen die Leute dann nicht Bescheid, was da mit ihnen ständig geschieht und vor allem, *warum*. Deshalb gilt es als Allererstes herauszufinden, wieso Ihnen das alles überhaupt widerfährt. Und hier kann Ihnen beispielsweise ein hellsichtiges Medium mit ausgeprägten Fähigkeiten und ausreichend Erfahrung weiterhelfen oder eine Rückführungstherapie. Seien Sie bei Ihrer Auswahl jedoch sorgfältig, und hören Sie vor allem auf Ihr inneres Gefühl, um die Spreu vom Weizen zu trennen. Hier sind besonders Qualität, Ehrlichkeit und Vertrauen gefragt. Wenn Sie die Ursache für Ihre hartnäckige und verfahrene Situation dann herausfinden, welche entweder in diesem oder einem früheren Leben liegen kann, können Sie erst dann die Situation mit Hilfe des Mediums/Therapeuten auflösen.

Ich selbst habe in meinem Leben in verschiedenen Bereichen – sei es nun privat oder beruflich – das ein oder andere Mal regelrecht festgesteckt, kam nicht voran und wusste oft irgendwann nicht mehr weiter. Bis mir jemand ein sehr gutes Medium empfohlen hatte, welches mir half, viele karmische Dinge aufzudecken und Stück für Stück aufzulösen. Der Großteil dieser Altlasten stammte dabei tatsächlich aus vielen früheren Leben, in denen ich selbst nicht immer ein „Heiliger" gewesen war – milde ausgedrückt ☺ –, und laut meinem Lebensplan habe ich mich in diesem Leben aber dazu entschlossen, all diesen alten Ballast zu bereinigen und in die **Heilung** zu bringen. Die schlimmen *Ursachen*, die ich in früheren Leben gesetzt hatte, durfte ich in diesem Leben also teilweise als *Wirkung* am eigenen Leib erfahren bzw. in abgeschwächter oder einmaliger Form ausgleichen, z.B. durch gesundheitliche Beschwerden oder durch finanziellen Verlust. Einige Dinge davon wiederholten sich so lange, bis ich deren Ursachen entdeckt und sie dann bereitwillig und *von Herzen* aufgelöst habe. Es war in der Tat ein hartes Stück Arbeit, und ich bin allen Menschen unendlich dankbar dafür, die mir bei diesen Prozessen geholfen haben. Die gute Nachricht ist: Schon kurz darauf ging es wieder voran in meinem Leben, und es taten sich Möglichkeiten auf, die vorher sonst gänzlich blockiert waren!

Nun, ich will Sie an dieser Stelle keineswegs entmutigen, sondern Ihnen Mut machen. Wenn Sie das Gefühl haben, dass da einiges in Ihrem Leben total blockiert und festgefahren ist, scheuen Sie sich nicht, nach Hilfe zu suchen. Wir müssen im Leben nicht immer alles alleine schaffen, und manchmal können wir das auch gar nicht. Aber es könnte dann *die* Erlösung für Sie sein. Schließlich habe ich selbst oft die Erfahrungen machen und aus diesen lernen dürfen, dass einige der später im Buch aufgeführten positiven Methoden nicht immer erfolgreich waren – und auch gar nicht erfolgreich sein konnten –, weil ich selbst mit karmischen Dingen und falschen Glaubensmustern „zugedeckt" war. Das wäre vergleichbar mit einer Zwiebel, bei der man sich in der Mitte befindet und die Zwiebelschichten drumherum einen als energetische Barrieren umhüllen. Viele gute Dinge des Lebens konnten nicht zu mir durchdringen, weil der ganze Ballast den Weg versperrte. All die Zwiebelschichten (Hindernisse) mussten zuerst eine nach der anderen entblättert werden. Dies erklärt mitunter, warum so viele andere Menschen ebenfalls nur selten Erfolg mit all den Ratschlägen und Übungen haben, die in zahlreichen Motivations- und Lebenshilfebüchern und namhaften Dokumentationsfilmen gezeigt werden (und dies alles dann als Humbug und Quacksalberei abtun). Es gibt keine Abkürzungen und „Tricks". Ich sage Ihnen das an dieser Stelle ganz offen. Doch wenn Sie bereit sind, die Steine nach und nach aus dem Weg zu räumen, offenbart sich zu Ihren Füßen dann endlich der Weg Ihres Lebens.

Die Macht der Vergebung – Emotional Balancing

Vergeben Sie sich selbst und auch anderen. Ich weiß, dass dies schwer sein kann. So, wie auch Sie nicht perfekt sind, sind es andere auch nicht. Wir alle machen Fehler und haben Ecken und Kanten. Und das ist auch gut so. Die Welt wäre sonst ziemlich langweilig. Vergebung ist mit der wichtigste Schritt, um wieder lieben zu können. Machen Sie Ihr Herz frei. Befreien Sie es von all dem emotionalen Ballast – je eher, desto besser. Sie werden sehen, dass es Ihnen danach besser gehen wird. Bitten Sie auch selbst um Verzeihung, wenn Sie bei jemandem Mist gebaut haben. Haben Sie *Mut* dazu!

Wenn Sie Schwierigkeiten damit haben, Ihre Wut auf bestimmte Menschen in Ihrem Leben loszuwerden, möchte ich Ihnen nachfolgend eine gute Methode mit an die Hand geben, mit der Sie Ihre Wut und Ihren Ärger auf andere Menschen „wegklopfen" können. Die Klopfmethode ist u.a. auch unter dem Namen *Emotional Balancing* oder *Emotional Freedom Technique (EFT)* bekannt. EFT ist eine Klopfakupressur und stützt sich dabei auf Kenntnisse aus der *Traditionellen Chinesischen Medizin* (TCM) sowie der *Kinesiologie*. In unserem Körper befinden sich Energiebahnen – auch *Meridiane* genannt –, durch die Lebensenergie fließt und auf denen entlang sich wiederum Akupunkturpunkte befinden. Letztere wiederum sind mit Organen und Körperteilen verbunden. Treten z.B. Störungen an einem Akupunkturpunkt auf, so hat das Einfluss auf das damit verbundene Organ oder den Körperteil. Mit der Klopfakupressur haben wir die Möglichkeit, viele Blockaden und Disharmonien zu lösen.

Die folgenden Schaubilder zeigen die Körperstellen, auf die wir uns hier konzentrieren werden, um unsere Wut, unseren Groll gegenüber anderen Menschen Stück für Stück wegzuklopfen. Die Positionen sind direkt nacheinander abzuklopfen.

1. Leberpunkt

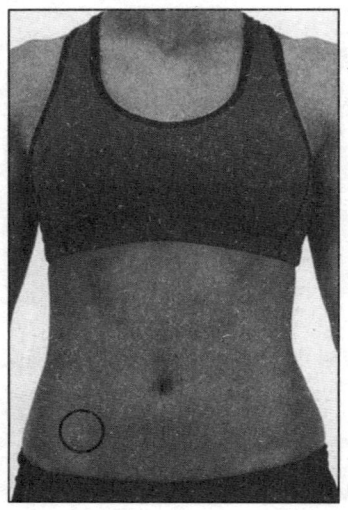

Abb. 68: Position des Leberpunkts

Nehmen Sie alle fünf Finger einer Hand und pressen Sie die Fingerspitzen zu einer Einheit zusammen. Klopfen Sie damit nun leicht auf Ihren Leberpunkt, und sprechen Sie dabei gleichzeitig folgenden Satz: *„Ich liebe und akzeptiere mich von ganzem Herzen mit meiner Wut* (oder: *meinem Groll, meinen Rachegefühlen) auf* .... *(mein Gegenüber)!"* (Ergänzen Sie den Namen der betroffenen Person, auf die Sie wütend sind.)

Direkt danach atmen Sie einmal tief ein und wieder aus, während Sie noch ein paar Sekunden weiterklopfen, um sich die Situation zu vergegenwärtigen und das Gesagte zu verinnerlichen.

2. Nierenpunkt

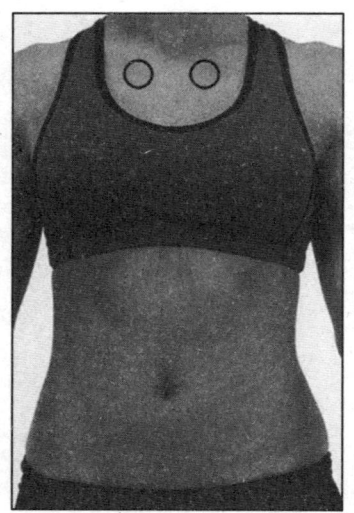

Abb. 69: Nierenpunkte direkt unter dem Schlüsselbein

Hier nehmen Sie am besten Mittel- und Zeigefinger zum einen sowie den Daumen separat, um die beiden Nierenpunkte direkt unter dem Schlüsselbein gleichzeitig abzuklopfen. Fangen Sie an zu klopfen und sprechen Sie dabei folgenden Satz: *„Ich liebe und akzeptiere mich von ganzem Herzen mit meinen Ängsten, und dass etwas wie das wieder passieren konnte!"*

Tief ein- und ausatmen. Danach gehen wir zur nächsten Position.

3. Herzpunkt

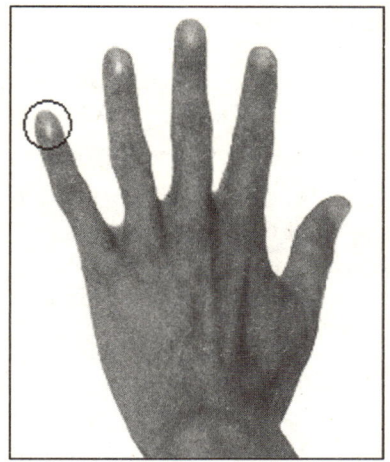

Abb. 70: Herzpunkt am kleinen Finger

Stützen Sie Ihre Handfläche am besten auf eine feste Unterlage, entweder auf einen Tisch oder auf Ihren Oberschenkel, während Sie sitzen. Nehmen Sie wieder Ihre zur Einheit geformten fünf Finger und klopfen Sie damit auf den Nagel des kleinen Fingers. Wenn Sie Linkshänder sind, können Sie natürlich den Finger der rechten Hand beklopfen. Sprechen Sie dabei: *„Ich liebe und akzeptiere mich von ganzem Herzen und verzeihe mir dafür, dass ich dieses Ereignis geschaffen habe. Und ich verzeihe .... (meinem Gegenüber) dafür, hieran teilgehabt zu haben – und lasse es ein und für alle Mal los!"* Atmen Sie wieder tief ein und aus. Wir gehen direkt zur nächsten Position.

4. Dünndarm

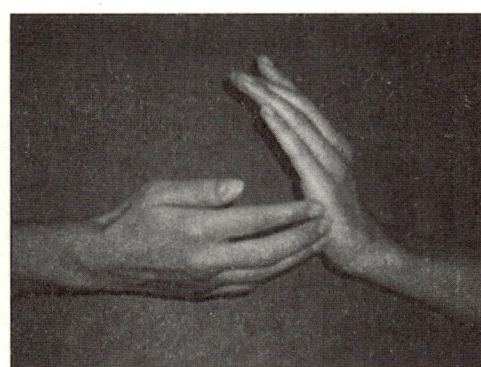

Abb. 71: Dünndarmpunkt an der Handkante

Diese Position behandeln wir zweimal. Klopfen Sie hier genau auf den harten Bereich der Handkante, kurz bevor der kleine Finger beginnt. Sagen Sie dabei folgenden Satz: *„Ich liebe und akzeptiere mich von ganzem Herzen und verzeihe mir von ganzem Herzen dafür, Gott die Schuld an diesem Vorfall gegeben zu haben – bitte, lieber Gott, verzeih mir meine Blindheit!"* Atmen Sie tief ein und wieder aus. Hören Sie nicht auf, weiter zu klopfen. Sprechen Sie jetzt direkt im Anschluss noch die folgende Affirmation: *„Ich liebe und akzeptiere mich von ganzem Herzen, das habe ich verdient, und ich habe es auch verdient, geistigen Frieden zu finden!"*

Atmen Sie noch einmal tief ein und wieder aus. Jetzt haben Sie eine komplette Klopfsitzung durchgeführt. Damit das Klopfen tatsächlich wirkt, ist es unbedingt wichtig, dabei folgende Punkte zu beachten:

- Seien Sie sich der Ursache bzw. des Grunds genau bewusst, weshalb Sie auf jemanden wütend sind. Rufen Sie sich die Situation noch einmal gedanklich hervor. Wenn Sie lediglich eine Wirkung bearbeiten, werden Sie immer in der Wirkung bleiben. Gehen Sie daher immer an die Ursache, an den Kern des Problems heran.

- Sie müssen innerlich bereit sein, die Wut oder den Groll aufzulösen. Ein rein technisches Klopfen ohne eine ehrliche Absicht zur Lösung wird gar nichts bringen. Wenn Sie es also tun, dann tun Sie es von Herzen. Verinnerlichen Sie sich dabei die gesprochenen Leitsätze.

- Seien Sie geduldig. Je nachdem, wie tief Ihr Ärger sitzt, sind mehrere Klopfsitzungen notwendig. Wiederholen Sie daher das Klopfen für ein bestimmtes Thema oder eine Person auch in den kommenden Tagen. Lassen Sie auch ein paar Tage aus, bevor Sie das Klopfen wiederholen. Geben Sie sich selbst die nötige Zeit. Groll, der sich womöglich über Jahre hinweg angestaut hat, ist nicht an einem Tag abzuarbeiten. Folgen Sie dabei Ihrem Gefühl. Sie werden spüren, wenn die Emotionen nachlassen und schwinden.

- Machen Sie ruhig die eine oder andere Woche Pause, bevor Sie sich dann einer anderen Person aus Ihrem Leben zuwenden.

Sollten Sie auch nach mehreren Klopfsitzungen bzgl. einer Person, gegen die Sie Groll hegen, keinen oder nur geringen Erfolg verspüren, dann sind da womöglich noch andere tiefsitzende Blockaden oder schwerwiegendere Ursachen, die eine andere Herangehensweise erfordern, z.B. Familienaufstellungen, Rückführungen oder ein notwendiges Auflösen von Karma. Scheuen Sie keineswegs, sich einen kompetenten Therapeuten, der am besten in den Bereichen EFT und Kinesiologie bestens geschult ist, zu Hilfe zu holen.

Loslassen von altem Ballast – Entrümpeln Sie Ihr Leben!

Trauern Sie alten Dingen nicht nach. Sie sind Vergangenheit und können nicht ungeschehen gemacht werden. Was zählt, ist das Heute und was Sie heute ändern können! Wenn Sie der Vergangenheit nachtrauern, leben Sie in der Vergangenheit. Wenn Sie dann noch Angst vor der Zukunft haben, stecken Sie sowohl in der Vergangenheit als auch in der Zukunft fest und sind nicht im Hier und Jetzt! Dann ist es kein Wunder, wenn Sie im Leben im wahrsten Sinne „still stehen" und nicht vorwärts kommen.

Lösen Sie sich von Dingen, die Ihnen nicht gut tun! Fangen Sie am besten gleich in Ihrer Wohnung an. Was haben Sie so in Ihren Schränken und Schubladen über die Jahre angehäuft und gelagert? Akten voller Rechnungen, die schon lange beglichen sind und die sie nicht mehr brauchen? Zeit, diese dorthin zu verfrachten, wo sie hingehören: auf den Müll. Wenn Sie Rechnungen stapeln, brauchen Sie sich nicht zu wundern, wenn ständig dann Rechnungen ins Haus flattern, wenn sie mit diesen am wenigsten gerechnet haben. Sie erinnern sich: Gleiches zieht Gleiches an! Was ist mit uralten Fotos in den ganzen Fotoalben, die den halben Schrank einnehmen? An vielen Fotos haften oft alle möglichen Formen von negativen Emotionen (Kummer, Trauer, Neid usw.), oder dort sind Personen abgebildet, die Ihnen evtl. nicht (mehr) wohlgesonnen sind. Das ist alles schlechte Energie, die Ihre Wohnung und folglich Ihr Leben belastet. Was ist mit all der alten Kleidung, die sie eh nie mehr tragen? Was ist mit dem Schmuck des Ex-Partners... Spenden Sie sie oder werfen Sie sie in den Altkleidercontainer.

Es gibt sicherlich andere Bereiche, die Sie ebenfalls entrümpeln können (z.B. Ihren Keller oder die Abstellkammer, das Bücherregal etc.). Spenden oder verkaufen Sie diese auf ebay oder Flohmärkten. Wenn sie nicht mehr zu gebrauchen sind, dann gehören sie ohnehin entsorgt.

Dinge ständig zu sammeln, müllt unser Leben förmlich zu! Stellen Sie sich einen Becher vor, der bis zum Rand gefüllt ist mit Wasser. Da können Sie kein neues Wasser mehr einfüllen. Sie müssen den Becher erst leeren, bevor Sie neues Wasser hineinfüllen können. Dasselbe gilt für Ihr Leben. Wenn Ihr Leben vollgemüllt ist, ist das mit ein Grund dafür, warum Ihr Leben stagniert. Weil ja nichts Neues in Ihr Leben kommen kann, da nirgends mehr Platz ist! Sie brauchen dabei keinerlei Angst zu haben. Das

Universum mag keine Leere. Wenn Leere irgendwo entsteht, füllt es diesen Bereich wieder auf („Sog-Prinzip"). Schaffen Sie daher in regelmäßigen Abständen Platz, dann können auch neue Dinge zu Ihnen kommen – auch Menschen. Seien Sie aber auch innerlich bereit und offen, Neues zu empfangen sowie die Geschenke, die Ihnen zuteil werden, anzunehmen. Ständig den Anderen nur zu geben, ist einseitig. Sich selbst wertzuschätzen, ist mindestens genauso wichtig. Auch Sie dürfen gern und von Herzen dankbar und ohne Reue und Scham *empfangen*.

Wenn Sie das Gefühl haben, dass sich die Energien in Ihrer Wohnung oder Ihrem Haus nicht gut anfühlen und Ihre vier Wände Sie regelrecht belasten und erdrücken, dann wird es Zeit, dass die ganzen angestauten Energien dort (Emotionen, Krankheiten, verstorbene Seelen?), die sich über Jahre und Jahrzehnte auch von Vormietern und Vorbesitzern angesammelt haben, endlich einmal entsorgt und aufgelöst werden. Es gibt hellsichtige Medien und spirituelle Heiler, die in solchen Fällen eine Energieumstellung vornehmen und auf diese Weise die ganze Wohnung oder das Haus auf ein höheres Energieniveau anheben können, welches dann auch dauerhaft einen besseren energetischen Schutz vor Belastungen von außen bietet. Das Gefühl und die Atmosphäre – vor- und nachher – habe ich in zahlreichen Fällen erleben dürfen, und wenn Sie selbst einmal Zeuge der positiven Veränderungen sind, werden Sie sich fragen, wie Sie es bloß Ihr ganzes Leben lang ohne diese Reinigung und Umstellung ausgehalten haben. Eventuell ist es auch notwendig, dass Ihre Wohnung oder Ihr Eigenheim nach Feng Shui ausgerichtet wird, einer chinesischen Lehre, deren Ziel es ist, durch die Umgestaltung der Wohnräume die Umgebung und den Menschen selbst zu harmonisieren. Dies bewirkt langfristig, dass die verschiedenen Lebensbereiche des Menschen in den Bereichen Gesundheit, Finanzen, Beruf und Partnerschaft mit ausreichend Energie versorgt werden, damit diese Bereiche sich überhaupt erst entwickeln und entfalten können. Sollte sich im schlimmsten Fall eine Wohnung oder ein Haus nicht umstellen lassen, kann ein Umzug in eine passende Umgebung sinnvoll und gar notwendig sein. Halten Sie auch hier nicht am Alten fest.

Dasselbe gilt auch für Ihre Arbeit. Ihre Arbeit frustriert Sie und Sie sind deshalb unglücklich? Warum ändern Sie dann nichts? Ah ja, Sie haben vermutlich Angst – Angst, nichts Besseres zu finden oder überhaupt Angst davor, Veränderungen vorzunehmen? Und was nun? Wollen Sie dort noch weitere Jahre „rumgammeln" und sich das Rumgenörgel Ihres Chefs oder das der Kollegen oder Kunden anhören? Das wäre eine Verschwendung Ihrer Lebenszeit, meinen Sie nicht? Was würden Sie denn einem Freund raten, würde er sich in einer solchen Situation befinden? Und warum tun Sie es dann nicht selbst?

Für Ihre Beziehung gilt natürlich das Gleiche. Leben Sie mit einem Partner zusammen, der sie nur unglücklich macht bzw. mit dem Sie nicht glücklich sind – und das womöglich schon jahrelang? Sie stehen sich beide nicht mehr nahe, und von Liebe kann man auch nicht mehr sprechen? Haben Sie das innere Gefühl, dass er Sie am Vorwärtskommen im Leben hindert? Dann ist es nicht Ihr richtiger Partner. Dann wird es vielleicht Zeit, ihn loszulassen. Aber Sie haben Angst, dann allein zu sein? Angst vor dem Kummer? Angst, keinen Anderen/Besseren zu finden? Das sind alles unbegründete Ängste. Angst ist ein schlechter Ratgeber, und wie wir erfahren haben, treffen wir aus Angst die falschen Entscheidungen – oder eben gar keine Entscheidungen. Und *keine* Entscheidungen zu treffen, führt eben zu Stillstand. So ist das. Lieber ein Ende mit Schrecken, als ein Schrecken ohne Ende, richtig? Was nützt es, wenn beide in der Beziehung unglücklich sind oder alles nur einseitig läuft, beide sich dadurch in anderen Lebensbereichen komplett blockieren und ihr *wahres Glück* dadurch nur verhindert wird? Es kommt natürlich mit darauf an, ob Kinder da sind oder nicht. Dann wird es etwas komplizierter...

Lernen Sie loszulassen. Denn dann erst kann der *richtige* Partner in Ihr Leben kommen. Und draußen wartet schon sehnlichst der oder die Richtige auf Sie – jemand, der auf derselben Wellenlänge und auf demselben Bewusstseinsstand ist wie Sie, jemand, der **wahrhaftig** für Sie bestimmt ist und zu Ihnen gehört. Verstehen Sie das? Solange Sie an Ihrer frustrierenden Beziehung festhalten, solange werden Sie unglücklich bleiben. In voneinander abhängigen Beziehungen zu stecken, macht unglücklich. Sie haben es in der Hand. Lassen Sie sich nicht von Ihren Ängsten leiten, sondern hören Sie auf Ihr Gefühl.

So etwas wie „Sicherheit" im Leben gibt es nicht. Das ist eine Illusion. Im Leben ist wirklich nichts sicher, außer, dass Sie eines Tages wieder von dieser Erde gehen werden. Sich an vermeintlichen „Sicherheiten" festklammern zu wollen, löst genau den gegenteiligen Effekt aus und fördert unbewusst Ängste, die einen wiederum massiv am Vorwärtskommen im Leben hindern.

Wie für Liebesbeziehungen, gilt dies auch für alle anderen Arten von Beziehungen. Sogenannte „Freunde", die Sie nur ständig beneiden und Sie nach dem Äußeren oder materiellen Maßstäben beurteilen, sind keine wahren Freunde. Qualität geht vor Quantität. Das ist eine goldene Regel. Neid ist übrigens ein Ausdruck der eigenen Unzufriedenheit und von Mangelbewusstsein (auch Armutsdenken; man denkt an Mangelzustände und verharrt dort – etwas nicht zu haben oder nicht haben zu können, was der andere hat) sowie Mangel an Bewusst*sein* selbst; sich also der eigenen Stärken und Vorzüge nicht *bewusst* zu *sein* oder diese nicht anzuerkennen. Der Faktor *Angst* (Angst, nicht „gut genug" zu sein bzw. Angst, der andere könnte „besser" sein) spielt hier natürlich genauso eine entscheidende Rolle wie mangelnde Selbstliebe und Selbstwertschätzung, was oft zu Neid und *Begehrlichkeiten* bei anderen führt. Vor diesem Hintergrund ist das Gefühl der Gefahr – z.B. in Form von „Konkurrenz" – wiederum stets ein Ausdruck von *Angst*. Viele Leute verharren leider ihr ganzes Leben lang zwischen den Ebenen der *Angst* und der *Begehrlichkeit* (siehe Abb. 67 auf Seite 201).

Trennen bzw. distanzieren Sie sich daher bestmöglich von allen Dingen und Menschen, die Sie unglücklich machen und Sie im Leben nur behindern. Sie stehen an erster Stelle! Wenn Sie Ihr eigenes Leben im Griff haben, können Sie dann hinterher gerne anderen dabei helfen, eine höhere Ebene des Bewusstseins zu erlangen.

Das Glück kommt nur dann zu Ihnen, wenn Sie das Unglück loslassen!

Wenn sich eine Türe im Leben schließt, dann öffnet sich dafür eine andere für etwas viel Besseres!

„*Um erlöst zu werden,*
müssen wir uns von vielem lösen."
Walter Ludin (Schweizer Journalist)

„*Lerne loszulassen, das ist der Schlüssel zum Glück.*"
Buddha

„*Nur mit leeren Händen kann man nach Neuem greifen.*"
Verfasser unbekannt

Entschlacken Sie Ihren Körper

Dass Sie sich ständig ärgern, auch über Kleinigkeiten, könnte ein Indiz dafür sein, dass Ihre Leber entgiftet werden sollte. Es ist empfehlenswert, wenigstens einmal im Jahr all unsere Ausscheidungsorgane zu entgiften, also in erster Linie den Darm, die Leber und die Nieren. Wenn Sie Ihren Körper jahre- oder jahrzehntelang mit Fast Food, Süßigkeiten, salzigen Snacks und zu viel Fleisch *zugemüllt* haben, ist es natürlich kein Wunder, wenn Sie öfters krank sind, sich ständig schlapp und übermüdet fühlen und sonst wie Elan und Kraft für neue Dinge fehlen. Am besten greifen Sie hier zu Mitteln aus der Natur. Löwenzahn entgiftet die Leber, und Mariendistel ist sogar in der Lage, neue Leberzellen zu bilden. Petersilie, Koriander und Bärlauch haben ebenfalls entgiftende Eigenschaften.

Sie können selbst radioaktive Partikel aus Ihrem Körper effektiv entfernen! Sie brauchen vor Radioaktivität keine Angst zu haben. Sich darüber zu ärgern, lohnt sich ebenso wenig. Wir leben nun einmal in einer toxischen Welt. Von Menschenhand verursachte Unfälle wie in Fukushima, Atombombentests sowie das Abfeuern von Uranmunition in Kriegseinsätzen erhöhen die radioaktive Belastung auf unserem Planeten kontinuierlich. Daneben sind wir einem wahren Cocktail an Umweltgiften durch den Einsatz von Chemtrails, Pestiziden, Herbiziden und Fungiziden, Reinigungsmitteln und vielem mehr ausgesetzt. So schlimm dies alles auch auf den ersten Blick erscheinen mag, es ist kein Grund, zu resignieren oder gar in Panik zu verfallen. Es ist eine Situation, in der wir momentan alle leben, mit der wir noch eine Weile werden leben „müssen" und auf die wir keinen unmittelbaren Einfluss haben.

Es bringt uns also nicht weiter, wenn wir uns tagtäglich darüber aufregen und ärgern. Ganz im Gegenteil: Wir schaden uns unnötig selber dadurch. Aber wie so oft im Leben, **hat die Medaille stets zwei Seiten**, und wir haben die Chance, mit jeder Herausforderung positiv umzugehen. Ich werde Ihnen nachfolgend weitere hervorragende Mittel zur Ausleitung von Giften mit einer kurzen Beschreibung aufzählen:

Entgiftung mit Bentonit und Aktivkohle

Bentonit ist eine bestimmte Sorte der Tonerde und äußerst reich an Mineralien. Wegen seiner hervorragenden Quelleigenschaften (absorbiert bis zum 40fachen seines eigenen Gewichts) bindet es Gifte, Schwermetalle, aber auch Pestizide und Parasiten, und scheidet sie zusammen mit dem Stuhl aus. Dabei gibt es negativ geladene Ionen ab und absorbiert die schädlichen Positiv-Ionen. Es stimuliert die Darmperistaltik und verhilft somit zu einer besseren Verdauung. Über den Magen- und Darmschleimhäuten bildet es einen dünnen Schutzfilm, welcher die Wirkung von Schadstoffen deutlich minimiert.

Aktivkohle wird schon lange zur effektiven Wasserfilterung eingesetzt. Sie können sie natürlich auch innerlich zur Reinigung verwenden. Aktivkohle fängt Chemikalien ein und neutralisiert sie. Sie bindet schädliche Bakterien, Keime und Gifte und transportiert sie aus dem Körper hinaus.

Nehmen Sie Bentonit und Aktivkohle am besten zusammen im Doppelpack ein. Trinken Sie viel Wasser danach. (Mehr dazu hier[19])

Entgiftung mit Zeolith

Zeolith ist ein Mineral vulkanischen Ursprungs. Ähnlich wie Bentonit hat es eine starke Absorptionswirkung für Schadstoffe, jedoch nicht dieselben Quelleigenschaften. Durch die ebenfalls vorhandene negative Ladung der Ionen, können die positiven Ladungen der freien Radikale neutralisiert werden. Achten Sie nur darauf, dass das Pulver zwecks Effizienz hochfein vermahlen ist und eine sehr kleine Körnung (bis 0,05 mm) aufweist.

Zur Ausleitung von Schwermetallen, Umweltgiften und radioaktiven Partikeln eignen sich die drei zuvor genannten Mittel wirklich hervorragend und haben sich in Krisensituationen (z.B. Tschernobyl, Fukushima) immer wieder bestens bewährt.

Apfelpektin und Flohsamenschalen sind weitere gute und kostengünstige Mittel, die ebenfalls gute Quell- und Absorptionseigenschaften aufweisen. Pektine sind hervorragende Giftbinder und können die Neuaufnahme von radioaktiven Substanzen durch die Nahrung unterbinden.

Entgiftung mit Algen

Chlorella-Mikroalgen eignen sich hervorragend zur **intrazellulären Ausleitung** (Organe, Nerven und Zellgewebe) von Schwermetallen und Umweltgiften. Mit frischem Koriander oder als Extrakt, welches ebenfalls entgiftende Eigenschaften hat, wird die Wirkung unterstützt.

Spirulina-Mikroalgen werden für die **extrazelluläre Ausleitung** (Bindegewebe) genutzt. Sie eignen sich hervorragend in Kombination mit Bärlauch. Spirulina weist zudem den höchsten Anteil an Enzymen von allen Gemüsesorten auf. Enzyme sind essenziell, um andere Nährstoffe aufspalten zu können.

Kelp ist eine Braunalge und hat von Natur aus einen hohen Gehalt an wertvollem **Jod**, welches wichtig ist für die normale Funktion unserer Schilddrüse. Wenn die Schilddrüse mit „gutem" Jod gesättigt ist, kann sich kein radioaktives Jod dort einlagern. Es empfiehlt sich hierbei, auf natürliche Jodpräparate zurückzugreifen (z.B. als natürlicher Extrakt), anstatt künstlich isoliertes (zumeist anorganisches) Jod zu sich zu nehmen, weil die Bestandteile in einer Pflanze stets im optimalen Verhältnis und in natürlich gebundener Form vorhanden sind.

Algen sind eine wertvolle Ergänzung zum Speiseplan und sollten grundsätzlich fester Bestandteil einer gesunden Ernährung sein. Diese sind als getrocknete Algen, Kompretten oder in Pulverform erhältlich, vorzugsweise aus unbelasteten Gewässern in Europa (Irland, Island, Skandinavien), dem Atlantik oder in Bio-Qualität aus Algenzüchtungsfarmen.

Vitamin C hochdosiert

Vitamin C ist eines der bekanntesten und effektivsten Antioxidantien. Es fängt freie Radikale und neutralisiert Schadstoffe und Gifte im Körper. Vitamin C hat zudem die einmalige Eigenschaft, dass es die Wirkung von anderen Nährstoffen verstärken kann. In Kombination mit **Zink**, welches ebenfalls für die Aktivierung der Abwehrkräfte bekannt ist, haben Sie eine Komposition, mit der man Erkältungen und Grippe in Folge von Vergiftungen schneller in den Griff bekommen kann! Wichtig ist dabei, dass das Vitamin C bei akuten Beschwerden in hoher Dosierung (ein paar Gramm über den Tag verteilt) zusammen mit Zink eingenommen wird. Die Empfehlungen der *Deutschen Gesellschaft für Ernährung* sind absichtlich viel zu niedrig angesetzt, damit die Menschen sich selbst nicht optimal therapieren können. Sie sind daher mit einer Portion Skepsis zu genießen.

Achten Sie bei der Auswahl des Präparats unbedingt darauf, dass es nicht nur die chemisch hergestellte Ascorbinsäure enthält, da synthetische Vitamine vom Körper nicht optimal verwertet werden können, sondern **mindestens** im Verbund mit <u>natürlich</u> vorkommenden Bestandteilen z.B. aus Hagebutten, Acerola oder Sanddorn zur besseren Bioverfügbarkeit vorhanden ist. Die Kraft von Vitamin C in der <u>richtigen</u> Dosierung wird weitestgehend unterschätzt und das Wissen darüber verdrängt. Als Nahrungsergänzungsmittel ist es unverzichtbar und sollte als Vorrat in keinem Haushalt fehlen.

Andere starke Antioxidantien sind **Vitamin D, E und Beta-Carotin**, die alle freie Radikale neutralisieren, die durch radioaktive Belastungen in den Zellen entstehen können.

Hohe Mineralstoffzufuhr

Führen Sie Ihrem Körper reichlich Mineralien zu. Die meisten Menschen haben einen akuten Mineralstoffmangel. Mineralien wie **Magnesium, Zink, Selen und Kalium** in der richtigen Dosierung helfen, die Zellen in unserem Körper zu sättigen, damit diese keine radioaktiven Mineralien aufnehmen können (wie z.B. das vorhin erwähnte radioaktive Jod).

Vitamine und Mineralien als Nahrungsergänzungsmittel nehmen Sie bestenfalls nicht täglich alle auf einmal zu sich. Das kann der Körper nicht optimal verwerten, weil es zu viel ist und für ihn eher eine Belastung darstellt. Teilen Sie sich das nach Gefühl auf. Zwei bis drei verschiedene Einzelpräparate über den ganzen Tag verteilt im Rotationsverfahren sind ein gutes Maß als Orientierung. Sollten Sie sich nicht sicher sein, ziehen Sie einen Arzt für Naturheilkunde oder einen Heilpraktiker zu Rate, der Ihnen bei der Zusammenstellung hilft und mit Ihnen einen Einnahmeplan aufstellt. (Präparate sollten Sie dennoch nicht davon entbinden, täglich Obst und Gemüse zu sich zu nehmen, da sie reich an Mineralien sind. Achten Sie zudem darauf, Ihren Speiseplan so bunt wie möglich zu gestalten. Denn unser Körper und unsere Chakren benötigen das volle Farbspektrum in der Ernährung – sowie des Sonnenlichts –, um optimal zu funktionieren.)

Mehr Rohkost und die richtige Ernährung

Womöglich praktizieren Sie dies schon mehr oder weniger, jedoch soll es leider auch Menschen auf diesem Planeten geben, die Tomaten nur in Form von Ketchup kennen. Erhöhen Sie unbedingt den Rohkostanteil in Ihrer Ernährung, also mehr Obst, Salate, (Wild)kräuter wie Brennessel und Löwenzahn, die entgiftend und entschlackend wirken, grüne „Smoothies" (englische Bezeichnung für Vollfruchtgetränke) und andere unerhitzte Lebensmittel. Warum? Unerhitzte Lebensmittel enthalten die wertvollen Enzyme! Diese sind wiederum notwendig, um andere Nährstoffe überhaupt erst verstoffwechseln zu können. Enzyme reagieren jedoch sehr empfindlich auf Hitze und werden ab ca. 42°C weitestgehend zerstört. Je mehr Enzyme Sie also in Ihre Ernährung einbringen können, desto besser für Ihre Gesundheit. Entscheiden Sie dabei selbst nach Gefühl, wie viel Rohkost Sie in Ihren Speiseplan integrieren wollen. Machen Sie bloß keine Religion daraus. Grüne Smoothies sind hierbei eine wertvolle Ergänzung, die Sie in Ihre Ernährung mit einbauen können. Das sind im Mixer pürierte Getränke, bestehend zur Hälfte aus Früchten und zur anderen Hälfte aus grünem Blattgemüse unter Hinzugabe von Wasser. Je höher der Anteil an Blatt- und Fruchtgemüse, desto besser. Die Früchte dienen hier lediglich als natürliches Süßungsmittel und als Kalorienlieferant und sollten nicht überwiegen, da der Fruchtzucker vom püriertem Obst und Obstsäften sonst den Blutzuckerspiegel zu schnell ansteigen lässt. Durch einen Hochgeschwindigkeitsmixer lässt sich auch ein Großteil der sehr harten Zellulosewände aufbrechen, in denen sich wiederum die wertvollen Nährstoffe befinden – etwas, was wir durch normales Kauen heute oft nicht mehr optimal erreichen können, weil wir unsere Nahrung einfach zu wenig kauen. Und die Magensäure der meisten Menschen ist ebenfalls viel zu schwach dafür. Die Lebensmittel werden durch den Mixer quasi vorverdaut. Gerade auch für ältere und kranke Menschen kann dies sehr von Vorteil sein. Grüne Smoothies tragen auch mit dazu bei, den Magensäurespiegel zu erhöhen.

Sie fragen sich, ob die vegetarische oder vegane Ernährung für Sie gesünder wäre? Hierüber wird heiß, teilweise sogar fanatisch diskutiert. Ich persönlich meine, dass man mit der *blutgruppenspezifischen Ernährung* weitestgehend am besten fährt. Ich habe in meinem Leben schon alles hinter mir gehabt: Ich war mein halbes Leben lang Fleischesser, danach ein paar

Jahre Vegetarier, anschließend Veganer und hatte zum Schluss hin das Ziel der 100% veganen Rohkost gehabt, mit dem felsenfesten Glauben, das sei die gesündeste Ernährungsform überhaupt. Wollen Sie wissen, wie weit ich gekommen bin? Ich habe mich fast selbst ins Grab gebracht, weil ich meinem Körper jahrelang nicht das gegeben habe, was er brauchte und seine Signale laufend ignorierte. Dadurch entstanden über die Jahre hinweg Defizite und Nährstoffmängel, sodass es Jahre brauchte, die Speicher im Körper nach und nach wieder aufzufüllen. Was nützt es, wenn man beispielsweise 80% oder 100% Rohkost zu sich nimmt, aber nicht an die ganzen Nährstoffe kommen kann, weil die eigene Magensäure einfach nicht im Stande ist, alle pflanzlichen Zellwände aufzubrechen? Dann kommen irgendwelche „Experten" daher und vergleichen uns mit Elefanten, Pferden und Orang Utans. Denn schließlich sind das reine Pflanzenfresser und die sind trotzdem so groß und stark geworden. Also sollen wir das dann auch können. Aber kann man das wirklich miteinander vergleichen? Sind Sie ein Elefant oder ein Pferd? Ich weiß zu 100%, dass ich es definitiv nicht bin, und weder Verdauungstrakt noch Stoffwechsel der Pflanzenfresser sind mit dem von Menschen zu vergleichen. Wir sind auch keine Wiederkäuer, die mehrere Mägen haben. Aber dieser total absurde Vergleich wurde zum weltweiten Dogma und führte zu falschen Glaubensmustern. Ich habe viele Rohköstler und „Veggies" (Sammelbegriff für Vegetarier und Veganer) gesehen, die wegen solchem Falsch- und Halbwissen nur noch Haut und Knochen waren. Auch, weil sie sich total einseitig ernährt haben, z.B. zu wenig Fette oder Proteine zu sich nahmen.

Jeder von uns hat eine bestimmte Blutgruppe (wenn Sie Ihre nicht wissen, wird es spätestens jetzt Zeit, diese durch einen Bluttest herauszufinden) und damit verbunden bestimmte genetische und körperspezifische Merkmale sowie Stoffwechseleigenschaften, die sich von den anderen Blutgruppen sehr wohl unterscheiden. Dadurch haben wir alle von Beginn an verschiedene Bedürfnisse. Menschen mit der Blutgruppe Null beispielsweise sind auf den Verzehr von Fleisch einfach angewiesen. Das ist evolutionstechnisch bedingt. Diese Menschen haben eine viel stärkere Magensäure als Menschen der anderen Blutgruppen und auch reichlich vom entsprechend notwendigen Enzym, um Fleisch daher problemlos und ohne nachhaltige Gesundheitsschäden zu verdauen. Wenn solche Menschen zu Vegetariern oder gar Veganern werden, sind Nährstoffmangel und daraus resultierende Krankheiten im Leben ein Garant. Menschen mit der Blutgruppe A oder B wiederum fahren am besten mit einer vegetarischen oder veganen Ernährung, denn ihre Magensäure ist deutlich schwächer ausgeprägt. Dabei können den *individuellen Bedürfnissen* nach auch geringe Mengen Fisch, Fleisch oder probiotische Milchprodukte notwendig sein. Folgen Sie dabei Ihrem Gefühl und fühlen Sie, wonach Ihr Körper sehnlichst lechzt. Ihr Verstand ist teilweise mit Falschwissen vollgepumpt, Ihr Körper jedoch signalisiert Ihnen, was er braucht. Ich selbst habe eine gute Zeit gebraucht, um das zu verstehen und zu verinnerlichen. Die Bestätigungen dafür habe ich von verschiedenen Menschen ganz unabhängig voneinander erhalten, die wirklich umfangreiches und tiefes Wissen über Ernährung und das Leben haben, darunter das vorhin erwähnte hellsichtige Medium sowie eine echte Kapazität zum Thema Ernährung mit fundierten Kenntnissen in Ayurveda und traditioneller chinesischer Medizin – jemand, der zudem langjähriger Schüler des bekannten Yogi Bhajan in Indien war. Es gibt etwa sieben Milliarden Menschen auf diesem Planeten, und es gibt nicht **die eine** Ernährungsform, die für alle gleich gut geeignet ist. Das sollte doch eigentlich einleuchtend sein, oder? Es ist wie bei unseren Autos. Das eine braucht Benzin, das andere Diesel, und ein paar andere wiederum funktionieren auf Wasserstoff- oder Gasbasis. Wenn ich mir den wahrhaften Kleinkrieg selbst unter den Veggies ansehe, wo die Veganer sogar Vegetarier fertigmachen und sich über den Rest der Menschheit stellen, da kann ich nur noch ungläubig den Kopf schütteln und schreiend ganz weit weglaufen ☺. Und gerade vielen Veganern sieht man körperlich deutlich an, wie unterversorgt diese sind. Wenn sie dann noch in fast militanter Manier „missionieren" gehen, erkennt man gerade an ihrem aggressiven Verhalten bestens, dass da Nährstoffdefizite vorliegen, die bekannterweise solch ein Verhalten bewirken. „Teile und herrsche" in Perfektion ...

Aha, ich sehe schon, ich habe hier bei einigen voll ins Wespennest gestochen. Vor allem aus spirituellen Kreisen wird jetzt ein Riesen-Aufschrei und totale Entrüstung aufkommen sowie der Vorwurf, wie man denn bloß Tiere töten könne. Ich glaube, ich muss hier doch einmal gründlich mit Missverständnissen und vorhandenem spirituellen Falsch- bzw. Fehlwissen aufräumen. Ich selber bin gegen jede Form von Massentierhaltung. So, wie die Tiere ihr ganzes Leben lang misshandelt, mit Hormonen, Genen und anderem Müll aufgezogen werden, ist das absolut unwürdig und ein Verbrechen. Vor allem, wenn man bedenkt, dass je nach geografischer Region eh nur ein Viertel bis zur Hälfte der Bevölkerung aufgrund ihrer Blutgruppe auf Fleischkonsum angewiesen ist, sind diese Massen an gezüchteten Tieren von vornherein schon gar nicht notwendig. Aber die Industrie setzt auf Profit und Konsum und nicht auf die Wahrheit.

Es inkarnieren auf diesem Planeten alle möglichen Lebewesen. Sowohl Menschen als auch Tiere kommen hierher, um eine bestimmte Lebensaufgabe – ihren Seelenplan – zu erfüllen. Die Tiere haben schon immer den Menschen als Nahrungsquelle gedient. Den biologischen Grund kennen Sie ja nun. Die Tierseelen, die hier inkarnieren, haben sich bewusst dafür entschieden. Auf einer Infoveranstaltung sagte eine Teilnehmerin einmal zu mir, welche gerade zu 90% vegane Rohkost praktizierte, dass sie Blutgruppe Null habe und sie genau wüsste, dass sie Fleisch bräuchte, sie aber die Tiere zu sehr liebe. Ich wollte der Dame nicht zu nahe treten, aber ich war kurz davor, ihr die Gegenfrage zu stellen, ob sie denn die Tiere mehr liebe als sich selbst. Mit falsch angebrachter Ethik und Moral können wir uns somit selbst massivst schaden. Wenn es danach ginge, dürften wir sogar keine Pflanzen mehr essen, schließlich sind diese auch Lebewesen. Es gibt Frutarier (Fruchtesser), die sogar höchste Schuldkomplexe bekommen, wenn Sie einem Obstbaum seine Früchte „wegnehmen". Lieber hungern sie so lange, bis die Früchte ganz allein vom Baum fallen. Ich weiß, das ist besonders extrem, aber wir sehen an diesem Beispiel, zu welcher Absurdität das Ganze schon führt. Gott hat die Erde mit verschiedenen Lebewesen ausgestattet, die wir als Nahrungsquellen nutzen *dürfen*. Und Gott macht keine Fehler. Nur wir Menschen mit unserem maßlos begrenzten Bewusstsein und unserem Ego handeln stets gegen die Lebenskreisläufe der Natur. Wenn wir uns unserer Biologie entsprechend ernähren, schaffen wir auch kein negatives Karma! Das wollte ich hier gern noch einmal klarstellen. Das war auch für mich (sowie für viele andere) ein bitterer und auch schmerzhafter Lern- und Erkenntnisprozess. Ich wäre fast gestorben, um die Wahrheit, die ich vorher laufend durch mehrere Hinweise in meinem Umfeld ignoriert hatte, zu erkennen und zu akzeptieren. Jeder von uns ist hier, um bestimmte Lebensaufgaben zu erfüllen. Was bitteschön bringt es Ihnen, wenn Sie sich ernährungsbedingt derart schaden, dass Sie dann Ihren Lebenszweck hier nicht mehr erfüllen können? Hören wir also auf, unsere Biologie und uns selbst zu verleugnen.

Vielleicht leben wir irgendwann alle nur noch von der kosmischen Energie, die uns umgibt, und selbst da gibt es sehr vereinzelt Exemplare, die sich nur von Lichtnahrung ernähren. Aber das wird dann auch womöglich eine andere menschliche Rasse auf diesem Planeten sein. Und Evolution passiert nicht über wenige Jahre oder Jahrzehnte, sondern über Jahrtausende und darüber hinaus.

Sofern Sie sich dahingehend näher über die Blutgruppenernährung informieren möchten, kann ich Ihnen die Bücher von Dr. J. D'Adamo empfehlen (mit *„4 Blutgruppen"* im Titel). Aber machen Sie hier auch keine Religion und auch keine Wissenschaft daraus. Ich selbst habe dies anfangs nicht beherzigt und habe mich zu sehr in Details verrannt – und am Ende den Wald vor lauter Bäumen nicht mehr sehen können. Nehmen Sie es als gesunde Orientierungshilfe, die Sie nach Ihren Bedürfnissen anpassen. Geißeln Sie sich auch nicht zu etwas, was Sie nicht sind und was Ihnen mehr schadet als nützt.

Zucker deutlich reduzieren!

Schrauben Sie auch Ihren Zuckerkonsum entscheidend zurück. Gerade raffinierter Industriezucker ist besonders schädlich für den Körper. Zucker hat dasselbe Suchtpotenzial wie Kokain, wie Studien bewiesen haben. Und die Sucht nach Süßem steigert den Konsum und somit die Profite der Nahrungsmittelhersteller. Natürlich brauchen wir ein bisschen Süßes, doch die Lebensmittelindustrie (leider auch der Großteil aus dem BIO-Segment) tut wirklich überall Zucker hinein, und es ist dann die Gesamtmenge, die einfach viel zu viel für uns ist. Das entspricht nicht mehr einem natürlichen Essverhalten. Ein bisschen Zucker gibt dem Körper Energie, doch mittel- und langfristiger Konsum raubt dem Körper Nährstoffe. Selbst Honig sollte in Maßen genossen werden, genauso wie getrocknete Früchte, weil bei diesen der Fruchtzucker hoch konzentriert ist. Zu viel Zucker lässt den Blutzuckerspiegel in die Höhe schnellen und bedingt u.a. auch Diabetes. Fällt der Blutzuckerspiegel danach wieder rasch ab, sorgt dies für einen rapiden Energieverlust. Um dies auszugleichen, greifen wir dann öfters nach Süßem. Überschüssigen Zucker, den der Körper nicht mehr abbauen kann, lagert er ins Fettgewebe ein. Dies fördert wiederum Fettleibigkeit. Nehmen Sie sich daher vor, auf alternative und natürliche Süßungsmittel zurückzugreifen, wie z.B. Kokosblütenzucker, Erythrit, Xylitol oder Stevia – auf gar keinen Fall Agavendicksaft, dieser hat einen hohen *Glykämischen Index* (GI). Alles was einen hohen GI hat, lässt den Blutzuckerspiegel enorm ansteigen. Rohrohrzucker ist auch keine geeignete Alternative. Da wurde im Raffinadeprozess lediglich der letzte Produktionsschritt weggelassen. Wenn es schon Rohrzucker sein soll, nehmen Sie lieber Vollrohrzucker. Dieser hat zumindest noch all seine Nährstoffe.

Kaufen Sie nach eigenen Möglichkeiten nur BIO-Lebensmittel ein. Auch wenn es da zwar keine hundertprozentige Sicherheit gibt, sind diese doch in der Regel deutlich weniger gentechnisch verändert und chemisch belastet als konventionell angebaute Lebensmittel. Zudem enthalten sie auch mehr Nährstoffe. Achten Sie hierbei auf die bekannten BIO-Siegel wie *Demeter* und *Bioland*. Ein paar Stufen besser sind Erzeugnisse aus *friedfertigem Landbau,* einer Dreifelderwirtschaft ganz ohne Chemie, ohne Genmanipulation und ohne Mist und Gülle. Sofern Sie Landwirt sind, wäre es überlegenswert, auf diese Form des Anbaus vielleicht umzusteigen. Noch besser wäre es natürlich, wenn Sie es direkt vom Bio-Bauern in Ihrer Region (auf Wochenmärkten) kaufen können. Auf diese Weise lernen Sie neue Leute kennen, man tauscht sich aus, findet Gleichgesinnte, und es können auch neue Freundschaften entstehen...

Das Geld für bessere und gesündere Lebensmittel haben Sie, indem Sie z.B. deutlich weniger Geld für Süßigkeiten, Fast Food, Snacks und unnütze Konsumgüter ausgeben. Der tägliche Kaffee vom Bäcker auf dem Weg zur Arbeit sind schon locker 30 Euro im Monat eingespart. Lieber etwas weniger, dafür qualitativ wertvoller und gesünder.

Vergessen Sie dabei nicht, auch regelmäßig probiotische Lebensmittel zu konsumieren (z.B. in Form von sauer vergorenem Gemüse, probiotischen Joghurts, Kefir, Probiotika usw., um genügend Enzyme für die Verdauung zu haben) sowie einmal im Jahr eine Darmsanierung vorzunehmen. Ein freier und gesunder Darm ist somit in der Lage, die ihm zugeführten Nährstoffe besser aufzunehmen und zu verwerten. Eine geregelte Verdauung haben Sie erst dann, wenn Sie mindestens einmal am Tag auf die Toilette gehen können. Des Weiteren werden durch probiotische Lebensmittel Hefepilze (Candida) und schädliche Bakterien im Körper zurückgedrängt. Allein dadurch können schon sehr viele der heutigen Zivilisationskrankheiten behoben werden („*Der Tod sitzt im Darm!*").

Die positive Wirkung durch Segnung

Und hier noch ein ganz besonderer Tipp: Wenn Sie Ihre Speisen und Getränke mit positiven Aspekten wie z.B. *Liebe*, *Gesundheit* und *Dankbarkeit* segnen, werten Sie Ihre Nahrung energetisch auf. Sie glauben nicht daran? Der bekannte japanische Alternativmediziner und Forscher Dr. Masaru Emoto hat in zahlreichen Experimenten wissenschaftlich nachgewiesen, dass positive und negative Gedanken und Emotionen die Kristallstruktur des Wassers entscheidend beeinflussen. Dabei hat er bewiesen, wie negative Worte die Zellstruktur total verzerrten, positive Worte und Gefühle hingegen eine geometrisch perfekte und harmonische Hexagonalstruktur der Zellen bewirkten. Das ist in der Tat eine sehr bahnbrechende Entdeckung! Denn nun wissen wir, wenn wir z.B. mit unseren Gedanken und Gefühlen harmonisiertes Wasser (und Speisen) zu uns nehmen, dass diese Zellstruktur des Wassers unsere Körperzellen ebenso harmonisiert. Ich finde das auch unter dem Aspekt sehr sinnvoll, weil viele Waren während der ganzen Produktionskette teilweise von vielen Menschen bearbeitet und hergestellt wurden, die ihre Arbeit evtl. mit einer negativen Stimmung verrichtet haben, und dies wirkt sich **immer** auf die Produkte aus. Auch gibt es Lebensmittelhersteller, die ihre Produkte bewusst mit negativen Energien imprägnieren. Durch das Segnen können wir diese neutralisieren. Und ja, natürlich können Sie diese selbst segnen! Sie sind mit Ihren Gedanken und Emotionen dazu sehr wohl in der Lage. Was auch hervorragend funktioniert, ist das Beschallen von Wasser mit harmonischer und spiritueller Musik. Das Wasser nimmt dabei die Schwingungen der Musik auf. Sie können Ihre Glasflaschen, Karaffen und sonstigen Behälter, die Sie zur Aufbewahrung Ihrer Speisen nutzen, mit beschrifteten Aufklebern versehen. Auf diesen stehen dann positive Attribute wie *Liebe, Gesundheit, Lebensfreude, Dankbarkeit* usw.. (Mehr dazu siehe: www.masaru-emoto.net)

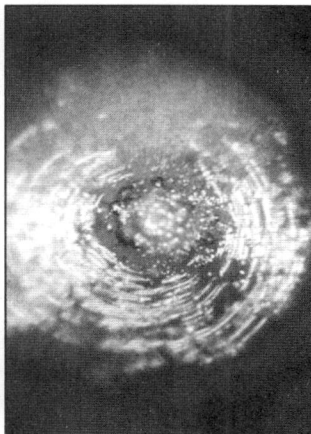

Abb. 72 links:
Harmonische Zell-
struktur des Wassers,
welches mit dem
Wort „*Danke*" geseg-
net wurde.

Abb. 73 rechts:
Hier total verzerrt
und disharmonisch
bei dem Ausdruck
„*Du Idiot*".

Superfoods

Sogenannte „**Superfoods**" (Supernahrung) sollten einen weiteren Baustein
in unserer gesunden Ernährung bilden. Das sind wahre Kraftpakete, voll
bepackt mit wichtigen Nährstoffen, die in üblichen Nahrungsmitteln nicht
in dieser Konzentration und Zusammensetzung vorhanden sind. Einige
haben Sie vorhin bereits kennengelernt. Neben Wildkräutern, Algen, Wei-
zen- und Gerstengras sowie fermentiertem Gemüse, gibt es die bekannten
Bienenprodukte wie Manukahonig, Blütenpollen und Gelee Royale, die den
Körper mit wertvollen Enzymen, Proteinen und anderen Nährstoffen versorgen und ihm Kraft geben. Ein wahrer Kraftspender ist auch die südame-
rikanische *Macapflanze*. Sie wächst in zirka 3.500 Metern Höhe in den An-
den, und ihre Knollen werden für den Verzehr zumeist in der Sonne ge-
trocknet und anschließend zu Pulver vermahlen. Schon die südamerikanischen Ureinwohner schätzten Maca als kleines Kraftpaket und für seine
positiven Effekte auf die Libido, gerade bei Männern. Maca ist auch ein so-
genanntes Adaptogen. Das bedeutet, dass seine Wirkstoffe dem Körper
helfen, sich an die jeweilige physische und psychische Situation bzw. Anforderung anzupassen. Gerade in der heutigen Stressgesellschaft ist das ein
hilfreiches natürliches Mittel. Das indische Pendant zu Maca ist die Ashwa-
gandha-Pflanze, auch als „indischer Ginseng" bekannt. *Speisehanfsamen*
sind eine wundervolle Quelle für pflanzliches Eiweiß und Omega-6- und
Omega-3-Fettsäuren, die zudem noch in optimalem Verhältnis zueinander

vorkommen (Verhältnis von 3:1 Omega-6 zu Omega-3). Reichlich Omega-3-Fettsäuren sind auch in Chiasamen und in Walnüssen enthalten.

Die *Kakaobohne* darf hier ebenfalls nicht unerwähnt bleiben. In ihrer schonend getrockneten Form hat sie von allen Lebensmitteln den höchsten Gehalt an Magnesium! Sie besitzt einen extrem hohen Anteil an wertvollen Antioxidantien wie *OPC* und *Resveratrol* (zehn bis zwanzig Mal höher als der Anteil in Rotwein und grünem Tee) und Mineralien wie Kalzium, Chrom und Eisen. Neurotransmitter wie Phenetylamin und Anandamid sorgen dafür, dass vermehrt Glückshormone ausgeschüttet werden. Sitosterol, welches den LDL-Cholesterinwert senkt, und die Aminosäure *Arginin* sorgen für eine verbesserte Durchblutung der Geschlechtsorgane und haben zudem einen positiven Effekt auf das Herz-Kreislauf-System. Essen Sie daher immer mal wieder ein Stückchen Rohkostschokolade.

Kokosöl schmeckt nicht nur lecker, sondern ist auch ein „Superöl" unter den pflanzlichen Ölen. Achten Sie hier aber ebenfalls unbedingt auf Rohkostqualität. Kokosöl können Sie zu sich nehmen, soviel Sie wollen. Davon werden Sie nicht dick, da die mittelkettigen Fettsäuren sich nicht ins Fettgewebe einlagern, sondern vom Körper ohne Umwege in Energie umgewandelt werden. Die in Kokosöl enthaltenen Bestandteile Laurinsäure und Caprinsäure haben zudem antibakterielle, antivirale und antifungale Eigenschaften. Der Kokosforscher Dr. Bruce Fife bezeichnet die mittelkettigen Fettsäuren im Kokosöl daher auch als natürliches Antibiotikum.

Aber auch *Getreide*, *Nüsse* und *Samen* kann man zu Supernahrungsmitteln umwandeln. Getreidekörner, einige Nüsse (z.B. Walnüsse, Haselnüsse, Mandeln) sowie die meisten Samen enthalten Enzymhemmer, die dafür sorgen, dass diese nicht vorzeitig keimen. Doch für den menschlichen Körper sind sie schädlich und verursachen häufig Verdauungsprobleme, und die Nährstoffe können nicht optimal verwertet werden. Durch das Einweichen über Nacht werden die schädlichen Enzyminhibitoren weitestgehend aufgelöst. Weicht man sie dann noch über mehrere Tage ein und spült sie zwischendurch immer wieder ab, setzt sich ein Keimprozess in Gang, welcher den Nährstoffanteil in den Körnern, Samen und Nüssen um ein Vielfaches erhöht! Das Gluten im Getreide beispielsweise wird durch das Keimen ebenfalls weitestgehend abgebaut und das damit gebackene Brot selbst für Allergiker verträglicher.

Superfoods und Nahrungsergänzungsmittel sind allein schon deshalb als Bestandteil der täglichen Ernährung empfehlenswert, weil heutzutage selbst BIO-Lebensmittel nur noch einen Bruchteil der Nährstoffe haben, die sie noch vor 50 Jahren hatten. Profitorientierte Fehl- und Misswirtschaft, der Gebrauch von Düngern und Pestiziden, hat dazu geführt, dass die heutigen Böden weitestgehend ausgelaugt sind und kaum noch Nährstoffe hergeben. Es ist mittlerweile in der Tat die Zeit gekommen, die in der Bibel prophezeit wurde, dass wir bei vollen Tischen verhungern. Doch es gibt Hoffnung! Wir können die Fehler korrigieren, indem wir weltweit wieder auf natürliche Weise anbauen, z.B. mithilfe der Permakultur und dem friedfertigen Landbau. So können wir mittel- und langfristig zur Heilung des Planeten und uns selbst beitragen. Die Lösungen sind bereits da!

Sauerstoff, Bewegung und Sonnenlicht

Eigentlich sollte dies selbstredend sein und nicht extra aufgeführt werden müssen. Gehen Sie öfters raus in die Natur, um Sauerstoff zu tanken. Denn Sauerstoff ist ein Radikalfänger und tut Ihren Zellen gut. Machen Sie öfter Sport oder Gymnastikübungen. Dadurch werden die Lymphdrüsen angeregt, die für den Abtransport der Giftstoffe aus dem Körper mit verantwortlich sind. Gehen Sie vor allem häufig in die Natur und raus aus dem Frequenzdschungel, der uns ständig umgibt. Die Natur ist wichtig, um uns zu erden. (Draußen barfuß herumzulaufen, erdet uns ebenfalls.) In Wäldern ist die Frequenzbelastung minimal bis verschwindend gering. Das hilft uns, wieder einen klaren Kopf zu bekommen und uns mit den Energien von Mutter Erde wieder aufzutanken. Dies tut nicht nur unserem Körper, sondern auch unserer Seele ganz gut. Trinken Sie viel reines und vor allem stilles Wasser jeden Tag (gefiltertes und aufbereitetes Wasser oder Quellwasser), um erstens den Körper ausreichend zu hydrieren und zweitens Schlacke und Giftstoffe besser ausscheiden zu können. Kohlensäurehaltige Getränke schädigen den Magen, wenn sie oft und dauerhaft konsumiert werden. Ab und zu ist es in Ordnung und sogar verdauungsfördernd (z.B. fermentierte Getränke), nur sollte man es nicht übertreiben. Trinken Sie am besten schon morgens nach dem Aufwachen ein bis zwei Gläser Wasser, bevor Sie überhaupt etwas anderes zu sich nehmen. Dies entsäuert und entschlackt den Körper und wirkt sich verdauungsfördernd aus. Es bereitet ihn auf das spätere Frühstück vor. Wenn Sie einen Schuss Zitronensaft oder unerhitzten Apfelessig hinzugeben, erhöhen Sie zusätzlich den Magensäurespiegel, was wiederum der Verdauung zu Gute kommt. Unerhitzter Apfelessig ist der einzige Essig, den ich kenne, der auf den Körper basisch wirkt, probiotisch ist und viele Enzyme enthält. Sie finden diesen in Bio-Märkten und Reformhäusern.

Seien Sie so oft wie möglich an der Sonne. Für eine optimale Gesundheit brauchen wir das Sonnenlicht schon fast wie die Luft zum Atmen. Da wir gerade in den nördlichen Breitengraden zu wenig Sonne haben, kommen wir nicht darum herum, zumindest zwischen Herbst und Frühjahr unsere Nahrung regelmäßig mit Vitamin D zu ergänzen. Die meisten Menschen in Europa leiden unter akutem Vitamin-D-Mangel, was Depressionen, Müdigkeit und andere Krankheitssymptome zur Folge haben kann. Nicht umsonst leiden im Winter viele Menschen unter der sogenannten „Winterdepression". Beim Sonnenbaden vermeiden Sie jedoch das Auftragen von irgendwelchen Sonnencremes. Diese sind voller Chemikalien. Alles, was Sie auf Ihrer Haut auftragen, geht zu 70% ohne Umwege direkt in die Blutbahn. Direkt unter der Hautoberfläche werden die Chemikalien durch die Sonne dann noch erhitzt und richten zusätzlichen Schaden an. Interessant in diesem Zusammenhang ist, dass das weltweite Phänomen „Hautkrebs" erst mit der flächendeckenden Einführung von Sonnencremes auftauchte. Einen guten Schutz für die Haut soll Kokosöl in BIO-Qualität bieten. Eine einfache Regel, die man sich dabei merken kann: Tragen Sie auf Ihre Haut nur auf, was Sie selbst auch essen würden. Oder greifen Sie auf komplett natürlich hergestellte Produkte zurück.

Und übrigens: Wir brauchen die Sonne für unser Überleben! Ohne Sonne würde hier auf dem Planeten nichts leben, auch wir nicht. Legen Sie daher, sofern vorhanden, Ihre Ängste vor der Sonne ab. Wir müssen nicht stundenlang oder den ganzen Tag an der Sonne „braten", denn das wäre zu viel, keine Frage. Die Schädlichkeit der Sonne hat man uns aber jahrzehntelang einprogrammiert, um Angst vor Krebs zu schüren. Warum? Das Sonnenlicht mit seinem ganzen Farbspektrum hat u.a. durch die Anregung der Vitamin-D-Produktion im Körper heilende Eigenschaften. Des Weiteren sendet die Sonne Energiestrahlen aus, die unseren ganzen Körper harmonisieren und auch kosmische Informationen in unsere DNS bringen, was für unsere weitere Entwicklung notwendig ist. Weil wir über die Netzhaut unserer Augen ebenfalls Sonnenlicht aufnehmen, regt es zudem unsere Zirbeldrüse – also unser Drittes Auge – an und somit unsere Intuition, Kreativität, Hellsichtigkeit und die Produktion von wichtigen Hormonen, die wiederum unseren Wach- und Schlafrhythmus steuern und unsere Körperzellen verjüngen. Voraussetzung ist jedoch, wir laufen nicht andauernd mit einer Sonnenbrille herum, denn diese verhindert die Aufnahme des wertvollen Sonnenlichts über die Augen.

Ausleitung von Amalgam

Quecksilber ist ein Nervengift! In Norwegen und Schweden ist Amalgam daher schon längst verboten worden. Amalgam gehört auf den Sondermüll und nicht in Ihren Mund. Lassen Sie sich vom Zahnarzt nichts anderes erzählen. Sofern Sie noch Amalgamfüllungen in Ihren Zähnen haben, empfehle ich Ihnen, eine Ausleitung (unter entsprechenden Schutzmaßnahmen) vornehmen zu lassen und diese durch z.B. Komposit- oder Keramikfüllungen zu ersetzen. Fragen Sie den Zahnarzt Ihres Vertrauens nach geeigneten Alternativen, und fragen Sie gezielt nach, welche Bestandteile in diesen enthalten sind. Lassen Sie sich nach Möglichkeit Proben von den einzelnen Füllungen geben (und am besten auch von dem Klebstoff, der benutzt werden soll), und lassen Sie diese durch einen guten Kinesiologen auf Verträglichkeit/Affinität testen. Dadurch erhalten Sie Gewissheit, falls Sie bei der Auswahl unschlüssig sein sollten. Unmittelbar nach der Sanierung sollten Sie dann mit der Ausleitung beginnen. Entgiftungen sind sinnlos, wenn aus Ihren Zähnen kontinuierlich Quecksilber in den Körper sickert und sich dort weiter ansammelt. Also raus mit dem Amalgam!

Vermeiden Sie Impfungen. Warum, habe ich in einem vorigen Kapitel erörtert. Sie wollen Ihrem Körper Gutes tun und ihn nicht noch zusätzlich mit Giften anreichern.[19]

Vermeidung von chemischem Fluorid und chemischem Jod

Vermeiden Sie am besten Nahrungsmittel, die künstlich mit Fluorid oder Jod angereichert wurden. Diese sind nicht natürlich, sondern stammen aus chemischen Industrieabfällen. Chemisches Fluorid ist Bestandteil von Rattengift sowie chemischen Kriegswaffen und wird der Nahrung sowie zahlreichen Zahnpasta- und Mundpflegeprodukten (vielerorts auch dem Trinkwasser) zugesetzt, um die Zirbeldrüse und das Hirn der Menschen zu de-

251

generieren, damit diese kritiklos und träge werden und sich dem Willen der Mächtigen widerstandslos hingeben. Fluorid ist ein reines Nervengift, welches in geringen Mengen erst einmal keine sichtbaren Schäden bei Erwachsenen zeigt, aber langfristig eine stetige und schleichende Vergiftung im Körper hervorruft. Es ist derart „gesund", dass kleine Kinder sterben können, wenn sie den Inhalt einer halben bis einer ganzen Tube fluoridhaltiger Zahnpasta verschlucken.

Eine gesunde Zirbeldrüse wiederum produziert ausreichend das essenzielle Hormon Melatonin, welches wichtige Prozesse in unserem Körper steuert, u.a. unsere Vorstellungskraft sowie unsere Träume. Melatonin regt die **Kreativität** und **Intuition** an und fördert die Zellteilung, was wiederum einen verjüngenden Effekt auf unseren Körper hat. Elektromagnetische Strahlungen, insbesondere die von Mobiltelefonen, Wi-Fi (drahtloses Internet) und Energiesparlampen, stören die Melatoninproduktion erheblich, genauso wie das 60-Hz-Feld, welches durch unser Stromnetz fließt. Die Taktung von 60 Hz hat man schließlich nicht umsonst gewählt. Im Bereich des Schlafplatzes sollten sich nach Möglichkeit im Umkreis von ein bis drei Metern keinerlei Störquellen befinden, das heißt auch keine Radiowecker oder Lampen. Wenn irgendwie machbar, sollte über Nacht die Sicherung für das Schlafzimmer ausgeschaltet sein. Der Schlafraum sollte zudem komplett abgedunkelt sein, da unsere Zirbeldrüse nur bei völliger Dunkelheit richtig arbeiten kann. Ich weiß, dass es mitunter schwer ist, alle Punkte akribisch zu befolgen, aber schließlich geht es hier um Ihren geruhsamen Schlaf und Ihre Gesundheit. Reduzieren Sie elektrische Quellen, so gut es geht. Mit der ayurvedischen Heilpflanze *Gotu Kola* können Sie die Funktionsfähigkeit Ihrer Zirbeldrüse unterstützen. Im Ayurveda gilt diese Pflanze als „spirituelles Kraut" und soll Nerven- und Hirnzellen revitalisieren.[19a]

Wie Sie sehen, gibt es keinen Grund, Angst vor Radioaktivität und anderen Giften zu haben. Wir haben die besten Naturheilmittel zur Verfügung, die wir für uns nutzen können. Angst ist sowieso einer der größten Stressfaktoren und ein schlechter Ratgeber. Je mehr Sie Angst vor etwas haben, desto mehr wird es Sie belasten, desto mehr wird die Angst zur (selbsterfüllten) Realität. Wie bereits erwähnt, lassen wir uns vor lauter Angst unterdrücken und treffen die falschen Entscheidungen im Leben.

Mit einem reinen Körper lässt es sich dann auch klarer denken. Sie fühlen sich zudem leichter und lebendiger und können neuen Schwung in Ihr Leben bringen.

Folgen Sie Ihrer Lebensbestimmung!

Wissen Sie, was Ihre Lebensaufgabe ist? Die meisten Menschen wissen es nicht und irren ihr ganzes Leben lang ziellos umher. Viele haben sich den Beruf ausgesucht, den ihre Eltern bestimmt haben oder auf Empfehlung anderer gehandelt. Sie haben sich dem Willen anderer gebeugt bzw. haben sich maßgeblich von anderen beeinflussen lassen, weil es so „logisch" klang. Dann verwundert es auch nicht, wenn die Menschen sich alles von der Regierung gefallen lassen, da sie ihre Verantwortung an andere abgegeben haben. Dies finden wir in so ziemlich allen Bereichen des Lebens. Wenn wir wegen jeder Kleinigkeit zum Arzt rennen, geben wir die Verantwortung für unsere Gesundheit an den Arzt und die Pharmaindustrie ab. Wenn wir zu den Wahlen gehen, geben wir unsere Verantwortung an die Politiker ab. Die machen dann mit uns, was sie wollen. Wenn wir uns von den Nachrichten berieseln lassen, lassen wir es zu, dass wir belogen und verdummt werden. Wollen Sie leben oder gelebt werden? Menschen machen die meisten Fehler, weil sie andauernd ihrem Verstand folgen anstatt ihrem Herzen. Der Verstand macht zwar am meisten „Sinn", aber nur das Herz kennt die Wahrheit. Sie suchen die Wahrheit im Außen und hören auf andere, aber die Wahrheit liegt im Innern eines jeden Menschen. **Und die Wahrheit ist: Liebe.** Vermutlich läuft es bei vielen von uns im Leben oft nicht gut, *gerade* weil wir unsere eigene Lebensbestimmung *nicht* leben.

Und weil die meisten Menschen andauernd auf ihren Verstand hören (obwohl es sich doch falsch „anfühlte"), haben wir mitunter die heutige Situation in der Welt. Dass die meisten Menschen heutzutage ihre Bestimmung nicht kennen, zeigt im Grunde nur, wie weit wir uns von unserer natürlichen Lebensweise entfernt haben.

Was ist meine Lebensaufgabe? Wie finde ich das heraus?

Lernen Sie einfach, auf Ihre innere Stimme, Ihr inneres Gefühl zu hören! Folgen Sie Ihrem Herzen. Sie haben damals nach der Schule angefangen zu studieren, auf Empfehlung oder Druck Ihrer Eltern, obwohl Sie unbedingt Musiker/Künstler/Schauspieler/Handwerker oder etwas anderes werden wollten, worin Sie wesentlich besser waren und wozu Sie wirklich Lust hatten? Hätten Sie damals auf Ihr eigenes Gefühl gehört, wäre Ihr Leben bis heute ganz anders verlaufen und Sie hätten höchstwahrscheinlich viel mehr Erfolg. Zudem hätten Sie wohl auch ganz andere Menschen kennengelernt – Menschen, die ebenfalls das tun, was ihnen Freude bereitet...

Welche Talente und Fähigkeiten haben Sie? Was ist Ihr Hobby oder Ihre Leidenschaft? Wofür konnten Sie sich schon in Ihrer Jugend so richtig begeistern? Wozu fühlen Sie sich regelrecht *berufen*? Das sind die besten Anzeichen dafür, was Ihre Bestimmung ist und in welche Richtung Ihre Lebensaufgabe gehen könnte. Denn Sie wurden mit bestimmten Talenten geboren, und der Lebenssinn besteht darin, diesen Talenten (Interessen) nachzugehen und sie bestmöglich zur *Beruf*ung zu machen. Dafür sind Sie hierhergekommen auf die Erde. Das ist Ihre Bestimmung – um Ihre Talente und Gaben zum Wohle aller Menschen einzusetzen. Denn das, was Sie am besten können, können Sie auch am besten nach außen hin darstellen, um anderen Menschen Spaß und Freude, Bildung, Inspiration, Heilung oder sonst einen Nutzen zu bringen.

Wenn Sie Ihrer Bestimmung nachgehen, hat Ihr Leben (wieder) einen Sinn. Ihr Leben ist lebenswert, Sie fühlen sich glücklich und erfüllt. Sie fühlen sich lebendig. Die Arbeit betrachten Sie nicht mehr als Arbeit, sondern als Spaß und Freude, als Mission.

Wenn Sie Ihrer Lebensaufgabe nachgehen, sind Sie im *Hier und Jetzt*. Sie sind in der *Liebe*, Sie sind in Harmonie und Einklang und zufrieden.

Und wenn Sie etwas aus Leidenschaft tun, dann begeistern Sie andere Menschen damit und entfachen wiederum in denen das Feuer.

Wollen Sie Ihr ganzes Leben lang Akten in einer langweiligen Firma hin- und herschieben oder sonst etwas, womit Sie Ihre Lebenszeit wahrlich verplempern, bei dem Sie unglücklich und unzufrieden sind und keinen Sinn in Ihrer Tätigkeit sehen? Und nur von Wochenende zu Wochenende leben, jahrein und jahraus, bis Sie irgendwann sterben? Oder wollen Sie das machen, was Sie **von Herzen** gern tun, bei dem Ihre Leidenschaft brennt, worin Sie richtig aufgehen können?

Tun Sie das, wozu Sie Lust haben! Und überlegen Sie dann, wie Sie sich damit zum Beispiel selbständig machen könnten. Oder Sie üben es als zweite Tätigkeit am Abend oder am Wochenende aus (evtl. nutzen Sie Ihr musikalisches Talent, um mit einer Band bei Konzerten aufzutreten). Sie wollten schon immer Schatzsucher werden? Kein Problem, da es bereits Firmen gibt – auch in Deutschland –, die das tun. Nehmen Sie Kontakt auf, und schauen Sie, ob die jemanden brauchen. Ihnen fällt nichts ein? Dann seien Sie ein bisschen kreativ... Was ist Ihr Hobby, was lieben Sie? Sie malen gerne und sind sogar recht gut darin? Dann könnten Sie Ihre Bilder verkaufen. Sie können sie sogar professionell einscannen lassen, wovon Sie dann Abzüge in einem Laden oder im Onlineshop verkaufen können (anstatt die Originale). Vielleicht eröffnen Sie eine Galerie oder eine Malschule, weil Sie nebenbei noch Pädagogin oder Lehrerin sind? So können Sie z.B. auch mehrere Talente miteinander verknüpfen.

Sie verreisen unheimlich gern und häufig? Selbst das können Sie zu Ihrer Berufung und somit zum Beruf machen. Dann wäre die Tourismusbranche vielleicht das Richtige für Sie. Hier könnten Sie Reiseleiter werden oder im Auftrag von Hotels und Reiseveranstaltern weltweit auf Urlaub geschickt werden, um Hotels zu bewerten oder Artikel für Reisebroschüren und Reisemagazine zu verfassen.

Ihnen fällt immer noch nichts ein? Sie meinen, das Einzige, was Sie den ganzen Tag gern tun ist, Schokolade zu essen? Und das in allen Variationen? Is(s)t doch prima! Sogar diese kulinarische Leidenschaft können Sie beruflich umsetzen! Sie könnten Chocolatier werden und Ihre eigene Schokoladenkreation herausbringen. Da Sie Schokolade so sehr lieben, fließt diese *Liebe* bei der Herstellung in das Produkt mit ein, und das spüren die Kunden unbewusst und kaufen Ihre Schokolade daher unheimlich gern. Dies wirkt sich wiederum auf Ihren Erfolg positiv aus. Machen Sie eine besondere Eigenkreation daraus, die es sonst so nicht gibt. Haben Sie schon einmal was von Rohkostschokolade gehört? Das ist Schokolade, bei der man kein schlechtes Gewissen haben muss. Alle Nährstoffe der Kakaobohne sind – im Gegensatz zur konventionell hergestellten Schokolade

– noch vorhanden. Gesunde Schokolade ist immer mehr im Kommen und ein Zukunftsmarkt. Oder Sie haben ein händlerisches Geschick und eröffnen einen Schoko-Shop, in dem Sie importierte Schokolade aus aller Welt verkaufen.

Wie Sie sehen, kann man selbst mit scheinbar „banalen" Interessen und Dingen glücklich und erfolgreich werden. Nehmen Sie sich etwas Zeit, um sich darüber Gedanken zu machen. Schließlich könnte es das Lebensglück für Sie bedeuten! Gehen Sie Ihrer Leidenschaft nach, denn die Begeisterung ist der Motor zum Erfolg. Sie gibt Kraft, etwas Neues zu beginnen und gleichzeitig die nötige Ausdauer, das neue Projekt auch zu vollenden. Wenn Sie es dann noch schaffen, die Menschen im Herzen zu berühren, dann ist das etwas ganz Besonderes. Umso mehr werden Sie im Gegenzug belohnt werden.

Das Geld sollte dabei nie an erster Stelle stehen oder als Motivation dienen. Die erfolgreichsten Menschen dieser Welt (die Machthaber einmal ausgeschlossen) sind deshalb erfolgreich geworden, auch finanziell, weil Sie das, was Sie taten, in erster Linie aus Leidenschaft und Liebe machten und damit andere Menschen in irgendeiner Form bereicherten, nicht, weil Sie hinter dem Geld her waren, denn das währt immer nur von kurzer Dauer. Der Erfolg kommt dann später von allein... Wenn Sie etwas hinterherrennen, dann läuft es nur weg vor Ihnen. Sie drücken es von sich regelrecht weg – wie ein Stück Seife, das man festhalten will (Sog-Prinzip). Lassen Sie es zu sich kommen. Sobald Sie die richtige Entscheidung treffen, das zu tun, wozu Sie hier sind, werden sich Ideen und Möglichkeiten von allein auftun, die Ihnen den weiteren Weg samt Lösungen aufzeigen, auch wenn Sie am Anfang noch verunsichert sein mögen und die ganze Wegstrecke noch nicht kennen. Ein Schritt nach dem anderen! Doch den ersten Schritt müssen Sie schon selber wagen. Dies setzt Vertrauen, Mut und Geduld mit sich selbst voraus.

„Aber ich habe weder einen Studien-, noch einen vernünftigen Schulabschluss. Und Geld für ein Projekt fehlt mir ebenfalls."

Ja, und? Wussten Sie, dass sehr viele erfolgreiche Leute steinreich geworden sind, obwohl sie sogar die Schule frühzeitig abgebrochen und somit noch nicht einmal einen Schulabschluss vorzuweisen hatten? Man hat uns von klein auf eingetrichtert, aus uns könne „*ohne einen Schulabschluss später einmal nichts werden*". Das ist eine Programmierung und Einstellung, die Sie schnellstmöglich über Bord werfen sollten! In vielen Berufen mag das durchaus eine Anforderung sein (obwohl es heute mittlerweile überall Quereinsteiger gibt, die sich umgeschult haben), aber diese Anforderung ist oft gegeben, um Sie im Hamsterrad festzuhalten. Sie wollen doch frei sein, das zu tun, was Sie wollen, oder? Wenn eine Anstellung aufgrund einer staatlich zertifizierten Qualifikation nicht möglich ist, dann können Sie sich immer noch selbständig machen. Sie müssen es nur wirklich wollen! Und wenn Ihnen momentan die nötigen finanziellen Mittel fehlen, so ist das immer noch kein Grund, Ihrem Traum und Ihrer Leidenschaft nicht zu folgen. Ganz viele erfolgreiche Menschen haben bei Null angefangen, und ich meine wirklich bei NULL. Und wenn es andere geschafft haben, warum sollte das dann nicht auch bei Ihnen klappen? Fangen Sie mit dem an, was Sie momentan haben, egal wie wenig das ist. Wenn ich die vorhin genannten Beispiele aufgreife und Sie z.B. gerne malen, dann werden Sie zuhause sicherlich noch Papier haben. Wenn Ihnen noch bestimmte Malutensilien fehlen sollten, dann verkaufen Sie Ihren unnützen Plunder, der Ihre Schränke und Ihren Keller ohnehin zumüllt und kaufen sich von dem Geld dann die ersten Werkzeuge für Ihre neue Tätigkeit. Wenn Sie gern Artikel oder Berichte schreiben, dann werden Sie höchstwahrscheinlich zuhause bereits einen Computer besitzen. Das ist alles, was Sie zum Schreiben benötigen. Und sollten Sie keinen PC haben, können Sie bei ebay im Internet gebrauchte Notebooks günstig für um die 100 Euro oder gar weniger ersteigern. Und hier muss es keineswegs das neueste Modell sein. Vielleicht hat sich ein Freund von Ihnen gerade einen neuen Rechner gekauft und wäre bereit, seinen alten gegen etwas anderes einzutauschen, was Sie besitzen, oder Ihnen diesen gar umsonst zu überlassen. Fragen kostet nichts. Sofern Sie sich dazu entschlossen haben, Ihrer Lebensbestimmung zu folgen, wird das Universum Sie zur richtigen Zeit an die richtigen Informationen, Umstände und Menschen heranführen, die Sie ein Stück weiter bringen zur Vollendung Ihrer Aufgabe – ein Schritt nach dem anderen. Nur muss der erste Schritt von *Ihnen* ausgehen – hilf Dir selbst, dann hilft Dir Gott! Sie müssen überhaupt den ersten Schritt nach vorn machen. Bewegen Sie sich, dann bewegt sich auch das Universum für Sie.

„Aber ich arbeite Vollzeit, bin gestresst und habe daher keine Zeit, über meine Lebensaufgabe nachzudenken."

Aber, aber, aber... Das ist zwar eine nette Ausrede, aber kein Grund. Wie lange wollen Sie denn noch warten? Wann wäre denn der „richtige" Zeitpunkt für Sie? Wann hätten Sie denn Zeit für sich selbst? Spätestens dann, wenn Sie vor lauter Stress, Ärger und Unzufriedenheit einen Herzinfarkt oder einen Nervenzusammenbruch erleiden, werden Sie alle Zeit der Welt haben, um über Ihr Leben und Ihre Zukunft gründlich nachzudenken. Oder auch dann, wenn Sie von Ihrer Firma entlassen werden, man Ihnen Ihren Job also „wegnimmt", weil er sowieso nicht zu Ihnen gehört und Ihrem Lebenssinn nicht entspricht. Muss es erst soweit kommen?

Hören Sie dabei nicht ständig auf Ihren Verstand, sondern auf Ihr Gefühl! Und Ihr Gefühl kommt aus Ihrem Herzen. Der Verstand wird dutzende „logische" Ausreden und Rechtfertigungen finden, warum es nicht klappen könnte, warum Sie keine Zeit dafür haben, kein Geld, keine Mittel usw..

Warum sind Sie hier? Wenn Sie nur noch drei Monate zu leben hätten, was würden Sie noch gern *bewirken* wollen? Was würden Sie der Welt geben oder ihr unbedingt mitteilen wollen? Die Welt braucht Sie! Sie sind aus einem ganz bestimmten Grund hier. Nehmen Sie sich Zeit, diesen herauszufinden. Nur Sie selbst können dies für sich herausfinden, nur Sie selbst kennen die Antwort. Sie schlummert tief in Ihrem Innern und wartet sehnlichst darauf, an die Oberfläche zu gelangen und wahrgenommen zu werden. Dabei spielt es keine Rolle, wie „groß" oder „klein" Ihre Aufgabe sein mag. Sofern Sie Ihrer Lebensbestimmung folgen und dies von Herzen tun, ist jede Tätigkeit wichtig und trägt maßgeblich zu Ihrem Wohlergehen und dem des Planeten bei. Wenn Sie sich dabei gut fühlen und Spaß haben, wissen Sie, dass es das Richtige ist. Hören Sie auch nicht auf andere Leute — egal, was die sagen! Denn diese kennen nicht **Ihre** Lebensaufgabe und werden ebenso alle möglichen „Gegenargumente" aufzählen, um Sie von der Umsetzung abzuhalten oder es Ihnen sonst wie „madig" zu machen, sodass Sie die Lust daran wieder verlieren. Diese Leute irren selbst planlos im Leben herum und kennen ihre eigene Bestimmung nicht, und vermutlich ist denen das auch egal. Diese Menschen müssen auch nicht den Sinn in Ihren Plänen sehen, es reicht, wenn **Sie** den Sinn für sich erkennen.

Abb. 74: Vergeuden Sie nicht mehr Ihre Lebenszeit mit Aufgaben, die Sie nicht glücklich machen. Sie sind zu viel mehr bestimmt im Leben!

Vielleicht ist der eine oder andere sogar neidisch auf Sie, weil Sie so tolle Ideen haben und er nicht. Am besten, Sie erzählen niemandem etwas von Ihrem Vorhaben, solange Sie es nicht selbst umgesetzt haben, damit Ängste, Zweifel und sonstige negative Gedanken der anderen Ihr Vorhaben nicht zunichte machen. Die Devise lautet: Erst gackern, wenn die Eier gelegt sind. Sofern Sie einen verständnisvollen und offenen Partner haben, der Sie nicht bevormundet und Sie unterstützt, können Sie diesem natürlich gern von Ihren Plänen erzählen. Vielleicht teilen Sie sogar dieselbe Begeisterung. Geteilte Freude ist schließlich doppelte Freude!

Andersherum gilt das natürlich genauso. Hören Sie auf, anderen ihr Leben vorschreiben und ihnen sagen zu wollen, was sie zu tun oder zu lassen haben. Dabei spielt es keine Rolle, ob es sich dabei um Ihre Arbeitskollegen, Ihre Nachbarn oder Ihre bereits erwachsenen Kinder handelt. Erteilen Sie keine Ratschläge, wenn Sie nicht explizit danach gefragt werden. Sie drängen dem anderen sonst indirekt Ihren Willen auf, ohne sich selbst darüber bewusst zu sein. Jeder Einzelne von uns ist hier, um eigene Lebenserfahrungen zu sammeln und Lernaufgaben zu meistern. Umwege und Fehler machen zu dürfen, gehört einfach dazu. Respektieren Sie daher den freien Willen der anderen Menschen, und lassen Sie diese einfach ihr Leben leben. Sich in das Leben anderer einzumischen, raubt nur wertvolle Lebenskraft – auf beiden Seiten –, was wiederum oft in Stress und Krankheiten ausartet. Das ist Vergeudung der wertvollen Lebenszeit. Sie laufen zudem Gefahr, durch Ihr Verhalten den anderen von sich zu stoßen und haben damit dann genau das Gegenteil erreicht. Des Weiteren könnten Sie sich negatives Karma aufladen, wenn Sie durch Ihr Einmischen Entscheidungsprozesse des Gegenübers beeinflussen, selbst wenn Sie der Meinung sind, sich „berechtigt" zu sorgen. Ihre Aufgabe ist es nicht, notwendige Lernerfahrungen des anderen zu verhindern oder ohne seine ausdrückliche Zustimmung aktiv zu beeinflussen. Sie können Ihr eigenes Leben in vielen Bereichen nicht einmal selbst beeinflussen. Hören Sie daher auf, das Leben der anderen ebenfalls kontrollieren zu wollen. Vieles im Leben der Menschen läuft auch deshalb schief, weil sich fast jeder überall einmischt. Dabei haben wir uns dieses Verhalten von den Machthabern abgeschaut. So, wie diese sich ständig in das Leben der Menschen und ganzer Völker einmischen, so mischen wir uns selbst gern überall ein. Dieses uralte Verhaltensmuster wurde stets von Generation zu Generation vererbt und hat sich wie ein Virus in der gesamten Welt verbreitet, was maßgeblich zur heutigen Situation auf unserem Planeten beigetragen hat. Es ist Zeit, dass solche Verhaltensmuster aufgelöst werden, denn sie haben im neuen Zeitalter einfach keinen Platz mehr. Lernen Sie loszulassen!

Die goldene Regel ist dabei sehr einfach: Leben und leben lassen. Wenn Sie selbst Freiheit erfahren wollen, müssen sie diese erst anderen gewähren. Denken Sie einmal gründlich darüber nach.

Schauen Sie auch nicht auf andere Leute und versuchen, es ihnen nachzumachen. Erfolg kann man nicht von anderen kopieren. Das funktioniert nicht, und ein Scheitern ist vorprogrammiert, einfach deshalb, weil die anderen nicht dieselbe Bestimmung im Leben haben wie Sie. Jeder kommt mit bestimmten einzigartigen Aufgaben hier auf die Welt. Sie sind einzigartig. Hören Sie daher auf, anderen nachzueifern und machen etwas Eigenständiges. Sie sind der Schöpfer und Regisseur Ihres eigenen Lebens!

Um das Thema Berufung und Lebensbestimmung hier abzuschließen: Nicht viel denken, machen! Wenn Sie wollen, dass sich Ihr Leben ändert, müssen **Sie** sich zuerst ändern. Wagen Sie es! Beenden Sie das „Wartespiel". Worauf wollen Sie noch warten? Sie warten sonst noch Ihr ganzes Leben lang... welches dann an Ihnen vorbeizieht, während Sie sich dann in zehn oder zwanzig Jahren oder an Ihrem Sterbebett fragen, warum Sie bloß nichts im Leben gewagt und die ganze Zeit nur abgewartet hatten. Wie der Werbeslogan eines bekannten Turnschuhherstellers es schon treffend formuliert hat: *„Just do it!"* („*Tue es einfach!*")
Also, nicht warten, sondern starten! Und tun Sie alles in **Liebe**.

Wenn Sie sich Ihr ganzes Leben lang gefragt haben, was denn überhaupt der Sinn des Lebens ist, so haben Sie hier nun die Antwort erhalten. Der Sinn des Lebens ist es, unserer Lebensbestimmung zu folgen, Glück und Frieden zu erfahren und vor allem bedingungslose Liebe zu praktizieren. Wenn Sie Ihrer Lebensbestimmung nachgehen, entsteht eine Art alchemistischer Prozess, ja, ein Schöpfungsprozess. Das scheinbar Unmögliche wird auf einmal möglich und real. Was dann stattfindet, ist pure Magie! Es ist schwer, irdische Worte zu finden, die solche Prozesse gerecht beschreiben könnten. Man muss es selbst erlebt haben!

Verrückt zu sein, ist normal

Aufgrund Ihrer Erziehung und wegen des Systems, in dem Sie groß geworden sind, wurden Sie schon von früh auf in ein Einheitskorsett gepresst, in das Sie nicht hineingehören – um so zu sein wie „alle anderen", um allen anderen zu genügen, um in deren System zu *funktionieren*. Ihr innerstes Wesen wurde aber dadurch unterdrückt, und Sie konnten sich nicht so entwickeln, wie Sie es wollten und für richtig hielten. Wir alle sind jedoch sehr individuelle Wesen mit den unterschiedlichsten Charaktereigenschaften, mit Stärken und Schwächen, mit Ecken und Kanten. Wenn ein Kind heute in der Schule eine Rechenschwäche hat, gilt es schon als nicht mehr „normal" und hinkt angeblich in der Entwicklung hinterher. Doch meist ist das Gegenteil der Fall. Ein Kind mag vielleicht kein Ass der Mathematik sein und wird es womöglich auch nie in seinem Leben werden. Doch hat es womöglich ganz andere Talente, wo das Kind in einem anderen Bereich vielleicht ein Genie ist. Dann gilt es, genau diese Stärken gezielt zu fördern, anstatt die Schwächen mit der Brechstange geradebiegen zu wollen, um aus dem Kind etwas zu machen, was es nicht ist und auch nicht sein will.

Vielleicht sind auch Ihre Ideen für andere „verrückt", und jene versuchen, Ihnen diese deshalb wieder auszureden. Wie vorhin schon einmal erwähnt, ignorieren Sie diese Leute am besten. Sie sind niemandem Rechenschaft schuldig, außer sich selbst. Ziehen Sie Ihr eigenes Ding durch. Sie können sich zwar gern von anderen auch einmal Kritik einholen, sofern sie berechtigt ist und es Ihr Projekt nur noch besser macht, doch lassen Sie sich nicht negativ beeinflussen und beirren. Gehen Sie Ihren eigenen Weg. Denn nur Sie kennen Ihren Weg und kein anderer. Verrückt zu sein bedeutet, mutig zu sein und zwar häufig gerade dann, wenn andere nicht an Sie oder Ihre Ideen glauben.

Ver-rückt bedeutet lediglich, nicht in derselben Spur als Teil des großen Einheitsbreis zu sein, sondern eigene Wege zu gehen, auch wenn diese nicht der „einheitlichen Norm" entsprechen mögen. Einfach selbst zu sein, so wie man ist, und es leben. Ver-rückt bzw. exzentrisch zu sein, erlaubt kreative Prozesse in einem selbst zu fördern und zum Vorschein zu bringen. Sie sind nicht hier, um sich ständig anderen anpassen zu müssen.

Denn sich so zu verhalten, wie es andere gern hätten, bedeutet, seine Individualität und folglich seine Identität aufzugeben, sich nicht entfalten zu können. Wenn Sie versuchen, jemand anderes zu sein, dann dämpft das nur Ihre Stärke und Ihre Attraktivität. Genauso wenig macht es Sinn, sich mit anderen zu vergleichen. Jeder ist individuell, so auch Sie. Wertschätzen Sie also, wer Sie sind und was Sie an sich haben!

Außer-gewöhnliche Menschen haben außergewöhnliche Ideen und bereichern unsere Welt enorm und im besonderen Maße, tragen zur Evolution der Menschheit maßgeblich mit bei. Die größten Genies und Visionäre unserer Zeit waren in einer gewissen Art und Weise „verrückt" und haben die Menschheit mit ihren Fähigkeiten und ihren Erfindungen bereichert (z.B. Galileo Galilei, Nikola Tesla, Albert Einstein u.v.a.). Jeder von uns hat spezielle Fähigkeiten, die er mitgebracht hat. Sie müssen nur in uns geweckt und zum Vorschein gebracht werden. Die Welt braucht viel mehr solcher „aufgewachter" Menschen. Die Welt braucht jeden Einzelnen. Die Welt braucht **Sie**!

Seien Sie daher auch ab und an gern schräg und albern. Machen Sie Späße. Trauen Sie sich, anders als der Rest zu sein. Seien Sie Sie selbst. Seien Sie frei. Das wird auch Ihrer Seele besonders gut tun.

Etwas verrückt zu sein ist somit vollkommen in Ordnung, solange Sie nicht geistig komplett „neben der Spur" sind und den anderen keinen Schaden zufügen. (Außer vielleicht deren Ego, aber das ist dann nicht Ihre Schuld. ☺) Auch wenn es etwas überspitzt formuliert ist, aber dazu passt auch folgender Spruch, der es kernig auf den Punkt bringt: *„Wer mit der Herde geht, kann nur den Ärschen folgen."*

„Wo Deine Talente und die Bedürfnisse der Welt sich kreuzen, dort liegt Deine Berufung."
Aristoteles (griech. Philosoph 384 v.Chr. - 322 v.Chr.)

Akzeptieren Sie Ihre aktuelle Situation!

Sie stecken gerade regelrecht in einer „Scheißsituation" oder plagen sich gerade mit etwas herum, worüber Sie sich ärgern oder worüber Sie enttäuscht sind? Wissen Sie was? Ja, das ist dann halt so. Höchstwahrscheinlich haben Sie selbst maßgeblich dazu beigetragen, das heißt Sie haben irgendwann in der Vergangenheit die Ursache für die aktuelle Lage gesetzt bzw. haben diese durch Ihre (negativen) Gedanken angezogen. Also sind Sie mindestens ein gutes Stück mitverantwortlich. Anstatt den Fehler immer bei anderen zu suchen, sollten Sie daher zuerst bei sich selbst anfangen. Der erste Schritt zur Besserung ist hier, die aktuelle Situation so zu akzeptieren, wie sie nun einmal ist. Sie ist bereits geschehen und kann ohnehin nicht mehr rückgängig gemacht werden. Aber was Sie machen können ist, Ihre Sichtweise und Ihre Einstellung zu ändern.

Egal, wie dumm oder prekär die Lage zu sein scheint, nehmen Sie es dankend als Lernaufgabe an und überlegen Sie, welchen positiven Nutzen Sie evtl. daraus ziehen können. Meistens haben die „schlechten" Dinge auch irgendwo eine gute Seite und sei es, dass man etwas Sinnvolles aus ihnen lernen kann, um es in Zukunft besser machen zu können. Aus Fehlern kann man lernen. Aus eigenen Erfahrungen weiß ich, dass sich nicht selten aus anfänglichen Problemen sogar neue Chancen entwickeln können. Denn oft ist sogar die Lösung schon im Problem selbst enthalten. Häufig geraten wir hin und wieder gerade deshalb in „schwierige" Situationen, um noch etwas viel Besseres zu erreichen. Man muss nur bereit sein, die Situation von einer anderen Seite zu betrachten. Sehen Sie es daher auch positiv! An den Herausforderungen im Leben wachsen wir und sammeln wichtige Lebenserfahrungen. Ersuchen Sie auch Rat bei Ihrer Familie oder Ihren besten Freunden, wenn Sie momentan „feststecken" und den „Wald vor lauter Bäumen" nicht mehr sehen. Von außen betrachtet können Unbeteiligte oft noch zusätzliche Aspekte erkennen, die Sie momentan vielleicht (noch) nicht sehen können.

Doch von jetzt an nehmen wir uns fest vor, unsere Einstellung zu ändern und uns mit Glaubenssätzen neu auszurichten…

Affirmationen zur Neuprogrammierung

Nehmen Sie auch Affirmationen als zusätzliche Hilfe zur Hand. Affirmationen sind positive Leit- und Glaubenssätze, die Sie sich öfters aufsagen und verinnerlichen, um Ihr Unterbewusstsein neu zu programmieren. Werfen Sie aber vorher unbedingt alte und hinderliche Glaubenssätze über Bord, wie z.B.: *„Ich kann es nicht.", „Ich schaffe das nicht.", „Ich bin nicht gut genug."* oder *„Alle reichen Menschen sind böse."* usw.. Werfen Sie **alle** Vorurteile ab, die Sie haben. Wenn Sie grenzenlos sein wollen, müssen Sie sich von Ihren angeeigneten und selbst anerzogenen Grenzen trennen!

Ein solch positiver Leitsatz könnte beispielsweise lauten: *„Ich bin es wert, geliebt zu sein."* Oder: *„Ich bin es mir wert, eine gestandene Frau (bzw. ein gestandener Mann) zu sein!"* Zum Thema Geld könnten Affirmationen wie folgt lauten: *„Ich besitze Geld im Überfluss."* bzw. *„Ich bin es mir wert, viel Geld im Überfluss zu besitzen."* oder *„Ich lebe in dauerhafter Fülle."* So können Sie das auch mit anderen Bereichen und Themen machen. Wenn Sie die Affirmationen beim Aufsagen mit positiven Emotionen und Visualisierungen (sich etwas geistig vorstellen) verknüpfen, werden diese besonders effektiv.

Achten Sie darauf, dass Ihre Affirmationen in der <u>Gegenwartsform</u> formuliert sind, also z.B.: *„Ich **bin** es mir wert...",* *„Ich **lebe** in dauerhafter Fülle."* oder *„Ich **habe** größtmöglichen Erfolg."* Vermeiden Sie Zukunftsformen wie *„Ich werde..."*, denn das ist und bleibt dann auch <u>stets</u> die Zukunft, die sich ständig in die Zukunft verschiebt und sich daher nie erfüllt. Formulieren Sie die Leitsätze daher so, als ob die gewünschten Ereignisse oder Zustände **bereits geschehen bzw. passiert sind.** So richten Sie Ihr Unterbewusstsein am besten aus, mit vollendeten Tatsachen. Vermeiden Sie in diesem Zusammenhang ebenfalls jedwede Wunschformulierungen (*„Ich wünsche mir, dass..."*), da Wünsche ebenfalls nur Wünsche bleiben und keine vollendeten Tatsachen anziehen. Oder anders ausgedrückt, wenn Sie einen Wunsch aussenden, kann auch nur ein Wunsch zurückkommen. Ein Wunsch bleibt dann nur ein Wunsch.

Es empfiehlt sich, solche Affirmationen am besten morgens kurz nach dem Aufwachen aufzusagen, während Sie noch im Bett liegen, oder abends, wenn Sie sich zum Schlafen hingelegt haben und kurz vorm Einschlafen sind. Zu diesen Zeiten – und während des Schlafs – ist unser Unterbewusstsein viel empfänglicher für Botschaften. Sie können die Leitsätze auch auf Band sprechen und dann beim Hinlegen in Dauerschleife abspielen. Schreiben Sie sie auch auf kleine Zettelchen und hängen sie dort hin, wo Sie öfters hinsehen, vielleicht sogar mit einem positiven Foto kombiniert, das dazu passt (z.B. vom neuen Auto oder Haus, das man haben möchte etc.), um die Vorstellungskraft zusätzlich anzuregen.

Achten Sie jedoch darauf, dass Ihre Affirmationen positiv formuliert sind und keinerlei Negationen wie „nicht" oder „keine" enthalten. Unser Unterbewusstsein blendet negative Formulierungen aus. Denken Sie beispielsweise einmal *nicht* an eine Zitrone... Was ist das Resultat? Haben Sie sich schon einmal angeschaut, wie ein paar der 10 Gebote formuliert sind?

„Du sollst ~~nicht~~ töten."
„Du sollst ~~nicht~~ stehlen."
„Du sollst ~~nicht~~ ehebrechen."
„Du sollst ~~nicht~~ begehren Deines nächsten Haus, Weib usw."

Unser Unterbewusstsein blendet die Negation „nicht" aus, und wir haben in der Welt genau all die Dinge, die wir nicht haben wollen. Interessant, oder?

Hier sind ein paar positive Affirmationen als Anregung, die Sie verwenden und an Ihre Bedürfnisse anpassen können:

Ich habe festes Vertrauen in mich selbst und meine Fähigkeiten.
Ich habe ein starkes Selbstbewusstsein.
Gott (bzw. das Universum) unterstützt mich auf all meinen Wegen.
Ich habe die Verantwortung für mein Leben selbst in der Hand.
Ich bin es wert, geliebt zu sein.
Ich liebe mich selbst und bin es wert, geliebt zu sein.
Ich bin glücklich, ich selbst zu sein.
Ich bin liebevoll und liebenswert.
Ich bin liebevoll zu mir selbst und anderen Menschen.
Ich bin vollkommen, so wie ich bin.
Ich liebe und akzeptiere mich so, wie ich bin.
Ich bin unabhängig und frei von meinen Eltern.

Ich bin frei.
Ich vertraue meiner inneren Stimme.
Ich bin frei von Ärger und frei von Sorgen.
Ich bin frei von Ängsten.
Ich bin dankbar.
Ich erfreue mich bester Gesundheit.
Ich bin vital und bei bester Gesundheit.
Ich bin jung und dynamisch.
Ich bin es mir wert, eine gestandene Frau / ein gestandener Mann zu sein.
Ich bin es mir wert, Geld im Überfluss zu besitzen.
Ich bin es mir wert, eine reiche Frau / ein reicher Mann zu sein.
Ich verdiene bestmöglich viel Geld.
Ich lebe in dauerhafter Fülle.
Ich habe in meinem Beruf größtmöglichen Erfolg.
Ich habe ein Recht auf Reichtum.
Ich bin in einer glücklichen und harmonischen Beziehung.
Ich habe eine(n) wundervolle(n) Partner(in) an meiner Seite, und wir sind beide sehr glücklich miteinander.

Das Manifestieren

Sie können nun einen Schritt weitergehen und sogar festgesteckte Ziele **manifestieren**. Schritt für Schritt können Sie dabei wie folgt vorgehen:

1. Setzen Sie sich zuerst ein Ziel, das Sie erreichen möchten (eine bestimmte Arbeitsstelle, eine bestimmte Summe Geld, Vollendung eines Projekts etc.). Denn erst, wenn Sie wissen, was Sie möchten, können Sie sich ans Werk machen. Wichtig hierbei ist, dass Sie sich ein Ziel aussuchen, wovon Sie selbst auch überzeugt sind und selbst glauben, dass Sie es erreichen können. Wenn Sie hergehen und sich eine Million Euro wünschen, aber an das Erreichen nicht so richtig glauben, dann wird es keinen Erfolg bringen. Selbst kleine Zweifel machen alles zunichte. Fangen Sie dann lieber mit kleineren Zielen an, und wenn Sie diese erreicht haben, können Sie das nächste Mal „eine Schippe" drauflegen.

2. Formulieren Sie Ihr Ziel am besten auf einem Blatt Papier aus. Sie können daraus eine kleine Geschichte kreieren, wenn Sie wollen. Beschreiben Sie mit eigenen Worten, wie sich das Erreichte anfühlt, anhört bzw. was Sie dabei im engen Umkreis hören, was Sie dabei sehen, und wenn Sie wollen auch, was Sie dabei schmecken (z.B. das Prickeln des Champagners in Ihrem Mund, weil Sie auf den Vertragsabschluss anstoßen). Es muss kein ganzes Drehbuch sein. Kurze Szenen, die Sie visualisieren, reichen aus. Ein halbes bis ganzes Blatt Papier sollte in der Regel genügen.

3. Achten Sie darauf, dass Sie nur positiv formulierte Sätze wählen und das Ziel und die Situation so beschreiben, als wäre sie bereits eingetreten! Das heißt Sie schreiben in Gegenwarts- und Vergangenheitsform, so wie bei den Affirmationen vorhin.

4. Eine Manifestation lebt von Energie und muss daher mit dieser gefüttert werden. Die Energie setzt sich hierbei aus Ihrer Gedankenkraft und Ihren Emotionen zusammen. Je besser Sie die Situation visualisieren und je mehr Emotionen Sie hineinbringen können, umso größer sind die Erfolgsaussichten.

5. Den kleinen Text bzw. den Ablauf lernen Sie am besten zumindest grob auswendig. So verinnerlichen Sie sich den Inhalt gleich zu Beginn. (Sie können auch zusätzlich Ihren Schutzengel darum bitten, dass er Ihnen bei der Manifestation hilft und diese verstärkt.)

6. Ziehen Sie sich am besten an einen ruhigen Ort zurück, an dem Sie allein und ungestört sind. Wenn nötig, bringen Sie auch Ihre Gedanken zur Ruhe. Entspannen Sie sich. Nun schließen Sie die Augen und spielen vor Ihrem geistigen Auge Ihren „Wunsch"-Film ab. Dabei gehen Sie innerlich den Text durch, den Sie verfasst haben, und sagen die Sätze auf, sofern Sie in Ihrer vorgestellten Situation auch etwas sagen. Natürlich können Sie zwischendurch auf den Zettel schauen, wenn Sie den Faden verlieren sollten. Sie können selbstverständlich auch improvisieren, wenn es Ihnen leichter fällt. Dann reichen stichwortartige Sätze auf dem Zettel als Orientierungshilfe aus. Stellen Sie sich die Situation so gut es Ihnen gelingt bildlich vor, und **Sie bringen so viele positive Emotionen** mit hinein wie möglich.

Steigern Sie sich richtig hinein, bis Sie vor lauter Freude in die Luft springen oder Rotz und Wasser heulen können vor lauter Glück! Dies kann etwas Übung erfordern. Stellen Sie sich so viele Details wie möglich vor. Fühlen Sie es, das Erreichte bereits zu *haben* oder zu *sein*. Wichtig hierbei ist, dass Sie sich alles aus der Ich-Perspektive heraus vorstellen, so als ob Sie es tatsächlich selbst erleben und sich dabei <u>nicht</u> als dritte Person von außen sehen. Nur so hat es die beste Wirkung.

7. Sollte das beim ersten Mal nicht ganz so gut geklappt haben, ist das kein Problem. Wiederholen Sie das Ganze einfach noch einmal am nächsten Tag, und dann sollte es aber auch reichen. Schicken Sie jetzt nichts mehr nach, denn sonst würden Sie den Ablauf bremsen und nur unnötig verzögern. Sie haben Ihre Manifestation nun ins Universum hinausgesandt!

8. Jetzt ist Loslassen angesagt! Loslassen heißt, nicht mehr daran zu denken und keine Energien mehr hineinzugeben. Also keine Zweifel aber auch keine Erwartungen zu hegen. Wenn nötig lenken Sie sich irgendwie mit anderen Dingen ab und bleiben einfach positiv gestimmt. Denn wenn man etwas „hinterherjagt", dann passiert genau das Gegenteil, es rennt vor einem davon, wir drücken es nur noch weiter von uns weg. Daher das Manifestierte loslassen und vergessen. So kann das Universum in Ruhe für Sie arbeiten, um das bestmögliche Ergebnis für Sie zu bringen. Denn durch das energetische „Sog-Prinzip" ziehen Sie die gewünschte Situation in Ihr Leben. Ab jetzt seien Sie einfach nur wachsam, halten Augen und Ohren offen. Es werden sich in der nächsten Zeit (meist dann, wenn Sie gerade nicht damit rechnen, weil Sie ja losgelassen haben) Situationen ergeben, Menschen in Ihr Leben treten oder sich sonstige Hinweise (z.B. übers Internet, beim Radiohören usw.) ergeben, die Sie zu Ihrem Ziel bringen. Das, was Sie von innen heraus ausstrahlen, ziehen Sie auch im Außen an. Nutzen Sie weiterhin Ihre positiven Affirmationen. Wie innen, so außen!

Wenn sich dann der Erfolg über das Gesetz der Anziehung einstellt, wissen Sie, dass es bestens funktioniert hat, und Sie können das ganze Spiel ab Schritt Nr. 1 mit dem nächsten Projekt wiederholen. Viel Erfolg!

Die Spielvariante

Eine besondere Variante dieser Manifestationsübung besteht darin, es ohne Absicht, sondern nur aus Spaß an der Freude zu tun – so als wollten wir ein Spiel spielen. Wenn wir das ohne eine Absicht tun, stellt sich dann auch die Frage nach dem Glauben nicht mehr, ob es überhaupt klappen könnte oder nicht. Und wenn daran zu glauben keine Rolle spielt, kommen auch keinerlei Zweifel auf. Und da wir lediglich spielen, haben wir auch keine Erwartungen an einen gewünschten Ausgang. Somit haben wir mögliche Zweifel und Erwartungen ausgeräumt und haben ein wichtiges Hindernis weniger. Es macht die ganze Sache einfacher. Stellen Sie sich doch aus Jux vor, wie Sie einen 100-Euro-Schein auf der Straße finden. Malen Sie sich die Situation aus, und lassen Sie so richtig Freude dabei aufkommen, wie Sie tatsächlich reagieren würden, wenn Ihnen so etwas passieren würde. Lassen Sie anschließend los, und vergessen Sie, dass Sie es je im Kopf „durchgespielt" haben. Dieses Spiel können Sie täglich immer mal wieder zwischendurch üben und werden immer besser darin. Beobachten Sie, was in Ihrem Leben dann passiert. Jemand in meinem Bekanntenkreis hat diese Methode entworfen, sehr viele Male probiert und die Erfahrung gemacht, dass sich viele Dinge viel schneller manifestieren, indem man den Faktor „Zweifel" einfach herausnimmt. Absichtslos zu sein und es anschließend loszulassen, ist der Schlüssel. Seien Sie aber dennoch vorsichtig und verantwortungsbewusst, und überlegen Sie sich gut, was Sie sich durch diese Übung „wünschen". Denn es kann sich tatsächlich ganz schnell manifestieren. Ist es dann das, was Sie wirklich wollten (oder evtl. etwas, was Sie nicht mehr loswerden oder womit Sie nicht richtig umgehen können)? Das nur als kleiner Warnhinweis.

Dies ist auch eine gute Methode, um ohne ersichtlichen Grund Glücksgefühle in sich selbst zu erzeugen. Sie sind gerade in einer schwierigen Situation oder Lebensphase und fühlen sich miserabel? Dann spielen Sie doch zwischendurch das Spiel „Was wäre wenn...?". Einfach so, aus Spaß. Malen Sie sich wundervolle Dinge oder Situationen aus, die Sie sehr glücklich machen. In dem Moment werden Endorphine in Ihrem Körper ausgeschüttet, Sie erzeugen „Glück auf Abruf" sozusagen, und erheben Ihren Bewusstseinszustand auf ein gesünderes Niveau. Probieren Sie es doch einmal aus! Es ist auch ein tolles Spiel, um es mit den eigenen Kindern auszuprobieren. Denn diese sind sehr geübt, was die Vorstellungskraft betrifft. Auch sind Kreativität und Gefühlswelt bei Frauen sehr viel stärker ausgeprägt als bei Männern, die eher logisch-rational und analytisch veranlagt sind und meist nur die linke Gehirnhälfte beanspruchen. Die meisten Männer werden das Manifestieren daher öfters üben müssen. Aber auch das ist zu schaffen! Wenn dann der erste Erfolg da ist, sind Sie überglücklich. Und nun erkennen Sie, dass wenn Sie glücklich sind, Sie dann noch mehr Glück anziehen...

Der Glückstopf

Ich habe es mir zur Gewohnheit gemacht, dass ich mir alle positiven Dinge, die mir passieren, auf kleine Zettelchen schreibe und diese in einen kleinen Topf mit Deckelverschluss hineingebe. Egal, wie viel oder wenig mir etwas Freude bereitet hat, ich schreibe es mit Angabe des Datums nieder und bewahre es in dem Bottich auf. Eine Sache bereitet mir somit doppelte Freude – einmal zu Beginn, wenn das Ereignis geschehen ist, und ein zweites Mal, während ich es dann niederschreibe und ich mich dabei freue, dass ich wieder etwas Tolles erlebt habe, womit ich meinen Topf weiter befüllen kann. Am Ende des Jahres wird der Behälter komplett geleert, und ich lese mir alle Zettelchen durch. Dabei rufe ich mir, so gut es geht, die einzelnen Ereignisse noch einmal ins Gedächtnis zurück und empfinde ein drittes Mal Glück und Freude dabei. Diese Art der „Bescherung" können Sie für sich alleine machen oder die Freude mit Ihrer Familie teilen und sich so gegenseitig inspirieren. Über das Jahr verteilt kommen da schon eine Menge Zettelchen zusammen, und diese Methode eignet sich hervorragend als Resumee am Jahresende, um sich selbst zu beweisen, dass einem nicht immer nur „schlechte" Dinge im Leben widerfahren. Während man dann die ganzen positiven Ereignisse durchliest und eine Freude nach der anderen empfindet, kann man dann gleich fürs kommende Jahr neue Kraft und Zuversicht tanken und hat die Gewissheit, dass man durchaus in der Lage ist, positive Dinge anzuziehen. Und dann wird der Topf vielleicht nächstes Jahr sogar noch voller.

Genießen Sie das Leben!

Wir Menschen neigen häufig dazu, anderen oft helfen zu wollen, im Gegenzug aber uns selber viel zu sehr zu vernachlässigen. Dies passiert einerseits durch den alltäglichen, teilweise monotonen Trott, andererseits dadurch, dass die Menschen – und das würden viele nicht gerne offen zugeben wollen – viel zu streng mit sich selbst umgehen und sich selbst daher gute Dinge nicht gönnen. Viele sind sogar der Ansicht, sie hätten es aus welchen Gründen auch immer nicht *verdient*, ein gutes Leben zu führen. Selbstmitleid und mangelnde Selbstwertschätzung (also sich selber nicht genug *wert*-zuschätzen) spielen hier eine große Rolle. Sich selbst etwas nicht zu gönnen führt dazu, dass man sich unglücklich fühlt und unzufrieden mit sich selbst und der Welt ist. Sich selbst zu „geißeln", ist daher verkehrt und kontraproduktiv. Wenn Sie sich selbst zu diesem Personenkreis zählen, dann rate ich Ihnen unbedingt dazu, an der Skala des Bewusstseins zu arbeiten. Nehmen Sie vor allem auch die Affirmationen zur Hand, um sich neu zu programmieren. Ändern Sie vor allem Ihre Einstellung!

Wenn ich gerade einen wunden Punkt angesprochen habe, dann lassen Sie jetzt alle angestauten Emotionen ruhig raus. Ja, lassen Sie die Tränen kullern, wenn nötig. Sprechen Sie sich auch gerne mit jemandem aus, dem Sie vertrauen. Es ist hin und wieder auch wichtig, angestaute Emotionen nicht zu unterdrücken. Sie müssen halt raus, und das ist gut so. Denn danach fühlt man sich leichter, ist gefasster und kann sich neu orientieren. Und Sie orientieren sich neu, indem Sie Ihr Leben und Ihr Verhalten bzw. Ihre Einstellung ändern. Mensch, wir sind hier, um das Leben zu genießen! Also tun wir das auch – trotz, oder gerade aufgrund all der Herausforderungen, die wir so im Laufe unseres Lebens zu meistern haben. Sie können sich z.B. vornehmen, jeden Monat 5% Ihres Einkommens zu verwenden, um sich selbst zu verwöhnen – nur Sie allein und sonst niemand. Sparen Sie es nicht, geben Sie es aus! Nehmen Sie das Geld, um sich selbst etwas Gutes zu tun. Das kann alles Mögliche sein, was Ihnen wahre Freude, Entspannung, Spaß oder Frieden beschert (Kurztrip übers Wochenende, Massagen, Wellnessbehandlungen, Maniküre, Restaurantbesuche usw.) – schlichtweg einfach das, was Ihnen persönlich wirklich gut tut. Indem wir uns selber regelmäßig Gutes gönnen, tragen wir maßgeblich zu unserem **seelischen Wohl** bei. Dann läuft alles andere im Leben auch leichter.

Aber dies hat noch einen anderen wichtigen Hintergrund: Indem Sie sich selbst jeden Monat etwas Gutes tun, fangen Sie an zu *erfahren*, wie es ist, ein gutes Leben zu haben, reich bzw. erfolgreich zu sein und wie es sich *anfühlt*, stress- und sorgenfrei von anderen Leuten verwöhnt und versorgt zu werden. Dadurch programmieren Sie Ihr Unterbewusstsein auf „Erfolg" und „gutes Leben"! Keine Ausreden hier bitte, Sie hätten kein Geld dafür. Sie können auch kleiner anfangen und z.B. nur 3% vom Einkommen pro Monat beiseite legen und sich dann jeden zweiten Monat etwas Schönes gönnen. Sie investieren dadurch in sich selbst und Ihre Zukunft. Machen Sie es zur <u>Gewohnheit</u>, dann ziehen Sie immer mehr schöne Dinge und mehr Erfolg in Ihr Leben. (*Gesetz der Anziehung*)

Denn Sie sind es sich **wert**!

Naturgesetze und die Bedeutung von morphogenetischen Feldern

In diesem Zusammenhang sollten wir uns alle über die *morphogenetischen Felder* (auch *morphische Felder* genannt) bewusst sein. Diesen Begriff hatte einst der britische Biologe Rupert Sheldrake geprägt und bezeichnete damit das kosmische Geistfeld bzw. den Gedächtnisspeicher der Erde. Wenn innerhalb einer Spezies über einen bestimmten Zeitraum bestimmte Erfahrungen gemacht werden, werden diese Erfahrungen im kosmischen Geistfeld (morphischen Feld) gespeichert und sind dann weltweit für die gesamte Spezies verfügbar und abrufbar – ähnlich wie bei einer Computer-Festplatte oder bei einem Film, den man auf youtube hochgeladen hat. Die Existenz solcher Felder hat man durch verschiedene Versuche nachgewiesen. Das bekannteste Beispiel dürfte das des „hundertsten Affen" sein. Dieser Versuch bestand darin, dass man auf einer Insel den dort lebenden Affen Kartoffeln in den Sand warf. Diese nahmen sich die Kartoffeln und verspeisten sie, mit dem Nachteil, dass der mitaufgenommene Sand zwischen den Zähnen störte. Irgendwann kam einer der Affen auf die Idee, die Kartoffeln vor dem Verzehr erst im Meer zu waschen. Was anschließend passierte, kann man sich bereits ausmalen. Die anderen Affen machten es ihm nach, bis bald alle Affen dieser Herde die Kartoffeln vor dem Verzehr im Salzwasser wuschen. Doch der eigentliche Clou kam erst noch. Auf einer 100km entfernten Nachbarinsel wiederholte man den Versuch. Man warf den Affen dort ebenfalls Kartoffeln in den Sand, und was dann passierte, war besonders erstaunlich: Alle Affen nahmen die Kartoffeln und wuschen sie vor dem Verzehr sofort im Meerwasser!

Bei Menschen hat man ebenfalls ähnliche Experimente und Beobachtungen gemacht, so z.B., dass es immer wieder vorkommt, dass an völlig verschiedenen Orten der Welt ein und dieselben Erfindungen nahezu zur gleichen Zeit entwickelt werden. Dieses kosmische Bewusstseinsfeld speichert all unsere Gedanken, Worte und Taten, die dann unsere sichtbare Realität formen. Denn Gedanken und Worte sind eben nichts anderes als Energie, die ausgesandt wird. Vereinfacht bedeutet dies, dass wir dadurch selbst Dinge manifestieren, sowohl positiv als auch negativ, ganz nach den **Naturgesetzen der Anziehung und von Ursache und Wirkung** – im Einzelnen und als Menschheit.

Um das Wissen über die kosmischen Gesetze mit dem morphogenetischen Feld zu verknüpfen – dem Gesamtspeicher der Erde, in dem alles zusammenfließt –, wird uns die volle Tragweite dieses Feldes erst so richtig bewusst, wenn wir uns fragen, in welcher geistigen Verfassung sich die Menschheit denn insgesamt momentan befindet. Denken wir ständig an Kriege, Krisen und Mangelzustände oder an Frieden und Wohlstand? Mit welchen Gedanken, Einstellungen und Taten haben wir das kosmische Bewusstseinsfeld „gefüttert"? Dies hat dann zum aktuellen Zustand des Planeten maßgeblich beigetragen.

Wenn wir dieses Wissen mit der kraftvollen Wirkung der zuvor erwähnten Affirmationen und dem Manifestieren kombinieren, können wir bewusst schöpferisch agieren! Leider wissen (noch) die wenigsten Menschen von diesen morphischen Feldern. Stellen Sie sich einmal vor, was passieren würde, wenn 20% der Menschen in unserem Lande sich über die Auswirkungen Ihrer eigenen Gedanken und Taten und die des Kollektivbewusstseins bewusst wären. Das ist nämlich die Zahl, die wir brauchen, um im Großen die „kritische Masse" zu erreichen. Wir können im Nu paradiesische Verhältnisse herbeiführen. Wir können es. Alle Werkzeuge dazu liegen in uns selbst.

Achten Sie daher darauf, was Sie sich wünschen, was Sie denken und was Sie tun! Wohin investieren Sie Ihre Energie? Umgeben Sie sich mehr und mehr mit positiven und schönen Dingen, dann ziehen Sie auch positive Dinge und Erfahrungen in Ihr Leben, und die negativen Dinge werden seltener und verblassen nach und nach. Lernen Sie, auch die kleinen Dinge in Ihrem Leben zu schätzen und seien Sie dankbar dafür. Wenn Sie nicht dankbar sind für das, was Sie gerade haben, dann wird das Universum sich auch nicht motiviert fühlen, Ihnen noch mehr zu geben, weil es sieht, dass Sie für die größeren und besseren Dinge ebenfalls nicht dankbar wären und Sie diese ebenso wenig zu schätzen wüssten. Schätzen Sie daher Dinge und Menschen um Sie herum, dann werden auch Sie mehr wertgeschätzt werden. Probieren Sie es einmal aus.

Fazit: Vom Opfer zum Schöpfer

Wenn Sie Ihr Leben physisch, geistig, seelisch und karmisch entrümpelt haben, Sie Ihrer wahren Bestimmung voller *Liebe* nachgehen und somit Ihrem Leben wieder einen Sinn gegeben haben, kommen Sie wieder in Ihre *Kraft* und verspüren wieder *Freude* in Ihrem Leben. Womöglich verspüren Sie dann auch das erste Mal in Ihrem Leben so etwas wie inneren *Frieden* (siehe Ebenen des Bewusstseins). Sie werden ein selbstbewussterer Mensch, der sein Leben selbstbestimmt, eigenverantwortlich und souverän in die Hände genommen hat und sich von niemandem mehr beeinflussen oder etwas verbieten lässt. Sie sind dann Ihr eigener Herr. Sie haben sich vom Opfer zum Schöpfer entwickelt!

So sind Sie dann im Stande, auf dieser Welt etwas zu bewirken, etwas zu verändern und dann auch andere mit Ihren Gaben und Fertigkeiten zu inspirieren und zu erheben. Dabei geht es nicht primär um den Erfolg im Außen. Dieser kommt später von allein. Über sich selbst hinauszuwachsen ist ein innerer Prozess – ein Prozess, der in Ihrem Herzen beginnt. Und wenn dies jeder Mensch umsetzen würde, böte die Menschheit weitaus weniger Nährboden für Kontrolle und Manipulation durch Dritte, da die Machthaber sich nur von niederen, negativen Emotionen ernähren.

Jemand, der in Liebe ist, der trifft auch weniger falsche Entscheidungen im Leben. Diese gehören im Leben zwar dazu, aber man braucht dann keine Angst mehr davor zu haben. Denn auch Fehler sind Lernprozesse, die einen im Leben weiterbringen und aus denen man viel lernen kann. Probleme werden als Herausforderungen betrachtet, in denen zumeist die Lösung schon selbst enthalten ist.

Und jemand, der keine Angst mehr vor dem Leben hat, kann auch geistig nicht mehr versklavt werden. Er sieht sich zudem nicht mehr als Opfer von äußeren „Umständen", weil er sich einfach nicht mehr in die Opferrolle bringen lässt – der entscheidende Moment, sich selbst und dann die Menschheit gemeinsam von den Fesseln befreien zu können. Man hat uns schließlich auch nur deshalb versklaven können, weil wir es zugelassen haben. Das Spiel funktioniert nur, wenn sowohl Täter als auch Opfer vorhanden sind.

Legen wir unsere Opfermentalität jetzt ein für alle Mal ab! Denn wir nehmen unser Leben jetzt wieder selbst in die Hand!

Helfen Sie sich selbst, dann wird auch Gott Ihnen gern helfen!

„Sei Du selbst die Veränderung,
die Du Dir wünschst für diese Welt."
Mahatma Gandhi (1869-1948)

„Dein Herz ist der Kompass Deiner Seele. Folge ihm,
denn es wird Dir im Leben stets den richtigen Weg weisen."
Daniel Prinz

Kapitel 7
Gandhis Weg des passiven Widerstands

Ich habe mir lange Gedanken darüber gemacht, welcher Weg am sinnvollsten wäre, um das aktuelle System schnellstmöglich zu Fall zu bringen oder noch besser, einfach überflüssig werden zu lassen. Es gibt viele andere Menschen, die das, was ich bisher geschrieben habe, selbst schon erkannt haben und daraufhin tätig geworden sind, mal mit mehr, mal mit weniger Erfolg. Ein beliebter Weg ist es, in die „staatliche Selbstverwaltung" zu gehen. Je nachdem, auf welche Anleitungen man dabei stößt, erfordert dies sehr viel Papierkram. So kann man z.B. eine Personenstandserklärung verfassen, in welcher man sich als „Mensch" erklärt und sich vom Namen der juristischen Person trennt. Dieses soll man dann zu den Botschaften der alliierten Siegermächte schicken, nach Moskau und Washington D.C. zu den Militärgouverneuren und gefühlten dutzend anderen staatlichen Stellen, mit denen man kommuniziert bzw. auf deren Forderungen man antwortet. Bis auf Bestätigungen des Eingangs der verschickten Post, habe ich keinerlei Hinweise finden können, wonach im Nachhinein noch eine Antwort von den Botschaften gekommen wäre. Der nächste Schritt bestünde dann darin, alle Ausweise und Pässe sowie Führerschein den Stadtverwaltungen zurückzugeben. Als Alternative kann man sich dann andere Identitätsausweise, z.B. welche vom „Amt für Menschenrechte", ausstellen lassen. Das Problem besteht aber erstens darin, dass die Stadtverwaltungen die Rückgabe von Ausweisdokumenten nicht immer akzeptieren (außer sie sind beschädigt) und zweitens, dass alternative Behelfsausweise bei öffentlichen Stellen nicht anerkannt werden. Das heißt man wäre dann nicht mehr in der Lage, bei der Bank ein Konto zu eröffnen. Nun leben wir in einem System, in dem wir tagtäglich noch weitestgehend auf gewisse Hilfsmittel angewiesen sind und Aufgaben haben, die wir ohne „staatliche" Ausweisdokumente nicht erledigen können.

Nichtsdestotrotz möchte ich niemanden davon abhalten, den obigen Weg zu gehen. Für einige Menschen mag das tatsächlich der richtige Weg sein. Von sogenannten „kommissarischen Reichsregierungen", von denen es mittlerweile ein paar Dutzend gibt, halte ich persönlich rein gar nichts. Das sind in meinen Augen absichtlich gezündete Nebelkerzen seitens der Regierung, dem „Verfassungsschutz" (= schützt die Deutschen vor einer

Verfassung) oder sonstiger Geheimdienste, um Wahrheitssuchende in die Irre zu führen bzw. in ein „Auffangbecken" hinein zu manövrieren, um sie dann besser beobachten zu können.

Der Gelbe Schein – der Staatsangehörigkeitsausweis

Anzuraten ist, dass man sich den *Staatsangehörigkeitsausweis* besorgt, wie zuvor in Kapitel 2 beschrieben. (Hilfe und praktische Unterstützung hierzu erhalten Sie unter www.bewusst-treff.org, www.gelberschein.info)

Die Idee dahinter ist, dass man durch diese Form der Personenstandsänderung versucht, folgende Dinge zu erreichen:

1. Man erwirbt somit wieder die Rechte der „natürlichen Person". Man entscheidet selbst, wie und ob man seine Person im Handelsrecht (UCC) unter Beachtung der HLKO, der SMAD-Befehle und SHAEF-Gesetze einsetzt – dies in selbstverantwortlicher Weise zur Durchsetzung eigener Ziele.

2. Nur **Staats**angehörige eines <u>rechtmäßigen</u> Staates (also eines Bundesstaates des Deutschen Kaiserreiches und nach § 4.1 RuStAG vom Stand 1913) können eine Nationalversammlung einberufen, um eine Verfassung auszuarbeiten und zu verabschieden sowie einen Friedensvertrag abzuschließen. (Benötigt werden 10% aller Deutschen.)

Noch ein kleiner Hinweis an dieser Stelle: Den Staatsangehörigkeitsausweis am besten mit Ihrer Geburtsurkunde oder einer beglaubigten Abschrift aus dem Geburtenbuch als Legitimationsnachweis beantragen. Im Gegensatz zur „internationalen Geburtsurkunde" sind auf der „nationalen Geburtsurkunde" und auf der Abschrift aus dem Geburtenbuch noch *Vorname* und *Familienname* vermerkt, zumindest ist das so zum aktuellen Stand. Auch wenn die Geburtsurkunde gleichzeitig den Totenschein darstellt, wie wir im vierten Kapitel gelernt haben, so weisen diese Dokumente Sie noch als „natürliche Person" aus. Auf keinen Fall sollte man den Personalausweis als Legitimationsnachweis beim Antrag nutzen, weil dieser Sie als „juristische Person" ausweist und über diesen auch alle invisiblen (unsichtbaren) Verträge mit der BRD laufen. Aber bitte damit beeilen, denn der Zugang zum „Gelben Schein" soll in Zukunft noch erschwert werden!

Was wir noch zusätzlich tun können...

Ich habe mir die Frage gestellt, was dieses System nährt und am Leben hält? Jetzt dürften Sie langsam zum Schluss gekommen sein, dass *wir* es sind, die das jetzige System am Leben erhalten. Von dem, was wir bisher erarbeitet haben, können wir es sogar noch genauer eingrenzen und auf den Punkt bringen: *Was das System am Leben erhält, sind Energie und Geld.*

Die Lösung kann also nur darin liegen, dem System genau diese beiden Dinge <u>konsequent</u> und rigoros zu entziehen! Also unsere wertvolle Lebensenergie und unser hart verdientes Geld (Zinsen, Konsum). Denn etwas mit Gewalt zu bekämpfen, bringt nichts.

Wir müssen endlich „NEIN" sagen!

Und hier kann nur Gandhis Weg des Ignorierens und Nichtgehorsams als passiver und *friedlicher* Widerstand meiner Meinung nach die bestmögliche Lösung sein. Dies erfordert *Mut* und Furchtlosigkeit vor möglichen Konsequenzen. Schauen Sie sich dazu noch einmal die Skala der Ebenen des Bewusstseins an. Wenn alle Menschen mindestens das Level des *Mutes* erreichen, ist das Spiel der Machthaber aus! Wenn Sie meine Tipps aus dem vorigen Kapitel befolgt haben und aus Ihrer Angst- und Opfermentalität herausgekommen und innerlich bereit sind, Ihren Teil zur Schaffung eines neuen und fairen Systems mit beizutragen, dann sind Sie auch für die nächsten Schritte bereit. Entscheiden Sie dabei aber selbst, was davon für Sie stimmig ist. Niemand erwartet von Ihnen, dass Sie alle Punkte erledigen müssen. Es sind Ideen als Anregung, keine strikten Vorschriften. Ich sage Ihnen nicht, was Sie zu tun oder zu lassen haben. Sie allein entscheiden in eigener Verantwortung.

Ich habe daher nachfolgend ein paar <u>Ideen</u> zusammengetragen, wie solch ein passiver Widerstand aussehen könnte:

1. Wir könnten mutig sein und z.B. Abzockvereinen wie den Handelskammern und den GEZahlten Rundfunkanstalten den Geldhahn zu-

drehen. Warum sollten wir für Lügenpropaganda und Kriegshetze sowie für andere Nichtsnutzinstitutionen auch noch Geld zahlen? Dabei sind wir keineswegs alleine. Täglich kommen hunderte und tausende neue Menschen dazu, welche das System dadurch ein gutes Stück boykottieren. Jetzt geht es nur noch darum, den Augenblick effektiv zu nutzen und die Reichweite der Menschen bestmöglich auszudehnen. Jeder weitere Mensch, der „*Nein!*" sagt und aussteigt, ist ein weiterer Sargnagel fürs System. Sofern man Lust hat, könnte man zudem bereits gezahlte Beiträge zurückfordern. Hierbei geht es keineswegs um Rache, und dies sollte nie das Motiv sein. Es geht darum, ein Signal zu setzen und den Machthabern deutlich zu sagen, dass die Grenze mehr als überschritten wurde. Wenn „unten" ganz viele Leute anfangen zu schreien, so dass es auch die „Oberen" nicht mehr überhören und ignorieren können, dann besteht die Möglichkeit, dass sich Dinge auch einmal zum Guten ändern und Gesetze wieder gekippt werden. Wir geben „denen" sozusagen noch eine Chance der Wiedergutmachung. Sollte sie ignoriert werden, dann wird der Boykott eben massivst ausgeweitet.

Steuern sind im Grunde genommen nichts anderes als erpresste Schutzgeldzahlungen, welche an die Konzernokraten, die internationale Hochfinanz und an die katholische Kirche weitergereicht werden. Unsere Steuern und Abgaben werden u.a. dafür verwendet, Kriegseinsätze zu finanzieren (das heißt Menschen zu töten, falls es Ihnen noch nicht bewusst sein sollte!) sowie viele andere Mechanismen, die dazu verwendet werden, uns noch mehr auszubeuten und unsere Freiheiten noch weiter einzuschränken. Mit unseren Steuern finanzieren wir zudem alle Politiker und den gesamten aufgeblähten Machtapparat. Ein sofortiger Stopp **all** dieser Transferzahlungen wäre schon aus moralischen, ethischen und **menschlichen** Gründen daher mehr als zwingend geboten! Nachdem, was wir bisher nun wissen, sind Steuern meiner Meinung nach Diebstahl von unserer Energie, von unserer Arbeitskraft. Denn hätte die Regierung selbst das Monopol der Geldschöpfung, könnte sie sich soviel Geld erzeugen, wie sie braucht (z.B. um Straßen und Schulen zu bauen usw.), anstatt es von den privaten Zentralbanken gegen Zinsen zu leihen. Steuern wären dann überflüssig!

Anregungen finden Sie in den Quellennachweisen am Ende des Buches. Dort finden sich auch Hinweise zum Umgang mit Gerichtsvollziehern und anderen „staatlichen" Stellen, die in einer Firmenstruktur wie der BRD keinerlei hoheitlichen Befugnisse haben. Die Gerichtsvollzieher, Richter und Staatsanwälte dürfen Sie dabei gern mit der Situation der Treuhand, der „juristischen Person" und der juristischen Situation Deutschlands konfrontieren. Mindestens die Richter und Staatsanwälte sollten darüber bestens Bescheid wissen. Natürlich werden diese alles abstreiten. Lassen Sie sich nicht beirren und vor allen Dingen nicht erpressen. Was hier stattfindet, ist nichts weiter als reine Willkür und Raubrittertum. Die Vorträge der Herren Andreas Clauss und Reiner Oberüber sind in dieser Hinsicht wirklich sehr augenöffnend.

In der BRD gibt es immer weniger Ämter und Behörden und somit auch immer weniger Staatshaftung. Behörden treffen auch keine Entscheidungen. Menschen treffen Entscheidungen. Appellieren Sie daher bei den Verwaltungen an den gesunden Menschenverstand der Sachbearbeiter und fordern Sie höflich, aber mit Nachdruck und ohne Scheu, Ihre Menschenrechte ein, die sowohl im Grundgesetz als auch in den internationalen Chartas verankert sind. Machen Sie den Sachbearbeitern klar, dass diese für all ihr Tun <u>vollumfänglich und persönlich</u> mit ihrem ganzen Vermögen haften und Sie sie bei **Missachtung** Ihrer Rechte sowohl strafrechtlich als auch zivilrechtlich belangen werden. Ja, das klingt erst einmal widersprüchlich, nachdem, was wir über das Treuhandsystem und die damit verbundene „juristische (fiktive) Person" wissen, aber die Sachbearbeiter werden in der Regel nichts oder kaum von all dem wissen. Nutzen Sie daher die „Regelwerke", die für diese Personen „greifbar" und verständlich sind. Aus eigenen Erfahrungen weiß ich, dass das öfters hilft, um zu seinem Recht zu kommen. Später können Sie unter Umständen immer noch weitere Aufklärung betreiben, um auch diesem Personenkreis zu verdeutlichen, wie sie als Helfer und Helfershelfer missbraucht werden. Dass es auch in den Verwaltungen durchaus Leute gibt, deren Gewissen sich irgendwann meldet, zeigt das Beispiel der Frau Inge Hannemann, einer ehemaligen Jobcenterangestellten, die suspendiert wurde, weil sie öffentlich die Praxis der Jobcenter kritisiert hatte und sich auch für die Abschaffung von Sanktionen und einer Arbeitszeitverkürzung bei vollem Lohnausgleich einsetzt.

Richten Sie sich sicherheitshalber ein Pfändungsschutzkonto ein. Das kostet bei Ihrer Hausbank nichts und ist schnell erledigt. Dadurch kann Ihnen monatlich bis zum Betrag von 1.049 € in Deutschland für eine alleinstehende Person nichts gepfändet werden. Bei Ehegemeinschaften gilt ein etwas höherer Betrag. Sollte es jemals so weit kommen, dass Ihr Girokonto darüber hinaus gepfändet oder gesperrt werden sollte, verbringen Sie einen Tagesurlaub im Nachbarland, eröffnen dort ein Girokonto und tätigen all Ihre Transaktionen dann eben von dort aus. All das ist völlig legitim. Im Zuge der Einführung von SEPA-Überweisungen transferieren Sie Gelder meist kostenlos und schnell, und das jetzt sogar EU-weit. Somit können Sie weiterhin Mietzahlungen usw. begleichen und Ihren Lohn dorthin überweisen lassen. Die bundesdeutschen „Behörden" haben keinen Zugriff auf ausländische Konten. Selbstverständlich muss dies ein offizielles Konto sein, das den deutschen Steuerbehörden gemeldet wird! Es geht hier ja nicht um Steuerhinterziehung, sondern um den Zugriff *europäischer* Institutionen auf das Konto.

Gerichtsvollzieher sind – wie wir durch Max von Frei erfahren haben – ebenfalls keine Beamten mehr. Sie handeln als Gewerbetreibende und sind demnach privat haftbar. Man könnte sie fast mit privaten Kopfgeldjägern vergleichen. Es gibt inzwischen einige Berichte von Leuten, die mit diesem neuen juristischen Hintergrund anders argumentieren und handeln konnten und erstaunliche Ergebnisse erzielten.

Treten Sie auch aus der Kirche aus, sofern nicht bereits geschehen. In diesem schwarzen Netz, welches die Kirchen weltweit gesponnen haben, wollen Sie sicher nicht mehr drin sein – und es schon gar nicht weiter finanzieren. Drehen wir diesem dunklen Netzwerk den Geldhahn zu.

2. Kaufen Sie nach eigenen finanziellen Möglichkeiten so wenig wie möglich den „Dreck" aus den Supermärkten. Das, was uns dort verkauft wird, kann man schon nicht mehr als „Lebensmittel" bezeichnen, sondern als Füllstoffe, die mit Pestiziden und Giften angerei-

chert und zudem noch genetisch verändert sind. Und genetisch veränderte Lebensmittel werden nur zu einem Zweck produziert und an uns „verfüttert": um **uns** genetisch zu verändern! Insbesondere, um uns krank und zeugungsunfähig zu machen, als Teil einer groß angelegten Bevölkerungsreduktions-Agenda.

Das Meiste, was so in den Supermärkten verkauft wird, müsste daher als giftiger Sondermüll entsorgt werden. Sie entscheiden mit Ihren Euros, Dollars und Franken, wohin Ihr hart erarbeitetes Geld fließt. Je weniger Sie die Großkonzerne dabei unterstützen und mehr die kleineren, unabhängigen Läden sowie Gewerbetreibende in Ihrer Umgebung, umso besser. Jedes bisschen hilft. Wenn dies der Großteil der Menschen macht, dann hat das große Auswirkungen. Der Kassenbon ist hier dann Ihr persönlicher „Wahlzettel".

3. Anstatt sinnlos auf der Couch, vor dem TV oder dem Computer zu sitzen, nutzen Sie die freie Zeit für Ihre Familie, Ihre Gesundheit und um sich bewusst zu werden, was Sie im Leben eigentlich <u>wirklich</u> wollen. Wenn irgendwie möglich, machen Sie sich selbständig. Das wäre zumindest ein Schritt in Richtung mehr Freiheit. Sie und Ihre Familie sind mehr wert als die Firma, Ihr Chef oder erst recht die ReGIERung. Gönnen Sie sich hin und wieder eine Auszeit in Form von verlängerten Wochenenden und freien Tagen zwischendurch. Sie sind es sich wert.

4. Wenn Sie einen eigenen Garten, Schrebergarten oder gar ein Stück Land besitzen, fangen Sie an, Ihre eigenen BIO-Lebensmittel anzupflanzen. Wenn Sie Lust haben, könnten Sie auch in Parks, Wäldern und freien Flächen aussäen und Obst, Kräuter und Gemüse anpflanzen. Wenn das in jeder Stadt auch nur ein paar Dutzend Leute machen, wachsen bald überall im Land kostenlos Lebensmittel (Stichwort *Guerilla Gardening*).

Befassen Sie sich mit gesunder und vollwertiger Ernährung. Entgiften Sie Ihren Körper regelmäßig wie zuvor beschrieben.

Schichten Sie Ihr Erspartes in Edelmetalle um, sonst ist es in der bald kommenden Währungsreform vermutlich weg. Auf diese Weise können Sie zumindest einen Teil Ihrer Arbeitskraft für eine Übergangszeit konservieren. Silber hat zudem die positive Eigenschaft, Keime und Bakterien abzutöten. Das ist hervorragend für die längere Lagerung von Trinkwasser. Lösen Sie sämtliche Lebensversicherungen und Sparverträge auf, solange Sie noch können. Später ist alles futsch. Legen Sie sich zudem einige Vorräte an, um zwischenzeitliche Engpässe, die z.B. bei einer Währungsreform auftreten könnten, zu überbrücken. Wenn Sie selbständig/freiberuflich tätig sind, fordern Sie die Rechnungsbeträge parallel in Edelmetallen an oder arrangieren eine andere Art als Zahlungsausgleich. Lassen Sie Ihrer Fantasie dabei freien Lauf.

Zahlen Sie nach Möglichkeiten Ihre Kredite schnellstmöglich ab und machen ab sofort keine neuen Schulden! Sollten Sie zahlungsunfähig werden, werden Ihnen die Banken Ihre hinterlegten Sicherheiten verpfänden. Kredite sind das Instrument, welches die Welt in Hunger und Armut gestürzt hat. (siehe das Buch von John Perkins: „Bekenntnisse eines Economic Hitman")

5. Treten Sie nicht der Armee bei bzw. treten Sie wieder aus! Im Rahmen der NATO (= *North Atlantic Terror Organization*) und internationalen Verträgen ist es nur eine Frage der Zeit, bis Sie irgendwo ans andere Ende der Welt geschickt werden, um die restlich verbliebenen armen Länder zu dämokratisieren. Sie sind kein Soldat, sondern **Söldner** unter US-Mandat und dienen somit der US-Regierung (denn wo kein Staat, da keine Staatsarmee). Entweder Sie enden dann als Kanonenfutter oder müssen andere Väter, Mütter und Kinder für die Interessen der Herrscher massenweise töten. Und dies wird SIE dann geistig und seelisch töten. Ist es Ihnen das wirklich wert? Frieden durch Krieg bringen zu wollen, ist in etwa dasselbe, als wolle man Sex haben, um die Jungfräulichkeit zu bewahren. Sofern Sie aber Soldat oder Polizist sind und bleiben möchten, vergessen Sie nicht, sich endlich wieder auf die Seite des Volkes zu stellen. Sie sind hier, um die Menschen zu beschützen und nicht die Machthaber. Denn schließlich gehören auch Sie zum normalen Volk.

6. Schicken Sie Ihre Kinder, sofern es finanziell machbar ist, auf Waldorfschulen oder andere alternative freie Schulen, in denen Ihr Kind

weniger mit geistigem Müll indoktriniert wird und wo es sich geistig und seelisch besser entfalten kann. In Deutschland gibt es leider die gesetzliche Schulpflicht, welche meiner Ansicht nach eine Art der staatlich organisierten Kindesmisshandlung darstellt! Und wie wir wissen: Wenn Sie Ihre Kinder nicht zur Schule schicken, nimmt man Ihnen die Kinder mit Gewalt wieder weg. Sie können sich zumindest im Rahmen der alternativen Möglichkeiten bewegen, ohne gleich auswandern zu müssen.

7. Massendemonstrationen bringen gar nichts, wie wir anhand von Spanien, Portugal und Griechenland gesehen haben. Selbst wochen- und monatelange Demos von Millionen von Menschen haben nichts zum Positiven verändert. Warum? Weil die Menschen den Regierenden ihre geballte (meist negative) Aufmerksamkeit widmen. Aufmerksamkeit ist eine Form von Energie. Energien von Hass, Wut, Verbitterung, Angst und Enttäuschung bekommen die Herrschenden bei solchen Massendemos endlich in rauhen Mengen, um dann frisch „getankt" den Menschen anschließend noch mehr Freiheiten wegzunehmen und noch mehr Gewalt gegen sie anzuwenden. Und die Herrscher sind sich dessen voll bewusst! Sie nutzen die niederen Emotionen als Nahrungsquelle. Dämmert's bei Ihnen langsam? Wie oben bereits erwähnt, *entziehen* Sie denen am besten die Energie. Alles andere ergibt wenig Sinn und ist eher kontraproduktiv. Füttern wir nicht deren morphische Machtfelder mit noch mehr negativen Energien.

Bei dem Ganzen gibt es aber eine einzige Ausnahme:
wenn Millionen von Menschen sich **von Herzen** fröhlich und friedlich versammeln, dabei vielleicht noch vor Freude singen und tanzen. Liebesschwingungen und Zusammenhalt in solch geballter Form können die Herrscher nämlich überhaupt nicht ertragen und gehen innerlich vor die Hunde. In diesem Zusammenhang können wir solch friedliche und fröhliche Demos dazu nutzen, uns miteinander zu **vernetzen,** um somit mit Gleichgesinnten Kontakte zu knüpfen und solidarisch füreinander da zu sein! Nur in solchen Fällen wären Massendemos bzw. Friedensmahnwachen wirklich sinnvoll. Sind wir geistig und bewusstseinsmäßig bereit dazu? Vielleicht führt dieses

Wissen ja zu einem positiven Sinneswandel bei den Menschen. Und wenn das passiert, dann ist alles möglich. Die aktuell landesweit stattfindenden Montagsdemos (www.montagsdemo.eu) könnten in dieser Hinsicht richtungsweisend sein. Lassen Sie sich dabei bei jedweden Massenveranstaltungen nur nicht von – zumeist bezahlten – Provokateuren anstacheln. Machen wir jedes Mal eine Feier für den Frieden daraus!

Petitionen bringen in den meisten Fällen leider genauso wenig. Sie dienen der Volksberuhigung und zur Wahrung des Scheins, man könne etwas mitbestimmen. Veränderungen kommen nicht durch Klicks und digitale Unterschriften, sondern einzig und allein durch persönliches Handeln, also indem man selbst aus dem Spiel <u>aussteigt</u> und am System vorbei <u>alternative Lösungen</u> umsetzt. Alles andere ist nur Ablenkung und Festhalten am Status quo.

Dasselbe gilt für Wahlen. Geben Sie „denen" nicht mehr Ihre Stimme. Die können ihr Spiel gern unter sich allein weiterspielen. Wir brauchen keinen Personen- und Führerkult. Sie können höchstens wählen, **wer** Sie unterdrückt und nicht, **ob** Sie unterdrückt werden. Daher ist totaler Wahlboykott angesagt!

8. Fangen Sie an, sich in kleineren Gruppen zu organisieren. Starten Sie gemeinsam eine **Aufklärungsbewegung**. Das ganze Wissen nützt Ihnen wenig, wenn Sie es nur für sich behalten. Gehen Sie dabei mit Bedacht vor. Nicht jeder ist für jede Information empfänglich oder bereit für Alternativen. Zwingen Sie niemandem etwas auf. Deren Zeit des Erwachens wird früher oder später auch kommen. Folgen Sie dabei Ihrem Gefühl. Unser Ziel ist es, dass das Geheimwissen für alle Menschen zum Allgemeinwissen wird. Eine witzige Idee, die wenig Zeit kostet und zudem kostenlos ist: Schreiben Sie auf Geldscheinen die Internetadresse einer Aufklärungsseite auf, vielleicht noch mit ein oder zwei Schlagworten versehen. Auf jedem Geldschein können Sie dabei auf eine andere Webseite aufmerksam machen. Das sollte am besten sehr dezent gestaltet sein, denn nur so werden die Scheine nicht frühzeitig aus dem Verkehr gezogen und zirkulieren ganz lange in der Bevölkerung. Vor allem die kleinen Scheine bis zwanzig Euro bleiben am längsten im Umlauf. Die gro-

ßen Scheine hingegen landen am schnellsten wieder bei der Bank oder Landeszentralbank. Sie können selbst auch Handzettel gestalten und ausdrucken mit Themen, die Sie bewegen und auf die Sie aufmerksam machen möchten und sie in Ihrer Nachbarschaft in Briefkästen verteilen. Wenn Ihr Budget großzügiger ist, können Sie sogar interessante Videovorträge und Interviews auf DVD-Rohlinge brennen und diese ebenfalls kostenlos verschenken.

9. Lassen Sie die TV-Kiste ausgeschaltet! Insbesondere die Nachrichten sind verfälscht und zeigen zumeist nur die eine Seite einer Geschichte. Fernsehen versetzt das Gehirn des Zuschauers zudem in einen meditationsähnlichen Hypnosezustand, wodurch sein Unterbewusstsein mit Ängsten und anderem geistlosen Müll gefüttert wird. Dies geschieht, indem im Fernsehsignal eine bestimmte Frequenz mitgesendet wird, die das menschliche Gehör nicht wahrnehmen kann. Ständig wiederholte Lügen in Form von Berichterstattungen und anderen subtilen Botschaften werden dadurch ins Unterbewusstsein transportiert und als Realität/Wahrheit empfunden, die das Bewusstsein dann nicht mehr hinterfragt bzw. nur selten. Rufen Sie sich in diesem Zusammenhang als Beispiel noch einmal die okkulten Musikvideos ins Gedächtnis, die auf diese Weise den Geist unserer Kinder und generell die der Zuschauer zerfressen. Solche Frequenzen zur Manipulation werden auch auf CDs und anderen verkauften Tonträgern eingebettet. Die Machthaber haben das nötige Wissen und die nötigen Mittel, die Menschen massenhaft psychologisch zu beeinflussen und somit aktiv *Meinungsbildung* und Manipulation zu betreiben. Daher gilt ein totaler Boykott aller Mainstream-Medien! Dasselbe gilt ebenso für alle Zeitungen und Magazine sowie deren Onlineportale. Das Geld können Sie wirklich für sinnvollere Dinge ausgeben, oder?

10. An werdende Mütter: Bringen Sie Ihr Neugeborenes nach Möglichkeit zu Hause auf die Welt, unter professioneller Aufsicht und mit Hilfe einer Hebamme. Selbst wenn Sie die Geburt melden müssen, so können Sie zumindest sicherstellen, dass Ihr Baby nicht gleich nach der Geburt mehrfach geimpft oder sogar (versteckt in der Imp-

fung) gechipt wird, wie es bereits geplant ist. Eine vertraute Umgebung ist für das Neugeborene zudem wesentlich besser, als die reizüberfluteten, sterilen und kalten Entbindungsräume im Krankenhaus. Wenn Sie aber doch ins Krankenhaus müssen, wählen Sie eine ambulante/stationäre Geburt, wo Sie und Ihr Baby nach ein paar Stunden wieder nach Hause können. Lassen Sie Ihr Baby auch bei einer ambulanten Geburt keine Sekunde aus den Augen und verweigern jedwede Injektionen, sofern es keine Komplikationen gibt und andere Eingriffe notwendig wären.

Setzen Sie die Liste gern mit Ihren eigenen Ideen fort. Lassen Sie Ihrer Kreativität freien Lauf.

„Die Großen hören auf zu herrschen,
wenn die Kleinen aufhören zu kriechen."
Johann Christoph Friedrich von Schiller (1759-1805)

„Jeder ist frei. Selbst der Sklave ist frei.
Eine unbesiegbare Waffe gegen Unterdrückung existiert.
Jeder hat sie. Jeder Mann, jede Frau, jedes Kind kann sie nutzen.
Es ist die Fähigkeit, ‚Nein!' zu sagen
und die Konsequenzen zu akzeptieren.
Die Angst vor dem Tod ist der erste Schritt in die Sklaverei!"
Hagbard Celine, Pseudonym des Hackers Karl Koch (1965-1989)

„Freiheit bedeutet Verantwortlichkeit.
Das ist der Grund,
weshalb die meisten Menschen sich vor ihr fürchten."
George Bernard Shaw (1856-1950)

Zu radikal?

Sie finden womöglich, ich sei zu radikal? Ich muss bei diesem Wort jedes Mal schmunzeln. Die meisten Menschen wissen nicht einmal, was dieses Wort überhaupt bedeutet. Das Wort kommt aus dem Lateinischen, *radix*, die Wurzel. Wir gehen also direkt an die Wurzel und an die Ursache eines Problems heran. Demnach bin ich sehr gern radikal. ☺

Dasselbe gilt für die mittlerweile nun albernen und ausgelutschten Vorwürfe von *„rechts"* bis *„links"* oder *„antisemitisch"* und *„anti-sonst-irgendwas"*, bei denen die „Qualitäts"-Medien sich vor triefendem Eifer schon fast nicht mehr entscheiden können, welche Begriffe sie noch aus ihrer verstaubten Mottenkiste herausholen oder gar neue erfinden wollen. Wenn man heute das Geldsystem kritisiert oder zu Recht in Frage stellt, gilt man schnell als „Antisemit", da ein großer Teil der Hochfinanz sowie die Gründerfamilien der *Bank of England* sowie der *FED* dem mosaischen Glauben angehören (Rothschild, GoldmanSachs, Warburg, Schroder, Kuhn, Goldsmid...). Ist man gegen den Ausverkauf des Volksvermögens an internationale Investoren, wird man als *„rechts"* betitelt. Neuerdings ist auch die Bezeichnung *„neu-rechts"* oder *„esoterisch Rechter"* sehr beliebt. Was bitteschön ist das alles? Das ist reinster Kindergartenquatsch. Wenn das Aufzeigen der offenkundigen Missstände sowie die Forderung und das Streben nach Frieden und Freiheit jetzt schon als „rechts" und „antisemitisch" bezeichnet wird, zeigt das im Grunde sehr deutlich, <u>wer</u> durch solch ein Verhalten hier seine Maske fallen lässt und wirklich faschistisch agiert: nämlich die Medien. Denn jene, die Freiheit und Frieden unterdrücken und verhindern, seien es nun die Medien, Politiker, Konzerne oder die Aristokratie, das sind die echten Faschisten im Land! Und das ist nicht nur in Deutschland so, sondern überall auf der Welt. Für mich ist es <u>völlig unerheblich</u>, hinter welcher Religion oder Nationalität sich die Herrscher verstecken. Ausschlaggebend ist einzig und allein das, **was** sie dem Planeten und den Völkern antun, und das ist Versklavung und pure Zerstörung.
  Übrigens hier ein wortwörtliches Zitat aus dem Englischen übersetzt von der ehemaligen israelischen Erziehungs-Ministerin Shulamit Aloni, die vor laufender Kamera bei der Sendung „Democracy Now!" den Trick der „Antisemitismus-" und der „Holocaustkeule" verrät: *„Nun, das ist ein*

Trick. Diesen wenden wir immer an. Wenn jemand aus Europa Israel kriti-
siert, dann bringen wir den Holocaust hoch. Wenn Leute in diesem Land
(USA) Israel kritisieren, dann sind sie ‚antisemitisch'. Und die (jüdischen)
Organisationen sind stark, sie haben viel Geld. Und die Bindungen zwischen
Israel und dem jüdischen Establishment der USA sind sehr stark. Und sie sind
stark in diesem Land, wie Sie ja wissen. Und sie haben Macht, was in Ord-
nung ist, denn sie sind talentierte Leute, und sie haben Macht, Geld, die Medi-
en und andere Dinge. Und ihre Einstellung gegenüber Israel ist: ‚Mein Land,
richtig oder falsch.' Sie identifizieren sich damit. Und sie sind nicht bereit,
Kritik zu hören. Und es ist sehr einfach Leute, die gewisse Handlungen der is-
raelischen Regierung kritisieren, als ‚Antisemiten' anzuprangern und den Ho-
*locaust und das Leiden des jüdischen Volkes hervorzubringen. **Und das recht-***
***fertigt alles, was wir den Palästinensern antun.**"* (Hervorhebung durch den
Autor)

Das ist schon ein sehr starkes Stück, wie ich finde. Das ist, wie erwähnt,
nicht von mir, sondern direkt von dieser ehemaligen israelischen Ministerin. Ich lasse das an dieser Stelle so stehen, bilden Sie sich Ihre eigene Meinung dazu. Den Link zum Interview finden Sie im Quellenverzeichnis,
oder suchen Sie einfach bei Youtube nach „Shulamit Aloni" oder „Israelische Ministerin verrät den Holocaust-Trick".[20]

Ich kann an dieser Stelle nur noch einmal wiederholen: Es sind immer
die Herrscher, die sich hinter Religionen und Nationen verstecken. Deshalb ist es völlig verkehrt und zutiefst verwerflich, irgendwelche Ressenti-
ments gegen die anderen Völker zu hegen (genau das wollen „die" ja, teilen
und herrschen). Denn die Menschen in Israel, Palästina und dem ganzen
Nahen Osten sowie Menschen aus aller Welt wollen nämlich nur eines:
Frieden. Sie sind ihre eigenen Herrscher genauso satt und ihrer überdrüs-
sig, wie wir es in unserem Land mit unseren Politikern sind. Daher müssen
wir alle eng zusammenhalten, weltweit. Solch verwendete Begrifflichkeiten
dienen, wie Shulamit Aloni selbst zugibt, daher nur zur Diffamierung und
zur Ablenkung von den eigentlichen Problemen, damit die Menschen bloß
nicht anfangen zu hinterfragen und gleichzeitig mundtot gemacht werden.
Denn schließlich greift man nur diejenigen derart vehement an, die drohen,
das bestehende Machtsystem ins Wanken zu bringen. Dieses über Jahr-

zehnte erschaffene Konstrukt an gewalttätiger Meinungsunterdrückung, Diffamierungen und scheinheiligen Vorwürfen gilt es rigoros zu entmanteln und niederzureißen, auch und gerade in Deutschland. Wir lassen uns keine Stempel mehr aufdrücken und auch nicht mehr länger hinhalten. Dieses Spiel ist endgültig aus. Somit an dieser Stelle auch noch einmal mein Appell an Sie: Fangen Sie an, Dinge selbst nachzuprüfen und kritisch zu hinterfragen, anstatt die vorgesetzte Medienmeinung ungefiltert und unreflektiert nachzuplappern. Haben Sie den *Mut*, die Wahrheit direkt und unverblümt auszusprechen. Lassen Sie sich den Mund nicht verbieten.

Wenn ich mir zudem noch zum Beispiel die vielen *alternativen Medien* anschaue, von denen ebenfalls viele vom System kontrolliert oder unterwandert sind, da wird ebenfalls ständig nur um den heißen Brei geredet, von wirklich wichtigen Dingen abgelenkt, und es wird nur gelabert, gelabert und gelabert. Sie erkennen solche Medien auch im „alternativen" Bereich daran, dass sie lediglich Angst verbreiten, aber keinerlei Lösungen anbieten. Jetzt ist Schluss mit reden. Jetzt wird gehandelt, und das konsequent!

„Aber geben wir ‚denen' dann nicht unnötig mehr Aufmerksamkeit?".

Das ist eine berechtigte Frage, und gern möchte ich darauf eingehen. Natürlich sollen „die" nicht zu unserem Lebensinhalt werden. Es geht darum, denen entsprechend zu antworten, nur wenn es notwendig ist, wenn eine bestimmte Situation eintritt – nämlich *„Nein!"* zu sagen. Und wenn zig- und hunderttausende das machen, haben wir gewonnen. Meine Gegenfrage wäre sonst auch: Was wäre denn überhaupt noch die Alternative? Immer schön weiter mit uns machen lassen? Uns noch mehr ducken, bis wir bald am Boden herumkriechen? Durch unsere Ignoranz, Gleichgültigkeit und Angst sind wir doch ein gutes Stück mitverantwortlich für die heutige Situation. Wie sagte doch Luxemburgs ehem. Premierminister Jean-Claude Juncker einmal: *„Wir beschließen etwas, stellen das dann in den Raum und warten einige Zeit ab, ob was passiert. Wenn es dann kein großes Geschrei gibt und keine Aufstände, weil die meisten gar nicht begreifen, was da beschlossen wurde, dann machen wir weiter – Schritt für Schritt, bis es kein Zurück mehr gibt."*

Daher wiederhole ich es noch einmal ganz konkret: Wenn wir alles weiterhin brav zahlen, machen wir uns zu Mittätern von illegalen und menschenfeindlichen Aktionen dieses bis ins Knochenmark abgrundtief verdorbenen Machtsystems! Dann halten **wir** das System weiterhin **aktiv** am Leben, und die machen munter weiter und gehen immer weiter, erlassen neue Steuern und Abgaben oder erhöhen diese stetig und rauben uns nach der Salami-Taktik noch mehr Freiheiten und Rechte. Und dann, wenn wir nichts mehr zahlen können, sie aber trotzdem auf Zahlungen oder „Gegenleistungen" bestehen werden, spätestens dann werden wir denen unsere vollste Aufmerksamkeit widmen **müssen** und das dann tagtäglich. Aber das ist bei Weitem noch nicht alles. Deren Endziel ist die totale Verarmung der Weltbevölkerung in einer globalen faschistischen Konzern- und Überwachungsdiktatur. Dies soll durch den kommenden Währungscrash und spätestens dann mit der Einführung der rein elektronischen Weltwährung umgesetzt werden, wo auf einen Schlag alles Volksvermögen von unten zu den 0,1% der Oberen transferiert werden wird. Wenn man dann die seelischen Folgen dieses Schocks berücksichtigt sowie den Bewusstseinszustand der breiten Bevölkerung, die dann aufgrund der eintretenden Massenarmut und des Überlebenskampfes die Skala der Ebenen des Bewusstseins noch weiter abrutschen wird, bekommen die Herrscher dann noch mehr Macht über uns. Das Geld spielt hier eine wichtige Rolle als „Transportmittel" von Energie. Denn Geld ist wiederum nichts weiter als eine Form von Energie. Und wenn erarbeitetes Geld und Vermögenswerte vom Volk wegfließen, findet nicht nur ein bloßer Vermögenstransfer statt, sondern damit einhergehend ein gigantischer Abfluss von Lebensenergie der Menschen.

Wenn wir unser Verhalten daher nicht schleunigst ändern, kann sich an der momentanen Situation ja auch nichts ändern. Sie wird dann nur noch schlimmer werden. Es heißt nicht umsonst: *„Wehret den Anfängen!"*

Oder wollen wir ernsthaft die nächsten Jahre noch so weiterleben und dann bald unter eiserner Knute dieses weltweiten „Vierten Reiches"? Ich sicherlich nicht. Ich brauche weder Politiker noch Führer – und ihre Strippenzieher im Hintergrund erst recht nicht. Ich brauche niemanden, der mir vorschreibt, was ich zu essen und zu trinken habe, welche Naturheilmittel ich selber an mir anwenden möchte und wie ich sonst überhaupt mein Leben zu leben habe. Das geht einzig und allein *nur mich* etwas an sowie jeden anderen für sich selbst genauso. Und das Volk hat mittlerweile ebenso die Schnauze gestrichen voll. Was jetzt nur noch fehlt, ist die kritische Masse, die sich wie ein Mann erhebt und vereint den totalen Boykott umsetzt. Die Menschen haben wahrlich ganz andere Aufgaben, als irgendwelchen Machthabern zu dienen.

Nur Sklaven brauchen Herrscher!

Übrigens, sie können uns nicht alle einsperren. Wenn hunderttausende mitmachen und bald Millionen, können sie gar nichts machen. Seien Sie in der Nachbarschaft füreinander da! Wenn sich beispielsweise ein Gerichtsvollzieher ankündigt, dann trommeln Sie dutzende Freunde und Bekannte zusammen, die sich beim Betroffenen einfinden und ihm solidarisch als Zeugen zur Seite stehen. Gemeinschaft statt Einzelkämpfertum! Fordern Sie einen hoheitlichen Legitimationsnachweis von diesen Personen. Einen Amtsausweis wird keiner von ihnen vorweisen können, und alle Haftbefehle sind vom Richter nicht unterschrieben und somit laut Max von Frei nicht rechtswirksam. Es liegen Berichte vor, denen zufolge diese dann unverrichteter Dinge wieder abziehen mussten.

Werfen Sie diesbezüglich auch einmal einen Blick in den ersten Paragrafen der *Gerichtsvollzieherordnung* (GVO), der vor dem 1. August 2012 wie folgt lautete: *„Der Gerichtsvollzieher ist Beamter im Sinne des Beamtenrechts."* Dieser Paragraf wurde mit Wirkung zum 1. August 2012 gestrichen. Anstelle dessen wurde der zweite Paragraf wie folgt abgeändert: *„Bei der ihm zugewiesenen Zwangsvollstreckung handelt der Gerichtsvollzieher selbstständig. Er unterliegt hierbei zwar der Aufsicht, aber nicht der unmittelbaren Leitung des Gerichts. Unmittelbarer Dienstvorgesetzter des Gerichtsvollziehers ist der aufsichtführende Richter des Amtsgerichts."* Das heißt Gerichtsvollzieher sind – wie auch Max von Frei in unserem Interview erläuterte – seitdem als Selbständige/Freiberufler unterwegs, die nach *Geschäftsanweisungen* (GVGA) handeln.[20a]

Streifen Sie all Ihren anerzogenen Obrigkeitsgehorsam sowie Ihr Autoritätsgekusche ab, und Sie legen ein für alle Mal endlich Ihre Angst vor möglichen „Konsequenzen" ab. Wir sollten dabei auch niemals als Bettler und Bittsteller auftreten, sondern ganz klar unsere Rechte vertreten. Die „Staatsdiener" werden schließlich von uns bezahlt, also haben sie auch uns zu dienen und keineswegs umgekehrt – egal, ob es sich dabei um Polizisten, Gerichtsvollzieher und Richter handelt oder den Sachbearbeiter Ihrer Stadtverwaltung, wenn Sie irgendwelche Anträge stellen. Unsere Freiheit werden wir uns schon erarbeiten und unsere Rechte wiederholen müssen. Denn diese wird man uns ganz sicher nicht auf dem Silbertablett servieren. Daher einfach machen! Es geht schließlich um unser (Über)leben und unsere Zukunft. Oder wollen Sie allen Ernstes erst andere fragen und um Erlaubnis bitten? Es ist doch **Ihr** Leben. Es ist **unser** Leben.

„Die da oben" sind nur ein paar wenige, wir sind aber fast einhundert Millionen allein im deutschsprachigen Raum! Wir sind die überragende Mehrheit – und sind es immer gewesen. Wir sind die Macht!

Und Millionen sind im Stande, ganze Berge zu versetzen.

Es ist Zeit für eine friedliche Revolution in Deutschland und überall in der Welt! Die einzig richtige Revolution ist es, aus dem Spiel <u>auszusteigen</u> und die Herrschenden einfach bestmöglich zu ignorieren und links liegen zu lassen. Denn wir brauchen sie nicht!

Abb. 75:
Es ist in der Tat so einfach. Seien Sie der nächste, der das sinkende Schiff verlässt, und nehmen Sie dabei so viele Menschen wie möglich mit auf Ihren Weg. Lösen wir eine Kettenreaktion aus!

Kapitel 8
Es ist genug für alle da!

Wir leben in einer Welt voller Überfluss und Reichtum. Fakt! Bloß sind die Ressourcen und Reichtümer **sehr** einseitig verteilt – zu Lasten der arbeitenden Bevölkerung natürlich, während uns ständig Mangel und Knappheit vorgetäuscht werden. Was wir haben, ist eine klassische Verteilung von arbeitend nach reich. Warum werden Milliarden und Billionen für Rüstung, Kriege und genetische Experimente ausgegeben, wenn wir mit all diesem Geld die Armut in der Welt beseitigen könnten? Täglich sterben tausende Menschen weltweit nur an Durst und Hunger allein, und das in einer Welt, in der alles so super modern ist und in welcher wir derart gut vernetzt sind... Die Antwort dürften Sie ja mittlerweile kennen. Des Weiteren haben wir unendlich viel Misswirtschaft und gehen sehr sorglos mit den uns zur Verfügung stehenden Mitteln um, zumeist durch gewollte bürokratische Hürden und Gesetze vorgegeben, die zugunsten der Großkonzerne rein profitorientiert ausgestaltet sind. Das geht sogar so weit, dass es z.B. in den USA gesetzlich verboten wurde, Obdachlosen kostenlose Speisen in der Öffentlichkeit anzubieten. Wer zuwiderhandelt und erwischt wird, dem drohen Geld- oder Gefängnisstrafe. Und in der EU allein werden z.B. jährlich sagenhafte **90 Millionen Tonnen** noch gute und essbare Lebensmittel weggeworfen.

Das wäre ausreichend, um den ganzen europäischen Kontinent mehrmals – kostenlos – zu ernähren. Je nach Land werden dabei bis zu 50% der Lebensmittelproduktion wieder entsorgt. In Japan ist die Dekadenz diesbezüglich noch weitaus schlimmer. Dort haben die Lebensmittel in den Kühlregalen teilweise ein Mindesthaltbarkeitsdatum (MHD) von nur einem Tag oder gar weniger Stunden und werden direkt danach entsorgt, obwohl sie im heimischen Kühlschrank gekühlt, mindestens mehrere Tage haltbar wären. Übrigens, das MHD ist – gerade bei Lebensmitteln, die nicht gekühlt werden müssen – stets als Garantie des Herstellers zu sehen. Bis zu diesem Datum garantiert und haftet der Hersteller, nicht der Supermarkt. Die Produkte selbst sind dabei aber meist noch monate- und oft noch jahrelang haltbar, wenn sie luftdicht verschlossen sind und trocken gelagert werden. Doch die Lebensmittel aus diesen japanischen Märkten werden dabei nicht in ihrer Verpackung unversehrt weggeworfen, sondern extra aufgemacht und in Containern lose entleert. Es sollen ja bloß keine Obdachlosen oder andere arme Menschen die Möglichkeit bekommen, gratis Essen auffinden zu können.

Auch in Deutschland wird das bei einigen Märkten (auch den BIO-Märkten) so gehandhabt, wovon ich mich selbst vor Ort bei der Inspektion einiger Müllcontainer überzeugen konnte, wo ich teilweise Lebensmittel sichtete, die noch nicht einmal abgelaufen waren. Und die Tafel ist nur 500 Meter entfernt... In Deutschland ist es sogar gesetzlich verboten, von Märkten weggeworfene Lebensmittel aus den Containern zu retten. Das wird als Diebstahl geahndet. Sie fragen sich, wie das sein kann, denn schließlich ist Weggeworfenes eigentlich herrenloses Gut? Nun, die Container gehören meist einer Entsorgerfirma, und somit gehört der weggeworfene Inhalt dieser Entsorgerfirma bzw. der Stadt. Willkommen in der Demokratie und bei der Globalisierung, wo sogar der Müll privatisiert wurde! Aber was wundern wir uns, denn schließlich wird ja sogar schon die Luft besteuert (CO_2-Steuer). Das ist die heutige Betriebswirtschaft: Nur was knapp ist, erzielt einen guten Preis. Gibt es naturkonform alles im Überfluss, sichert sich der BWL'er heimlich die Quelle, bevor er den Trinkwassersee verseucht. Ab sofort müssen dann alle sein teures Trinkwasser kaufen – und der studierte Ökonom ist ein angesehener Wirtschafter.

Allein das Ausmaß, das dieser eine Aspekt der Lebensmittelverschwendung aufzeigt, ist in Worten und Gedanken kaum zu erfassen, und man erkennt, von welcher Bösartigkeit die Regierungen und Konzerne dieser Welt durchdrungen sind. Von Barmherzigkeit und Nächstenliebe ist das noch ganz, ganz weit entfernt. Das ist nur eines von unzähligen Verbrechen an der Natur und Menschheit.[21]

Die echten Arbeitslosenzahlen

Dass die offiziellen Arbeitslosenzahlen gefälscht sind, ist mittlerweile allgemein bekannt. Im Folgenden werden wir uns die Zahlen einmal genauer anschauen. Im weiteren Verlauf werden Sie dann verstehen, warum diese Aufschlüsselung für uns wichtig ist.

Aktuell liegt die von der BRD-Regierung veröffentlichte Arbeitslosenzahl bei rd. **2,8 Millionen.** Die Zahl der *Arbeitslosengeld-1-Empfänger* liegt aktuell bei rd. **1 Million.** Die Zahl der *Arbeitslosengeld-2-Empfänger* liegt aktuell bei rd. **6,1 Millionen.** (Zahlen vom Stand Juni 2014)
Zusammengezählt sind das nach Adam Riese schon mind. **7,1 Millionen** „offizielle" Arbeitslose bzw. Menschen, die Arbeitslosengeld beziehen. Bei zirka 42 Millionen Beschäftigten in Deutschland (sofern diese Zahl noch stimmt) ist das eine stattliche Quote von 16,9% an Menschen, die aufgrund fehlender Arbeit oder zu geringem Einkommen Hilfen beziehen. Hinzu kommen aber noch die inoffiziellen Zahlen: Laut dem Institut für *Arbeitsmarkt- und Berufsforschung* (IAB) gibt es in Deutschland zwischen **3,1 und 4,9 Mio.** Menschen, die zwar leistungsberechtigt sind, aber aus Scham oder Unwissenheit keine staatlichen Hilfen beantragen und somit in verdeckter Armut leben. Diese müssen auf jeden Fall zu den 7,1 Mio. hinzugerechnet werden, wobei wir schon bei etwa **12 Millionen Menschen** wären, die arbeitslos bzw. hilfebedürftig sind.
Ich gehe jedoch von einer weitaus höheren Dunkelziffer aus. Einige inoffizielle Zahlen gehen sogar von 15-20 Millionen Menschen allein in Deutschland aus, die in irgendeiner Form auf staatliche Hilfe angewiesen sind (inkl. Wohngeld-, Sozialhilfe- und Bafögbezieher). Das ist fast ein Viertel der deutschen Bevölkerung![22]

Offene Arbeitsstellen in Deutschland

Im nächsten Schritt schauen wir uns an, wie viele offene Arbeitsstellen es in Deutschland gibt und stellen diese dann den obigen Zahlen gegenüber. Auch hier gehe ich von massiv geschönten offiziellen Zahlen aus. Auf der Jobbörsenseite der Arbeitsagentur sehe ich im Juni 2014 ca. 800.000 offene Stellenangebote. Auch wenn diese Zahl unrealistisch erscheint, lassen wir sie erst einmal so stehen. Das „offizielle" Statistikportal „Statista" zählt 435.000 Stellen. Eines der größten Jobportale hat aktuell ca. 330.000 Stellenausschreibungen, wovon aber nur etwa 235.000 Vollzeitstellen sind. Ich habe diesen Wert über einige Monate verfolgt, und er blieb dabei relativ konstant. Dabei können wir erfahrungsgemäß davon ausgehen, dass egal um welches Jobportal es sich handelt, ein guter Teil der inserierten Stellen bereits vergeben ist und die Karteileichen gar nicht oder erst sehr spät entfernt werden. Doch selbst wenn wir großzügig sind und die höchste Zahl von 800.000 nehmen, stehen dem gegenüber mindestens 12 Millionen arbeitslose/hilfebedürftige Menschen.

Dies ist eine große Diskrepanz und zeigt uns, dass es einfach **nicht genügend Arbeitsplätze für alle gibt!** Die Arbeitsagenturen und Jobcenter wissen das alles nur zu genau und halten die wahren Zahlen bewusst zurück. Als wenn das nicht schon genug wäre, werden Millionen von Hilfebedürftigen durch den Arbeitsmarkt regelrecht „gepeitscht", um sich auf die paar hunderttausend offenen Stellen zu bewerben (meist nur wieder im Niedriglohnsektor, von einer fehlenden Qualifizierung einmal abgesehen), und es wird ihnen das Existenzminimum sofort gekürzt oder gestrichen, wenn sie sich nicht genügend bewerben oder sichtlich unterbezahlte Arbeit aus gutem Grund ablehnen.

Ein paar wichtige Aspekte zu den Jobcentern...

Hartz IV wiederum ist nichts anderes als staatlich legitimierter Menschenhandel – als Zuführung von Billigstsklaven auf Abruf für die Industrie! Der Grundtenor bei den Jobcentern lautet dabei: *„Wenn Du nicht machst, was wir Dir sagen, dann nehmen wir Dir das Essen weg, anschließend Dein Dach über dem Kopf und dann Deine ganze Lebensgrundlage."* Dabei urteilte das Bundesverfassungsgericht im Februar 2010, dass das Existenzminimum ein <u>Grundrecht</u> ist und vom Staat **stets gewährleistet werden muss.** Etwas, was stets gewährleistet werden muss, darf nicht an Bedingungen geknüpft sein (außer des Nachweises der Hilfebedürftigkeit selbst), und Sanktionen sind demzufolge erst recht nicht zulässig und somit rechtswidrig. Dass die *Bundesagentur für Arbeit* dieses Grundrecht und auch das Urteil des höchsten Gerichts im Land laufend ignoriert, liegt auch überwiegend daran, dass die wenigsten Hilfebedürftigen überhaupt ihre Rechte und dieses Urteil kennen. Und wenn sie es tun, so haben sie Angst, ihre Rechte einzufordern und einzuklagen.

Dass es sich bei den Jobcentern um reine Geschäftsfilialen der *Bundesagentur für Arbeit* mit rein geschäftlichem Hintergrund handelt, kann man in der uns bereits bekannten *D&B Datenbank* nachschlagen. Die meisten dieser Jobcenter sind unter den SIC-Firmenbranchencodes 9651 und 7389 eingetragen. Der Code 9651 klassifiziert Unternehmen wie folgt: *„Regulie-*

rung, *Lizenzierung und Inspektion verschiedener kommerzieller Sektoren"*, während Unternehmen mit dem Branchencode 7389 als *„Geschäftliche Dienstleistungen"* bezeichnet werden. Das sagt im Grunde schon alles. Weitere Beweise finden sich auch in den Schriftwerken selbst, die von den Jobcentern an die *Alg-2-Empfänger* verschickt werden. Sofern Sie selbst betroffen sind, sind Ihnen nie bestimmte Formulierungen in solchen Schreiben aufgefallen? Haben Sie nicht auch schon einmal eine „Einladung" zu einer Informationsveranstaltung erhalten, wo sich ausschließlich Personalvermittler und Zeitarbeitsfirmen tummeln, die hier als Zuhälter fungieren und wo Sie sich dem Arbeitsmarkt anbieten sollen? Was sagt das Wort „Einladung" aber wirklich aus? Sowohl von seiner Wortbedeutung her als auch streng juristisch genommen ist eine Einladung stets als freiwillig zu betrachten, da sich aus einer Einladung keinerlei Pflicht ableiten lässt und daraus schlussfolgernd auch keine Sanktion aufgrund eines Nichterscheinens begründet werden darf. Eine Einladung ist eben das, was sie ist, eine Einladung und nicht mehr. Der weitere Hinweis findet sich dann auch zumeist auf der Rückseite oder einem Beiblatt solch einer Einladung, wo man den Grund angeben kann, wenn und warum man der Einladung (heißt hier dann meist plötzlich „Aufforderung", um Sie zu täuschen) nicht nachkommen kann. Da es keine gesetzliche Liste mit „wichtigen Gründen" gibt, kann man unter dem Punkt „Sonstiges" somit alles Mögliche eintragen, und dies muss dann akzeptiert werden. Was „wichtig" ist, wäre sonst von der Lust und Laune des Sachbearbeiters abhängig, was aber Willkür und Missbrauch Tür und Tor öffnet, und das ist rechtlich unzulässig! Ganz unten findet sich dann sogar noch die Option anzukreuzen, ob man an der Vermittlung von Stellen**angeboten** weiterhin interessiert ist oder nicht. Dies impliziert und untermauert juristisch die völlige Freiwilligkeit, solchen Einladungen nachzukommen, und enttarnt solche Schreiben als das, was sie sind, nämlich Angebote oder „Bettelbriefe", nicht mehr und nicht weniger. Und die Sachbearbeiter sind gezwungen, für alle Arten von Einladungen stets dieselben – von oben vorgegebenen – Vordrucke zu verwenden. Jetzt werden Sie sicherlich erwidern, es gibt da die Meldepflicht laut § 309 SGB III. Der erste Satz dieses Paragraphen beginnt wie folgt: *„Arbeitslose haben sich während der Zeit, für die sie einen Anspruch auf Arbeitslosengeld erheben, bei der Agentur für Arbeit oder einer sonstigen Dienststelle der Bundesagentur persönlich zu melden..."*

Was fällt Ihnen dabei auf? Erhalten Sie tatsächlich „Arbeitslosengeld"? Sie erhalten, wenn überhaupt, eine „Grundsicherung" nach SGB II. Denn das ist der Begriff, der dort verwendet wird. Werfen Sie einmal einen Blick auf Ihren Leistungsbescheid. Dort heißt es ganz offiziell im Betreff: *„Bewilligung von Leistungen zur Sicherung des Lebensunterhalts"* in ganz fetter Schrift. Was hat das mit Arbeitslosengeld zu tun? Rein gar nichts, das sind beides völlig unterschiedliche Dinge. Arbeitslosengeld (I) erhalten Sie, wenn überhaupt, wenn Sie auch darauf Anspruch haben, z.B. wenn Sie länger beschäftigt waren und dann entlassen werden. Und wenn Sie einen Nebenjob haben, freiberuflich oder selbständig tätig sind und aufstocken müssen, dann sind Sie alles andere, aber sicher nicht „arbeitslos". Auch in diesem Falle trifft der § 309 SGB III auf Sie nicht zu.

Die stets angehängte Rechtsfolgenbelehrung ist somit nicht nur hinfällig, sondern sie erfüllt – durch Androhung der Kürzung des stets zu gewährleistenden gesetzlichen Existenzminimums – zusätzlich den Straftatbestand der Drohung und Erpressung! Machen Sie Ihrem Sachbearbeiter das klar und deutlich (§ 823, § 839 BGB). Selbst wenn dieser seine Schreiben nicht (oder nur „im Auftrag") unterschreibt, hat er das Schreiben an Sie mit seinem Namen geschickt und ist somit persönlich vollumfänglich für alle seine Handlungen haftbar. Denn so etwas wie eine Staatshaftung gibt es in der BRD nicht. Er wird somit wissentlich oder teils unwissentlich zum Erfüllungsgehilfen von unzähligen Straftaten. Hier geht es nicht um irgendwelche Spitzfindigkeiten, sondern um die juristische Bedeutung von Begrifflichkeiten, die alles andere als zufällig gewählt werden, da können Sie sich absolut sicher sein. Und es geht hier darum aufzuzeigen, welch juristische Taschenspielertricks angewandt werden, um Millionen von Menschen zu täuschen und durch Knebelzwangsverträge ihrer Rechte zu berauben.

Doch womöglich haben Sie Ihre Rechte schon früher aufgegeben? Haben Sie eine sogenannte *Eingliederungsvereinbarung* (EGV) unterschrieben? Wenn ja und ohne zusätzlichen Vermerk, dann haben Sie damit automatisch all die im Grundgesetz verankerten Menschenrechte mit Ihrer Unterschrift (= Willensbekundung) abgetreten und müssen sich infolgedessen allen Handlungen und Weisungen des Jobcenters unterwerfen. Lesen Sie sich die EGV einmal genauer durch. Das geht so weit, dass man Sie jederzeit zu ärztlichen und psychologischen Zwangsuntersuchungen schicken kann (u.a. im § 309 SGB III bzgl. der „Meldepflicht" mit aufgeführt). Dies verstößt eindeutig und unmissverständlich gegen die Menschenwürde und gegen das Selbstbestimmungsrecht. Das ist ein absolutes Unding, und es wundert mich, dass es noch keinen großen Aufschrei durchs ganze Land gegeben hat, denn schließlich hatten wir so etwas zuletzt unter Hitler-Deutschland. Laut der EGV dürfen Sie auch nur unter Zustimmung des Sachbearbeiters die Stadt verlassen, und Urlaub dürfen Sie ohne seine Erlaubnis auch nicht nehmen. Was ist das? Das ist vom Wesen her nichts anderes als offener Strafvollzug. Und die folgende Passage ist besonders erwähnenswert: *„Leistungsminderungen treten nicht ein, wenn Sie einen wichtigen Grund für den Pflichtverstoß darlegen und nachweisen können. **Ein nach Ihrer Auffassung wichtiger Grund, der jedoch nach objektiven Maßstäben nicht als solcher anerkannt werden kann, verhindert nicht den Eintritt der Leistungsminderung.**"* (Hervorhebung durch den Autor)

Übersetzt heißt dieser juristische Satz nichts anderes als: *„Es ist völlig egal, welchen Grund Sie angeben und wie wichtig dieser ist, gehen Sie davon aus, dass wir diesen eh nicht anerkennen."* Es ist kein Wunder, dass selbst das Bundesverfassungsgericht große Teile der Sozialgesetzbücher für „verfassungs"-widrig erklärt hat.

Wie konnten wir so etwas nur zulassen? Aber was ist solch eine Vereinbarung? Juristisch gesehen gehen Sie damit einen öffentlich-rechtlichen **Vertrag** mit dem Jobcenter ein, und damit gilt **Vertragsrecht!** Das steht so in der EGV selbst drin. Da haben Sie es noch einmal Schwarz auf Weiß, dass es sich bei den Jobcentern bloß um „Geschäftsbetriebe" handelt. Verstoßen Sie gegen die Klauseln dieses Vertrags, nehmen Sie Sanktionen und Zwangsmaßnahmen hin. Zusätzlich sind Sie Leibeigener des Jobcenters, dem Sie von nun an gehorchen müssen. Dies ist ein weiterer Beweis dafür, dass wir es hier keineswegs mit hoheitlichen Institutionen zu tun haben. Fordern Sie einmal von Ihrem Jobcenter als Nachweis eine notariell beglaubigte Kopie einer „Körperschaftsurkunde des öffentlichen Rechts". Es gibt sie nicht und wird sie auch nie geben (genauso wenig wie der Rundfunkbeitragsservice, die Rundfunkanstalten oder die Krankenkassen sie vorweisen können). Und weil die Jobcenter weder Ämter noch Behörden sind, sondern Unternehmen, sind diese gezwungen, **Sie** in das Handels- und Vertragsrecht rein zu „tricksen" und es so aussehen zu lassen, als ob alles „gesetzlich legal" und „amtlich" wäre. Dass die Jobcenter sich dabei auf die Sozialgesetzbücher beziehen, ist ein Witz schlechthin. Über diesen steht aber das Grundgesetz (als oberste BRD-Firmen-AGB) und das Richterurteil des obersten „Verfassungs"-Gerichts von 2010, an das sich die „staatlichen" Stellen halten müssen. Das international gültige Völkerrecht mit seinen Menschenrechten ist wiederum höherrangig und steht über dem Grundgesetz (siehe Allgemeine Erklärung der Menschenrechte der UN). Deshalb möchte ich Sie dazu ermuntern, Ihre von Gott gegebenen Rechte vehement und mit Nachdruck einzufordern, notfalls per Strafanzeige und/oder Strafantrag gegen die Jobcenter und jeden beteiligten Mitarbeiter, da diese Sie ja laufend erpressen und Ihnen sogar die Lebensgrundlage wegnehmen. Unterschreiben Sie daher am besten solch eine EGV nicht. Sollte ein Verwaltungsakt erlassen werden, so haben wir es mit einem Zwangsvertrag zu tun. Einseitig geschlossene Verträge **zu Lasten Dritter** verstoßen gegen die Privatautonomie und stellen eine Straftat dar, gerade weil solch ein Vertrag Ihnen die Menschenrechte abspricht! Hier keinen Widerspruch einlegen, sondern sofort zurückweisen. Sollte dies nicht zurückgenommen werden, gleich Strafanzeige stellen und/oder vorm Sozialgericht klagen. Nicht lange fackeln. Sollte für Sie negativ entschieden werden, können Sie die nächsthöhere Instanz bestreiten (*Landes- oder Bundessozialgericht*) oder eine Strafanzeige vor dem *Internationalen Strafgerichtshof* in Den Haag stellen. Je mehr Menschen das tun, umso mehr Aufmerksamkeit wird erzeugt. Die meisten Mitarbeiter in den Jobcentern sind sich der Sachlage durchaus bewusst, dass sie persönlich für all ihre Handlungen haftbar sind. Wenn Sie der vorsichtigere Typ sind, können Sie solch eine EGV auch mit dem Zusatz „unter Vorbehalt" unterschreiben. Damit kommt zwar ein Vertrag zustande, Sie haben hierbei aber überhaupt erst das Recht, diesen vor dem Sozialgericht anzufechten und sogar als ungültig erklären zu lassen, falls der Richter Ihren Argumenten folgt. Ein anderer Zusatz könnte „Unterschrift unter Zwang und Erpressung geleistet" lauten. Ein Vertrag, der unter Zwang und Drohungen (und das sind die angekündigten Sanktionen ja) zustande kommt, ist nämlich genau so viel wert, auch vor Gericht: nämlich gar nichts! Solch ein Vertrag ist von vornherein ungültig. Nehmen Sie zu den Gesprächen nach Möglichkeit stets jemanden mit. Ungeachtet, was der Sachbearbeiter behauptet, Sie haben alles Recht der Welt, so viele Rechtsbeistände zu den Gesprächen mitzunehmen, wie Sie wollen. Lassen Sie sich nicht unterbuttern!

Übrigens sind selbst nach BRD-Recht alle Gesetze nichtig, welche Grundrechte einschränken und in ihren Paragraphen nicht ausdrücklich den jeweiligen Artikel des Grundgesetzes erwähnen (zitieren), der dabei eingeschränkt wird (Art. 19 GG Zitiergebot).

Warum ich Ihnen das alles erzähle? Weil ich persönlich Fälle kenne, bei denen die Sachbearbeiter auf die vorhin genannten Missstände, Gesetze usw. hingewiesen wurden und im Nachhinein eine EGV deshalb nicht mehr als einseitiger Verwaltungsakt erlassen, angedrohte Sanktionen nicht durchgeführt oder bestehende teilweise zurückgenommen wurden. Es lohnt sich also allemal, in die Konfrontation zu gehen und für seine Rechte zu kämpfen! Dazu passt folgendes Zitat von Bertolt Brecht: *„Wer kämpft, kann verlieren. Wer nicht kämpft, hat schon verloren."* Stellen Sie sich dabei bildlich vor, wie Sie auf dem Gebäude des Jobcenters stehen. Dieses steht unter Ihnen, und Sie halten die Zügel in den Händen. Sie bestimmen, wo es langgeht. Haben Sie *Mut* dazu!

Jetzt fragen Sie sich sicherlich, wie es sein kann, dass die Jobcenter mit solchen schmierigen Tricks davonkommen? Nun, erstens müssen wir davon ausgehen, dass die Gesetze und Vertragswerke von Leuten mit dem Ziel ausgedacht und formuliert wurden, Menschen hinterlistig in die Falle zu locken, um sie leichter knechten zu können. Zweitens nutzen viele Mitarbeiter in den Verwaltungen ihre Machtposition aus und genießen es, sich in dieser Stellung endlich einmal „austoben" zu können. Oft haben sie wenig bis kein Mitleid mit ihren Mitmenschen. Das habe ich schon selbst einige Male erfahren dürfen. (Es gibt hier aber glücklicherweise auch positive Ausnahmen!) Gehen Sie des Weiteren davon aus, dass 95% aller Menschen sich weder die Gesetze durchlesen noch die Schreiben näher angucken oder überhaupt erst auf die Idee kommen, sich näher mit der Materie zu beschäftigen. Die meisten sind nun einmal viel zu sehr damit beschäftigt, sich wieder in das Hamsterrad einzugliedern, um ihre Existenz zu sichern. Und das ist es, womit die Jobcenter gekonnt spielen, mit den Existenzängsten der Menschen. Angst ist der Klebstoff an Hartz IV. Ihre Taktiken und Methoden haben sie sich dabei von den Nationalsozialisten und der STASI abgeschaut. Und die restlichen fünf Prozent, die das Spiel durchschaut haben, klagen auch tatsächlich vor dem Sozialgericht. Dabei verlieren die Jobcenter in der Tat dann auch 40%-50% aller Fälle, wenn es um Sanktionen geht. Doch für die Jobcenter rechnet sich das immer noch allemal, denn 95% lassen ja nach wie vor alles mit sich geschehen. Das ist für die ein reines Rechenspiel, und es rechnet sich trotzdem für sie. Doch nun, wo Sie die vertraglichen Tricks kennen und hoffentlich weitererzählen, gilt es jetzt, dafür zu sorgen, die Zahl von 5% der Wissenden auf 30% und mehr zu steigern, sodass die Gerichte und Jobcenter mit Klagen überflutet und überfordert werden – damit einerseits die Aufmerksamkeit vom Rest der Bevölkerung gewonnen wird und andererseits, damit die „behördlichen" Instanzen erkennen, dass sie **uns** zu dienen haben und nicht umgekehrt!

Weitere Informationen, Erfahrungsberichte und Hilfestellungen zum Thema Jobcenter finden Sie am Ende des Buches.[23]

Verbessert wird die Situation durch Hartz IV im Lande mittel- und langfristig jedoch keineswegs, nur verschlimmert und der Kollaps etwas hinausgezögert. Des Weiteren ist anzunehmen, dass die Regierung darauf hinarbeitet, so viele Menschen wie möglich arbeitslos zu machen, um sie in das Hartz-IV-System reinzudrücken. Das geplante Endziel könnte dann etwa so aussehen: Zwangsarbeit ohne Vergütung (nur Essen & Unterkunft) mit einem Heer an Menschen, welches man für einen kommenden Krieg oder Systemkollaps als „Nutzvieh" und „Kanonenfutter" heranziehen kann. Wenn man sich die Entwicklung anschaut, dann deutet einiges darauf hin. Daher sind grundlegende Veränderungen dringend geboten.

Erkennen Sie nun, wie absolut erniedrigend, unwürdig und sinnlos das jetzige System ist? In anderen westlichen Ländern wird die Lage ähnlich sein und in den ärmeren Ländern weitaus schlimmer. Schauen Sie sich einmal Spanien und Griechenland an, wo bereits die offizielle Arbeitslosenquote bei über 25% liegt und bei den Jugendlichen sogar bei fast 50%!

Mit der Kenntnis all der Hintergründe, die wir hier im Buch erfahren haben, sollte klar sein, warum wir andere Lösungen benötigen und andere Wege beschreiten müssen, wenn wir eine Zuspitzung dieses Dilemmas in Zukunft vermeiden wollen.

Technologischer Fortschritt baut kontinuierlich Arbeitsplätze ab

Seit Ende des Zweiten Weltkriegs haben wir in einer relativ kurzen Zeitperiode einen enormen technologischen Fortschritt erfahren. Etappenweise ist die Entwicklung dabei exponentiell gestiegen, insbesondere in den letzten 15-20 Jahren. Sehr viele Arbeitsplätze sind durch Automatisierung und Computerisierung weggefallen. Ein Ende ist dabei keineswegs in Sicht. Ganz im Gegenteil: Dieser Entwicklungstrend wird sich weiter fortsetzen, exponentiell natürlich.

Die nächsten Technologierevolutionen im Bereich des 3D-Drucks und der alternativen Energien (Kalte Fusion, Freie Energie) stehen schon an, wodurch weitere Arbeitsplätze wegfallen werden. Bereits heute gibt es 3D-Drucker, die im Stande sind, Häuser zum Bruchteil der üblichen Kosten und unter erheblicher Reduzierung der menschlichen Arbeitskraft zu bauen. In wenigen Jahren werden sie derart ausgereift sein, dass sich jedermann Produkte zuhause wird „ausdrucken" können. Bald werden alle wichtigen Güter nur noch von Automaten und Robotern produziert und von Computern verteilt werden.

Die ersten Quantencomputer sind als Prototypen ebenfalls in Betrieb und dürften in 10 bis 20 Jahren immense Möglichkeiten ungeahnten Ausmaßes offenbaren. Roboter werden zunehmend „intelligenter" und leistungsfähiger, übernehmen immer mehr komplexe Arbeitsschritte. Es gibt jetzt schon Autos, die ganz von allein fahren könn(t)en. Im schwedischen Göteborg fahren bereits 100 Fahrzeuge von Volvo auf Autopilot zu Testzwecken quer durch die Stadt, und das unter allen möglichen Alltagsbedingungen. Sie sind fähig, sich selbständig in den Verkehr einzufädeln, die Spur zu halten und, wenn nötig, die Geschwindigkeit anzupassen. Bereits 2013 hatte Google mit seinen eigenen Testautos nach über einer Million gefahrenen Kilometern und der anschließenden Auswertung beweisen können, dass Roboterautos besser und sicherer fahren. In der Flugzeugtechnik wird die Autopilottechnik ja schon länger genutzt. IBMs Supercomputer *Watson* ist bereits jetzt schon in der Lage, eine Million Bücher pro Sekunde zu lesen und auf Fragen zu antworten. Im Jahre 2011 besiegte *Watson* mit Leichtigkeit die früheren Meister Brad Rutter und Ken Jennings in der berühmten amerikanischen Spielshow *Jeopardy!*, eine der schwersten Quiz-Sendungen weltweit. Der Supercomputer ist sogar im Stande, bessere medizinische Diagnosen zu stellen als irgendein Arzt. Die Rechenleistung von Computern steigt im Schnitt um den Faktor 100 alle 10 Jahre. Nach 20 Jahren steigt die Leistung um das 10.000-fache, und nach 30 Jahren wird die Rechenleistung um das ein Millionfache gegenüber heute gestiegen sein. Stellen Sie sich einmal vor, was Computer dann in der Lage sein werden zu tun.

Der Durchbruch zur ausgereiften **künstlichen Intelligenz** (KI) ist ebenfalls nur noch eine Frage der Zeit. Googles Chefingenieur Ray Kurzweil prognostiziert, dass bis zum Jahr 2029 Computer die Intelligenz eines Menschen erreichen werden, und bis 2045 werden sie sogar eine Milliarde mal stärker und leistungsfähiger sein, als alle menschlichen Hirnkapazitäten der Welt zusammen! Sobald die Schwelle erreicht und überschritten wird, bei der Computer ein menschliches Gehirn vollständig simulieren können, wird dies eine wahre Intelligenzexplosion auslösen, welche unsere Zivilisation radikal verändern wird. Sobald KI das Intelligenzniveau des Menschen erreicht, werden die meisten Tätigkeiten, die heute noch von Menschen verrichtet werden, von intelligenten Robotern übernommen. Sie werden Straßen und Häuser bauen, neben Taxis auch Busse und Züge fahren sowie Angestellte in Supermärkten und die heutigen Chirurgen in Krankenhäusern ersetzen. Sie werden in sekundenschnelle Dokumente professionell und fehlerfrei in jede Sprache übersetzen, den telefonischen Kundendienst in Firmen übernehmen und sowohl Kinder als auch Erwachsene unterrichten. KI wird eine allwissende Quelle für alle Informationen sein und heutige Schulen und Bücher komplett ersetzen.

Dass das schon lange keine Utopie mehr ist und wir nur noch wenige Schritte davon entfernt sind, haben jüngst Wissenschaftler von der *Stanford Universität* bewiesen. Sie haben nämlich einen neuartigen Mikrochip auf Basis des menschlichen Gehirns entwickelt. Sechzehn solcher „Neurocore"-Chips auf einer Platine sind in der Lage, eine Million Neuronen und Milliarden von synaptischen Verbindungen zu simulieren. Obwohl noch in der Anfangsphase, sind diese Chips bereits jetzt schon 9.000 mal schneller als ein gewöhnlicher PC.

So, wie wir uns vor 20 Jahren den heutigen technologischen Fortschritt nicht vorstellen konnten, können wir uns heute kaum vorstellen, wie unglaublich weit er nach den nächsten 20 Jahren wiederum sein wird. (Oder hätten Sie vor 20 Jahren glauben können, dass es heute Smartphones und fast papierdünne Flachbildfernseher geben würde?) Er wird so weit sein, dass wir schlichtweg kaum noch werden arbeiten *müssen*.

Nein, ich muss mich korrigieren. Die Technologie ist bereits heute in vielen Bereichen schon so weit! Zum einen werden heutige Produkte von der Industrie absichtlich so hergestellt, dass sie in 1-3 Jahren wieder kaputtgehen und die Leute ständig nachkaufen müssen (Stichwort: Geplante Obsoleszenz). Haben Sie dies nicht selbst schon das eine oder andere Mal erlebt, dass nach exakt 24 Monaten (also der gesetzlichen „Garantie"-Frist) Ihre Stereoanlage, Ihr DVD-Player oder die Kaffeemaschine kaputtgingen? Natürlich passiert das bewusst und vorsätzlich, um stetiges Wirtschaftswachstum zu forcieren. Nicht nur das – wegen dieser geplanten Obsoleszenz muss ein Großteil der Arbeitswelt doppelte und dreifache Schichten für einen Sklavenlohn schuften, um diese künstlich erschaffene – und total überflüssige! – Nachfrage zu befriedigen. Unglaublich viele Arbeitsstunden könnten dadurch eingespart werden...

Zum anderen werden fortschrittliche Technologien bewusst und vorsätzlich zurückgehalten, und dies in allen Bereichen – Technologien, bei denen die jetzigen Machthaber keinerlei Interesse haben, dass diese der Bevölkerung zugänglich gemacht werden, weil sie die Menschen unabhängig machen könnten, die Produkte zum Teil ein ganzes Leben lang halten würden, sauberer und nachhaltiger wären usw.. Und das wäre der Tod für den Großteil der Industrie in einer kapitalistisch ausgerichteten Welt, mit Wachstumszwang um jeden Preis. Ich denke, dass schon durch die eben erwähnten Faktoren die erforderliche Arbeitszeit um mindestens die Hälfte sinken könnte.

Aber was bringen selbst die besten technologischen Errungenschaften, wenn die Meisten sich diese schon heute nicht leisten können? Wer soll die Produkte denn kaufen? Bereits heute werden nur noch 10% der arbeitenden Bevölkerung in Fabriken gebraucht. Bis zum Jahr 2020 werden es weltweit nur noch höchstens zwei Prozent sein. Die soziale und gesellschaftliche Entwicklung hinkt der technischen Entwicklung bereits Jahrzehnte hinterher. Wenn also mit stetig exponentieller technologischer Entwicklung immer mehr Arbeitsplätze auch in allen anderen Bereichen wegfallen, dürfte nach meinen Schätzungen spätestens in 15 Jahren min- destens die Hälfte der Bevölkerung in Deutschland arbeitslos sein. Wenn wir bis dahin immer noch dasselbe Programm wie bisher fahren, wo sollen die ganzen Arbeitslosen dann hin? Das jetzige System ist daher kläglich zum Scheitern verurteilt, und bei heutigen oder morgigen Problemen kön- nen wir ganz sicher keine Lösungen von gestern mehr anwenden. Das funktioniert einfach nicht. Die Lösungsansätze der Illuminaten haben wir zuvor kennengelernt: Geburtenrate senken, Sterberate erhöhen, um „nutz- lose Esser" loszuwerden. Deren Plänen zufolge muss die Erdbevölkerung mindestens um die Hälfte reduziert werden (Giftgas, Epidemien, Seu- chen...)

Es braucht hier einen komplett anderen Ansatz, welcher auf sozialer Gerechtigkeit fußt und dabei die würdevolle Existenz eines jeden Einzel- nen auf diesem Planeten vollumfänglich sichert.

Regional statt zentral – Schaffung einer neuen, sozialen Struktur mit Naturrecht

Die kleinen Gemeinden und Kommunen sind der Schlüssel zum Loslösen vom jetzigen System – und das weltweit. Fangen wir also am besten bei uns vor der Haustüre damit an.

Demokratie funktioniert in einem großen Gebilde nicht und hat es auch nie – erstens, weil sich viel zu viele Menschen nicht einig werden können und zweitens, weil jedes Mal, wenn Macht zentralisiert wird, die Machtha- benden dazu neigen, sie gründlich zu missbrauchen. Deshalb wurde auch die EU geschaffen, um die Macht von den nationalen Ländern zu nehmen und diese zentral nach Brüssel zu verlagern. Den Ländern hat man somit auch noch ihre letzten Selbstbestimmungsrechte abgenommen, und die Völker unterliegen einer zentralisierten Machtelite. Die Entwicklung geht ganz deutlich in Richtung einer EU-Diktatur. Im nächsten Schritt wollen sie dann eine noch größere Region bilden und im letzten Schritt dann die Eine-Welt-Regierung.

Unser Ziel sollte daher sein, diesem Prozess entgegenzuwirken. Im vorigen Kapitel habe ich einige Punkte aufgezählt, durch die jeder dazu beitragen kann, Sand in das Getriebe dieses ausufernden Machtapparates zu streuen und ihn, wenn genügend Menschen mitmachen, sogar zum Stillstand zu bringen. Eine Möglichkeit wäre, wenn sich die jetzigen Bundesländer als unabhängige und souveräne Staaten vom BRD-Gebilde loslösen und ihre Angelegenheiten von nun an allein erledigen würden, ohne einen zentralen Machtapparat, der sie bevormundet – oder die alten Bundesstaaten des Kaiserreichs könnten wieder aktiviert werden. Das kann man bis auf die kleinen Einheiten herunterbrechen, wo sich selbst Städte und Gemeinden unabhängig machen, was noch am meisten Sinn ergibt und am schnellsten umzusetzen ist. Je kleiner eine Einheit ist, desto leichter ist sie zu verwalten und desto schwieriger bis unmöglich wird es einem Bürgermeister oder einem „Rat der Ältesten" (von den Menschen der jeweiligen Stadt gewählten und entsandten Vertreter), Machtmissbrauch auszuüben. So etwas fliegt wesentlich schneller auf, und man kann solche Personen schnell wieder absetzen.

In einer kleinen Einheit können zudem Entscheidungen schneller und effektiver gefällt und in Folge dessen wichtige Projekte schnell umgesetzt werden. Bei allen wichtigen Entscheidungen, die die Menschen in der Stadt betreffen, werden diese vorher natürlich gefragt, und es wird demokratisch abgestimmt. Kein aufgeblähter Verwaltungsapparat mit Bürokratiestau ist hier vonnöten.

Nur im kleinen Rahmen funktioniert echte Demokratie! So wie anhand des folgenden Beispiels der österreichischen Gemeinde Wörgl: *„In Wörgl war um 1932 die örtliche Zement- und Zellulosefabrikation stark zurückgegangen und die Arbeitslosenquote bedrohlich angestiegen. Die Gemeinde hatte einerseits beträchtliche Steuerausfälle, andererseits hohe Lasten durch Unterstützungsleistungen an Arbeitslose. Die Kasse war leer, und ein Ende war nicht abzusehen. So wurde ein Wohlfahrtsausschuss gebildet, der die Ausgabe des Notgeldes organisierte. Ab Ende Juli 1932 gab die Gemeindeverwaltung unter Bürgermeister Michael Unterguggenberger als Lohn der Gemeindeangestellten eigene sogenannte Arbeitswertscheine aus, den Wörgler Schilling. Die Scheine gab es in Nennwerten von 1, 2 und 5 Schilling. Insgesamt wurden 32.000 Not-Schilling aufgelegt, die Gemeinde, welche das Schwundgeld aus-*

gab, hat allerdings nur insgesamt 8.500 Not-Schilling vom Ausschuss gekauft, wovon wiederum nur durchschnittlich rund 6.000 Schilling im Umlauf waren. Es wird angenommen, dass der tatsächliche Geldumlauf innerhalb der vierzehn Monate über 400 Mal stattfand.

Die Arbeitswertscheine waren umlaufgesichertes Freigeld. Ideenlieferant war dabei die Freiwirtschaftslehre Silvio Gesells. Monatlich musste eine Marke zu einem Prozent des Nennwertes der Note gekauft und in ein dafür vorgesehenes Feld auf der Vorderseite des Geldscheins geklebt werden, um ihn gültig zu erhalten. Das Geld war durch Hinterlegung von Schillingen der Gemeinde bei der Wörgler Raiffeisenkasse gedeckt und gleichwertig an den Schilling gekoppelt. Mit diesen Scheinen konnten Gemeindesteuern bezahlt werden. Einheimische Geschäftsleute nahmen Freigeld in Zahlung.

Das Experiment war erfolgreich. Geldkreislauf und Wirtschaftätigkeit wurden wiederbelebt, während das übrige Land tief in der Wirtschaftskrise steckte. Die Erfolge des Projektes konnten sich sehen lassen: Der Einnahmenrückstand wurde um 34% verringert, der Abgabenrückstand konnte um über 60% abgebaut werden. Des Weiteren konnte eine Zunahme des Ertrages an Gemeindesteuern um 34% und eine Zunahme der Investitionsausgaben der Gemeinde von etwa 220% verzeichnet werden. Bis in die 1980er Jahre zeugte unter anderem die Aufschrift ,mit Freigeld erbaut' auf einer Straßenbrücke davon. In den vierzehn Monaten des Experiments sank die Arbeitslosenquote in Wörgl von 21 auf 15% ab, während sie im übrigen Land weiter anstieg.

Die positiven Auswirkungen führten dazu, dass der Modellversuch in der Presse als das ,Wunder von Wörgl' gepriesen wurde. Das Interesse daran stieg derart, dass über hundert weitere Gemeinden im Umkreis von Wörgl dem Beispiel folgen wollten. Auch im Ausland und in Übersee fand die Aktion starke Beachtung und Nachahmer. Aus Frankreich reiste der Finanzminister und spätere Ministerpräsident Édouard Daladier nach Wörgl, und in den USA schlug der Wirtschaftswissenschaftler Irving Fisher der amerikanischen Regierung – wenn auch vergeblich – vor, ein Wörgl-ähnliches Geld mit dem Namen Stamp Scrip zur Überwindung der Wirtschaftskrise einzuführen.

Allerdings erhob die österreichische Nationalbank gegen die Wörgler Freigeld-Aktion vor Gericht erfolgreich Einspruch, weil allein ihr das Recht auf Ausgabe von Münzen und Banknoten zustand. Das Experiment von Wörgl und alle weiteren Planungen wurden verboten. Nach Androhung von Armeeeinsatz beendete Wörgl das Experiment im September 1933.

Der Verein ‚Unterguggenberger-Institut' unter der Obfrau Veronika Spiel-
bichler hält das Erbe des Wörgler Geld-Experimentes wach und bringt histori-
sche Erfahrungen mit aktuellen Projekten zusammen. Gemeinsam mit dem
Heimatmuseum und dem Stadtarchiv wird eine Ausstellung bereitgehalten.
Zeitgemäße Lösungen rund um das Thema Komplementärwährung werden
umfassend zusammengetragen und einer breiten Öffentlichkeit zur Verfügung
gestellt. In den Jahren 1951 und 1983 erinnerten Freiwirtschaftskongresse in
Wörgl an das Währungsexperiment, ebenso eine Tagung 1996. Das Jahr 2007
wurde von der Stadt Wörgl offiziell zum ‚Wörgler Freigeldjahr' erklärt. Ende
März 2009 schlug Bürgermeister Abler wegen der anhaltenden Wirtschaftskrise
die Einführung einer Komplementärwährung nach historischem Vorbild
vor."[23a]

Das Beispiel der Gemeinde Wörgl – zwar anhand des Freigeldes geschildert – zeigt uns aber hervorragend, wie regionale Zusammenarbeit
sehr gut funktionieren kann. Nachfolgend betrachten wir uns nun aber ein
neues, visionäres Modell, angepasst an unsere heutige Zeit.

Die Grundidee:

Laut dem südafrikanischen Forscher, Wissenschaftler und Visionär Michael Tellinger können sich die Gemeinden und Dörfer in den Bereichen Le-
bensmittel- und Energieversorgung als Erstes komplett autark machen.
Dadurch, dass viel weniger Menschen zur Planung, Koordination und
Durchführung vonnöten sind, ist eine Umstellung auf regionaler Ebene definitiv vorzuziehen, weil ein Übergang schneller und vor allem sanfter
möglich ist, als wenn alles von einer zentralen Regierungsebene aus in einer
Hauruck-Aktion gesteuert werden würde, wo sich, wie oben bereits erwähnt, viel zu viele Menschen nicht einig werden und alles nur im Chaos
endet. Städte und Gemeinden kümmern sich selbst darum, genügend Energie zu produzieren und an die Haushalte zu liefern. Sogar die einzelnen
Haushalte sind im optimalen Falle in der Lage, genügend Strom für sich
selbst zu produzieren, weil endlich die alternativen Energietechnologien
nicht mehr unter Verschluss gehalten und unterdrückt werden. Man kann
auf jeden Fall mit Windrädern, Sonnenkollektoren oder Blockheizkraft-
werken (BHKWs) beginnen. Die Städte und Dörfer bauen so weit wie
möglich alle Lebensmittel selbst an, kümmern sich um die Wasser- und

Abwasserversorgung, das Transportwesen und alle anderen öffentlichen Bereiche. Sobald nun die ersten Dörfer es geschafft haben, autark zu werden und erste Überschüsse produzieren, können diese Überschüsse umsonst oder für ganz wenig Geld/Gegenleistung an Nachbardörfer überlassen werden. Das Nachbardorf wiederum hat seine eigenen Produkte hergestellt, die das erste Dorf vielleicht nicht hat, das dritte Dorf hat wiederum andere Waren und Dienstleistungen im Angebot usw..

Was passiert hier? Es entsteht allmählich wieder eine Zusammenarbeit, wie wir sie früher einmal hatten, nicht nur innerhalb der Städte und Stadtteile, sondern auch in Synergie mit den Nachbarstädten. Es entsteht ein freier Fluss von allen möglichen Waren und Dienstleistungen in der Gemeinde und folglich in der ganzen Region. Man unterstützt sich gegenseitig, und das zieht immer weitere Kreise. Überschüsse werden bestmöglich verschenkt. Warum? Weil man selbst im Gegenzug sehr viele Waren (und auch Dienstleitungen) aller Art aus Überschüssen anderer geschenkt bekommt. In der Folge muss jeder viel weniger arbeiten, weil man insgesamt viel weniger Geld braucht (und irgendwann fast gar keins mehr). Auf diese Weise entstehen allmählich Fülle und Wohlstand für alle Menschen!

Dadurch verliert das Geld als Zahlungsmittel immer mehr an Einfluss und Reiz. Es treten wahre Werte wie Zusammenhalt und Mitgefühl sowie Freiheit und Unabhängigkeit in den Vordergrund. Jeder gewährt dem anderen Freiheit, weil er selbst frei sein will.

Damit solch ein regionales System funktioniert, müsste jeder von uns nur 3 Stunden pro Woche für die Gemeinschaft etwas beitragen. Alle tragen gemeinsam zum Gemeinwohl bei, im Gegenzug wird jeder von der Gemeinschaft bestens mit allem versorgt.

Sie meinen, das sei total unrealistisch? Michael Tellinger hat vorgerechnet, warum dies durchaus realistisch ist. Sein Modell adaptierend, nehmen wir ein Dorf mit z.B. 10.000 arbeitsfähigen Einwohnern. Das wären stattliche 30.000 Arbeitsstunden pro Woche! Nur für die Gemeinschaft. Keine Stadtverwaltung kann es sich finanziell leisten, 30.000 Arbeitsstunden pro Woche an Gehältern für Leute zu zahlen, die all diese Arbeit machen. Erkennen Sie, wie sich die Lage dadurch dramatisch ändert? Wie viel wir dann

– anstatt für Banker, Konzerne und Regierung – **gemeinsam füreinander** produzieren können, wenn jeder nur 3 Stunden pro Woche für die Gemeinschaft etwas tut, um all unsere Grundbedürfnisse zu decken, wie z.B. die Herstellung von Lebensmitteln, den Lebensmittelanbau, die Herstellung von Kleidung, den Bau von Häusern, Instandhaltungen und Reparaturen usw.. Und wir können davon ausgehen, dass viele Menschen freiwillig sogar mehr als 3 Stunden pro Woche arbeiten wollen würden, wodurch die Gemeinde noch mehr produzieren könnte.

Das ganze Spiel ändert sich somit gewaltig von Grund auf! Wenn dann nach 6-12 Monaten die ersten Dörfer genügend für sich selbst produzieren, besteht der nächste Schritt darin, das Dreifache zu produzieren, was die Gemeinde selbst braucht, um diese Überschüsse wiederum an die Nachbardörfer zu verschenken oder sehr günstig abzugeben. Denn die Nachbardörfer sind vielleicht auf die Produkte des ersten Dorfs angewiesen und haben im Gegenzug wiederum andere Waren anzubieten. Es entstehen dann die vorhin erwähnten freien Kreisläufe, welche Fülle und Wohlstand für alle in der Kommune und in der gesamten Region bringen – in einem Maße, wie wir uns das jetzt noch gar nicht vorstellen können.

Droht dann eine Anarchie?

Nein, warum denn auch, wenn jeder alles zum Leben bekommt, was er braucht? Doch was heißt das Wort *Anarchie* überhaupt? Das Wort setzt sich aus den beiden griechischen Wörtern *an* und *archos* zusammen, was übersetzt *ohne Herrscher* bedeutet (und nicht etwa Gesetzlosigkeit oder Chaos, wie viele fälschlicherweise denken). Was eine Gesellschaft braucht, sind zwar allgemeine Grundregeln, an die sich alle halten müssen und die eigentlich selbstverständlich sind, aber sie braucht keine Herrscher. Männer und Frauen sind in der Lage, die Dinge selbst in die Hand zu nehmen und zu regeln. Anstatt einer zentralen Regierungsgewalt kehren die Leute daher zum Naturrecht zurück – **ein System der Selbstbestimmung, in dem alles erlaubt ist, was anderen <u>nicht</u> schadet und wo keine Regierung oder Instanz der Welt das Recht hat, über sein Volk wie Eigentum zu verfügen. Hierarchien existieren nicht, denn alle sind gleich viel wert und genießen von Geburt an dieselben von Gott gegebenen Rechte. Er-**kennen Sie nun das große Potenzial hier?

313

Die soeben vorgestellte Idee mag im Moment noch unrealistisch erscheinen, da es uns (noch) gut geht in Deutschland, Österreich und in der Schweiz. Da wird man mit solchen Vorschlägen kaum auf offene Ohren stoßen – außer bei der Energieversorgung. Da sind tatsächlich bereits viele Menschen offen dafür, und es tut sich auch etwas. Nun kann – durch welchen Auslöser auch immer (Währungsreform, Flüchtlingsinvasion aus Afrika, Krieg...) – diese harmonische Situation sich verändern. Was dann? Das ist dann der Zeitpunkt, an dem man dann in seiner Gemeinde mit dieser neuen – und doch sehr alten – Idee auf einen fruchtbaren Boden stößt. Wieso dann wieder zum alten System zurückkehren, das ja versagt hatte? Erinnern Sie sich nochmals an das Beispiel von Wörgl. Die sind nur deshalb zum alten System zurückgekehrt, weil die österreichische Regierung mit einem Armeeeinsatz drohte!

Es braucht nur eine Handvoll Gemeinden oder Dörfer im Land, die den Anfang machen. Die ersten Dörfer dienen dabei gleichzeitig als „Aktivatoren" in dieser Umstellungsphase, welche die Nachbardörfer aktivieren. Die anderen um sie herum haben keine andere Wahl, als mitzumachen, sonst können sie all ihre eigenen Geschäfte schließen und bleiben links liegen, weil das Brot, der Käse, die Milch, Gemüse und Obst etc. vom Nachbardorf umsonst ist. Und wenn sie ihre Geschäfte schließen, dann sind sie erst recht gezwungen, dasselbe Modell zu nutzen. Somit wären die umliegenden Gemeinden ganz schön dumm, wenn sie nicht gleich von Anfang an mitmachen würden. Ein Nachbardorf folgt dem anderen. So entsteht eine Kettenreaktion.

Dennoch kann man jetzt bereits beginnen: Sie sind mit einem Bürgermeister befreundet? Dann erzählen Sie ihm davon, und versuchen Sie, ihn von dieser Idee zu begeistern. Vielleicht sind es gerade **Sie**, der den ersten Grundstein für einen Paradigmenwechsel legt! Die Bürgermeister – sofern diese den Staatsangehörigkeitsausweis nach § 4.1 RuStAG von 1913 besitzen – sind nämlich in der Lage, Gemeinden zu gründen (mit Gemeindemitgliedern, die ebenfalls den Staatsangehörigkeitsausweis haben) und alle Verträge mit der BRD zu kündigen und eine eigene Verwaltung aufzubauen, ein echtes „Amt". Das wäre zumindest eine erste Loslösung vom BRD-System.

Auf diese Weise könnten wir parallel Stück für Stück ein alternatives System umsetzen und das alte System mit der Regierung als leere Hülle zurück- und sich selbst überlassen.

Wir sollten aber nicht auf „andere" warten. Wenn wir abwarten, dann passiert nämlich genau *so* viel, nämlich gar nichts. Wir selbst sind diejenigen, auf die wir die ganze Zeit gewartet haben. Fangen Sie daher an, sich bereits jetzt in Gruppen zu organisieren, um z.B. Strom alternativ mit den aktuell zur Verfügung stehenden Mitteln und Technologien selbst zu produzieren und diesen gegenseitig zur Verfügung zu stellen, um sich so vom Netz unabhängig zu machen. Bilden Sie Bürgerwehren, seien Sie in der Nachbarschaft füreinander sofort da, wenn es „brenzlig" werden sollte. Fangen Sie an, erste Waren und Dienstleistungen untereinander zu tauschen, nicht krampfhaft, sondern da, wo es sinnvoll erscheint und sich die Parteien glücklich einigen können.

Zuweilen sind wir nicht allein. Im Hintergrund arbeiten sehr viele „Architekten" an Vorbereitungen, sofort mit alternativen und gerechten Lösungen in Aktion treten zu können, sobald das alte System abgedankt hat. Es gibt viel mehr Gleichgesinnte, als Sie denken und den Eindruck haben. Schließen Sie daher mit solchen Menschen Freundschaften und Kooperationen.

Entkopplung der Arbeit von Geld und Bezahlung

Wenn wir frei sein wollen, müssen wir uns von der alten Vorstellung loslösen, dass wir arbeiten *müssen*, um Geld zu verdienen. Das ist nicht der Sinn von Arbeit. Um im Leben glücklich zu sein, sollten wir alle das arbeiten, wozu wir Lust und Begeisterung verspüren und wo wir unsere Talente einsetzen können, um unserer *Bestimmung* zu folgen und uns geistig und spirituell weiterzuentwickeln – jeder einzelne für sich wie auch wir alle als Kollektiv. Geld spielt hier keine Rolle. Wir arbeiten, weil wir der Gemeinschaft etwas Gutes tun wollen und im Gegenzug ebenfalls Gutes zurückbekommen.

Wir sind nicht hierher auf die Erde gekommen, um für unser Überleben zu arbeiten. Das ist vergeudete Lebenszeit, die nicht zurückgeholt werden kann. Wir sind die einzige Spezies auf diesem Planeten, die von Geburt bis zum Tod fürs Überleben Geld zahlen muss. Das ist derart absurd, dass nachfolgende Generationen über uns vor lauter Unglauben nur den Kopf schütteln und sich fragen werden, wie wir so etwas nur jemals zulassen konnten.

Wie es so weit kommen konnte, habe ich ja in den letzten Kapiteln geschildert. Eine Gruppe von Machthabern hat sich Grund und Boden sowie alle Rohstoffe und Reichtümer weltweit mit Gewalt oder durch andere heimtückische Praktiken unter den Nagel gerissen. Sie haben den Völkern schlichtweg ihr Land weggenommen. Und wir haben unser Übriges getan und es mit uns geschehen lassen.

Wir sind hier auf der Erde geboren worden, welche unser Zuhause ist. Verstehen Sie? Das ist unser Zuhause. Deutschland gehört daher dem Volk! Und nicht irgendwelchen Bankern und Konzernen, die mehr Rechte haben als Menschen. Dasselbe gilt für Österreich, die Schweiz und alle anderen Länder auf dieser Welt. Deshalb ist es auch so wichtig, dieses System der Ausbeutung in so vielen Bereichen wie nur möglich zu boykottieren bzw. zu verändern.

Bedingungsloses Grundeinkommen als Zwischenschritt

Die Idee eines *Bedingungslosen Grundeinkommens* (BGE) ist nicht neu. Die Gruppierungen, die sich für dessen Einführung einsetzen, plädieren dafür, dass jeder Mensch – von der Geburt bis zum Tod – monatlich zwischen 1.000 € und 2.000 € als Mindestsicherung erhält, zusätzlich zu anderen Einkommen. Unsere Schweizer Mitbürger sind in dieser Hinsicht schon viel weiter. Sie haben bereits letztes Jahr über 100.000 Stimmen für eine Volksabstimmung zur Einführung eines Grundeinkommens in der Schweiz gesammelt, welche dann in den nächsten Jahren abgehalten wird.

Aber andere Länder dieser Welt praktizier(t)en schon in Teilen eine bedingungslose Grundversorgung. Im Irak und in Libyen (einst das reichste Land in Afrika) waren z.B. Strom und Krankenversicherung kostenlos, ebenso die Schulbildung, die von hoher Qualität war. Verheiratete Paare bekamen ein großzügiges Startgeld für ein Eigenheim und Bauern ein kostenloses Grundstück samt Ausrüstung sowie kostenloses Saatgut zum Anpflanzen. Zudem gab es jeden Monat kostenlos eine bestimmte Ration an Grundnahrungsmitteln für jeden. Dies weiß ich u.a. von einem irakischen Staatsbürger, der mir dies vor Jahren einmal persönlich erzählte. Das war vor der „Demokratisierung" dieses Landes durch den Westen.

Von allen Ländern dieser Welt hat der US-Bundesstaat Alaska als Erstes ein kleines Quasi-Grundeinkommen bereits 1982 eingeführt. Im Rahmen des „Alaska Permanent Fund" wird einmal jährlich an jeden Bürger eine Dividende aus den Gewinnen der Erdgas-/Ölförderung ausgezahlt. Im Jahr 2008 erhielt so eine vierköpfige Familie rund $ 13.000.

Doch auch im kleinen Rahmen bewegt man sich zumindest in die richtige Richtung. So ist in der estnischen Hauptstadt Tallinn seit Anfang 2013 die Nutzung des öffentlichen Nahverkehrs völlig kostenlos. Zwar gelten die „Freifahrten" nicht für Touristen, doch seitdem können zumindest die rund 420.000 Einwohner der Großstadt sämtliche Busse und Bahnen kostenlos nutzen – während hier in der Bunzelrepublik die Fahrkartenpreise im Jahresturnus pünktlich wie ein Schweizer Uhrwerk erhöht werden und bei „Schwarzfahren" saftige Bußgeldzahlungen drohen.[24]

Interessanterweise wird das BGE auch von den Mainstreammedien immer mehr ins Rampenlicht gestellt, und so habe ich mittlerweile den Eindruck gewonnen, dass dessen Einführung durch die jetzigen Machthaber bewusst umgesetzt werden könnte, mit nur einem Ziel: Die Bevölkerung ruhigzustellen und den Menschen mehr „Freiheiten" zu gewähren. Wie wir bereits wissen, werden uns gewisse Freiheiten nur deshalb gewährt, damit wir glauben, wir seien frei. Mit einem BGE wären alle Menschen zufrieden und hätten keinen Grund mehr, gegen das System zu rebellieren – vorerst. Die Machthaber wären jedoch weiterhin an der Macht. Des Weiteren wären die Ursachen all unserer Probleme überhaupt nicht beseitigt. Was bringen selbst 1.000 € im Monat für jeden, wenn die Inflation diesen Betrag mit den Jahren auffrisst? Wie wir vorhin zudem gesehen haben, gibt es nach wie vor nicht genügend Arbeit für alle, und dieser Trend wird sich weiter fortsetzen. Das führt unweigerlich dazu, dass sich immer weniger Leute zu den 1.000 € überhaupt noch etwas werden hinzuverdienen können – schlichtweg aus dem Grund, weil der Arbeitsmarkt das jetzt schon nicht mehr hergibt und in Zukunft erst recht nicht. Die fatale Folge wäre irgendwann, dass alle dann nur diese 1.000 € pro Monat zur Verfügung hätten und am Rande der Armut herumkrebsen würden. Das wäre gerade noch genug, um nicht zu verhungern, aber sonst keine Möglichkeit, um im Leben voranzukommen. Das wäre dann die nächste Stufe der Versklavung, in die wir eventuell hineinmanövriert werden könnten.

Ein BGE in einem Schuldgeldsystem ergibt sowieso keinen Sinn. Die Herrscher hätten sich bloß etwas zusätzliche Zeit erkauft und ihren Untergang lediglich hinausgezögert. Das wäre nur reine Symptombehandlung. Daher erachte ich ein BGE nur als harmonische Übergangslösung sinnvoll und auch nur in einem zinslosen Geldsystem.

Wären Komplementärwährungen und umlaufgesichertes Geld geeignete Lösungen?

Komplementärwährungen, also Geld, welches parallel zur offiziellen Landeswährung lokal oder regional eingeführt wird, werden schon seit Jahrhunderten genutzt. Die Idee dahinter ist, dass Steuern mit dem gesetzlichen Zahlungsmittel beglichen und Besorgungen für den alltäglichen Bereich mit der Zweitwährung bezahlt werden. So gibt es z.B. auf Papua-Neuguinea, dem drittgrößten Inselstaat der Welt, neben dem gesetzlichen Zahlungsmittel auch das unter den Einheimischen in einigen Provinzen genutzte *Muschelgeld.* Das hat bei dieser Bevölkerung eine lange Tradition und ist in der Kultur dort tief verankert. In Deutschland ist vor allem der *Chiemgauer* sehr bekannt, womit auch soziale Projekte unterstützt werden. Die Teilnehmer dieses Gutscheinrings entscheiden dabei selbst, welche Projekte sie mitfinanzieren wollen. Unter solchen Aspekten können nebenher genutzte Währungen sinnvoll sein, da sie zumeist das Ziel verfolgen, die Region zu fördern. Nachteile sehe ich vor allem darin, dass die Mehrzahl solcher Parallelwährungen stets am Kurs der gesetzlichen Währung gekoppelt und somit immer noch abhängig vom aktuellen Geldsystem ist. Man ist wieder vom Geld abhängig. Hat man keine Euros, Dollar oder Franken, kann man auch in keine Parallelwährung tauschen. Hat man wiederum nichts Passendes zum Tauschen, erhält man wiederum kein Alternativgeld als Bezahlung. Ferner ist der Umtausch meist mit Gebühren verbunden, was die Nutzung zusätzlich unattraktiv macht. Auch werden diese Währungen, genau wie bei den gesetzlichen Zahlungsmitteln, von einer zentralen Stelle aus herausgegeben, von der man nicht weiß, ob sie tatsächlich hehre Ziele verfolgt. Sie kann nach Belieben die Geldmenge steuern und so z.B. für Knappheit des Geldes sorgen. Dann gibt es wiederum andere Komplementärwährungen, die, in bestimmten Bereichen eingesetzt, viel mehr Sinn ergeben, so auch die Ausgabe von Essensgutscheinen. Gerade in den USA ist mittlerweile ein Viertel der dortigen Bevölkerung auf solche Gutscheine von der Regierung angewiesen, um sich über Wasser zu halten. Der Vorteil liegt darin, dass dadurch sichergestellt wird, dass die Hilfen tatsächlich fürs Essen u.Ä. verwendet werden und nicht für unnütze Konsumgüter. Im Grunde ist das alles gar nicht notwendig, wenn man bedenkt, dass Reichtümer genug vorhanden sind. Im sozial-gesundheitlichen Bereich ist mir die japanische Pflegewährung *Fureai Kippu* noch am positivsten aufgefallen. Diese stelle ich an späterer Stelle aber noch genauer vor...

Umlaufgesichertes Geld hingegen ist eine Währung mit einem fest bestimmten Wertverfall, z.B. zwei Prozent pro Monat. Dadurch wird die Lebensdauer des Geldes absichtlich begrenzt. Die Idee dabei ist einerseits zu verhindern, dass Geld gehortet wird und andererseits, die Umlaufgeschwindigkeit des Geldes zu erhöhen. Das bedeutet, dass die Menschen dazu animiert werden, das Geld so schnell wie möglich auszugeben, da es ja stetig an Wert verliert. Dies sorgt für einen lebendigeren Wirtschaftskreislauf und regt Konsum und Investitionen an. Die Kaufkraft des Geldes soll sich dabei stabil halten können. Einen entscheidenden Nachteil sehe ich hier darin, dass durch den eingebauten Wertverfall zwar Konsum und Wirtschaft angeregt werden, aber der allgemeine Wohlstand dadurch schlecht erhöht werden kann – gerade weil das Horten und Sparen dadurch verhindert wird. Denn wie sonst wären die Menschen in der Lage, größere Anschaffungen zu tätigen wie z.B. für Möbel, Autos, Reisen oder Maschinen für einen Geschäftsbetrieb, für die man teilweise mehrere Jahre sparen muss? Dem würde ein Riegel vorgeschoben werden, da man ja gezwungen wäre, jeden Monat seinen Lohn schnellstmöglich auszugeben, um genügend für den täglichen Lebensbedarf und vielleicht noch für andere kleinere Dinge zu haben. Für größere Anschaffungen müsste man sonst wieder einen Kredit bei der Bank aufnehmen, was aber erneut in die tiefe Schuldenspirale führen würde. Und spätestens hier hätten wir ähnliche Probleme wie beim aktuellen Geldsystem: Abhängigkeit vom Geld und Kredit sowie keine Aussicht darauf, sich jemals im Leben größere Sachen leisten zu können. Alle wären weiterhin im Hamsterrad gefangen.

Wir sind jahrhunderte- und jahrtausendelang dazu ~~programmiert~~ dressiert worden, dass wir erstens für unser Überleben arbeiten und zahlen und zweitens etwas in den Händen halten müssen (Münzen, Geldscheine), um damit Waren erstehen zu können. Doch das alles brauchen wir in Wirklichkeit überhaupt nicht. Denn es kann auch anders gehen...

Alternative zum Schuldgeldsystem: Interview mit Prof. Dr. Franz Hörmann – Teil 2

An dieser Stelle möchte ich Ihnen eine ernsthafte Alternative vorstellen und Prof. Dr. Hörmann, den Sie im ersten Teil bereits kennenlernen durften, hier die Gelegenheit geben, sein Modell des *Informationsgeldes* vorzustellen.

Herr Hörmann, im ersten Teil des Interviews haben wir gelernt, dass Geld durch interne elektronische Buchungssätze von den Banken erzeugt wird. Was können wir daraus schließen?

Wenn wir erkannt haben, dass es sich bei „Geld" stets (zumindest im Ausmaß von 97%) nur um Buchungsregeln handelt, so können wir daraus sofort drei ganz wesentliche Konsequenzen ziehen:

1. „Geld" kann niemals „knapp" sein, da in den heutigen Computerspeichern beinahe beliebig große Zahlen darstellbar sind.

2. Die „Verknappung von Geld, um seinen Wert zu bewahren", gilt als Regel nur dann, wenn dieses „Geld" als physisches Tauschmittel gedacht ist (analog zu Goldstücken im Umlauf), niemals hingegen, wenn wir darunter einfach nur die Darstellung des Wertes anderer Dinge verstehen (analog zur Zahl im Kreidekreis im Fei-Lun-System oder aber zu den Kontoständen in den heutigen Bankcomputern).

3. Die Buchungsregeln zur Erzeugung, Verwendung und Vernichtung von „Geld" können prinzipiell beliebig sein, müssen aber (in einem Rechtsstaat) auf gültigen Gesetzen beruhen. (Dies ist übrigens beim gerade üblichen Giralgeld schon höchst fragwürdig!)

Gut, aber wie kann uns dieses Wissen weiterhelfen?

Im nächsten Schritt können wir nun jene Eigenschaften eines kooperativen, nachhaltigen und gerechten Gesellschaftssystems aufzählen, die wir uns wünschen, um danach ein (Buchungs-)Geldsystem zu entwerfen, welches uns bei der Umsetzung dieser Gesellschaftsform optimal unterstützt.

Wie könnte so etwas aussehen?

Mögliche Merkmale eines wünschenswerten Gesellschaftssystems könnten etwa sein:

1. Eine **freie Leistungsgesellschaft** (Ich-AG):
   Das bedeutet, dass es keine „Rechtsformen" von Handelsgesellschaften mehr gibt, innerhalb derer dann zwischen Eigentümern, Angestellten und Arbeitern unterschieden wird, sondern jeder Mensch ist ein autonomes Individuum, somit ein eigener Unternehmer – oder, wie das früher genannt wurde: eine „Ich-AG". Dies kann umgesetzt werden, indem ein Rechnungskreis für jeden einzelnen Menschen eingerichtet wird. Dieser Rechnungskreis befindet sich dann im Rechtsbereich des Individuums und nicht der Bank, der Sozialversicherung oder des Staates. Auf diese Konten hat nur der jeweilige Mensch Zugriff, niemand sonst.

2. **Schulden, Zinsen, Enteignungen sollen ebenso überflüssig sein wie Steuern. Inflation und Deflation sollen unmöglich werden:**
   Dieses Ziel kann erreicht werden, indem „Geld" immateriell dargestellt wird (als Wertmaßstab ähnlich dem Fei-Lun-System und nicht als „virtuelles Goldstück" wie beim Giralgeld oder bei den Bit-Coins). „Geld" wird dann durch einen Buchungssatz erzeugt, jedoch gegen „Eigenkapital" gebucht und nicht als Schuld. Es erfolgt somit (buchungstechnisch) eine „positive Geldschöpfung bezogen auf die Bilanz eines Einzelunternehmers".

3. Wirtschaftliche **Kooperation statt Konkurrenz:**
Dieses Ziel kann leicht erreicht werden, wenn bei der „Bezahlung"
mit diesem „positiv geschöpften Buchgeld" dieses sofort wieder vernichtet (ausgebucht) wird und nicht „weitergegeben". Es schließen
somit Individuen nie wieder untereinander schuldrechtliche Verträge
ab (woraus Forderungen und gegengleiche Verbindlichkeiten resul-
tieren), sondern jeder Mensch schließt nur noch einen „Gesellschaftsvertrag" mit der gesamten Gesellschaft, der ganzen Gemeinschaft, dem gesamten Netzwerk ab. Durch die buchungstechnische
Vernichtung des Buchgeldes bei Bezahlung wird vermieden, dass es
zum Horten oder Verknappen von Geld kommen kann, es entsteht
keine Geldmenge und kein Geldumlauf (was Inflation und Deflation
verhindert und Schulden sowie Zinsen überflüssig macht). Das Vermeiden von Forderungen und Verbindlichkeiten zwischen Individu-
en hat als weitere Konsequenz, dass asymmetrische Preise möglich
werden, d.h. ein Leistender erhält einen anderen (zumeist höheren)
Betrag (frisch geschöpftes Geld) gebucht, als dem Konsumenten
(buchungstechnisch) vernichtet wird (d.h. als dieser bezahlt). Viele
nagelneue Automobile werden heute auf Feldern abgestellt und warten dort auf ihre Verschrottung, weil die Kunden sich den Preis
nicht mehr leisten können.[24a] Bei Einsatz von Info-Money erhält
hingegen jeder Leistende stets die gesetzlich für seine Leistung fest-
gesetzte Gebühr (als frisch geschöpftes Geld) gebucht, während der
Konsument einen ganz anderen Preis bezahlen muss, der dann buchungstechnisch von seinem Konto gelöscht wird. Solange es sich
um Güter oder Leistungen handelt, die im Überfluss vorhanden
sind, wird z.B. überhaupt kein Kaufpreis verrechnet, d.h. der Konsument bestätigt mit seiner Bankomatkarte nur die Zufriedenheit
mit der erhaltenen Leistung, und dies löst beim Leistenden dann die
für ihn bestimmte Geldschöpfung aus.

**Das sind sehr interessante und völlig neue Ansätze. Aber wie legen wir
in solch einem System dann so etwas wie „Preise" fest?**

Zu Beginn könnten entsprechende Leistungstarife für 2-3 Dutzend
menschliche Leistungen gesetzlich festgelegt werden, danach wäre auf

gesetzlicher Grundlage (im Konsens) eine weitere Verfeinerung möglich. Für ältere oder behinderte Menschen würden spezielle Leistungskategorien definiert, die innerhalb ihrer Möglichkeiten liegen (wie z.B. ein- oder zweimal pro Woche Kindern Geschichten zu erzählen oder vorzulesen), sodass auch diese eine faire Chance hätten, ein höchst zufriedenstellendes Einkommen zu erzielen und ein Leben in selbst verdientem Wohlstand zu führen. Diese „Gesellschaftsverträge" könnten auch jederzeit an andere Lebensphasen angepasst und individuell geändert werden. Da der andere Vertragspartner („die Gesellschaft") quasi als „Dummy" fungiert, ist die Individualisierung am persönlichen Ende des Vertrags jederzeit einfach möglich.

Das jetzige Geldsystem könnte somit ausdienen?

Menschen, die nicht mehr um (scheinbar knappe) „Goldstücke" konkurrieren müssen, sind dann auch fähig zur Kooperation. Die globale Kettenerpressung des verzinsten Schuldgeldsystems gelangt damit an ihr natürliches Ende. Während das heutige Giralgeldsystem die Abstraktion eines Tauschmittels (knappe Goldstücke, die im Wirtschaftskreislauf weitergegeben werden) darstellt, handelt es sich beim Info-Money um die Abstraktion des Vertragspartners („Gesellschaftsvertrag"), wodurch auch andere Vertragsvarianten als der Tausch, z.B. die Kooperation, möglich werden und sich die Menschheit auf eine höhere Ebene entwickeln kann. Die genauen Regeln zur Festsetzung der Leistungstarife (für erbrachte Leistungen) und zur Vernichtung von Info-Money (Preis für den Konsumenten) werden in diesem System nicht starr vorgegeben, sondern können von den Anwendergemeinschaften ganz flexibel und dynamisch vor Ort im Konsens festgelegt werden. Damit handelt es sich nicht wirklich um ein „Geldsystem", sondern eher um einen „Baukasten für ein virtuelles Kooperationssystem".

Das heißt ein flexibel gestaltbares Kooperationssystem in einem weltweiten Netzwerk, in dem derjenige, der eine Leistung erbringt oder eine Ware verkauft, den „Preis" im Rahmen der gesetzlichen Leistungstarife selber bestimmen kann. Wie würde sich das auf das Unternehmertum auswirken?

Während im verzinsten Schuldgeldsystem von den Banken werthaltige Zahlungseinheiten vorgetäuscht werden, die ein Unternehmer zunächst „ausleihen" muss, bevor er wirtschaftlich tätig werden kann, erbringt im Info-Money-System der Unternehmer (als Individuum) eine Leistung, welche in eine gesetzlich definierte Kategorie fällt und wofür für ihn daher sofort ein entsprechender Geldbetrag gebucht (frisch „geschöpft") wird. Die Menschen erschaffen somit durch ihre Leistungen ihr eigenes Geld im Konsens und in Kooperation. Würde nach wie vor Geld für materielle Güter und Dienstleistungen „bezahlt", so bestünde auch immer noch ein Anreiz dazu, diese zu verknappen, um den Preis zu erhöhen. Menschliche Leistung kann aber z.B. so definiert werden, dass bestimmte Güter in ausreichender Menge und zufriedenstellender Qualität einer bestimmten Gruppe von Menschen zur Verfügung gestellt werden sollen, und nur dann, wenn diese Leistung erbracht wurde, erfolgt die buchungstechnische Geldschöpfung.

Das klingt sehr gut. Durch unsere eigenen Leistungen erschaffen wir sozusagen unser eigenes Geld. Dazu fällt mir spontan ein, dass durch dieses System auch endlich Mütter und Hausfrauen gerecht „entlohnt" werden würden für die ganze <u>wertvolle</u> Zeit, die sie mit der Pflege und Erziehung ihrer Kinder verbringen. Zumindest könnte man dann hierfür eine spezielle Leistungskategorie einführen.

Und wie würde sich dieses Informationsgeldsystem auf unsere Gesellschaft auswirken? Findet dann eine Umverteilung von reich nach arm statt?

Besonders interessant ist, dass in der Umstellungsphase auf das Info-Money-System alle Gesellschaftsschichten gleichzeitig besser gestellt werden können, denn es handelt sich dabei jeweils um frisch geschöpftes Geld, d.h. den wohlhabenden Schichten muss nichts „weggenommen" werden, um an andere „verteilt" zu werden. Info-Money für Menschen vom Mittelstand abwärts wird einfach frisch geschöpft. Dieses kooperative virtuelle Geldsystem erzeugt eine umverteilungslose Gesellschaft, es entsteht die Gesellschaftsform des Kooperativen Individualismus.[24b] Inflation kann aber dennoch nicht auftreten, weil ja die Konsumpreise von Fall zu Fall ganz individuell festgelegt werden. Falls

Güter „knapp" werden, kann z.B. sehr wohl eine Auktion stattfinden (wobei Preise aber auch nach oben begrenzt werden können), zugleich würde aber die Prozesskette der Herstellung dieses knappen Gutes im Internet veröffentlicht und eine Belohnung für diejenigen ausgeschrieben, denen es gelänge, die Produktion nachhaltig auszuweiten, sodass die Knappheit überwunden werden kann.

So, wie das verzinste Schuldgeldsystem versucht, im Konflikt (in der Konkurrenz) nur einige wenige Menschen(gruppen) zu Lasten der restlichen Gesellschaft (= materialistisches Umverteilungssystem) zu bereichern, zielt das Info-Money-System auf friedliche Ko-Existenz, Kooperation und gemeinsam erworbenen Wohlstand ab, der weder zu Lasten anderer Menschen noch zu Lasten der Natur oder des Planeten erlangt wird. Nähere Details zum Info-Money finden sich im Internet[24c] ebenso wie zu dem sich daraus für die Banken ergebenden neuen Geschäftsmodell unter www.zukunftsbanken.eu.

Ich danke Ihnen vielmals für das Interview!

Das Buch „Das Ende des Geldes" kann übrigens gratis auf seiner Internetseite als PDF-Datei heruntergeladen werden: www.franzhoermann.com[24d]

Fassen wir also die wichtigsten Punkte nochmals zusammen:

- Als Erstes schaffen wir die Rechtsformen von Handelsgesellschaften ab, und jeder wird sein eigener Unternehmer, sein eigener Chef sozusagen. Die starren pyramidalen Hierarchien von Eigentümern, Angestellten und Arbeitern lösen sich in Folge auf.

- Durch das „Informationsgeld" (Info-Money) schöpfen wir – stets in Konsens und Kooperation mit unseren Kunden, Partnern usw. – durch unsere eigenen Leistungen (Dienstleitungen, Waren usw.) selbst Geld. Den Verkaufspreis unserer angebotenen Leistungen können wir nach wie vor selbst festlegen. Unsere Leistungen können wir dabei im weltweiten Kooperationsnetzwerk anbieten. Die Leute können ohne Stress und Druck ihren Lebensbestimmungen nachgehen.

- Es entstehen weder Schulden noch gibt es Enteignungen. Es werden auch keine Zinsen berechnet, und Steuern fallen ebenfalls nicht an. Inflation und Deflation gehören der Vergangenheit an.

- Durch gesetzlich vorgegebene Leistungskategorien werden Missbrauch und unrechtmäßige Bereicherungen unterbunden. Zudem werden ältere und kranke Menschen gesondert behandelt.

- Bei Gütern und Leistungen, die im Überfluss vorhanden sind, werden gar keine Kaufpreise berechnet, während der Leistende aber dennoch eine Gutschrift auf seinem Konto erhält.

Dies ist in der Tat eine hervorragende und (r)evolutionäre Alternative, die man sofort umsetzen und die Knechtschaft durch das Schuldgeldsystem rasch beenden könnte! Alle Banken könnten zudem auf dieses neue Informationsgeldsystem umgerüstet werden. Das „Geschäftsmodell" dafür ist schon fertig und bereit, um eingesetzt zu werden. Ein Zusammenbruch des jetzigen Systems wäre somit überhaupt nicht notwendig, und wir hätten einen harmonischen Übergang in ein neues und gerechteres Gesellschaftssystem. Dies entspricht auch meiner Vorstellung dahingehend, dass wir uns von der großen Illusion des Geldes, wie wir es kennengelernt haben, so langsam lösen und mittel- und langfristig übergehen können zu einer...

Welt ohne Geld

Wie wir nun mittlerweile wissen, werden wir über Geld und das Geldsystem gesteuert und regelrecht versklavt. Der künstlich herbeigeführte Geldmangel (durch die Schuldgeldkomponente und Zinseszins) fördert unter den Menschen negative Charaktereigenschaften wie Neid, Missgunst und Gier sowie eine Ellenbogengesellschaft, welche Zusammenhalt und Solidarität untergräbt – wo wir anstatt miteinander, ständig in Konkurrenz gegeneinander arbeiten. Im jetzigen Geldsystem ist daher Frieden unter den Menschen und zwischen den Ländern einfach nicht vorgesehen.

Der „Glaube" an das Geld hat sogar schon religiöse Züge angenommen. Die Menschen glauben, sich über Geld definieren zu müssen und dass ein Leben ohne Geld nicht möglich wäre. Ja, wir sind Sklaven des Geldes geworden. Geld ist auch die Hauptursache von vielen Verbrechen heutzutage, sowohl im Kleinen als auch in größeren Maßstäben. Je ärmer die Bevölkerung, umso mehr nehmen Einbrüche, Diebstahl, Raub und Körperverletzungen zu. Geld fördert leider maßgeblich Gier, Neid und Süchte. Geld – und vor allem der Mangel an Geld – fördert zudem ein Mangel- und Armutsbewusstsein in der Bevölkerung! Steckt man in diesem fest, kommt man im Leben ebenfalls nicht voran, weil man laufend nur das in sein Leben zieht, an was man innerlich glaubt und was man nach außen hin dann aussendet – ein Bewusstseins- und Denkschema, welches wir daher schnellstmöglich loswerden müssen.

Um hier Missverständnissen vorzubeugen: Geld für sich allein ist weder böse oder schlecht noch negativ. Es wird jedoch leider oft dazu missbraucht, schlechte Dinge – meist gegen uns – damit zu tun. Dabei kann man in der Tat sehr viele gute Dinge damit fördern und umsetzen. Es hängt einzig und allein von uns ab, wie wir damit umgehen. Doch brauchen tun wir es nicht, um Reichtum für jeden zu ermöglichen. Das ist der springende Punkt!

Dabei ist eine geldlose Gesellschaft keine Utopie!

Die meiste Zeit unserer Menschheitsgeschichte hat sie bestens funktioniert. Und dies war eigentlich der normale Zustand, bis der „Homo sapiens" auf die Idee kam, andere Menschen über ein Zahlungsmittel knechten zu wollen. Das Geld in der heutigen Form gibt es gar nicht einmal so lange. Daher wäre die Frage angebracht, ob wir uns somit weiter- oder zurückentwickelt haben?
Da wir auf der Erde jedoch alles in Hülle und Fülle haben, kann jeder in Wohlstand leben und alles kostenlos zur Verfügung haben. Dass das möglich und machbar ist, wissen wir nun.

Stellen Sie sich bildlich vor, wie solch eine Gesellschaft ohne Geld und in Reichtum und Fülle ausschauen könnte:

- Jeder kann endlich das machen, wozu er wirklich Lust hat, wo er Talente und Gaben hat, anstatt einer Arbeit nachzugehen, die ihm weder Spaß noch Freude bereitet, sondern die nur gegen den Willen ausgeübt wird – zwecks Sicherung des Lebensunterhalts. Wer zur Arbeit gezwungen wird, macht die Sache nicht gut und zufriedenstellend. Wenn Arbeit mit Freude und Überzeugung ausgeübt wird, erhöht das die Produktivität um ein Vielfaches. Das macht sich bei der Qualität der Dienstleistungen und Waren sowie bei der Gesundheit des Menschen positiv bemerkbar.

- Existenzängste gehören endlich der Vergangenheit an. Anstatt um das Überleben zu kämpfen, kann sich nun jeder endlich frei entfalten und für sich herausfinden, was er im Leben überhaupt will. Zusätzliche Zeit für Schulung und Bildung, sofern erwünscht, ist vorhanden, um sich neuen, **sinnvollen** Aufgaben und Zielen im Leben widmen zu können.

- Dadurch wird das Unternehmertum erheblich gefördert und erfährt einen noch nie dagewesenen Aufwind. Viele Leute würden sich trauen, ein Unternehmen zu gründen oder würden „freiberuflichen" Tätigkeiten nachgehen. Dies wirkt sich wiederum sehr positiv auf die Gesellschaft aus, weil nun endlich auch **ganz neue und kreative Ideen** umgesetzt werden, die bisher sonst vielleicht unterdrückt wurden. Es entstehen neue Produkte und Dienstleistungen.

- Herrschafts- und Erpressungsprinzipien in Form von Lohndumping, Hartz-IV-Sanktionen, Mobbing am Arbeitsplatz kennt man nur noch von Erzählungen. Wer ein feindliches Arbeitsklima vorfindet, kann einfach jederzeit gehen und muss sich keinerlei Sorgen wegen seiner Existenz machen. Niemand ist mehr von irgendwem abhängig. Das bedeutet **Freiheit!** Firmeninhaber wären im Gegenzug motiviert, Arbeitsplätze besonders lukrativ und menschenwürdig zu gestalten.

- Die Zerrüttung von Familien hört ebenso auf. Die Eltern können sich besser um die Kinder kümmern, und die Kinder kennen ihre Eltern nicht mehr nur von den Wochenenden. Die familiären Bindungen rücken wieder in den Vordergrund. **Das Band in der Fami-**

lie wird wieder gestärkt, was wichtig ist für die Entwicklung der nächsten, heranreifenden Generation.

- Als logische Konsequenz geht die Kriminalität in der Bevölkerung drastisch zurück. Es muss keiner mehr stehlen und betrügen, um zu überleben.

- Die Abschaffung von Armut reduziert Unmengen an Kosten im sowieso schon total aufgeblähten Verwaltungsapparat, der um 95% reduziert werden könnte.

- Die Abschaffung von Armut sichert **sozialen Frieden** in der Bevölkerung.

Gerade der letzte Punkt ist von enormer Wichtigkeit. Wir hätten endlich Frieden und Freiheit.

In einer Welt ohne Geld spielt auch die *Zeit* dann eine wesentlich geringere Rolle. Man hat dann auf einmal „alle Zeit der Welt" und ist nicht mehr Sklave von straff vorgegebenen Rhythmen. Man kehrt wieder zu den „Naturzyklen" zurück und richtet sich nach der „inneren Uhr". Statt zu bestimmten Terminen anzufangen, einigt man sich z.B. darauf, dass man im Laufe des Vormittags erscheint, um eine bestimmte Arbeit zu verrichten. Schauen Sie sich einmal die Menschen in Südamerika an, die nicht gleich einen Herzinfarkt erleiden, wenn der Bus 20 Minuten später kommt. Die Leute sind viel gelassener und lockerer, es wird kein (Zeit)Stress gemacht. Ein solch gelassenes und sonniges Gemüt würde auch uns ganz gut stehen, glaube ich.

An dieser Stelle noch ein kurzer Appell an die Reichen unter uns, alternative Projekte zu unterstützen, die Stadtteile, Dörfer und Gemeinden autark und unabhängig machen. Schließlich wollen Sie sicherlich ebenso in einer harmonischen und friedlichen Welt leben. Ihre Reichtümer sollen Sie, wenn es nach mir geht, auch alle behalten. Ich bin ganz sicher kein Fan davon, anderen etwas wegnehmen zu müssen. Das wäre der verkehrte Weg (außer das Land dem Volk wieder zurückzugeben). Doch alle Reichtümer, die wir auf der Erde haben, sind lediglich Leihgaben, die wir spätestens dann werden loslassen müssen, wenn wir die Erde wieder verlassen. Und dann zählt nicht, wie viel wir auf dem Bankkonto angehäuft, sondern was wir auf unserem „spirituellen Konto" angesammelt haben.

Dem regionalen Modell folgend, können wir somit das jetzige Geld und die jetzigen Mittel dazu benutzen, das Geld abzuschaffen bzw. überflüssig werden zu lassen.

Dann würde ja keiner mehr arbeiten!

1. Ist diese Aussage wirklich ernst gemeint? Wir haben auf dieser Weltkugel etwa 7 Milliarden Menschen. Für jede Art von Arbeit wird sich stets jemand finden, der sie verrichten möchte, einfach aus dem Grund, weil die- oder derjenige einfach Lust auf diese Arbeit hat oder sonst wie einen persönlichen Sinn darin sieht. Und sollte dies einmal für bestimmte Arbeiten wirklich nicht der Fall sein, muss ein Arbeitgeber diesen Arbeitsplatz so attraktiv wie möglich gestalten (z.B. durch eine besondere Art von Belohnung), sodass jemand diese Arbeit dann gern macht.
Der Mensch hat zudem von Natur aus einen inneren Drang, sich zu entwickeln und neue Dinge zu lernen und auszuprobieren, zu forschen und zu entdecken. Die allerwenigsten würden ihr ganzes Leben lang rund um die Uhr nur faul auf der Couch herumliegen.
Des Weiteren wird jeder, der zur Gemeinschaft beiträgt, im Gegenzug ebenfalls reichlich beschenkt, nicht nur materiell, sondern er gewinnt auch Anerkennung von den anderen Menschen.

2. Man kann bereits heute sehr viele unangenehme Arbeiten durch technischen und organisatorischen Fortschritt wegrationalisieren, insbesondere wenn all die (noch) unterdrückten Technologien und Patente, die in den Schubladen der Großkonzerne schlummern, zum Wohle aller Menschen freigegeben werden.

3. Falls Nr. 1 und 2. aus unerwarteten Gründen nicht möglich sein sollten, dann müssten jene, die den Nutzen bestimmter „unerwünschter" Tätigkeiten für sich gebrauchen wollen, diese Arbeiten dann selbst verrichten oder eben darauf verzichten.

Bezogen auf das vorhin erwähnte regionale Modell von Michael Tellinger, müssten aber zumindest alle Erwachsenen 3 Stunden pro Woche einen Beitrag für die Gemeinschaft leisten. Dies ist die einzig bindende Grundregel, damit es funktioniert. Das „Geben" und „Nehmen" kann nicht bloß einseitig ausgestaltet sein. Somit müsste man auch nicht befürchten, dass das Projekt aufgrund mangelnder Kapazitäten kippt und von vornherein scheitert. Das Informationsgeld von Prof. Dr. Franz Hörmann könnte als sinnvolle Basis und Bindeglied zugleich dienen. In fünf oder zehn Jahren, wenn wir uns geistig und charakterlich weiterentwickelt und das regionale System perfektioniert haben, und in der Folge laufend Überschüsse produzieren, kann man diese Regelung (die Kranke, Alte und Kinder sowieso nicht betreffen würde) wieder lockern und evtl. sogar ganz abschaffen, wenn dann auch das Bewusstsein der Menschen sich nachhaltig positiv gewandelt hat und die Situation es einfach nicht mehr erfordert. Die Regel würde somit vor allem in der Anfangsphase gelten und auch am meisten Sinn ergeben. Vielleicht hat jemand anderes diesbezüglich auch eine ausgefeiltere Lösung parat, doch letzten Endes werden wir dies nur herausfinden und dann dementsprechend anpassen können, wenn die ersten Erfahrungen gemacht wurden.

Wäre ein System, das auf Tauschhandel basiert, nicht eine ebenso gute Alternative?

Das glaube ich nicht. In gewissen Situationen, in denen es sich ungezwungen ergibt und im kleinen Rahmen, z.B. in der Nachbarschaft oder im Freundeskreis, mag das funktionieren und ab und an auch sinnvoll sein. Doch als fest etabliertes Wirtschafts- und Gesellschaftssystem sehe ich da mehr Nach- als Vorteile, von denen ich die wichtigsten gern kurz aufzählen möchte:

1. Viele Menschen würden dazu neigen, ihre eigene Arbeit als „wertvoller" zu beurteilen und als Tausch etwas einfordern wollen, was viele womöglich gar nicht erbringen könnten. Nur die wohlhaberen Menschen könnten bezahlen. Hier hätten wir schnell dasselbe Problem wie bei einem Geldsystem, nämlich dass Waren und Dienstleistungen für die meisten schlichtweg „zu teuer" sind, weil man im Gegenzug nicht die gewünschte Tauschmenge erbringen

kann. Des Weiteren würde solch ein Tauschhandelsystem automatisch Ego- und Konkurrenzgehabe und daraus resultierend zahlreiche Streitsituationen fördern.

2. Es würde die meisten Menschen ausschließen. Was wäre, wenn Sie z.B. gar nichts (Passendes) zum Tauschen hätten? Sie brauchen aber zum Leben nicht nur ein Dach über dem Kopf, sondern müssen sich und Ihre Familie ernähren und mit allem Notwendigen versorgen. So viele Tauschgüter können Sie im Gegenzug gar nicht laufend erbringen!

Solch ein System wäre, wie wir sehen, alles andere als fair und würde bereits zu Beginn der Einführung schnell an seine Grenzen stoßen. Hier hätte man mehr Probleme als Lösungen geschaffen. In einer freien Welt ist ein Leben nicht von Zwängen und Bedingungen abhängig. Alles ist für jeden kostenlos verfügbar. Wir haben dazu die erforderlichen Technologien, die Ressourcen und die Ideen. Wir müssen uns nur zusammenschließen und diese umsetzen.

Umdenken und Bewusstseinswandel ist notwendig

Durch die Art und Weise, wie wir aufgewachsen sind, was wir gelehrt bekommen haben, sind die meisten Menschen der Überzeugung, sie müssten arbeiten, um sich den Lebensunterhalt zu *verdienen*. Wir haben es so von klein auf gelehrt und vorgelebt bekommen. Wir kennen nichts anderes, und neue Möglichkeiten und Ideen erscheinen uns daher oft fremd und „unrealistisch". Dieses Muster wiederholt sich seit Generationen. Aber heute leben wir in einer Zeit, in der wir neue Wege beschreiten dürfen und auch müssen, schlichtweg, weil die Herausforderungen dies verlangen.

Ein weiterer, sehr wichtiger Aspekt, der gerade beim Thema „Reichtum und Fülle" aufkommt und uns wie ein Spiegel vorgehalten wird, ist der **Mangel an Selbstwertschätzung**. Wenn die Menschen der Meinung sind, sie müssten sich ihr eigenes Überleben tatsächlich erst *verdienen*, dann liegen da teilweise große Defizite an Selbstliebe und Selbstwert vor – geprägt durch Erziehung und durch die Gesellschaft und das System, in dem wir heute noch leben. Oder können Sie aus tiefer Überzeugung folgenden Satz zu sich selbst sagen? *„Ich bin es mir* **wert,** *mit allem kostenlos versorgt zu sein, was ich zum Leben brauche."* Die meisten schaffen es nicht, diesen Satz vollständig über ihre Lippen zu bringen, oder bekommen einen Kloß im Hals. Diesen Mangel an Selbstwertschätzung erkennt man auch gut daran, dass die Leute sich immer weiter erpressen lassen, für immer weniger Geld zu arbeiten – natürlich aus Angst getrieben. Aber wie lange wollen Sie sich noch aufgrund Ihrer Angst erpressen lassen? Bis Sie bald umsonst arbeiten? Sicherlich nicht, denn irgendwann wäre der Zenit überschritten, und es würde gewalttätige Revolten geben. Und das wollen wir bestmöglich vermeiden. Lassen Sie daher all Ihre Ängste los. Jetzt! Gleichzeitig trennen wir uns auch vom Armutsdenken und Armutsbewusstsein. Machen wir uns frei davon! Aus diesem Grund wollen wir auch alternative Wege schnellstmöglich umsetzen.

Ein Leben in Wohlstand und Fülle ist unser von Gott gegebenes Geburtsrecht, unser Lebensrecht! Es wird Zeit, dass wir dies einfordern.

Je mehr Menschen sich dieser Tatsache innerlich **bewusst** werden, desto schneller wird die Idee greifbare Realität. Dann entsteht hier eine Bewegung, welche Druck von unten nach oben ausübt, um positive Veränderungen herbeizuführen.

Die Änderung der eigenen und kollektiven Sichtweise ist der Weg zur Freiheit und zu neuen Möglichkeiten im Leben.

Wenn all die neuen Ideen und das Wissen sich dann auch im kollektiven Bewusstsein der Bevölkerung verankern und eine kritische Masse erreicht ist, dann ändert sich entweder das System und passt sich dem neuen Kollektiv an, mitsamt allen Wegen und Lösungen, oder es geht unter, und es entsteht dann ein neues und wirklich faires System. Egal wie, fangen wir jetzt an zu handeln! Erzählen Sie anderen Menschen davon.

„...In den letzten drei Jahrhunderten hat sich unglaublich viel verändert. Es ist für die Menschen nicht länger wichtig, große Reichtümer zu besitzen. Wir haben den Hunger eliminiert, die Not – die Notwendigkeit, reich zu sein. Die Menschheit ist erwachsen geworden...“

„...Wir sind im 24. Jahrhundert – materielle Nöte existieren nicht... Sie können sich weiterentwickeln, Ihr Wissen vergrößern – das ist ein Ziel...“

„...Sehen Sie, im 24. Jahrhundert gibt es kein Geld. Der Erwerb von Reichtum ist nicht mehr die treibende Kraft in unserem Leben. Wir arbeiten, um uns selbst zu verbessern und den Rest der Menschheit...“

Dialogausschnitte von Captain Jean-Luc Picard aus den Star-Trek-Filmen.[25]

Da wir jedoch das notwendige Wissen bereits jetzt haben, müssen wir keine weiteren drei Jahrhunderte warten! ☺

Kapitel 9
Alternative Möglichkeiten, die bereits existieren!

Unternehmen ohne Chef und feste Arbeitszeiten

Nachfolgend möchte ich ein paar alternative Lösungen und Möglichkeiten präsentieren, die bereits heute zum Teil sehr erfolgreich umgesetzt werden.

Wussten Sie zum Beispiel, dass es bereits Unternehmen gibt, die **keine festen Arbeitszeiten** für ihre Mitarbeiter vorschreiben? Man höre und staune, die gibt es tatsächlich schon, so z.B. die Vorzeigefirma **Semco** in Brasilien, welche Industrieequipment und Postlösungen anbietet. Die 3.000 Mitarbeiter dieser Firma bestimmen nicht nur ihre eigenen Arbeitszeiten, sondern wählen ihre Vorgesetzten und dürfen sogar ihre Gehälter selbst festlegen. Sämtliche Gewinne werden zudem per Abstimmung aufgeteilt, und alle Gehälter und Geschäftsbücher sind für alle einsehbar. Eine Personalabteilung gibt es dort ebenso wenig wie eine klassische Hierarchiestruktur. Statt Machtstrukturen wie beim Militär, so wie es bei den meisten anderen Unternehmen dieser Welt gehandhabt wird, zählt bei Semco ausschließlich Teamarbeit.

Viel interessanter ist noch die Auswirkung dieses Modells seit seiner Einführung bei Semco: Die Gewinne stiegen von 35 Millionen auf 220 Millionen an, und die Fluktuationsrate der Firma liegt bei unter einem Prozent.

Das Unternehmen setzt dabei voll und ganz darauf, seine Mitarbeiter so gut wie möglich zu behandeln. Diese sind zufriedener, gesünder und produktiver – kein Druck, kein Stress, kein Burn-out. Für Firmeninhaber Ricardo Semler ist Vertrauen wichtiger als Kontrolle: *„Es ist völlig verrückt, diese Idee, dass die Menschen immer noch so fixiert darauf sind, wie etwas gemacht wird. Bei uns sagt keiner: ,Du bist fünf Minuten zu spät' oder ,Warum geht dieser Fabrikarbeiter schon wieder aufs Klo?'... Wenn Du Dich bei Semco im Büro umsiehst, sind da immer jede Menge leere Plätze. Die Frage ist: Wo sind diese Leute? Ich hab nicht die leiseste Idee, und es interessiert mich auch nicht.*

Es interessiert mich in dem Sinne nicht, dass ich nicht sicherstellen möchte, dass meine Mitarbeiter zur Arbeit kommen und der Firma eine bestimmte

Anzahl Stunden pro Tag geben. Wer braucht eine bestimmte Anzahl Stunden pro Tag? Wir brauchen Leute, die ein bestimmtes Ergebnis abliefern. Mit vier Stunden, acht Stunden oder zwölf Stunden im Büro – sonntags kommen und montags zu Hause bleiben. Es ist irrelevant für mich.", erklärt er.[26]

Bei 3.000 Mitarbeitern stellt sich natürlich die berechtigte Frage, wer all die Leute einstellt? Das machen die Angestellten ebenfalls selbst. Sobald ein Team feststellt, dass eine neue Person gebraucht wird, wird im Intranet der Firma ein Meeting anberaumt, wo dann gemeinschaftlich die Stelle ausgeschrieben wird, Leute zum Bewerbungsgespräch eingeladen werden usw.. Die Teams regeln tatsächlich fast alles unter sich. Wenn jemand Mist baut, wird es intern geregelt. Entscheidungsträger werden regelmäßig bewertet. Sollten diese wiederholt schlechte Bewertungen erhalten, verlassen sie die Firma dann meist auch wieder von allein.

Und sein Erfolgsrezept scheint vollständig aufgegangen zu sein: *„Wir machen das jetzt seit 25 Jahren, so ziemlich jeder, den es wirklich interessiert, ist hergekommen, um zu sehen, ob es wahr ist. Und unsere Zahlen sind über jeden Zweifel erhaben."*[26]

Er ist sich zudem sicher, dass sein Konzept überall funktioniert und dass es eigentlich auch nur so überhaupt richtig klappt. Er selbst hat es bereits erfolgreich sowohl in IT-Büros als auch in Fabriken umgesetzt.

Das ist in der Tat sehr vorbildlich und zeigt uns, dass es auch ohne Zwang und Druck geht, ohne befürchten zu müssen, dass Chaos in einer Firma ausbricht. Die Mitarbeiter sind keinem Stress und Zeitdruck ausgeliefert und bekommen infolgedessen keine Depressionen oder andere stressbasierte Krankheitssymptome. Man stelle sich nur einmal die enorme finanzielle Entlastung der Krankenkassen vor.

Der Rest der Unternehmenswelt kann sich von dieser brasilianischen Firma wahrlich eine dicke Scheibe abschneiden.

„Wer etwas will, der findet Wege. Wer etwas nicht will, der findet Gründe."
Harald Kostial

Lernen ohne Schulen – „Entschulung"

Während es in Deutschland eine gesetzlich strikte Schulpflicht gibt, dürfen in Ländern wie den USA, Kanada, England und Frankreich Kinder auch zuhause von ihren Eltern unterrichtet werden. Um zu sehen, dass es auch anders geht, muss man sich nur die Länder um uns herum einmal anschauen. In Frankreich z.B. gibt es zwar keine Schulpflicht, aber eine Bildungspflicht. Dort können Sie als Eltern Ihren Kindern die Lehrinhalte zuhause vermitteln. Die Fortschritte werden hier jedoch regelmäßig von der Stadt überprüft. Ähnliche Regelungen haben auch andere Länder wie die Schweiz, Dänemark, Großbritannien, Australien, Kanada und die USA.

In den USA erfreut sich das erprobte Modell des **„Unschooling"** (ganz ohne Schule) immer mehr an Beliebtheit – also selbständiges Lernen ohne vom Staat vorgegebene Lehrinhalte; keine vorgesetzten Zeiten und Lehrpläne, kein Mobbing, keine Bestrafungen. Die Kinder lernen alles Mögliche von ihren Eltern, der Gemeinde, von der Natur usw., so wie sie es sonst auch immer tun: Sie schauen zu und lernen dabei selbst und eigenständig. Die Kinder lernen sogar zu gehen und zu sprechen, ohne dass wir es ihnen beibringen müssen, richtig? Sie gucken sich das von den Älteren einfach ab. Kinder lernen durch Fragen. Sie sind bekannt dafür, regelrecht Löcher in den Bauch zu fragen (*Wie geht das...?"*, *„Warum ist das so...?"* etc.) und lernen schneller als Erwachsene. Und an den Fragen erkennen wir, **was** die Kinder besonders interessiert. Denn sie fragen nur Dinge, die sie interessieren. Die Kinder sind dadurch im Stande, die eigenen Talente und Gaben zu entdecken bzw. gehen diesen stets *intuitiv* nach. Denn nur ein freier Geist ist in der Lage, sich frei zu entwickeln! Und das geht am besten zuhause und in der eigenen vertrauten Umgebung.

In Deutschland (sowie auch weltweit) gibt es zumindest die **„Freien Alternativschulen"** (zu denen u.a. die Waldorfschulen gehören), die ein alternatives pädagogisches Konzept verfolgen, die Kinder als ganzheitliche Wesen sehen und auch so behandeln. Die Lehrer sind hier keine Lehrer, sondern Begleiter und halten sich mehr im Hintergrund. Bei Fragen sind sie aber stets präsent. Die Kinder sind in kleinen Gruppen organisiert (zum Teil auch altersübergreifend) und eignen sich Wissen selbst an. Meistens gibt es auch keine Prüfungen und Tests bzw. sind diese freiwillig. In solchen Schulen werden Neigungen und Stärken erkannt und bei jedem Kind bewusst gefördert.

Langzeituntersuchungen sowohl der „Unschooling"-Methode als auch von alternativen Schulen haben ergeben, dass der Prozentsatz der Kinder – die bei ihrem ausgeübten Beruf später nach eigenen Angaben **glücklich** sind und das tun, was ihr Herz erfüllt – hier im Vergleich zu staatlich gebildeten Kindern wesentlich höher ist. Sowohl als Schüler als auch als Erwachsene später sind diese viel selbstbewusster und stehen schon früh mit beiden Beinen fest im Leben. Oft sind diese Kinder auch viel intelligenter und kreativer als staatlich unterrichtete Kinder und wissen schon früh, was sie im Leben machen wollen. Beispiele von Erfolgen gibt es viele, so z.B.

- Dale J. Stephens, 22, aus den USA. Seine Eltern erlaubten ihm nach der Grundschule das eigenständige Lernen („Unschooling"). Dabei stellte er sich seinen eigenen Lehrplan zusammen. Zu diesem gehörte u.a.: Leben in Frankreich, eine Firma eröffnen, bei einer politischen Kampagne mitarbeiten sowie eine Bücherei mit aufzubauen. Ein Abschlusszeugnis hat Dale nicht, und dieses benötigt er auch nicht, denn er überzeugt mit seinen wertvollen Lebenserfahrungen. Er ist ein sehr gefragter Bildungsexperte, dessen Schriftwerke u.a. in der *New York Times* und im *Wall Street Journal* erscheinen, und er wird regelmäßig als Gast zu großen TV-Sendern wie CNN, ABC und FOX eingeladen.

- André Stern, 1971 in Paris geboren und aufgewachsen, ist Musiker, Komponist, Gitarrenbaumeister, Journalist und Autor, u.a. des Bestsellers „...*und ich war nie in der Schule*". Als Freibildungsexperte ist er international sehr gefragt. Zudem ist er einer der Protagonisten in „*Alphabet*", dem neuen Film von Erwin Wagenhofer, der auch „*We feed the world*" und „*Let's make money*" gedreht hat. André ist verheiratet und hat einen Sohn. Er ist im wahrsten Sinne des Wortes ein „selfmade man".

Sehen Sie sich hierzu noch einmal das Schaubild der Ebenen des Bewusstseins an (Abb. 67, S. 201), um zu sehen, wo die meisten unserer Kinder heute bewusstseinsmäßig stehen und aufgrund des staatlichen Schulsystems auch dann später im Erwachsenenleben meistens verharren werden: nämlich dort unten im Bereich der Angst und noch tiefer, damit das Machtsystem sie manipulieren und ausbeuten kann. Die heutigen Kinder, die mit diesem für sie einschränkenden System nicht zurechtkommen und rebellieren, werden nicht zu selten mit dem Aufmerksamkeitsdefizitsyndrom (ADS) „diagnostiziert", welches nachweislich keine Krankheit ist, und dementsprechend mit Medikamenten wie Ritalin & Co. „ruhiggestellt" – Medikamente, welche die Psyche der Kinder beschädigen und ihr inneres Wesen nachteilig verändern. Dabei liegt die Lösung darin, diesen Kindern ein anderes Umfeld anzubieten, welches sie richtig fördert und fordert sowie diesen Kindern eben die richtige Form der Aufmerksamkeit (= LIEBE) zukommen zu lassen, anstatt sie irgendwo als „Probleme" abzuschieben (vor den Computer oder das TV), wodurch sich das Kind dann ungeliebt und unwillkommen fühlt. Fragen Sie Ihr Kind doch, was es will, und hören Sie ihm gut zu. Die Kinder der „Unschooling"-Methode und aus alternativen Einrichtungen wiederum stehen im Gegensatz dazu viel weiter oben auf der Bewusstseinsskala. Das bezeugen nun mittlerweile aus allen Teilen der Welt immer mehr Eltern und ihre Kinder, die alternativ unterrichtet wurden.

Für die meisten Eltern in Deutschland wäre daher zumindest solch eine alternative Schule sicherlich ein sinnvoller Kompromiss, gerade weil wir hier den Schulzwang haben. Langfristig sollten wir jedoch zusehen, dass der allgemeine Schulzwang auch in Deutschland endlich aufgehoben wird, denn er ist ein Relikt vergangener Jahrhunderte, als noch ganz andere Verhältnisse geherrscht haben als heute. Wo es in früheren Epochen vielleicht teilweise sogar sinnvoll war, so brauchen wir das heute nicht mehr. Unsere Kinder haben dieselben von Gott gegebenen Rechte wie wir und sollten daher frei mitentscheiden dürfen, wie und wo sie sich Wissen aneignen möchten. Nicht „funktionieren", sondern „*leben*" lautet die Devise!

Ein weiterer Vorteil besteht darin, dass Kinder endlich wieder zuhause bei den Eltern aufwachsen können. Gerade die Mutter ist der wichtigste Bezugspunkt eines Kindes, während es heranwächst und hier insbesondere die ersten Lebensjahre, in denen das Kind die ganze Zeit über bei der Mutter sein sollte und nicht in staatlichen Einrichtungen bei fremden Personen. Die Liebe, Nähe und Fürsorge einer Mutter sind essenziell für die gesunde geistige und seelische Entwicklung ihrer Kinder. Denn unsere Kinder sind unsere Zukunft.[26]

Fureai Kippu

Fureai Kippu ist japanisch und bedeutet übersetzt so viel wie *Fürsorge-Kontakt-Ticket*. Es ist eine japanische „Pflegewährung" im Gesundheitswesen, welche 1995 eingeführt wurde und aus dem Bedürfnis heraus entstand, alten und kranken Menschen jene Arten von Hilfen zukommen zu lassen, die das japanische Gesundheitssystem nicht abdeckt.

Solche Hilfen können z.B. sein, bei jemandem im Haushalt sauber zu machen oder zu kochen, für diesen einkaufen zu gehen oder ihn zum Arzt zu begleiten, Blinden etwas vorzulesen etc.. Dies ist ähnlich dem Zivil- oder Bürgerdienst in anderen Ländern. Die Zeiteinheit beträgt stets eine Stunde. Für jede Stunde, mit der man jemand anderem hilft, bekommt man eine bestimmte Anzahl an Fureai Kippus auf seinem Konto gutgeschrieben. Die Höhe der Gutschrift richtet sich dabei ganz nach der Art der Tätigkeit. So wird eine Stunde einkaufen für jemanden mit einem Fureai Kippu vergütet, eine Stunde Altenpflege mit zwei, weil diese Arbeit wesentlich anspruchsvoller ist. Die Fureai Kippus kann man selbst ansparen für die Zukunft, falls man irgendwann selbst Hilfe benötigen sollte. Ein wesentlich interessanterer Aspekt jedoch ist, dass man die Gutschriften auch an andere Leute im ganzen Land übertragen kann, um z.B. seinen Eltern oder anderen Familienmitgliedern zu helfen.

Die Versorgung durch Menschen über dieses System der Komplementärwährung wird in Japan den bisherigen, durch „normales Geld" bezahlten Dienstleistungen vorgezogen, weil unter den Nutzern eine Art persönliche Beziehung entsteht und das Gemeinschaftsgefühl gestärkt wird.

Ich finde, dass dieses System ein guter Schritt in die richtige Richtung ist. Die Japaner haben manchmal wirklich gute Ideen. Hätten alle anderen Länder der Welt ebenfalls ähnliche Modelle eingeführt, hätten wir das Sozial- und Gesundheitswesen weltweit enorm entlastet. Auch den Militärdienst könnte man beispielsweise durch solch ein Fureai-Kippu-Modell ersetzen, bei dem die Leute, anstatt zu Tötungsmaschinen, zu *mitfühlenden Menschen* „ausgebildet" werden. Wie viel friedlicher die Welt doch dann gleich wäre...[27]

Alternativen im Bereich Technologie, Rohstoffe und Umwelt

Auch in anderen Bereichen gibt es alternative Lösungen und Lösungsansätze, die es wert sind, umgesetzt und weiterentwickelt zu werden.

Haben Sie gewusst, dass unsere Autos schon seit den 1930er-Jahren hätten mit **Wasserstoff** fahren können? Ein amerikanischer Erfinder namens Charles H. Garrett hatte bereits 1932 seine Erfindung dazu als Patent eingereicht. Sie bestand darin, dass in einem Elektrolyseverfahren Wasser in seine beiden Komponenten Wasserstoff und Sauerstoff gespalten wird. Der dadurch entstehende explosive Wasserstoff wird dann anstelle von Benzin benutzt, um den Wagen zum Laufen zu bringen. Um Werbung für seine Erfindung zu machen, hat er deren Funktionalität vor mehreren Reportern am *White Rock Lake* See in Dallas, Texas demonstriert, wo er Wasser aus dem See holte, seinen Wagen damit betankte, diesen anschließend startete und damit mehrere Minuten lang problemlos um den See fuhr. Die Zeitung *Dallas Morning News* berichtete 1935 darüber.

Sie meinen, das sei unmöglich? Falsch! Die NASA nutzt schon seit Jahrzehnten Wasserstoff als Raketenantrieb!

Würde eine Umsetzung denn nicht viel zu lange dauern? Was ist mit all den alten Autos?

Auch das wäre zu lösen. Laut dem amerikanischen Chemieingenieur Dr. Ryan Wartena würde es zirka 24 Jahre dauern, um alle Autos der Welt gegen Autos, die auf Wasserstoff laufen, auszutauschen. In dieser Zeit könnte man jedoch die Benzintanks der jetzigen Autos durch Elektrolysezellen ersetzen und könnte somit bereits <u>heute</u> mit einer sukzessiven Umstellung beginnen.[28]

Interessant ist in diesem Zusammenhang auch die eher „zufällige" Entdeckung des Erfinders John Kanzius, welcher es geschafft hatte, Salzwasser mit Hilfe von Radiowellen zum Brennen zu bringen. In zahlreichen Vorführungen bestrahlt er mit Salzwasser gefüllte Röhrchen in seinem Radiowellengenerator und zündet das Wasser anschließend an, welches bis zu einer Temperatur von 3.000 °F (rd. 1.650 °C) brennt. Zahlreiche US-TV-Sender berichteten darüber.

Water Succeeds Gasoline As New Invention Is Perfected

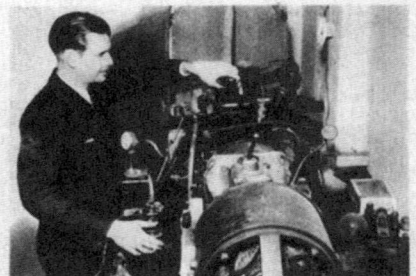

This water powered motor is the invention of G. H. Garrett, who is shown here with his right hand upon the electrolytic carburetor which obtains explosive hydrogen from water.

WATER powered automobiles are predicted for the not too distant future as the result of an invention of G. H. Garrett of Dallas, Texas, which substitutes water for gasoline.

Garrett uses an electrolytic carburetor which breaks up water by electrolysis into its component gases, hydrogen and oxygen, and then forces the explosive hydrogen into the combustion chambers for fuel.

For operating the automobile motor on which the tests have been conducted, Garrett has added an over-size generator to supply the extra electricity needed by the carburetor. Beyond that, the motor has needed no changes, though it has been in operation continuously for several days.

Garrett has protected his device with patents.

KANZIUS RADIO WAVE GENERATOR
Creates Energy From Salt Water   SEE

Abb. 76: Zeitungsausschnitt über Garretts Wasserstofftechnologie
Abb. 77: TV-Sender berichteten über John Kanzius und seine Entdeckung – brennbares Meerwasser!

Leider ist mir nicht bekannt, wie viel der Radiowellengenerator selbst an Strom verbraucht und ob sich die Energieausbeute lohnt. Doch interessant ist dies allemal, und vielleicht findet sich jemand da draußen, der an dieser Stelle anknüpft. Wenn sich dies als effektiv und kosteneffizient erweisen sollte, könnte man diese Technologie z.B. zur Entsalzung von Salzwasser, als alternativen Treibstoff oder für den häuslichen Energiebedarf einsetzen. Die Ozeane sind schließlich voll davon... und in einer geldlosen Gesellschaft spielen dann auch „Kosten" keine Rolle mehr![29]

Warum wir diese sauberen Technologien nicht bereits auf den heutigen Straßen sehen oder in unseren Häusern haben, ist eigentlich offensichtlich. Die mächtige Ölindustrie, die jährlich hunderte Milliarden an Gewinnen einfährt, könnte von heute auf morgen dichtmachen und einpacken. Glauben Sie, dass diese Industrie solche Technologien jemals freiwillig zulassen wird, wo jeder z.B. sein Auto – kostenlos – sogar mit Regenwasser, Salzwasser oder Wasser aus dem See betanken könnte?

Hierzu passt sehr gut eine kurze Geschichte, die mir Jan van Helsing erzählte: *„Der UFO-Forscher Dr. Steven Greer, der in den letzten 10 Jahren über 500 ehemalige NASA- und Geheimdienstmitarbeiter dazu gebracht hat, öffentlich über geheime Raumfahrt-Unternehmen, außerirdische Kontakte oder geheime Basen unserer Militärs z.B. auf dem Mond zu berichten, erzählte von einem Flug mit einem sehr reichen Mann in dessen Hubschrauber, der berichtete, dass er einst mit dem Chef von General Motors befreundet war. Dieser Herr hatte ihm Ende der 1960er-Jahre enthusiastisch berichtet, dass GM einen Motor entwickelt habe, der in jedes Automobil auf der Welt eingebaut werden könne, auf Wasserstoffbasis funktioniere und als Abgas Wasserdampf abstoße. Vierzehn Tage nach dieser Aussage hatte er einen tödlichen Unfall... Tja, wer Böses dabei denkt, hat wohl recht..."*

Aber Jan van Helsing kann noch mit einer anderen spannenden Geschichte aufwarten: *„So ziemlich jeder kennt inzwischen die sogenannte ‚Area 51', ein Testgelände des US-Militärs in Groom Lake, Nevada. In der Area 51 hatte bis 1989 unter anderem auch die Flugzeug-Entwicklungsfirma Lockheed Skunk Works ihre Prototypen getestet, bis sie nach dem Kalten Krieg nach Palmdale in Kalifornien umzog. Lockheed Skunk Works ist die Entwicklungsabteilung der amerikanischen Flugzeugfirma Lockheed, die nicht nur*

343

ziemlich exotische Waffensysteme, sondern auch die besten Kampfflugzeuge der US-Luftwaffe entwickelte: 1955 hatte Lockheed von der CIA den Auftrag für die Entwicklung und den Bau des U-2-Bombers erhalten, welcher dann in Groom Lake getestet wurde. Weitere bekannte Entwicklungen von Skunk Works sind die SR-71 Blackbird, die F-117 Nighthawk, besser bekannt als ‚Tarnkappenbomber‘, und die F-22 Raptor.

Ben R. Rich, der 1995 an Krebs verstarb, war viele Jahre lang der Chef von Skunk Works und galt als der ‚Vater der Tarnkappe‘. Er war einer der besten Flugzeugingenieure weltweit. Ben Rich hatte sein komplettes Leben der Geheimhaltung verschrieben, doch kurz vor seinem Tode hatte er sich zweimal – aus welchen Gründen auch immer – dazu hinreißen lassen, ein paar Top-Geheimnisse durchsickern zu lassen.

Die eine Episode erfuhr ich von Jan Harzan, dem internationalen Chef der Organisation MUFON, der am 23.3.1993 als Mitglied der ‚UCLA Alumni Association‘ zusammen mit einer größeren Gruppe von Ingenieuren zu einer Präsentation mit Ben Rich eingeladen war. Auf diesem Vortrag erzählte Ben Rich die Geschichte der Firma Skunk Works und zeigte dazu diverse Fotos von verschiedenen, inzwischen bekannten Flugzeugen wie der U-2, dem Stealth-Bomber und diverser Drohnen. Am Ende der Präsentation waren alle überrascht, als er ein Foto einer Fliegenden Untertasse zeigte, die gerade in einer Flugbewegung in Richtung Weltraum zu sehen war, und dazu sagte: ‚Wir haben jetzt die Technologie, um E.T. nach Hause zu bringen.‘

Zunächst lachten einige der Teilnehmer, doch nach dem Vortrag kamen zirka 25 Ingenieure zu Ben Rich und wollten mehr wissen. Dabei erklärte dieser: ‚...dass wir nun in der Lage sind, sehr schnell zu reisen.‘ Er verriet aber nicht, wie schnell. ‚Es dauert keine Lebzeiten. Es gibt einen Fehler in den Gleichungen (der Wissenschaftler; A.d.V.). Wir wissen, was es ist. Wir haben jetzt die Möglichkeit, zu den Sternen zu reisen. Zunächst müssen Sie verstehen, dass wir nicht mit chemischen Antrieben zu den Sternen fliegen.‘

Rich erklärte weiter: ‚Wir haben bereits heute das Wissen, andere Sonnensysteme zu bereisen, aber diese Technologien sind in sogenannten ‚Black Projects‘ (Geheimprojekte; A.d.V.) unter Verschluss, und es würde schon das Eingreifen Gottes benötigen, damit diese Technologie nach außen dringt, um der Menschheit zu dienen. Was immer Du Dir vorstellen magst, wir sind in der Lage, es zu tun!‘

Als Ben Rich dann den Saal verlassen wollte, folgte Jan Harzan ihm und fragte ihn, wie denn der Antrieb funktionieren würde. Ben Rich antwortete mit einer Gegenfrage: ,Was glauben Sie, wie ESP (extrasensory perception, Sammelbegriff für übersinnliche Wahrnehmungen; A.d.V.) funktioniert?' Harzan antwortete, dass alle Punkte in Raum und Zeit miteinander verbunden sind. Und Ben Rich entgegnete: ,Genau so funktioniert es!'

Am 5.1.1995, eine Woche vor seinem Tod, erzählte Ben R. Rich seinem Freund Jim Goodall: ,Wir haben Dinge da draußen in der Wüste, die sind 50 Jahre dem voraus, was man sich überhaupt vorstellen kann. Wenn Du es im Film ,Krieg der Sterne' oder bei ,Raumschiff Enterprise' gesehen hast – wir waren dort und haben es getan oder haben entschieden, es nicht zu tun, weil es das nicht wert war... Innerhalb der Skunk Works waren wir eine kleine, intensiv zusammenhängende Gruppe, bestehend aus etwa fünfzig Veteran-Ingenieuren und -Designern und etwa hundert weiteren Mitarbeitern (Maschinisten usw.). Unsere Stärke war der Bau technologisch fortschrittlichster Flugzeuge – zwar in kleiner Stückzahl, aber von höchster Klasse für hochgeheime Missionen.'
Rich berichtete Goodall gegenüber weiter, dass alle ,biomorphen' Luft- und Raumfahrt-Designs von dem Roswell-Raumschiff inspiriert waren – von der SR-71 Blackbird bis zu heutigen Drohnen oder Raumschiffen. Es gäbe zwei Arten von UFOs: ,...solche, die wir bauen und solche, die ,sie' bauen. Wir haben von beidem gelernt – von den Abstürzen und dem, was sie uns gegeben haben!'

Nun, ich kenne die Einwände, die kommen, wenn man solche Geschichten hört. Ich kann hierzu aber noch ein recht aktuelles Erlebnis mit anhängen: Es war im Herbst 2013, als ich in Gunzenhausen auf einer Geburtstagsparty anwesend war und mit einem kanadischen Piloten, der ab Nürnberg für eine deutsche Fluggesellschaft fliegt, ins Gespräch kam. Irgendwie kamen wir auf die ,Aurora' – ein bislang geheimes Überschall-Flugzeug, das über 12-fache Schallgeschwindigkeit fliegen soll – zu sprechen, und er meinte: ,Ach, die Aurora... Ich erzähle Dir mal was. Ein Freund von mir war über viele Jahre hinweg der Privat-Pilot für den Chef von Packard Bell, einen Computer- und Elektronik-Hersteller, der auch die Soft- und Hardware für unsere Flugzeuge, Drohnen und Waffensysteme liefert. Dieser Chef führt alle seine Geschäftsge-

spräche im Luftraum durch, um nicht abgehört zu werden – unter anderem mit dem US-Verteidigungsminister. Mein Freund, der Pilot, war sozusagen bei allen ,diskreten' Gesprächen mit einem Ohr dabei. Und dieser Pilot meinte: ,Bereits Ende der 1980er-Jahre hatte die US-Luftwaffe Flugzeuge, die über siebenfache Schallgeschwindigkeit flogen und nur wenige Stunden bis zum Mond benötigten. Er bestätigte auch ein geheimes Weltraumprogramm und erklärte, dass es bereits heute bei der US-Luftwaffe Technologien gäbe, die für den Normalbürger Science-Fiction sind... "

Unglaublich, oder? Nun, Sie können es ruhig glauben (oder auch nicht). Tatsache ist nun einmal, dass es im Verborgenen schon lange Technologien gibt, die der uns bekannten um mindestens 50 Jahre voraus sind. Wobei die Zeitangabe hier relativ ist, denn für die meisten Leute würden solche „Science-Fiction"-artige Technologien wie aus dem nächsten Jahrtausend anmuten. Doch es sind gerade all die Science-Fiction-Filme, die uns schon seit Jahrzehnten einen großen Teil der Wahrheit vorführen – Filme und Serien, die von Insidern gemacht wurden und werden, wobei es unter den jetzigen Gesichtspunkten als absurd erscheint, dass Autoren und Filmemacher sich ständig „bloß" ihrer blanken Fantasie bedient haben. Denn schließlich müssen sie die Informationen und die vielen Details ja von irgendwoher haben.

Glaskugeln und Straßen als Sonnenkollektoren

Der deutsche Architekt André Brößel könnte die Sonnenkollektorbranche mächtig aufmischen. Mit seiner jungen Firma *Rawlemon* stellt er Sonnenkollektoren her, die statt flach und eckig, als Kugel in einem futuristischen Design gestaltet sind. Diese durchsichtigen Glas-Sphären sind mit einer Flüssigkeit gefüllt und sammeln Lichtstrahlen wie eine große Linse. Je nach Durchmesser solch einer Kugel treffen die Lichtstrahlen im Brennpunkt bis zu 20.000-fach verstärkt ein. Durch diese hohe Lichtbündelung funktionieren diese neuartigen Kollektoren nicht nur bei Sonnenlicht, sondern auch bei Mondschein und sogar bei bewölktem Himmel. Gerade in Nordeuropa könnte das von großem Vorteil sein.

Dabei bietet solch eine Rawlemon-Kugel zwei entscheidende Vorteile gegenüber den konventionellen Solarpanelen:

1. Durch eine spezielle Schwenktechnik steht sie immer im optimalen Winkel zur Sonne. Sie liefert konstant Strom, auch bei Nacht – und durch die hohe Bündelung des Sonnenlichts sogar effizienter.

2. Die Prototypen erzeugen bereits heute auf einem viertel Quadratmeter beschienener Fläche genauso viel Strom wie konventionelle Solaranlagen auf einem Quadratmeter.

Zum Einsatz könnten diese Sonnenkollektoren Reihe an Reihe aufgestellt auf den flachen Dächern von hohen Wohn- oder Industriegebäuden kommen, die es in den zahlreichen Großstädten zuhauf gibt. Von unten würde man diese kaum bemerken. Zusammen mit vertikalen oder horizontalen **Windkraftanlagen** könnten sie auf den Dächern der Städte jetzt schon zumindest einen Großteil des häuslichen Energiebedarfs decken. Zu beachten ist hierbei, dass diese Turbinen an optimalen Standorten mit günstigen Windverhältnissen aufgestellt sind. Diese kleinen Windräder können bereits ab Windgeschwindigkeiten von 15 km/h brauchbaren Strom produzieren. Je nach Größe liefern die kleinen Varianten dabei zwischen zwei und viereinhalb kW Strom. Sofern Sie sich ernsthaft für solche Windkraftanlagen interessieren, machen Sie unbedingt Ihre eigenen Recherchen, und erkundigen Sie sich genau, welches Modell unter welchen Bedingungen für Sie in Frage kommt. (Interessant ist auch eine völlig neue Variante eines in Holland entwickelten Windrades: www.thearchimedes.com)

Abb. 78 links oben: Die beta.ray-Kugel von der Firma *Rawlemon*.

Abb. 79 rechts oben: Zirka 6 m hohe vertikale Windturbinen der Firma *Venger*, die pro Anlage bis zu 4,5 kW Strom liefern. (www.vengerwind.com)

Abb. 80 links unten: Horizontale Windturbinen für den Privatgebrauch der Firma *windenergy7*, die auf jedem Hausdach platziert werden können. (www.windenergy7.com)

Abb. 81 rechts unten: Die sächsische Firma *Alphacon* hat wiederum ein ganz eigenes Designs für eine Kleinwindanlage... (www.alphacon-energie.de)

Einen Schritt weiter in Sachen Sonnenenergie geht die amerikanische Firma *Solar Roadways* mit ihren Erfindern Julie und Scott Brusaw, die Straßen mit eingebauten flachen Sonnenkollektoren in ganz USA bauen wollen. Die größte Fläche, nämlich die Straßen, eignen sich hervorragend dafür und könnten nach den Modellrechnungen der Firma landesweit rund 15.000 Milliarden Kilowattstunden pro Jahr an Strom erzeugen! Die Rechnung beinhaltet bereits deutliche Abschläge von Nachteilen, welche fest montierte Sonnenpanelen mit sich bringen (z.B. nicht immer optimaler Winkel zur Sonne, begrenzte Ausbeute) sowie durchschnittlich vier Sonnenstunden pro Tag. Die Platten haben eine hexagonale Form, und die Oberfläche besteht aus langlebigem und absolut widerstandsfähigem Glas, welches sogar dem Gewicht von schwersten LKWs standhält. Laut den Erfindern halten die Platten einem Gewicht von bis zu 112 Tonnen stand! In diesen Platten sind neben den Solarzellen mit maximaler Lebensdauer von 30 Jahren auch Heizelemente eingebaut, welche dafür sorgen, dass Straßen und Garagenauffahrten immer schnee- und eisfrei bleiben. Durch die modulare Bauweise lassen sich einzelne defekte Platten jederzeit austauschen. Die aufwendige Wartung wie bei Asphaltstraßen entfällt dann und spart langfristig immense Kosten ein, während gleichzeitig Strom produziert wird. Integrierte LED-Elemente erzeugen Straßenmarkierungen und sonstige notwendige Signale, das ist vor allem nachts sehr sinnvoll. Durch eingebaute Gewichtssensoren erkennt die Straße zudem, wenn z.B. Fußgänger oder Tiere passieren, und kann bereits in sicherer Entfernung Autofahrer warnen und darauf hinweisen, langsamer zu fahren. Parkplätze, Gehwege und Auffahrten lassen sich damit ebenfalls bauen, und durch eine Anbindung an die „Solarstraßen" kann man den produzierten Strom sogar direkt zu Geschäften und Wohnhäusern transportieren! Elektrisch angetriebene Autos könnten sich während der Fahrt gleichzeitig wieder aufladen. Das ist in der Tat eine (R)evolution, und die Möglichkeiten sind hier absolut vielfältig!

Die Tests mit Prototypen sind bereits erfolgreich absolviert und haben sich als praxistauglich erwiesen. Die amerikanische Autobahnbehörde hat bisher großes Interesse gezeigt, und der erste Vertrag für ein kleines Testprojekt wurde bereits mit ihr abgeschlossen. Ich bin sicher, in zwanzig bis dreißig Jahren werden unsere Straßen ganz anders aussehen.[30]

Abb. 82 und 83: Das Erfinderehepaar vor seinem Solarparkplatz. Und daneben ein Beispiel solch einer Solarstraße anhand eines Prototyps mit integrierter Beleuchtung, das Kinder auf der Fahrbahn erkennt und rechtzeitig den Fahrer warnt, langsamer zu fahren.

Die Brennstoffzelle

Für eine kleine Revolution sorgte bereits vor einigen Jahren auch die kalifornische Firma *Bloom Energy*, deren Gründer und ehem. NASA-Mitarbeiter K. R. Sridhar eine Brennstoffzelle entwickelte, um damit Gebäude unabhängig vom öffentlichen Stromnetz mit Strom versorgen zu können.

Solch eine Zelle, die wie eine flache Scheibe ausschaut, besteht aus gebackenem Sand, aus welchem eine Art Keramik hergestellt wird. Vorder- und Rückseite dieser Scheibe werden mit einer speziellen Farbe beschichtet. Auf der einen Seite wird Sauerstoff zugeführt, auf der anderen Biogas oder Wasserstoff. Diese treffen in der Mitte aufeinander, und durch den dann entstehenden chemischen Oxidationsprozess entsteht Strom. Eine solche dünne Scheibe bringt eine Glühlampe zum leuchten. Durch die extrem flache Bauweise lassen sich mehrere Scheiben übereinander zu einer kleinen Box stapeln. Zwischen diesen Scheiben liegt jeweils eine Metallplatte. Im Gegensatz zu anderen Brennstoffzellen, die auf teure Materialien wie Platin und Zirkonium angewiesen sind, kommt die Zelle von Bloom Energy mit einer günstigen Metalllegierung aus. Eine Box, die klein genug ist, um sie in der Hand zu halten, ist im Stande, ein durchschnittliches europäisches Haus rund um die Uhr mit Strom zu versorgen. In Asien kann dieselbe Box sogar vier bis sechs Häuser versorgen, weil der Stromverbrauch dort wesentlich niedriger ist.

Abb. 84: Sridhar stellt solch eine flache Brennstoffzelle vor.

Abb. 85: Eine Servereinheit, die ein großes Firmengebäude mit Strom versorgt.
Abb. 86: Hier zur kleinen Box zusammengeführt, die ein Haus permanent versorgen kann.

Große Unternehmen wie Google, Fedex, Apple oder eBay nutzen schon seit Jahren große *Bloom Energy Server* (viele solcher kleinen Boxen zu einer großen zusammengeschlossen) und versorgen sich damit selbst mit Strom. Den benötigten Brennstoff kann man sogar nachhaltig herstellen: Biogas lässt sich z.B. aus Müll erzeugen und Wasserstoff aus Wind- und Solarenergie.[31]

Sind denn Windturbinen und Sonnenkollektoren nicht viel zu ineffizient?

Diese Frage kommt häufig von Menschen, die Effizienz nur an einer Komponente messen: Geld bzw. Kosten. Dieser Einwand ist in unserem noch vorhandenen Schuldgeldsystem und einer rein an Profit orientierten Welt durchaus berechtigt. Denn Sonnenkollektoren, die beispielsweise 15.000 Euro gekostet haben, sollen sich ja schnellstmöglich wieder rentieren. Und hier spielt auch die Energieausbeute eine wichtige Rolle. Je höher diese ist, umso mehr Strom liefern die Kollektoren (oder die Windturbinen) und umso schneller hat man die Investitionskosten wieder drin. Aber wir wollen ja weg von diesem Geldsystem und möglichst hin zu einer Gesellschaft, die auf Geld einfach nicht mehr angewiesen ist. Als Menschheit haben wir die Fähigkeiten, die Ressourcen und das nötige Wissen dazu. In einer Welt, in der alles für jeden im Überfluss vorhanden ist, streben wir nicht mehr nach Geld und Reichtum, sondern danach, uns persönlich weiterzuentwickeln und unseren Planeten zu heilen und zu schützen. Und wenn Geld und irgendwelche „Kostenfaktoren" keinerlei Rolle mehr spielen, dann spielt es auch keine Rolle mehr, wenn die Sonnenkollektoren nur eine Energieausbeute von 20% liefern, wenn diese aber im Stande sind, z.B. eine Wohnung autark zu versorgen. Richtig? Zudem werden in solch einer Gesellschaft Forschung und kreatives Unternehmertum erheblich gefördert, die – gerade weil Kosten keine Rolle mehr spielen – auch viel schneller neue Technologien erfinden bzw. umsetzen werden und bestehende noch effizienter gestalten.

Das ist wiederum nur die Spitze des Eisbergs

Doch dies sind nur einige neue Technologien, oder ich sollte besser sagen „alte" Technologien, denn schließlich existieren diese zum Teil seit mehreren Jahrzehnten. Wir sind permanent von Energien um uns herum umgeben, und es gibt intelligente Forscher und Tüftler, die es geschafft haben, diese Raumenergie anzuzapfen und als brauchbare und unerschöpfliche Stromquelle zu nutzen. Der bekannte große Erfinder Nikola Tesla, der Erfinder des Wechselstroms, hat dies schon vor über 100 Jahren geschafft und bewiesen. Er hat sogar einen Weg gefunden, Strom sicher und drahtlos zu übertragen. So etwas wie „Stromkabel" bräuchten wir heute eigentlich gar nicht. Finanziert wurden Teslas Forschungen damals vom Bankier *J.P. Morgan*, der von seinen Erfindungen hellauf begeistert war. Doch als dieser erfuhr, dass er nirgends einen Stromzähler anbringen könne, weil der produzierte Strom ja kostenlos wäre, hat er seine Finanzierungen sofort eingestellt. Teslas Labor in Colorado Springs wurde mindestens einmal komplett zerstört, und seine bahnbrechenden, zukunftsweisenden und nachhaltigen Entdeckungen verschwanden in der Versenkung.

Solch ein Energiegenerator, welcher die umgebende Raumenergie (oft auch *Quantenfeld* oder *Orgon* genannt) anzapft, wäre dann in der Tat die eigentliche Energierevolution, auf die wir alle warten. Noch schaffen es die Machthaber, diese Technologien zu unterdrücken. Entweder werden die Patente für hohe Summen Geld aufgekauft, oder die Forscher verschwinden (oder sterben, wie der Chef von GM) auf mysteriöse Weise. Mit ein Grund für das Scheitern sind die betroffenen Tüftler aber selbst, die entweder zu gierig geworden sind oder ihr Wissen als derart „wertvoll" einstufen, dass sie es um jeden Preis geheim halten wollen. Somit scheitert eine Bekanntmachung oft aus Egogründen.

Daher mein Appell an dieser Stelle an jene Erfinder, die tatsächlich die Energierevolution in ihren Händen halten: die Vermarktung ist *eine* Variante. Sollte diese allerdings nicht funktionieren – aus den genannten Gründen –, bleiben noch andere Möglichkeiten. Eine Möglichkeit ist, die **vollständigen Pläne und Bauanleitungen anonym komplett offen und kostenlos für jedermann im Internet zur Verfügung zu stellen.** Die Erfindungen durch ein Patent „schützen" zu wollen, ist meiner Ansicht nach lediglich eine naive Vorstellung und eine Illusion von Sicherheit. Klammern Sie sich nicht daran fest, sonst wird es Ihnen auf die eine oder andere Weise wieder weggenommen. Geben Sie das Wissen bedingungslos und uneigennützig frei, und teilen Sie es mit allen Menschen. Das Universum wird Ihnen dafür dankbar sein.

Wissen ist dazu da, um mit anderen geteilt zu werden. Nur so kann in der Welt etwas bewirkt werden. So können weltweit versierte Tüftler und Ingenieure die Apparate in Garagen und Werkstätten nachbauen und gegen Selbstkostenpreis im Familien- und Freundeskreis weitergeben. Eine andere Variante wäre es, die Baupläne in Buchform zu veröffentlichen oder einen Workshop anzubieten, auf dem Interessierten der Bau der Gerätschaft vorgeführt wird. Eine klassische Vermarktung zieht meiner Ansicht nach zu viel Aufmerksamkeit auf sich, und Ihre Firma wird von Behörden und anderen Instanzen schneller dicht gemacht als man gucken kann. Nur in kleineren sowie in lokalen und regionalen Kreisen ist die Weitergabe wirklich sinnvoll. Wenn dann im ganzen Land hunderte und irgendwann tausende Leute die Energiemaschinen im privaten Rahmen nachbauen und weitergeben, können die Machthaber dann gar nichts mehr machen.

Bereits heute gibt es tausende Haushalte, die völlig autark leben. Es gibt auch keine Pflicht, an einen Energieversorger angebunden zu sein – viele Bauernhöfe in Deutschland haben bis heute nie an einem Stromnetz gehangen, sondern haben sich über Aggregate versorgt. Wenn Sie also die Möglichkeit haben, sich energietechnisch autark zu machen, so tun Sie es auch.

Also: Los geht's!

„Bevor noch viele Generationen vergehen, werden unsere Maschinen von einer Kraft angetrieben, die überall in unserem Universum verfügbar ist. Es ist nur eine Frage der Zeit, bis die Menschheit ihre Energietechnik erfolgreich an das eigentliche Räderwerk der Natur anschließen wird."

Nikola Tesla, Erfinder u.a. des Wechselstroms (1856-1943)

Das Wunder der Wüstenbegrünung

Dipl.-Ing. Madjid Abdellaziz, Begründer und Betreiber des „Desert Greening"-Projekts, hat in der algerischen Wüste in nur wenigen Jahren das erschaffen, was die Meisten nicht für möglich gehalten hätten: Er lässt es in der Wüste regnen. Doch das ist noch längst nicht alles! Einen Teil der Wüste hat er in nur sieben Jahren in eine grüne Oase verwandelt, wo jetzt Pflanzen, Sträucher und Bäume wachsen – eine richtige Vegetation mit eigenem Mikroklima, in dem sogar Gemüse und Obst in Bioqualität angebaut wird! Ein wahres Wunder!

Auf der Webseite des Projekts erfahren wir mehr über sein Geheimnis: *„Mit Hilfe von teils Jahrtausende altem Wissen, das heute durch die neuesten Erkenntnisse der Quanten-, Orgon- und Wirbelphysik bestätigt wird, gelingt es, in Wüstengebieten den immer gleichen blauen Himmel zu beleben und ein abwechslungsreiches Wettergeschehen anzuregen. Dabei wird nicht mit Raketen geschossen, um die Natur in die Knie zu zwingen. Die Methoden gleichen vielmehr der Behandlung eines Patienten, der eine starke Verspannung hat, mit einigen sehr bedacht gesetzten Akupunkturnadeln. Auch das Ergebnis ist ähnlich: Der Patient erholt sich, und die Schulwissenschaft zieht skeptisch die Augenbrauen hoch. Die Atmosphäre erlebt eine Revitalisierung...*

Die Wissenschaft der Wüstenbegrünung gründet sich unter anderem auf die alten Wissenschaften des Feng Shui und der Geomantie – Wissenschaften, denen der Gedanke der Ganzheitlichkeit innewohnt. Der Cloudbuster als Stellvertreter des Elements Metall ist in diesem Denken nur eine Säule der integralen Umweltheilung. Erde, Wasser, Feuer, Bäume sind die anderen ‚Elemente', mit denen gearbeitet wird. In der modernen Forschung haben Wilhelm Reich, Viktor Schauberger, Nikola Tesla, Walter Russel, Georges Lakhovsky und andere Wissenschaftler bahnbrechende Entdeckungen gemacht – aber auch aus den antiken Kulturen gibt es Wissen, das heute für ein nachhaltiges Wirtschaften Gold wert sein kann."

Desert Greening wendet dabei bewährte Methoden der lebensenergetischen Aktivierung von Wasser, Boden und Pflanzen an. Das Zusammenwirken dieser Methoden bewirkt eine Wiederbelebung der Natur – und das auch in Gegenden wie Wüsten, wo die natürlichen Lebensgrundlagen eigentlich weitestgehend nicht mehr vorhanden sind.

Abb. 87 links oben: 2004 – karge und trockene Landschaft in Algerien

Abb. 88: Frühjahr 2011 – Nach jahrelangem Einsatz des Cloudbusters: Es blüht und grünt!

Abb. 89 links unten: Madjid Abdellaziz mit einem Cloudbuster im Einsatz

Übrigens, die zum Einsatz kommenden „Cloudbuster" (zu deutsch: Wolkenbrecher) sind auch im Stande, über „Himmelsakupunktur" gezielt Chemtrails aufzulösen.

Die einzige Begrenzung, die dieses Projekt hat, ist, nicht genügend finanzielle Ressourcen zu haben, um die laufenden Kosten zu decken und um weitere Gebiete zur Begrünung erschließen zu können. Stellen Sie sich vor, welch schier ungeahnte Möglichkeiten sich hier auftun würden, wenn Geld keine Rolle spielen würde! Weltweit könnte man die Wüsten und Steppenregionen begrünen und zu bewohnbaren Landflächen für Mensch und Tier machen, für die man wiederum genügend Lebensmittel aller Art anbauen könnte. Sonst „tote" Gegenden könnte man im Einklang mit der Natur buchstäblich wiederbeleben.

Auf der Webseite finden sich zudem zahlreiche Fotos, welche die Entwicklung über die ganzen Jahre dokumentieren sowie interessante Filmaufnahmen und Berichte, die absolut sehenswert sind.[32]

Wasser aus der Luft gewinnen

Etwas Faszinierendes hat auch der italienische Architekt Arturo Vittori zusammen mit seinem Schweizer Kollegen Andreas Vogler entwickelt: einen zirka neun Meter hohen Wasserturm, der aus einem Gerüst von Bambusstreben besteht. Im Innern dieses Turms ist ein Netz aus bestimmten Textilien aufgespannt, welches über Kondensation Wasser aus der Luft sammelt und in einen Behälter am Boden ableitet. Die gesamte Konstruktion besteht aus lediglich fünf Teilen und kann von nur wenigen Leuten ohne speziell erforderliche Werkzeuge zusammengebaut werden. Der Turm wiegt insgesamt nur etwa 60 kg und kann, je nach Luftverhältnissen, pro Tag bis zu 40 Liter Wasser aus der Luft extrahieren.

Gerade in Wüstengebieten und an sehr trockenen Orten, wo es nur selten regnet, wäre solch eine Konstruktion, die wahrlich simpel ist, lebensrettend für die Menschen, die dort leben. Anstatt jeden Tag bei sengender Hitze kilometerweit zur nächsten Stadt oder zum nächsten Brunnen zu marschieren und schwere Eimer zu schleppen, könnten die Bewohner eines Dorfes sich selbst autark mit Wasser versorgen. Wenn man dann noch die zusätzliche Möglichkeit hat, dieses Wasser anschließend durch einen Aktivkohlefilter zu reinigen, hätte man qualitativ hochwertiges Trinkwasser. Die ersten Wassertürme sollen bis 2015 in einem äthiopischen Dorf aufgestellt werden.[33]

Abb. 90:
Der „Warka"-Wasserturm, benannt nach einem Feigenbaum in Äthiopien.

Hanf auf die Felder, rettet die Wälder

Hanf ist ein wahrer Tausendsassa! Damit meine ich keineswegs den Rauschhanf (Marihuana), sondern den Nutzhanf, der keine psychoaktiven Substanzen enthält und eine Vielzahl an Möglichkeiten für Mensch und Umwelt bietet, nicht zuletzt auch im medizinischen Bereich.

Doch Anbau und Nutzung von Hanf wurden Anfang des letzten Jahrhunderts in den USA und dann spätestens durch die UNO-Konvention 1961 (sowie von 1971/1988) weltweit verboten. Hinter diesem weltweiten Verbot steckten allen voran große und mächtige Industriezweige. Hier wäre zum einen die Pharmaindustrie, welche bekanntlich mit Pflanzen aus der Natur kein Geld verdient, da sie diese nicht patentieren kann, und die somit keinerlei Interesse daran hat, dass Menschen leichten Zugang zu Naturmitteln haben, welche sich in der richtigen Dosierung bei der begleitenden Behandlung einiger Krankheitssymptome als effektiv erwiesen haben – im Falle von Cannabis z.B. als schmerzstillendes Mittel, wodurch man den Einsatz von chemischen „Keulen" vermeiden kann.

Je nach Züchtung kann bei der Hanfpflanze der Wert vom THC (die psychoaktive Komponente) deutlich schwanken. Je höher dieser Wert, desto stärker die berauschende Wirkung. Die medizinische Wirkung geht aber auch maßgeblich von anderen sogenannten Cannabinoiden aus (z.B. CBD, CBN), welche u.a. entzündungshemmende und anti-epileptische Eigenschaften haben und die berauschende Wirkung des THCs abmindern und sogar ganz abstellen können. Sowohl in Israel als auch in den US-Bundesstaaten, wo Cannabis zu medizinischen Zwecken erlaubt wurde, werden daher auch Züchtungen mit einem hohen CBD-Anteil angeboten, zum Teil sogar komplett ohne den berauschenden Wirkstoff THC. Daraus lässt sich dann z.B. medizinisches Cannabisöl herstellen. Doch entgegen zahlreicher Bekundungen und euphorischen Berichten von Heilerfolgen ist Hanf zwar unter Umständen bei einigen Symptombehandlungen recht effektiv, dennoch ist es **keine** Heilpflanze. Da werden einfach zu viele Desinformationen verbreitet und schwerkranken Menschen falsche Hoffnungen gemacht, um die weltweiten Legalisierungsbestrebungen voranzutreiben. Hanf ist nicht in der Lage, die **Ursache** einer Krankheit zu beheben. Das sollte eigentlich jedem klar sein. Laut den Lehren und Erkenntnissen der *Neuen Medizin* sind die Ursachen – wenn Unfälle, Vergiftungen, Mangelernährung und energetische Belastungen (z.B. geopathisch) ausgeschlossen werden können – in den meisten Fällen auf der seelischen Ebene zu finden, die wiederum im Körper durch *biologische Sonderprogramme* Krankheitssymptome verursacht. (seelisch-biologischer Konfliktschock) Diese Krankheitssymptome umfassen der *Neuen Medizin* zufolge die Heilphase, sofern die Ursache erkannt und verarbeitet bzw. aufgelöst wurde. Wenn nicht, befindet man sich solange in einer „hängenden Heilung" – dementsprechend mit andauernden oder wiederkehrenden Symptomen. Befasst sich der Mensch bewusst mit der Ursache, also dem eigentlichen Auslöser, kann er die Angelegenheit für sich lösen und kommt dann in die Heilungsphase – und das selbst bei als „unheilbar" deklarierten Krankheiten wie Krebs. (siehe *Neue Medizin*)

Doch Hanfs Stärken und vielfältige Einsatzmöglichkeiten liegen ganz woanders, wie wir gleich noch sehen werden...

Die Papier- und Textilindustrie freute sich nicht weniger über das weltweite Verbot. Hanf ist sehr anspruchslos und wächst wie Unkraut. Von der Aussaat bis zur Ernte vergehen nur etwa drei Monate, und der Ertrag ist, angesichts dieser kurzen Zeitspanne, um ein Vielfaches üppiger als durch das Abholzen von Bäumen. **Durch das rapide Wachstum müsste man keine Wälder mehr abholzen**, denn diese brauchen Jahrzehnte, bis sie wieder nachwachsen, wohingegen man Hanf sogar mehrmals pro Jahr ernten kann. Durch den Wegfall von umweltschädlichen Baum-Monokulturen würde die Holzindustrie zudem weniger Profit machen und ihre Vormachtstellung verlieren. Dabei könnte sie genauso gut auf Hanf umsteigen... Die Hanffasern sind wesentlich robuster und lassen sich genauso leicht zu Papier verarbeiten. Der Vorteil liegt klar auf der Hand! Das daraus hergestellte Hanfpapier ist um ein Vielfaches langlebiger. Die amerikanische Verfassung wurde auf Hanfpapier geschrieben, und selbst George Washington ließ damals Hanf anbauen. Zur Herstellung von Kleidung eignen sich Hanffasern ebenfalls besser als Baumwolle, aber auch hier wollen die großen Baumwollproduzenten (noch) nicht umsteigen.

Die gute Nachricht ist jedoch, dass es heute bereits seit 20 Jahren Kleidung zu kaufen gibt, die u.a. aus Hanf und Leinen hergestellt wurde!

Nutzhanf sowie Speisehanf haben keine berauschende Wirkung, und dennoch wurden sie von den Industriemagnaten erfolgreich verdrängt, die ausschließlich an wiederkehrenden Konsumenten und stetig steigenden Umsätzen und weniger an der Langlebigkeit ihrer Produkte interessiert sind. Denn wer in seinem Leben nur drei Hosen kauft (etwas überspitzt formuliert), an dem ist nicht viel zu verdienen, richtig?

Aus den Zellulosefasern von Hanf kann man auch Bio-Plastik herstellen, welches zu 100% kompostierbar ist. Erdölbasiertes Plastik könnte heute schon Geschichte sein. Ein von Henry Ford 1941 gebautes Auto war im Stande, mit Biosprit (u.a. aus Hanf) zu fahren. Die Karosserie dieses „Plastikautos" bestand aus Panelen, die aus einem Verbund von Hanf-, Sisal- und Weizenfasern hergestellt wurden und deren Schlagfestigkeit **10 mal stärker** war als die von Stahlblech (ohne auch nur eine Beule zu bekommen!) und die vom Gewicht her wesentlich leichter waren. (Abb. 91)

Hier ein paar der mannigfaltigen Vorteile und Einsatzmöglichkeiten von Hanf auf einen Blick:

- Aus einem Hektar Hanf kann bis zu **viermal mehr** Papier gewonnen werden als aus einem Hektar Wald. Jede Tonne Hanfpapier lässt 12 Bäume weiterleben. Die Abholzung des Regenwalds könnte somit sofort gestoppt werden.

- Aus einem Hektar Hanf können **2,5 Tonnen** Zellulose gewonnen werden. Ein durchschnittlicher Wald bringt hingegen nur eine halbe Tonne.

- Hanf ist ziemlich anspruchslos. Er ist mottensicher, weniger anfällig für Schädlinge oder Bakterien und ist **nicht auf Pestizide angewiesen**, wie andere nachwachsende Rohstoffe. Hanf lässt sich in den meisten Klimaregionen dieser Welt anbauen.

- Aus Hanffasern lassen sich Kleidung, Handtaschen, Socken und Schuhe sowie Seile, Teppiche usw. herstellen. **Herkömmliches Plastik könnte durch Bio-Plastik ersetzt werden.**

- Hanffasern sind ein hervorragender Dämmstoff und besonders hitzebeständig. Selbst bei 370 °C gibt es keine Farbveränderungen.

- Hanfbeton, bestehend aus Hanf, Kalkstein und Wasser, ist stärker als herkömmlicher Beton und gleichzeitig **6-7 Mal leichter**. Er ist elastischer und resistenter gegen Erdbeben. Er kann die gesamte Baubranche weltweit (r)evolutionieren.

- Aus Hanf lässt sich sogar Biosprit herstellen (auch wenn es bessere Methoden wie z.B. die Wasserstofftechnologie gibt).

- Die Hanfsamen (Speisehanfsamen) sind eine wertvolle Quelle an Omega-3-Fettsäuren, genauso wie das Hanföl, welches u.a. die therapeutisch wertvolle Gamma-Linol-Säure enthält. Der Ölanteil in der Hanfpflanze ist doppelt so hoch wie z.B. beim Raps.

- Es gibt zahlreiche Einsatzmöglichkeiten in Pflege- und Kosmetikartikeln sowie im medizinischen Bereich

- und gefühlte hunderte von weiteren Einsatzmöglichkeiten.

Hanf ist somit universell einsetzbar wie keine andere Pflanze.

Übrigens, laut dem bekannten japanischen Alternativmediziner und „Wasserbotschafter" Dr. Masaru Emoto hat die hohe Schwingung von Hanf das Potenzial, radioaktiv verseuchte Gebiete zu reinigen. Er schlug vor, rund um Fukushima massenweise Hanf anzupflanzen.[34]

Abb. 91: Das „Plastikauto" von Ford. Die leichte Karosserie ist 10-mal stärker als Stahlblech. Selbst heftige Hammerstöße hinterlassen keine Beulen. Einen Videolink finden Sie im Quellenverzeichnis.[34]

Wie Pilze unsere Umwelt retten können

Pilze sind vor ca. 1,3 Milliarden Jahren als erste Lebewesen an Land gekommen. Sie kommen überall in der Natur vor und dienen uns Menschen seit jeher als Nahrungsquelle. Was die meisten jedoch nicht wissen ist, dass sie eine unglaublich wichtige Rolle für Natur und Umwelt spielen und sich deren Geheimnis meist unter der Erde abspielt: Dort bilden sie sogenannte *Myzelien* aus. Das sind unterirdische Fadengeflechte, die sich wie ein riesiges neuronales Netzwerk in Breite und Tiefe ausbreiten und dabei wichtige Nährstoffe zu anderen Pflanzen und Bäumen transferieren. Solch ein Myzeliengeflecht in der Größe eines Fußabdrucks an der Oberfläche verbirgt unterirdisch eine gigantische Verzweigung von bis zu fast 500 Kilometern Geflechtlänge! Man könnte sagen, dass diese Pilzgeflechte die Bäume und Pflanzen miteinander vernetzen wie das Internet unsere Computer, wobei ein einzelner Pilz mit bis zu zwanzig Bäumen verbunden sein kann. Dieses Netz dient dabei nicht nur zur reinen Nahrungsversorgung, sondern auch als Kommunikationsnetz, worüber die Bäume untereinander Informationen austauschen und sich so gegenseitig vor Giftstoffen, Schädlingen und Trockenheit warnen. Forscher sprechen hierbei auch deshalb vom sogenannten „wood wide web" – ein wahres Phänomen der Natur!

Doch es kommt noch viel besser: Der bekannte Mykologe (Pilzwissenschaftler) und Buchautor Paul Stamets hat an einem Versuch teilgenommen, bei dem ein kleines Areal Erde mit Diesel und Erdölabfällen kontaminiert und anschließend mit Pilzmyzelien behandelt wurde. Das Ergebnis ist mehr als fantastisch! Die Myzelien breiteten sich aus und brachten Pilze hervor. Die Enzyme, die die Myzelien produzierten, haben die Kohlenwasserstoffverbindungen gespalten, wodurch Kohlenhydrate entstanden sind. Nach nur sechs Wochen wurde das Öl nahezu vollständig absorbiert und abgebaut! In dieser Zeit wuchsen hunderte Kilo an Pilzen auf dem Erdhügel, die regelrecht gediehen. Diese zogen Insekten an, welche Eier legten, aus denen wiederum Larven schlüpften. Diese zogen Vögel an, die ihrerseits Samen mitbrachten und auf dem Hügel ablegten. Nach weiteren wenigen Wochen entstand aus einem ursprünglich dunklen, verseuchten und toten Haufen eine kleine Oase, wo wieder Gras und Pflanzen zu wachsen anfingen. Ein neuer Lebenskreislauf ist an diesem Ort entstanden!

Die anderen Testareale, die jeweils einmal mit Bakterien und einmal mit Enzymen behandelt wurden, blieben auch nach den sechs Wochen weiterhin dunkel und verseucht.

Gerade im Hinblick auf verseuchte Landstriche, z.B. durch eine **Ölpest** verursacht, eröffnen sich hier ungeahnte Möglichkeiten, um diese verseuchten Gebiete nicht nur zu neutralisieren, sondern vollständig zu heilen – und das binnen sehr kurzer Zeit. Pilze sind somit Wegbereiter für andere biologische Gemeinschaften – ein Wunder der Natur!

Wie die *Albert Einstein Universität* in New York City zudem herausfand, nutzen bestimmte Pilzsorten sogar radioaktive Strahlung als Nahrungs- und Energiequelle, so wie andere Pflanzen das Licht brauchen. Jene Pilze, die den Wirkstoff Melanin enthalten, sind im Stande, ionisierende Strahlung zu absorbieren und in eine biologisch nützliche und gutartige Form zu verwandeln.[35]

Aber auch im gesundheitlichen Bereich spielen Pilze eine sehr wichtige Rolle. Sie sind nicht nur hervorragende Vitamin-D-Lieferanten, sondern beinhalten auch wertvolle Antioxidantien und zahlreiche andere Nährstoffe. Neben den bekannten japanischen Pilzen *Shiitake* und *Maitake* gibt es auch einige, vor allem aus dem chinesischen Raum, die ähnlich wie Ginseng schon seit Jahrtausenden als stärkende Anti-Aging-Tonika genutzt werden, so z.B. *Reishi, Chaga* und *Cordyceps*.

Da haben wir es also, liebe Leserinnen und Leser: Pilze und Hanf, die im Stande sind, verseuchte Landschaften zu reinigen und in Biosphären mit neuem Leben umzuwandeln! Mutter Natur schenkt uns diese wunderbaren Pflanzen, damit wir unseren Planeten und damit uns selbst wieder heilen können.

Teilen statt wegwerfen

Mit knapp 40.000 Mitgliedern ist die soziale Gemeinschaftsplattform „Foodsharing" die größte Plattform im Internet, durch die Menschen Lebensmittel, welche sie selbst nicht mehr benötigen, an andere verschenken können. Die kostenlose Seite, die keinerlei Gebühren erhebt und sich nur durch Spenden finanziert, hat im gesamten deutschsprachigen Raum derart Zuspruch gefunden, dass seit Herbst 2012 darüber bereits mehr als 38 Tonnen Lebensmittel verschenkt wurden. Mitmachen können sowohl Privatpersonen als auch Händler und Produzenten, die dadurch ihre überschüssigen Waren abgeben können.

Daneben listet die Seite auch sogenannte *Fair-Teiler* auf. Das sind fest eingerichtete, zumeist kleine Plätze in Läden und Einkaufshallen, die oft einen Kühlschrank und/oder Kisten mit verschiedenen Lebensmitteln (Obst, Gemüse, Brot etc.) öffentlich ausstellen, wo jeder hinkommen und sich etwas kostenlos mitnehmen kann.

Vielleicht hat die Plattform auch Ihr Interesse geweckt. Je mehr Menschen sich dort zusammenfinden, desto dichter wird das Netz im eigenen Umkreis mit Menschen, die sich auf diese Weise gegenseitig aushelfen können. Es ist somit auch eine gute Gelegenheit, um das Geben und Nehmen im kleinen Rahmen zu üben. Je mehr Sie selbst von Herzen und ohne Eigeninteresse und Erwartungen schenken, umso mehr werden auch Sie durch das Leben beschenkt werden. Dies ist ein Naturgesetz. Seien Sie aber auch offen und bereit, selbst Geschenke gern anzunehmen. Wann haben Sie das letzte Mal jemandem bedingungslos eine Freude bereitet? Solch eine Plattform ist eine Möglichkeit, es auszuprobieren, und es macht sogar Spaß.

Alternativfinanzierungen

Was unter dem englischen Begriff *Crowdfunding* (crowd = Menschenmenge, funding = Finanzierung) im angelsächsischen Raum schon länger populär ist, gewinnt auch im deutschsprachigen Raum immer mehr Zuspruch. Die Rede ist davon, dass jeder über eine der Crowdfunding-Internetplattformen alternative Projekte finanzieren kann. Menschen weltweit können einen beliebigen Betrag spenden und sich so an Projekten beteiligen bzw. diese überhaupt erst ermöglichen. Gerade kleinere Einzelunternehmer oder Künstler haben es über diesen Weg geschafft, ihr erstes Produkt herzustellen oder ihre erste CD aufzunehmen und auf den Markt zu bringen.

Die Vorteile solch einer Plattform liegen dabei auf der Hand:

1. Durch die große Reichweite hat man die Möglichkeit, ein größeres Publikum anzusprechen, das auf diese Weise von einer Idee oder einem Produkt erfährt.
2. Die Gemeinschaft kann alternativ ausgerichtete Projekte finanzieren, die sonst keine reelle Chance bekommen, weil sie von Großunternehmen und Banken ignoriert werden. Der Vorteil ist, von diesen unabhängig zu sein.

Die Gemeinschaft nimmt die Dinge dadurch also selbst in die Hand. Sie unterstützt sich gegenseitig, und jeder kann zur Erschaffung etwas beitragen. Dabei sind 10 oder 50 Euro für den Einzelnen meistens leichter zu bewerkstelligen als große Beträge auf einmal. Somit wird auch die finanzielle Last auf ganz viele verteilt, und ein Projekt kann ganz schnell realisiert werden.

Die größten Plattformen hier sind *kickstarter.com* und *indiegogo.com* für den englischsprachigen Raum und *Startnext.de* für den deutschsprachigen Verband. Das sind mächtige Werkzeuge, die wir bereits **heute** nutzen können, um selbst scheinbar „hoffnungslose" Ideen umzusetzen.

Denn gemeinsam können wir alles finanzieren, um neue Lösungen für die Welt zu etablieren!

Das Motto dabei lautet: Von Menschen für die Menschen.

Natürlich ist das Crowdfunding nur als vorübergehendes Mittel zum Zweck zu betrachten, welches sich hervorragend dazu eignet, in der Übergangsphase genügend Projekte umzusetzen, welche uns später unabhängig und autark machen, sodass wir aus dem aktuellen Geldsystem sukzessive aussteigen können und irgendwann das Geld gar nicht mehr benötigen.

Transition Towns – Heute schon aussteigen

Sie haben den ganzen Stress und die „zivilisierte" Welt satt und würden am liebsten jetzt schon die Koffer packen und aussteigen? Es existieren heute schon mehrere *transition towns* (in etwa: Übergangsstädte) auf der Welt mit Gemeinschaften, die sich weitgehend autark versorgen und bestmöglich danach streben, im Einklang mit der Natur und auch miteinander zu leben.

So zum Beispiel die **Föderation Damanhur**, eine spirituell ausgerichtete Öko-Gesellschaft in Italien, nördlich von Piemont, mit aktuell 600 Bürgern. Im Vordergrund von Damanhur steht die Transformation der sozialen und politischen Systeme des Planeten mit dem Ziel, eine neue Welt zu erschaffen, die nicht mehr auf einzelnen Nationen beruht, sondern auf der Weisheit und der Selbstbestimmtheit der Völker. In Damanhur gibt es ein alternatives Währungssystem, das es sich zum Ziel gesetzt hat, eine Wirtschaft aufzubauen, die auf den ethischen Werten der Zusammenarbeit und Solidarität beruht. Ökologisches Bauen und Wohnen werden genauso umgesetzt, wie der Schutz der Bioverschiedenartigkeit der Pflanzen und Unabhängigkeit in der Saatproduktion.

Sehr vielversprechend sieht auch das Projekt von **New Earth Nation (NEN)** aus, welches noch ganz neu ist und die Errichtung von alternativ lebenden Gemeinschaften weltweit plant. Anders als bei anderen Gemeinschaften, verfolgt New Earth Nation keine bestimmten Gesellschaftsmodelle, sondern lässt seinen Mitgliedern den notwendigen Raum und die Freiheit, das Leben innerhalb der Gruppen nach eigenen Wünschen auszugestalten. NEN strebt an, einen Lebensraum zu schaffen, welcher Wohlbefinden, Wohlstand und spirituelle Entwicklung fördert. Zum Angebot sollen u.a. gehören:

- Häuser und Gemeinschaften nach der heiligen Geometrie errichtet,
- unabhängige Energieversorgung,
- volle Bandbreite an neuen Technologien,
- wahlweise geldloser Lebensstil,
- fortgeschrittene Heilungs- und Wellnesseinrichtungen,
- inspirierende Lernumgebungen,
- regional angebaute Bio-Lebensmittel,
- Versorgung mit strukturiert aufbereitetem Wasser,
- Orgongeschützte Infrastruktur.

Vielleicht schaut sich der ein oder andere Leser eine dieser Aussteigergemeinschaften einmal an und fühlt sich hinterher inspiriert, daheim selbst eine ins Leben zu rufen.

Dies war hier nur eine Auswahl an alternativen Ideen und Möglichkeiten. Täglich geschehen weltweit so viele wunderbare Dinge, und es kommen permanent neue Menschen hinzu, die uns ihre fantastischen Ideen und Lösungen zur Heilung von Mensch und Natur präsentieren. Wir können uns autark mit Energie versorgen, wir können Wasser aus der Luft extrahieren und sogar Wüsten in grüne Oasen verwandeln. Wir können uns selbst und sogar verseuchte Gebiete heilen und gleichzeitig mit dem Abholzen von Wäldern aufhören.

Wir haben die Technologien, die Ressourcen, die Menschen und die Ideen dazu. Wenn wir fest an etwas glauben, dann bedeutet das auch, etwas zu **wollen**. Und wo ein Wille ist, ist bekanntlich auch ein Weg. Packen wir es gemeinsam an!

Schlusswort

Ich habe dieses Buch aus dem inneren Wunsch heraus geschrieben, die Menschen über die wichtigsten Missstände, Täuschungen sowie insbesondere über die Mechanismen aufzuklären, die zu unserer Versklavung geführt haben und wie wir zu Sklaven ohne Ketten geworden sind – Sklaven dieses Machtsystems, aber vor allem auch Sklaven unseres eigenen Verstands. Dabei habe ich die Informationen nach bestem Wissen und Gewissen und unter Heranziehung eigener Quellen und mir zur Verfügung stehenden bestmöglichen Prüfungsmöglichkeiten zusammengestellt. Dies soll Sie dennoch nicht davon abhalten, auch eigene Nachforschungen und Untersuchungen anzustellen. Womöglich stoßen Sie dabei selbst noch tiefer in den Kaninchenbau vor. Und ja, es geht sicherlich noch tiefer in manchen Bereichen...

Wir leben in einer Zeit, in der sich die Erde – auf der sich der Kampf zwischen Gut und Böse, Licht und Dunkelheit dem Ende nähert – in einem tiefgreifenden und allumfassenden Wandel befindet. Die Menschen spüren dies, sind zunehmend unzufriedener mit ihrem Leben, und dies spiegelt sich auch in der breiten Gesellschaft wider, die immer mehr rebelliert – wie bei jedem Einzelnen, so im Großen und als Kollektiv. Die Menschen suchen nach Antworten. Sie haben ein Recht darauf, die Wahrheiten zu erfahren. Nun ist die Katze aus dem Sack. Das Spiel der Mächtigen ist vorbei. Täglich wachen immer mehr Menschen weltweit auf. Der Bewusstseinswandel ist nicht mehr aufzuhalten, dessen bin ich mir hundertprozentig sicher. Das Erwachen der Menschen schreitet mit zunehmendem Tempo voran, und das ist besonders ermutigend.

Nachdem Sie den ersten „Schock" über das Herausgefundene überwunden haben, wird es zunehmend leichter werden, solche Informationen zu verarbeiten. Und sofern Sie an sich arbeiten und Dinge in Ihrem Leben zum Besseren verändern, werden Sie später mehr als froh und dankbar sein, nicht mehr in dieser Lügenmatrix und der Scheinwelt zu leben, die um uns herum aufgebaut wurde. Dabei sind Sie niemals allein! Wir sitzen alle zusammen in diesem Boot, und mit vereinten Kräften werden wir uns aus dieser Sturmphase unserer Menschheitsgeschichte wieder herausmanövrieren. Wir Menschen müssen jetzt weltweit zusammenhalten, und das unabhängig von oberflächlichen Aspekten wie Religion, Nationalität oder Hautfarbe. Diese sind lediglich eine Illusion. Denn wir alle sind in erster Linie Folgendes: Bewohner dieses Planeten. Wir sind alle gleich betroffen, und daher sollten wir zusammenarbeiten und nicht gegeneinander. Die anderen Völker sind unsere Freunde, unsere Brüder und Schwestern. Wir können nur erfolgreich sein, wenn wir uns ein für alle Mal dem „Teile und Herrsche"-Spiel entziehen. Zusammenkunft statt Entzweiung, Kooperation statt Konkurrenz und Wettbewerb – Versöhnung und Frieden muss unser aller Ziel sein. Eine friedliche Welt funktioniert ausschließlich durch ein liebevolles Miteinander über alle Grenzen hinweg, egal ob es Ländergrenzen sind oder Grenzen in unserem Kopf. Seien wir daher grenzenlos, wenn wir Grenzenloses erreichen wollen.

Dabei ist es wichtig zu verstehen, dass bei diesem ganzen Spiel nicht nur eine Seite Schuld hat, wenn man von so etwas wie „Schuld" überhaupt sprechen kann. Wir sind mindestens genauso mit dafür verantwortlich, dass es überhaupt soweit kommen konnte – entweder durch Unwissenheit oder durch Nichts-davon-wissen-wollen. Vielleicht haben wir in dem einen oder anderen Vorleben sogar aktiv die Ursache für die heutige Situation gesetzt und dürfen nun im jetzigen Leben die Wirkung dessen erfahren und somit unsere Suppe selbst wieder auslöffeln. Daher möchte ich Sie, werte Leserinnen und Leser, darum bitten, keinerlei Groll oder Hass gegenüber den Noch-Herrschern zu haben. Denn dadurch würden Sie sich nicht nur mit auf deren Stufe stellen, sondern denen sogar noch einen Gefallen tun. Füttern Sie sie nicht unnötig weiter mit Ihrer Energie. Denn diese brauchen Sie, um sich selbst zu heilen und um mit sich selbst ins Reine zu kommen. Lernen Sie, „denen" zu **vergeben**, genauso allen anderen, die Ihnen wehgetan haben. Lernen Sie, sich selbst zu vergeben. Letzten Endes können wir den Machthabern sogar dankbar sein. Schließlich haben sie uns dazu gebracht, nach der Wahrheit zu forschen und uns dadurch weiter zu entwickeln. Denn sie zeigen uns, wie ein großer Spiegel, die Missstände in jedem Einzelnen von uns auf, woran wir dann arbeiten können. Wie wir sehen, gibt es auch hier eine andere Seite. Sehen wir es also ein wenig als „sportliche Herausforderung" sowie eine Möglichkeit, uns selbst und die Menschheit zu verbessern. Und wahrscheinlich ist hier auch die Aussage von vielen weisen Gelehrten zutreffend, wonach man erst

Schmerz und Leid erfahren muss, um Glück und Freiheit richtig wertschätzen zu können.

Lernen Sie, die Vergangenheit loszulassen. Was geschehen ist, kann ohnehin nicht mehr rückgängig gemacht werden. Was zählt, ist das Hier und Jetzt und was wir **heute** machen können, um uns und Mutter Erde zu heilen. Klammern Sie sich nicht an Dinge, die Sie ohnehin nicht festhalten oder kontrollieren können. Alles ist vergänglich, und wenn wir gehen, werden wir alle Reichtümer zurücklassen. Wir sind nackt gekommen, wir werden nackt auch wieder gehen. Was zählt ist das, was wir an **Liebe** gesät haben. Tragen Sie daher stets die Liebe in Ihrem Herzen. Liebe heilt alles, vergessen Sie das nie! Je mehr wir unser Herz öffnen und die Liebe in unser Leben hineinlassen, umso mehr erhöhen wir unsere eigene Schwingung und entziehen uns dadurch immer mehr den saturnisch-luziferischen Energien.

Ich habe Ihnen Anregungen und Werkzeuge mit an die Hand gegeben, wie Sie sich selbst aus Ihrem „geistigen Gefängnis" befreien und Ihre eigenen – selbst gesetzten – Grenzen überwinden können. Zudem habe ich einige Ideen aufgezählt, wie wir „denen" nicht nur mächtig Sand ins Getriebe streuen, sondern wie wir wieder zu souveränen Staatsbürgern werden und dadurch einen Friedensvertrag mit anderen Ländern abschließen können. Schließlich geht es um nicht weniger als den Weltfrieden, und ich bin davon überzeugt, dass gerade Deutschland (aber auch Österreich und die Schweiz) hierbei eine Schlüsselrolle spielt und wir diese einmalige Chance daher bestmöglich nutzen sollten. Ergänzend sei an dieser Stelle darauf hingewiesen, dass Souveränität aber nicht mit irgendwelchen Dokumenten beginnt. Sie entsteht allem voran zuerst in unseren Köpfen und Herzen, durch Änderung unseres Bewusstseins, und indem wir anschließend souverän und selbstbewusst auftreten und handeln. Bevor eine positive Veränderung im „Außen" geschehen kann, muss zunächst einmal eine geistig-spirituelle Veränderung in uns selbst stattfinden (siehe *kosmische Gesetze*). Das ist es, was *wirklich* zählt und letzten Endes zu unserer Freiheit führen wird. Das sollten wir bei dem Ganzen niemals vergessen. Und hierbei ist jeder einzelne von uns wichtig, denn jedes bewusste und liebevolle Wesen trägt positiv zum Wohl des Kollektivs und des Planeten mit bei.

Des Weiteren habe ich einen Weg skizziert, wie wir ein alternatives, regionales Gesellschaftsmodell sukzessive umsetzen können, inklusive Lösungen für einen harmonischen Übergang. Im letzten Kapitel habe ich zudem Technologien und Projekte vorgestellt, die uns bereits heute zur Verfügung stehen sowie eine Möglichkeit, wie wir diese *gemeinschaftlich* finanzieren und realisieren können, wodurch wir von den Banken und Konzernen unabhängig werden.

Ich habe Ihnen gezeigt, dass es auch noch eine andere Seite der Medaille gibt, und diese steckt voller Hoffnungen und Lösungen, um einen Paradigmenwechsel herbeizuführen. Ich hoffe, Sie konnten aus der einen oder anderen Information etwas Positives für sich herausziehen und für sich erfolgreich in die Tat umsetzen. Denn ich wünsche Ihnen, werte Leserinnen und Leser, von Herzen nur das Beste auf dieser Welt! Wir selbst entscheiden, auf welcher Seite wir uns aufhalten. Dabei mag – aus der begrenzten menschlichen Verstandesperspektive betrachtet – jeder Einzelne von uns zwar „nur" ein kleines Licht sein, aber selbst das kleinste Licht erhellt den dunkelsten Raum. Zünden Sie daher Ihr eigenes Licht an. Stecken Sie mit Ihrem Funken andere Menschen an, und gemeinsam entzünden wir dann ein Freudenfeuer, welches die Dunkelheit auf der Erde vertreibt. Wenn wir unseren Geist und unsere Herzen öffnen, wird das Unmögliche möglich.

Das ist die friedliche und spirituelle Revolution, die wir in Gang setzen können. Es ist an der Zeit, endlich erwachsen zu werden.

Dieses Buch soll somit sowohl als Weckruf als auch als visionärer Wegbereiter einer neuen Welt dienen – einer Welt voller Liebe und Harmonie, in der Frieden selbstverständlich ist und Wohlstand und Fülle für alle Menschen Realität sind; einer Welt, in der wir selbstbestimmt und selbstbewusst unser Leben wieder in die eigenen Hände nehmen. Denn wir sind das Volk! Wir sind der Souverän! Lassen Sie uns gemeinsam die Welt verändern! Der Startschuss ist gefallen.

In diesem Sinne ... Es ist Zeit für eine (R)evolution!

In dankbarer Liebe,

Ihr *Daniel Prinz*

An alle Völker von Mutter Erde

Frei von Ärger, Kummer und Sorgen,
wird die Saat des Friedens in uns geboren.
Hier und heute lösen wir uns von den Ketten,
denn die Zeit ist gekommen, uns selbst zu erretten.

Befreien wir uns aus der Gefangenschaft,
wieder auferstehen sollen wir in neuer Pracht.
Lasst uns heilen unsere Wunden der Vergangenheit,
und hoffnungsvoll blicken in eine neue Zeit.

An alle Völker von Mutter Erde,
kommt alle zusammen in dieser Stunde.
Vereinigen wir uns in Freundschaft und Liebe,
und verhelfen unseren Ländern zur Freiheit und Würde.

Im Herzen vereint sind wir gemeinsam stark,
mehr als sich jeder von uns vorzustellen vermag.
Denn mit Gottes Hilfe und Segen im Gepäck,
erschaffen wir eine Welt in Frieden, Harmonie und Glück.

Daniel Prinz

DANKSAGUNG

Ich möchte mich hiermit von ganzem Herzen bei meiner Familie und meinen engsten Freunden bedanken. Vielen Dank, dass Ihr stets für mich da seid, dass Ihr an mich glaubt und mich durch Höhen und Tiefen im Leben unterstützt und begleitet habt. Ihr bedeutet mir **alles**.

Ich liebe Euch unendlich!

Ein ganz großes DANKE geht auch an den *Amadeus Verlag*, der die Veröffentlichung dieses Buches überhaupt erst ermöglichte sowie an all die anderen Helferlein im Hintergrund! Ein spezieller Dank geht hierbei an Max von Frei, das Ehepaar Uschi und Axel, Prof. Dr. Franz Hörmann, Horst W. und den „Amerikaner".

Des Weiteren möchte ich allen Menschen da draußen danken, die mich auf die eine oder andere Weise inspiriert und zu meiner Bewusstseinsentwicklung beigetragen haben.

Vielen Dank auch an Mutter Erde, die uns Menschen hier immer noch duldet und uns noch die Chance gibt, uns wirklich zu bessern.

Über den Autor

Daniel Prinz (Jahrgang 1980) war ursprünglich in der Finanzbranche im Aktien- und Derivatehandel tätig. Dabei begann er schon früh, die Politik und das aktuelle System kritisch zu hinterfragen und begab sich auf die Suche nach Antworten auf all die Fragen, die ihn beschäftigten, um die Wahrheit zu erfahren. Durch seine berufliche Tätigkeit geprägt, fing er sogleich an, den Hintergrundmechanismen des Geldsystems auf die Spur zu kommen. Wie ein roter Faden führte ihn dabei ein Thema zum nächsten, wobei sich bei seinen jahrelangen intensiven Recherchen das Gesamtbild immer mehr vervollständigte. Auf seiner bisherigen „Reise des Lebens" lernte er interessante Menschen aus den verschiedensten Bereichen kennen, durch die er an zusätzliches Hintergrundwissen gelangte und wodurch sich ihm noch weitere Zusammenhänge erschlossen. Zudem beschäftigt er sich seit vielen Jahren insbesondere mit den Themen Ernährung und Gesundheit, was ihm weitere lehrreiche und vor allem wertvolle Erkenntnisprozesse bescherte. In einer Lebenskrise mit zahlreichen Herausforderungen steckend und auf der Suche nach dem Sinn des Lebens, entschloss er sich schließlich dazu, sich intensiv mit seiner eigenen Spiritualität zu befassen und, wie er selber sagt, sich in Folge *„vom alten Ballast zu trennen, um im Leben überhaupt wieder vorwärts kommen zu können und seine eigene Lebensbestimmung herauszufinden"*. Dieser Entwicklungsprozess förderte in ihm bisher unentdeckte Talente zutage, so zum Beispiel auch das Schreiben.

Er selbst betrachtet sich gerne als Visionär. Mit seinen frischen und manchmal provokanten Ideen und Ansätzen zeigt er heute seinen Mitmenschen Wege und Lösungen auf, wie die Welt von morgen schon heute ausschauen könnte und insbesondere, was jeder Einzelne für sich selbst tun kann, damit wir dann mit vereinten Kräften den notwendigen Paradigmenwechsel herbeiführen und eine friedvolle Welt in Harmonie erschaffen. Hierbei ist die „deutsche Frage" für ihn ein wichtiger Schlüssel, was ihn letzten Endes dazu bewog, sein erstes Buch *„Wenn das die Deutschen wüssten..."* zu schreiben, um sein Wissen und seine Erfahrungen mit so vielen Menschen wie möglich zu teilen, sie zu inspirieren und vor allem zum positiven Handeln zu motivieren – auch über den deutschsprachigen Raum hinaus.

Weiterführende Quellen als Information und zur Anregung

STAATSANGEHÖRIGKEITSAUSWEIS

www.bewusst-treff.org
www.gelberschein.info
Vorträge von Reiner Oberüber (www.nuoviso.tv)
„Die BRD-GmbH", Dr. Klaus Maurer, Sunflower-Verlag, 2012
„Magazin 2000plus" (www.magazin2000plus.de):

- Ausgabe Extra 13 – Die BRD – eine Täuschung, Nr. 343, Oktober/November 2013
- Ausgabe „Deutschland Spezial 1: Das Besatzungsrecht und die SHAEF-Gesetze"
- Ausgabe „Deutschland Spezial 2: Deutschland ist ein besetztes Land"
- Ausgabe „Wirtschaft, Macht, Politik – 43/346" mit Franz Hörmann

GESUNDHEIT

Gesunde Ernährung:
www.4blutgruppen.de
www.gruenesmoothies.de
www.zentrum-der-gesundheit.de/basische-ernaehrung-2.html

Sinn und Unsinn von Impfungen:
www.youtube.com/watch?v=Ska0OmnlThc (AZK, Anita Petek-Dimmer: Impfungen – Sinn oder Unsinn)
www.youtube.com/watch?v=qUqZGHD_bIY (Impfungen schützen nicht vor Krankheiten – Rolf Kron)
www.aerzte-ueber-impfen.org

Neue Medizin:
www.neue-mediz.in
www.germanische-heilkunde.at
www.olivia-tagebuch.at

Die 5 biologischen Naturgesetze:
www.youtube.com/watch?v=Z57uBCcOdvI (Die 5 biologischen Naturgesetze – Die Dokumentation)

Kinesiologie:
www.licht-gesundheit-energie.de

Chemtrails und Geo-Engineering:
   www.aquarius-technologies.de/videos.html
   www.sauberer-himmel.de

ALTERNATIVE INFORMATIONSQUELLEN

   www.wissensmanufaktur.net/vortraege
   www.bewusst.tv
   www.alpenparlament.tv
   www.nexworld.tv
   www.thepeoplesvoice.tv
   www.theologe.de
   www.nuoviso.tv
   www.weltenwandel.tv

Magazine und Zeitschriften
   www.zeitenschrift.com
   www.elexier-magazin.de
   www.happinez.de
   www.magazin2000plus.de
   www.raum-und-zeit.com
   www.nexus-magazin.de
   www.prismamagazin.de
   www.lebenskraft.tv
   Weitere Zeitschriften unter: www.mystica.tv/rezensionen/zeitschriften

Was ist Demokratie wirklich?
   www.youtube.com/watch?v=N-75VQGrOCM (Andreas Popp: Steuern sind
   Schutzgeldzahlungen)

Umgang mit Gerichtsvollziehern, Jobcentern und „Behörden" etc:
   www.dielinke-saar.de/fileadmin/Pdf-Dateien/BVerG_ALGII.pdf
   www.euronia.com/index.php/de/hartz-iv-wehrt-euch
   www.petra-timmermann.de/Meinung/2013/GEZ.html
   www.petraraab.blogspot.de/2012/06/alle-hartz-4-empfanger.html
   www.lupocattivoblog.com/2014/03/10/ob-haushaltsabgabe-oder-gez-der-
   rundfunkbeitrag-ist-illegal/
   www.wakenews.net/html/download_dokumente.html
   www.novertis.com/downloads
   www.freistaat-preussen.info
   www.un.org/depts/german/menschenrechte/aemr.pdf

Begleiter für Behördengänge:
www.wirgehenmit.org

Download Patientenverfügung:
www.patverfue.de

Kreditopferhilfe:
www.geldhahn-zu.de (DE)
www.kreditopferhilfe.net (AT)

Thema Stiftungen:
www.novertis.com

ALTERNATIVE GEMEINSCHAFTEN/PROJEKTE

Desert Greening:	www.desert-greening.com
New Earth Nation:	www.newearthnation.org
Ubuntu-Bewegung:	www.ubuntu.d-a-ch.info
	www.ubuntuparty.org.za
Das Venus Projekt:	www.thevenusproject.com
	www.youtube.com/watch?v=ueubomO0oes
Eden Project:	www.edenproject.com
Transition town Totnes:	www.transitiontowntotnes.org
Damanhur:	www.damanhur.org
Guerilla-Gärtner:	www.gartenpiraten.net
Lebensmittel teilen:	www.foodsharing.de
	www.lebensmittelretten.de
Lebensmittel retten:	www.dumpstern.de

Übersicht Crowdfunding-Plattformen:
www.crowdfunding.de/plattformen

SICHERHEIT/IT

Verschlüsselung des Internetverkehrs:
https://vcp.ovpn.to
www.perfect-privacy.com
www.torproject.org
www.geti2p.net/en
www.securevpn.to
www.torvpn.com

RFID-Schutzhüllen für Ausweise:
www.pointprotect.de
www.shop.digitalcourage.de/thema/stoprfid

Verschlüsselung v. Dateien & Festplatten:
www.truecrypt.ch
https://veracrypt.codeplex.com
www.diskcryptor.net

Alternativen zu Windows & Microsoft:
www.prism-break.org

Anonymes & unzensiertes Webhosting:
www.internoc24.com
www.flokinet.is

KONGRESSE & VORTRÄGE

www.ereignishorizont-kongress.info
www.anti-zensur.info
www.regentreff.de

Anmerkung: Ich stehe mit keinen der oben aufgeführten Seiten oder deren Betreibern in Verbindung. Diese wissen nicht, dass sie hier aufgeführt werden. Die Verweise sind meine persönlichen Empfehlungen, die ich mit meinen Lesern teilen möchte. Ich übernehme keinerlei Garantie oder Haftung für die Nutzung der Verlinkungen oder auf den Seiten angebotenen Informationen oder Dienstleitungen. Für die Informationen auf diesen Seiten haften die jeweiligen Betreiber selbst. Sie entscheiden als mündiger und verantwortungsbewusster Leser selbst, ob und welche Quellen Sie für sich in welcher Form nutzen möchten.

Quellenverzeichnis

(1) http://tinyurl.com/focuswahl2013
(2) http://web.de/magazine/bundestagswahl/aktuell/17874372-bundestagswahl-2013-ergebnisse.html
(2a) www.facebook.com/Anonymous.Kollektiv/posts/591844444195353:0
     www.novayo.de/politik/deutschland/002675-mehrere-dokumentierte-faelle-von-wahlbetrug-machen-runde.html
     www7.pic-upload.de/24.09.13/45n8t1jgsnvt.jpg
     www.novayo.de/wp-content/uploads/2013/09/Stimmauszaehlungsprotokoll.jpg
     www.novayo.de/wp-content/uploads/2013/09/Bundestagswahl_2013_Kontrollformular_Detmold.jpg
     http://rupp.de/briefwahl_einspruch/briefwahl_wahlbetrug.html
(3) www.youtube.com/watch?v=pt9XE_zMPLM (Merkel bestätigt Wahlbetrug)
(4) www.youtube.com/watch?v=e9vHMb_160U (Bundeskanzlerin Merkel (CDU: *„Wir haben keinen Rechtsanspruch auf Demokratie."*)
     www.onlinezeitung24.de/article/313
(5) www.youtube.com/watch?v=UBZSHSoTndM (*„...und diejenigen, die gewählt werden haben nichts zu entscheiden."*) Horst Seehofer bei „Pelzig unterhält sich" vom 20.05.2010
(6) www.youtube.com/watch?v=DCy1D1HGeeA (Horst Seehofer betreffend Positivliste)
(7) www.youtube.com/watch?v=2IRnDOtu1z8 (Schäuble unzensiert : Trailer 2011) Wolfgang Schäuble auf dem European Banking Congress 2011
(8) www.youtube.com/watch?v=WIAHYcChrvY (Sigmar Gabriel beim Landesparteitag der NRWSPD – ab Minute 36:30)
(9) www.youtube.com/watch?v=06bitxbq0Q0 (Das Besatzungsstatut gilt immer noch! Gregor Gysi am 8.8.2013)
(10) http://dejure.org/gesetze/GG/65.html
     http://dejure.org/gesetze/GG/133.html
     www.bundesregierung.de/Content/DE/StatischeSeiten/Breg/regierung-und-verfassung-geschaeftsordnung-der-bundesregierung.html
     http://dip21.bundestag.de/dip21/btd/17/142/1714298.pdf
(11) http://sommers-sonntag.de/?p=5993
     http://sommers-sonntag.de/FTP/wp-content/uploads/2013/06/DNB_Bestaetigung_11062013.pdf
     www.upik.de/media/DnB_Policy_Guides.pdf (Punkt 1.6)
     http://novertis.com/wpress/wp-content/uploads/2010/02/Firmenauskunft_BRD_19_03_2013.pdf_qO4876.pdf
(11a)www.stuttgarter-zeitung.de/inhalt.voelkerrecht-kanzlerin-merkel-deutschland-ist-jetzt-souveraen.375e66bf-ec6a-4092-b031-b62889d88688.html
(11b)http://tinyurl.com/finanzagentur-handelsregister
     http://tinyurl.com/finanzagentur-wiki
     Die BRD-GmbH von Dr. Klaus Maurer (Kapitel *Der Firmencharakter der „BRD" und die Konsequenzen*) – ISBN 978-3000440229
     www.bewusst-treff.org/wp-content/uploads/2014/09/Legende-der-BRD-GmbH.pdf
(11c)www.gesetze-im-internet.de/bundesrecht/estg/gesamt.pdf

www.gesetze-im-internet.de/bundesrecht/gewstg/gesamt.pdf
https://de.wikipedia.org/wiki/Kennkarte
http://tinyurl.com/kennkartenzwang
www.youtube.com/watch?v=kRDe1ybPFqs (Polizeischulung: getarnte Nazi-Befehle -
Polizei vollstreckt)
www.gesetze-im-internet.de/bundesrecht/jbeitro/gesamt.pdf
(12) http://de.ria.ru/opinion/20101004/257382481.html
http://pravdatvcom.wordpress.com/2013/05/08/russland-und-japan-wollen-
friedensvertrag-die-brd-nicht-putin-donnerstag-in-berlin-videos/
http://bewusst.tv/freistaat-preussen/
„Die deutsche Karte – Das verdeckte Spiel der geheimen Dienste" von Gerd-Helmut
Komossa, ISBN 390247534X
Die ZEIT, Nr. 21/2009
Junge Freiheit, 42/11 14. Oktober 2011
http://deutsche-wirtschafts-nachrichten.de/2013/08/30/angela-merkel-sagt-nicht-die-
wahrheit-ueber-die-deutsche-souveraenitaet/comment-page-3
http://deutsche-wirtschafts-nachrichten.de/2013/10/31/zentralstaat-barroso-installiert-
staatsanwaltschaft-fuer-die-eu/
www.pi-news.net/2009/04/roth-will-deutsche-staatsbuergerschaft-abschaffen/
https://web.archive.org/web/20130317093750/http://www.stmi.bayern.de/buerger/staa
t/staatsangehoerigkeit/detail/05788/
www.landkreis-bamberg.de/index.php?NavID=2118.194&La=1
www.youtube.com/watch?v=DGWRj4-pE2E (BRD ist kein Staat – Das Grundgesetz
ist erloschen!) Auszug aus der Rede von Carlo Schmid
http://mp3kulturstudio.whiteops.de/kt/gelberschein.pdf
https://de.wikipedia.org/wiki/Infamie
https://en.wikipedia.org/wiki/Capitis_deminutio
http://thelawdictionary.org/capitis-diminutio/
www.freiheitistselbstbestimmtesleben.de/pdf/Capitis-Diminutio-Maxima-
Namensschreibung.PDF
www.buergerstimme.com/Design2/2013-01/capitis-deminutio-maxima/
www.bueso.de/node/5668
http://mp3kulturstudio.whiteops.de/kt/gelberschein.pdf
www.schweizerpass.admin.ch/content/pass/de/home/ausweise/allgemeines/maschinenl
esbare_zone.html
www.llv.li/#/1460/identitatskarte
www.youtube.com/watch?v=Rwz_iZika-4 (Thomas de Maizière – Vertuschung
von Kinderschändung)
www.we-are-change.de/2013/02/03/laurent-louis-stellt-die-verbrechen-der-
p%C3%A4dophilen-eliten-blo%C3%9F-und-wird-daf%C3%BCr-von-ihnen-
abgeurteilt/
http://bewusst.tv/ritueller-missbrauch/
www.davidicke.com/headlines/78561-the-elm-guest-house-child-sex-ring-and-the-
british-establishment/
www.mirror.co.uk/news/uk-news/pervert-mp-cyril-smith-was-pals-1546290

380

(12a) www.initiative.cc/Artikel/2011_07_23_Fei_Lun.htm

(12b) www.bankofengland.co.uk/publications/Documents/quarterlybulletin/2014/qb14q1pre releasemoneycreation.pdf

(12c) www.standardandpoors.com/spf/upload/Ratings_US/Repeat_After_Me_8_14_13.pdf

(12d) Michael Köhler, „Humes Dilemma – oder: Was ist Geld?"; Georg Freund/Uwe Murmann/René Bloy/Walter Perron: „Grundlagen und Dogmatik des gesamten Strafrechtssystems: Festschrift für Wolfgang Frisch zum 70. Geburtstag", Berlin 2013, S 887 ff.

(12e) www.kreditopferhilfe.net

(12f) http://geldhahn-zu.de

(13) www.youtube.com/watch?v=oXeeabwaV-s (Gib mir die Welt plus 5 Prozent – Warum überall Geld fehlt – Goldschmied Fabian)
https://docs.google.com/file/d/0B2Qco-1vpyjgSFFUeFNPWnVRRE0/edit?pli=1
www.youtube.com/watch?v=VnDItRKzp14 (Michael Tellinger vs STD Bank – Johannesburg 13 Feb 2013)
www.youtube.com/watch?v=_30xJbYq5KE (Outcry Against Banking Practices with Michael Tellinger)
www.ubuntuparty.org.za/2012/09/standard-bank-faces-five-counts-of.html
www.ubuntuparty.org.za/2014/05/the-people-can-stop-criminal-actions-of.html

(13a) https://de.wikipedia.org/wiki/Johannes_von_Miquel#Finanzminister_in_Preu.C3.9Fen

(13b) www.weg-zum-leben.de/rune.htm

(13c) https://web.archive.org/web/20091107063102
www.newscientist.com/article/mg20427333.500-tv-switchover-triggers-rush-to-see-rare-stars.html
„Das Holographische Universum" von Michael Talbot, IBSN 3426771209

(14) www.welt.de/politik/deutschland/article7319676/Vatikan-erlaubt-Sex-mit-Kindern-ab-zwoelf-Jahren.html https://de.wikipedia.org/wiki/Kulturkampf
www.youtube.com/watch?v=9M7hRu2GH8w (Pädophiler Pfarrer Kindesmissbrauch in der katholischen Kirche) – Spiegel TV Magazin
www.spiegel.de/video/paedophiler-pfarrer-kindesmissbrauch-in-der-katholischen-kirche-video-61636.html
www.format.at/articles/1308/931/353154/tiefe-abgruende-vatikan
www.huffingtonpost.co.uk/2013/06/28/paedophile-priest-exposes-satanic-vatican-rent-boy-sex-ring_n_3517013.html?utm_hp_ref=uk
http://syncrenicity.com/2013/02/15/roman-church-admits-the-popes-guilt-syncrenicity-strikes/
https://de.wikipedia.org/wiki/Schutzalter
www.focus.de/finanzen/news/vatikan/vatikanbank_aid_13409.html
www.spiegel.de/panorama/justiz/vatikanbank-skandal-geldwaesche-ermittlungen-gegen-nunzio-scarano-a-944668.html
www.independent.co.uk/news/world/europe/italys-bishops-pass-vaticanbacked-rule-stating-they-do-not-have-to-report-if-a-priest-has-molested-a-child-9222501.html
www.spiegel.de/spiegel/print/d-45152309.html
www.welt.de/geschichte/zweiter-weltkrieg/article113245856/Vatikan-Millionen-unterstuetzten-alliierte-Ruestung.html
www.freie-christen.com/reichtum_der_kirche_ist_blutgeld.html

www.goldreporter.de/goldbesitz-der-vatikanbank-veroeffentlicht/gold/36538/
www.jubeljahr2000.de/kirchenopfer.html
„Vatikan AG: Ein Geheimarchiv enthüllt die Wahrheit über die Finanz- und Politskandale der Kirche", Gianluigi Nuzzi, ISBN 3442156807

(15) www.ianpaisley.org/article.asp?ArtKey=apology
http://fraternitas.de/archiv-swe.htm
www.tagesspiegel.de/kultur/interreligioeses-projekt-in-berlin-mitte-the-house-of-one-ein-gotteshaus-drei-religionen/9981358.html
www.thenazarenecode.com/gods-name.php
www.faz.net/aktuell/lebensstil/mode-design/mode/papstmode-behuetet-vom-saturn-1357782.html
http://worldtruth.tv/secret-occult-of-saturn-worship
http://endoftheamericandream.com/archives/pope-francis-and-shimon-peres-discuss-the-establishment-of-a-united-nations-of-religions
www.jpost.com/Israel-News/Politics-And-Diplomacy/Peres-proposes-UN-for-religions-to-pope-at-Vatican-374526

(16) www.kathpedia.com/index.php?title=Bonifatius_VIII.
www.aktion-kehrwoche.com/de/archives/3584
https://web.archive.org/web/20131104063457/http://peoplesconference.org/empire_of_the_city.htm
www.gesetze-im-internet.de/bgbeg/BJNR006049896.html#BJNR006049896BJNG031801377
http://freiheitistleben.de/thema05.htm
www.youtube.com/watch?v=2RI5dvXPWeY (Sklaven ohne Ketten – cestuique vie – wir sind für tot erklärt)
www.freiheitistselbstbestimmtesleben.de/daten_gedanken.htm
www.youtube.com/watch?v=R0_pTLnhOow (Die Geschichte deiner Versklavung)
www.youtube.com/watch?v=cfnJ1rOFK7o (The Truth About Your Birth Certificate)
www.youtube.com/watch?v=BLX67xy0Jkw (Your Birth Certificate is worth Billions in Credit!)
www.youtube.com/watch?v=7gUoEIzBdPs (Proof That Birth Certificates Are Traded On NYSE Stock Exchange)
http://freiheitistleben.de/pdf/Mary_Croft_Edward_Mandell_House.pdf
https://web.archive.org/web/20130129115223/http://www.vaticanassassins.org/jesuit-ruled-cfr/
https://web.archive.org/web/20131010064851/http://www.cephas-library.com/catholic_JESUITS+MASTERS+OF+DECEIT+AND+INFILTRATIONS%5B2%5D.htm
www.bibliotecapleyades.net/vatican/esp_vatican37.htm
http://hure-babylon.de/category/jesuiten/
www.offenbarung.de/papsttum-schwur-der-jesuiten.php
www.maras-welt.de/2013/08/03/okkulte-symbole-auf-unserem-alten-personalausweis/
www.vaticanhistory.de/wordpress/?p=6909,%2015.3.2013
http://theeconomiccollapseblog.com/archives/world-bank-whistleblower-karen-hudes-reveals-how-the-global-elite-rule-the-world
www.youtube.com/watch?v=ACVWfcL8c7s (World Bank Whistleblower Exposes All)

www.youtube.com/watch?v=5P2pAS05BOU (Karen Hudes – World Bank in Collusion with the Jesuits)

(17) http://peoplesconference.org/empire_of_the_city.htm
Schatzinseln: Wie Steueroasen die Demokratie untergraben (ISBN 3858694606)

(18) www.sauberer-himmel.de/hintergrunde-2/
www.youtube.com/watch?v=Ska0OmnlThc (AZK – Anita Petek-Dimmer – Impfungen – Sinn oder Unsinn)
http://vimeo.com/26576225
www.aerzte-ueber-impfen.org/
http://youtu.be/qUqZGHD_bIY (Impfungen schützen nicht vor Krankheiten! Interview Rolf Kron)
http://der-weg.org/gesundheit/impfung.html#ungeimpfte-kinder-sind-gesuender-rki-studie
www.youtube.com/watch?v=Z57uBCcOdvI („Die 5 Biologischen Naturgesetze – Die Dokumentation")
„Das System der 5 Biologischen Naturgesetze" (Band 1) – ISBN 3000353364

(19) www.zentrum-der-gesundheit.de/bentonit-ia.html
www.dr-neidert.de/index.php/biomed/419-vitalisieren-und-entgiften
www.zentrum-der-gesundheit.de/schwermetalle-ausleiten-ia.html
www.j-lorber.de/Radioaktivitaetsausleitung/fallout-tipps.htm
www.youtube.com/watch?v=ddA9IF0CE84 (Don't Fear Radiation- A powerful and inspiring video)
www.drschmidtkulbe.de/behandlungen/vitalinfusionen/vitamin-c-hochdosiert/
www.nu3.de/blog/qualitaetsunterschiede-bei-vitamin-c/
www.zentrum-der-gesundheit.de/amalgam-verbot-europa-ia.html
www.heiltipp24.de/de/8-11-1/Weiteres-Quecksilbervergiftung.html
www.kundalini-dritteauge.net/zirbeldruumlse.html
www.rp-online.de/leben/gesundheit/ernaehrung/zucker-macht-so-suechtig-wie-kokain-aid-1.2997220
www.express.de/ernaehrung/studie-beweist-zucker-ist-so-giftig-wie- nikotin-und-kokain,9567938,16970240.html
www.masaru-emoto.net/english/index.html
www.zeitenschrift.com/artikel/beisse-in-den-sauren-apfel-und-werde-gesund
www.zentrum-der-gesundheit.de/maca.html
www.zentrum-der-gesundheit.de/spermien-qualitaet-verbessern-ia.html
www.zentrum-der-gesundheit.de/schokolade.html
www.escardio.org/about/press/press-releases/pr-10/Pages/chocolate-reduces-blood-pressure.aspx
www.nature.com/ejcn/journal/v65/n8/full/ejcn201164a.html
www.eurekalert.org/pub_releases/2012-01/f-sf-ccp012412.php
www.naturalnews.com/031959_dark_chocolate_antioxidants.html
http://pubs.acs.org/doi/abs/10.1021/jf801297w
www.zentrum-der-gesundheit.de/kokosoel-ia.html
www.virgin-coconut-oil.de/wissenswertes/themenpark/laurinsaeure.php

(19a) www.zentrum-der-gesundheit.de/fluorid.html
www.zentrum-der-gesundheit.de/fluoridierung-ia.html
www.zentrum-der-gesundheit.de/fluoride-ausleiten-ia.html
www.youtube.com/watch?v=-_SWK54RaXI
http://teslabauplan.com/news/sie-wollen-uns-vergiften/
www.zentrum-der-gesundheit.de/speisesalz-ia.html
(20) http://justitia-deutschland.org/R/RuStAG-1913.htm
http://tinyurl.com/bva-merkblatt-stag
www.youtube.com/watch?v=_IqK7Nz99lE (Staatsangehörigkeit „DEUTSCH" – Wie
die BRD versucht, uns staatenlos zu machen – Reiner Oberüber)
www.youtube.com/watch?v=oKlA951cfyI (Konkrete Schritte zum Gelben
Schein – Reiner Oberüber)
www.petra-timmermann.de/Meinung/2013/GEZ.html
http://lupocattivoblog.com/2014/03/10/ob-haushaltsabgabe-oder-gez-der-
rundfunkbeitrag-ist-illegal/
http://wakenews.net/html/download_dokumente.html
www.novertis.com/vortragstermine/
www.youtube.com/watch?v=kJw_tqOr2eo (Israelische Ministerin verrät den Holocaust-Trick)
http://bibelmail.de/bibelmail-nr-256-israelische-ministerin-verrat-holocaust-trick-und-
antisemitismus-trick/
www.youtube.com/watch?v=LLbtu0-mgvw (Shulamit Aloni: Former Israel Minister –
Antisemitism and Holocaust Are Tools Against the Facts)
(20a) https://beck-online.beck.de/default.aspx?vpath=bibdata%2fkomm%2fKinMel
WolKoZV_2%2fGerVO%2fcont%2fKinMelWolKoZV.GerVO.htm
www.justiz.baden-wuerttemberg.de/pb/site/jum/get/documents/jum1/
JuM/import/justizministerium%20baden-w%C3%BCrttemberg/pdf/ge/
Gerichtsvollzieherordnung%20%28GVO%29%201.9.2103%5B1%5D.pdf
https://docs.google.com/file/d/0Bwe6Gyplvh2XNDJEMjZsaWs1cFE/preview?pli=1
(21) https://de.wikipedia.org/wiki/Taste_the_Waste
http://qpress.de/2013/10/20/obdachlose-fuettern-verboten-usa-ziehen-neue-saiten-bei-
ausblendung-von-armut-auf/
http://rt.com/usa/159292-daytona-beach-feed-homeless/
www.taz.de/!60453/
http://lokalo24.de/news/container-prozess-freispruch-fuer-witzenhaeuser-
studenten/449649/
(22) http://statistik.arbeitsagentur.de/
http://de.statista.com/statistik/daten/studie/1377/umfrage/leistungsempfaenger-von-
arbeitslosengeld-jahresdurchschnittswerte/
http://de.statista.com/statistik/daten/studie/1396/umfrage/leistungsempfaenger-von-
arbeitslosengeld-ii-jahresdurchschnittswerte/
www.nachrichtenspiegel.de/2013/07/06/verbotene-fakten-uber-die-
massenarbeitslosigkeit-in-deutschland/
http://de.nachrichten.yahoo.com/millionen-anspruchsberechtigte-verzichten-hartz-iv-
144901053.html

384

https://statistik.arbeitsagentur.de/Navigation/Statistik/Statistik-nach-Themen/Grundsicherung-fuer-Arbeitsuchende-SGBII/Grundsicherung-fuer-Arbeitsuchende-SGBII-Nav.html

https://statistik.arbeitsagentur.de/Statistikdaten/Detail/Aktuell/iiia7/zr-alg/zr-alg-d-0-xls.xls

(23) http://tinyurl.com/statista-arbeitsstellen

http://jobs.meinestadt.de/deutschland/suche?words=Vollzeit&iwc=1

www.referenceforbusiness.com/industries/Service/Business-Services-Elsewhere-Classified.html

www.referenceforbusiness.com/industries/Public-Administration/Regulation-Licensing-Inspection-Miscellaneous-Commercial.html

http://de.wikipedia.org/wiki/Vertrag_zu_Lasten_Dritter

http://de.wikipedia.org/wiki/Privatautonomie

www.un.org/depts/german/menschenrechte/aemr.pdf

(23a) Wikipedia

(24) www.spiegel.de/netzwelt/gadgets/kuenstliche-intelligenz-google-und-apple-machen-fortschritte-a-966042.html

www.vitamodularis.org/articles/new_technologies_that_will_change_civilization_as_we_know_it.shtml

www.sciencedaily.com/releases/2014/04/140428134051.htm

http://www.golem.de/news/autopilot-autos-volvo-faehrt-autonom-in-goeteborg-1405-106255.html

www.taz.de/!120741/

http://100-fuer-grundeinkommen.de/2013/noch-57-tage-grundeinkommen-in-alaska-bereits-seit-1982/

www.youtube.com/watch?v=4sxwXjqawEw (Michael Tellinger – UBUNTU A World Without Money)

http://tinyurl.com/faz-gratis-bus-bahn-tallinn

(24a) http://deutsche-wirtschafts-nachrichten.de/2013/04/09/warum-parken-tausende-neuwagen-heimlich-in-bayern

(24b) www.cooperativeindividualism.org

(24c) www.informationsgeld.info

www.deutscherarbeitgeberverband.de/aktuelles/dav_aktuelles_2014-01-20_geldsysteme.html

(24d) www.franzhoermann.com/downloads/20110810-das_ende_des_geldes.pdf

(25) http://aufgewachter.wordpress.com/tag/jean-luc-picard/

(26) www.sein.de/gesellschaft/neue-wirtschaft/2010/die-befreiung-der-arbeit-das-7-tage-wochenende.html

www.youtube.com/watch?v=FiDX0q70lpw (Besser leben ohne Schule)

www.youtube.com/watch?v=IBkpFztUfgU (Warum Und Wie Wir Homeschooling Mit Unseren 5 Kindern (Und Freies Lernen) Praktizieren)

http://dalejstephens.com/

http://andrestern.com/de/index.html

www.freie-alternativschulen.de/

(27) http://p2pfoundation.net/Fureai_Kippu

(28) http://blog.modernmechanix.com/water-succeeds-gasoline-as-new-invention-is-perfected/
www.keelynet.com/energy/garrett.htm
http://worldwide.espacenet.com/publicationDetails/biblio?CC=US&NR=2006676&KC=&FT=E&locale=en_EP
www.nasa.gov/topics/technology/hydrogen/hydrogen_2009.html
http://downtoearth.danone.com/2013/02/20/water-as-fuel-presented-by-dr-ryan-wartena/

(29) www.youtube.com/watch?v=n-hm5gCEUvc
Alternative: http://vimeo.com/13027220 (Free energy: Saltwater could power all the world's cars - Why is this not mass produced?)

(30) www.welt.de/wirtschaft/article125019977/Deutscher-erzeugt-mit-Glaskugel-Strom-aus-Mondlicht.html
www.helixwind.com
www.solarroadways.com
www.vengerwind.com

(31) http://edition.cnn.com/video/data/2.0/video/us/2010/11/04/simon.bloom.energy.cnn.html
http://www.cbsnews.com/news/the-bloom-box-an-energy-breakthrough-18-02-2010/

(32) www.desert-greening.com

(33) www.architectureandvision.com/projects/chronological/492-073-warkawater-2012?showall=&start=1
www.greenprophet.com/2014/04/bamboo-warkawater-tower-harvests-potable-water-from-air/
www.smithsonianmag.com/innovation/this-tower-pulls-drinking-water-out-of-thin-air-180950399/?no-ist

(34) www.hanfjournal.de/hajo-website/artikel/2008/05mai/s04_0508_franjo.php
www.naturalnews.com/036526_cannabinoids_breast_milk_THC.html
www.rp-online.de/leben/gesundheit/news/marihuana-droge-oder-wunder-medikament-aid-1.3975221
www.youtube.com/watch?v=BLKDTfQMhfg Henry Ford's Hemp Plastic Car (1941)
http://archiv.hanflobby.de/oeko/vorteile_von_hanf.html
www.rohstoff-hanf.com/hanf-baustoff/hanfbeton/
www.ecomall.com/greenshopping/sdethemp7.htm
www.americanlimetechnology.com/what-is-hempcrete/
www.youtube.com/watch?v=FldJS-BHp7M (Dr Masaru Emoto talks about Industrial Hemp as a solution to Fukushima)

(35) www.youtube.com/watch?v=XI5frPV58tY (Paul Stamets: 6 ways mushrooms can save the world)
www.ted.com/talks/paul_stamets_on_6_ways_mushrooms_can_save_the_world
http://articles.mercola.com/sites/articles/archive/2008/06/10/6-ways-mushrooms-can-save-the-world.aspx
www.scientificamerican.com/article/radiation-helps-fungi-grow/

(36) *Schwarzmagische Rituale von der Kirche auflösen:*
Im ersten Teil des Buches habe ich geschildert, wie die katholische Kirche von der Taufe bis zum Tod zahlreiche schwarzmagische Rituale an den Menschen verübt, die nicht nur

386

unsere Chakren, sondern dadurch auch das Vorwärtskommen im Leben blockieren. Sie können unseren Schöpfer (Gott), Jesus Christus oder Ihren Schutzengel darum bitten, alle an Ihnen von der Kirche und/oder anderen Religionen verübten schwarzmagischen Rituale aufzulösen, d.h. von der Taufe bis zur kirchlichen Hochzeit, sowohl aus diesem als auch aus allen früheren Leben. Auch all jene Rituale, die Sie unbewusst selbst an sich verübt haben, z.B. durch das Bekreuzigen. Dieses Auflösungsritual machen Sie am besten zwei bis dreimal in Abständen von jeweils drei bis vier Wochen. Denn solche Auflösungen brauchen eben ihre Zeit und müssen einige Male wiederholt werden, um die zahlreichen Rituale nach und nach zu entfernen. Und ja, Engel helfen uns, wenn wir sie um Hilfe bitten. Sie schreiten nicht eher ein, da sie unseren freien Willen respektieren. Außer z.B. in gefährlichen Ausnahmesituationen, wenn unsere Zeit hier auf der Erde noch nicht abgelaufen ist. Da Engel multidimensionale Wesen sind und außerhalb von Raum und Zeit agieren, nehmen Sie von den Engeln nichts weg, denn sie sind im Stande, parallel zu Ihnen auch gleichzeitig allen anderen Menschen zu helfen, die sie ebenfalls um Hilfe bitten. Daher brauchen Sie keine Scheu haben, denn Engel wollen beauftragt werden. Und je mehr wir mit ihnen zusammenarbeiten, umso mehr können sie uns und den Planeten helfen. Dies funktioniert übrigens ganz prima und vor allem ganz unabhängig davon, welcher Konfession Sie angehören oder angehört haben.

Sie fragen sich jetzt vielleicht was denn so „Schlimmes" bei der kirchlichen Trauung passiert? Nun, Sie legen ein Gelübde ab, dass Sie mit Ihrem Partner so lange zusammen bleiben, bis dass der Tod Sie beide scheidet. Und was, wenn sich im Laufe der Ehe herausstellt, dass es gar nicht mehr der richtige Partner für Sie ist? Vielleicht soll dieser Sie auch nur einen Teil Ihres Lebens begleiten, so wie es oft der Fall ist. Was im Laufe des Lebens passiert, können wir doch gar nicht vorhersehen, und wieviele Partner in unserem Lebensplan vorgesehen sind, wissen wir auch nicht. Sich dann an einen Menschen mit einem Gelübde bis zum Tod (oder gar bis in die Ewigkeit) zu binden, kann fatal sein. Denn im Fall der Fälle kommen Sie später eventuell nicht voneinander los, selbst wenn beide es wollten. Meinen Sie nicht, dass Sie sich durch die Eheringe energetisch aneinanderketten? Ist es womöglich Teil eines saturnisch-satanischen Rituals, mit dem Sie unbewusst einen Vertrag mit dem Saturngott/Satan eingehen?

Bzgl. der unwiderrufbaren Eintragung ins Taufregister und den Registrierungen Ihrer Person: Sie können Ihren Schutzengel und die göttlich-geistige Welt darum bitten, dass bestmöglich alle Daten über Sie bei der Kirche gelöscht sowie alle Registrierungen Ihrer Menschlichkeit aufgehoben werden und Sie unsichtbar auf allen menschlichen Kontrollebenen zu machen. Vertrauen Sie darauf, dass sich die göttlich-geistige Welt darum bemühen wird. Das ist zwar keine absolute Garantie, aber es ist aktuell die einzige Möglichkeit, die wir haben, um insbesondere unsere Energien da wieder abzuziehen und deren Registerbestand an Seelen sukzessive zu „entleeren".

Kann man auch die Wirkung der Symbole im Personalausweis neutralisieren?

Ja, das kann man. Legen Sie den Ausweis (und auch gleich den Reisepass sofern vorhanden) an einem positiven Ort in Ihrer Wohnung und bitten Sie Ihren Schutzengel darum, jedwede negativen Wirkungen, die das Dokument gesundheitlich verursacht, über Nacht zu neutralisieren. Sofern Sie dies ehrlich, bewusst und von Herzen tun, wird Ihr Engel das machen.

(37) Bis 1918 wurde die Staatsangehörigkeit in einem Bundesstaat, z.B. im Königreich Bayern oder Sachsen richtig ausgestellt. Durch diesen Nachweis erhielt man die „mittelbare Reichsangehörigkeit" – daher auch der Name „Reichs- und Staatsangehörigkeitsgesetz". Durch den Nachweis in einem Bundesstaat wird man zum „mittelbaren Reichsangehörigen". Nach der Ermächtigung Max von Badens, der in seinem Namen den Kaiser abdankte und seine „Geschäfte" der Partei übertrug, war Platz für die geschäftliche Verfassung der Weimarer Republik. 1934 ermächtigte sich Hitler dann, ohne dazu legitimiert zu sein, da ja schon die Weimarer Verfassung nicht vom Volk ausging und eine rein kommerzielle war, nur noch *eine* Staatsangehörigkeit zuzulassen: ein Reich, ein Führer, eine **deutsche Staatsangehörigkeit**. Diese deutsche (unmittelbare Reichsangehörigkeit) Staatsangehörigkeit wurde bis dahin den Kolonialangehörigen zugestanden. Sie gab ihnen den Schutz des Deutschen Reiches (DR), jedoch ohne das Recht, im DR wählen zu dürfen, sich zur Wahl zu stellen oder Miteigentümer des DR zu sein. Dieses Recht stand natürlich nur den dort Geborenen oder Abgestammten zu. In diesem Staatsstreich ermächtigte sich Hitler nun widerrechtlich, den Deutschen ihre Heimat zu einem Bundesstaat zu nehmen.

Daher kämpften die noch echten Politiker wie Carlo Schmid (SPD) als Mitglieder des Parlamentarischen Rates (der im Auftrag der Besatzer das *Grundgesetz für die BRD* mitgestaltete) für den Artikel 116.1, der den Deutschen in Zukunft dazu dienen sollte, den Weg zurück in die Freiheit geben zu können. Bis 1990 wurde auf Antrag *„besitzt die deutsche Staatsangehörigkeit"* ausgestellt. Die Wissenden fügten ihren Unterlagen ihre Abstammung bis vor Juli 1913 zu und erwarben auf Antrag die *Rechtsstellung als Deutscher* gemäß Abstammung, im Sinne des Artikels 116.1. Seit vermutlich 1991 wird dann auf Antrag auf die „deutsche Staatsangehörigkeit" im Staatsangehörigkeitsausweis *„ist deutsche(r) Staatsangehörige(r)"* ausgestellt. Somit wird die Rechtsstellung als Deutscher zwar im Gelben Schein richtig ausgestellt, aber eben **auch** für diejenigen, die lediglich den Status gemäß Art. 116.2, z.B. durch Geburt von Ausländern im Inland erworben haben und damit kommerziell auf die gültigen Rechte zugreifen können, aber keinen Anspruch auf Eigentum in Deutschland haben. Nur durch den EStA-Registerauszug kann man direkt erfahren, ob man nun durch Abstammung gemäß RuStAG vom 22.07.1913 § 4.1 Deutscher ist oder lediglich gemäß StAG § 4.3 eine (so als ob) Status-Staatsange-hörigkeit besitzt, eine geschäftliche im Sinne des GG 116.2, die bis 1990 zeitlich begrenzt war und jederzeit vom Besatzer aberkannt werden kann und **früher** im „Gelben Schein" mit der „deutschen Staatsangehörigkeit" ausgewiesen wurde.

Daher heute auch die verständlicherweise vollkommene Verwirrung, da Sie jetzt vielleicht verstanden haben, wie oft die „deutsche Staatsangehörigkeit" in den unterschiedlichsten Fällen gebraucht wird. Nur durch das Zurückgreifen auf gültige Gesetze lässt sich dieses gewollte Verwirrspiel auflösen. Die BRD bescheinigt hierbei selbst auch gar nichts, sondern bestätigt – in ihrer Aufgabe als Verwalter der Alliierten – lediglich die Richtigkeit der für den Antrag des Gelben Scheins gemachten Angaben. Dazu ist sie sogar verpflichtet, trotz fehlender Souveränität. Lassen Sie sich deshalb von anders lautenden „Empfehlungen", die kursieren – die aufgrund dieser verwirrenden Begriffsbestimmung und des fehlenden Statuses der BRD vom „Gelben Schein" dringend abraten –, somit keineswegs beirren. Bei Unklarheiten helfen www.bewusst-treff.org und www.gelberschein.info weiter sowie bei der richtigen Beantragung des Gelben Scheins.

Zum Thema Deutschland sei an dieser Stelle noch kurz ein letzter wichtiger Beweispunkt erwähnt:

Die andauernde Besatzung Deutschlands ergibt sich insbesondere aus dem Fortgelten der Artikel 2 Abs. 1 und Artikel 7 Abs. 1 des Überleitungsvertrags (BGBl. II S. 405, 1955). Siehe hierzu Punkt 3 in der *Bekanntmachung der Vereinbarung vom 27./28. September 1990 zu dem Vertrag über die Beziehungen zwischen der Bundesrepublik Deutschland und den Drei Mächten sowie zu dem Vertrag zur Regelung aus Krieg und Besatzung entstandener Fragen* vom 8. Oktober 1990 (BGBl. II Nr. 42), in welcher u.a. festgelegt wurde, dass mehrere Bestimmungen des Überleitungsvertrags weiterhin in Kraft bleiben, darunter eben auch der Artikel 2 Abs. 1, der wie folgt lautet:

„(1) Alle Rechte und Verpflichtungen, die durch gesetzgeberische, gerichtliche oder Verwaltungsmaßnahmen der Besatzungsbehörden oder auf Grund solcher Maßnahmen begründet oder festgestellt worden sind, sind und bleiben in jeder Hinsicht nach deutschem Recht in Kraft, ohne Rücksicht darauf, ob sie in Übereinstimmung mit anderen Rechtsvorschriften begründet oder festgestellt worden sind. Diese Rechte und Verpflichtungen unterliegen ohne Diskriminierung denselben künftigen gesetzgeberischen, gerichtlichen und Verwaltungsmaßnahmen wie gleichartige nach innerstaatlichem deutschem Recht begründete oder festgestellte Rechte und Verpflichtungen."

Artikel 7 Abs. 1 legt die Rechtswirksamkeit der Entscheidungen der Besatzungsgerichte fest, die bisher in Deutschland gefällt worden sind oder **später** gefällt werden. Das heißt, dass sämtliche Gesetze und Verordnungen, die jemals von den Besatzern für Deutschland erlassen wurden, weiterhin ihre volle Gültigkeit haben (also u.a. SHAEF-Gesetze, SMAD-Befehle, HLKO)!

Bildquellen

(1) und (3) www.upik.de

(2) www.kba.de

(4) bis (8) Privatarchiv Jan van Helsing

(9) Wikipedia

(10) http://classiccapital.net/wp-content/uploads/2011/04/FidelityLogo.jpg

(11) http://texassentinels.org/wp-content/uploads/2012/10/bank-of-america-logo-work620.gif

(12) www.geschichteinchronologie.ch/USA/freimaurer-USA-CH-parallelen-d/1-dollar-note-zoom.jpg

(13) wie (12)

(14) http://amokmagazine.files.wordpress.com/2013/07/cbs-logo-2.jpg

(15) www.findthatlogo.com/wp-content/gallery/aol-logos/aol-triangle-logo.jpg

(16) http://i3.photobucket.com/albums/y89/lovernios/LogoMcDonals.jpg?t=1238345741

(17) http://1.bp.blogspot.com/--nuL0gtvfGg/T8on-cZ50QI/AAAAAAAAPbc/S8srFua3qiE/s400/langnese+33.JPG

(18) www.natur-reich.de/archiv/bilder/50-olympia/wenlock-mandeville-im-stadion.jpg

(19) www.techfak.de/~tpfeiffe/lehre/VirtualReality/slides/images/03_-_Mit_dem_zweiten_sieht_man_besser.png

(20) http://i2.wp.com/vigilantcitizen.com/wp-content/uploads/2009/08/09_h.jpg

(21) http://i0.wp.com/vigilantcitizen.com/wp-content/uploads/2009/08/gaga2.png

(22) http://beginningandend.com/wp-content/uploads/2011/05/gaga-satanic-priestess.jpg

(23) http://i2.wp.com/vigilantcitizen.com/wp-content/uploads/2009/08/jayz.jpg

(24) http://i2.wp.com/vigilantcitizen.com/wp-content/uploads/2009/11/2renojt.jpg

(25) http://i0.wp.com/vigilantcitizen.com/wp-content/uploads/2012/10/article-2218490-15624815000005DC-479_306x739-e1351695025679.jpg

(26) www.weg-zum-leben.de/rune.htm

(27) http://i1.wp.com/vigilantcitizen.com/wp-content/uploads/2012/11/dieyoung5.jpg

(28) www.liveinternet.ru/users/inneessaa/post296841702/

(29) http://content2.catalog.photos.msn.com/ds/pic-en-us/picenus_msnentertainment/MSNE/54C4D5B6-9E19-41EF-AA5C-180B82400CD9.jpg

(30) http://cdn.gohistoric.com/img/21/02/40/gohistoric_21024_m.jpg

(31) http://mysteryoftheinquity.files.wordpress.com/2011/09/temple-symbols-10.jpg

(32) https://de.wikipedia.org/wiki/Aachener_Dom#mediaviewer/Datei:Allsehendes_Auge_am_Tor_des_Aachener_Dom.JPG

(33) www.theforbiddenknowledge.com/hardtruth/inverted.jpg

(34) www.cuttingedge.org/Inverted_Cross_Pope.jpg

(35) http://1.bp.blogspot.com/-bzFm_4I_h2I/TmVrbGaRenI/AAAAAAAAIJA/SOPeLZO6nXk/s400/Pope%2BBenedict.jpg

(36) http://1.bp.blogspot.com/-ya29ugeqDzM/TVok7VHbPjI/AAAAAAAAAI4/ypLHO9t_Edw/s1600/pope_benedict_xvi-evil%2Bsanta.jpg

(37) http://southeastasianews.org/images/baph/pope_ratzinger_handsign_001.jpg

(38) http://2012patriot.files.wordpress.com/2012/06/nazi-youth-pope-ratzinger.jpg

(39) http://wp.patheos.com.s3.amazonaws.com/blogs/deaconsbench/files/2013/07/POPE_TIME_1.jpg

(40) www.chakren.net/files/2012/07/chakrenlehre1.jpg

(41) http://worldtruth.tv/wp-content/uploads/2012/02/saturn-hexagonal-feature-cube.jpg

(42) https://de.wikipedia.org/wiki/Saturn_%28Planet%29#mediaviewer/Datei:Looking_saturn_in_the_eye.jpg

(43) https://de.wikipedia.org/wiki/Al-Ka%CA%BFba#mediaviewer/Datei:Kaaba_-Mecca_-Saudi_Arabia-1Aug2008.jpg

(44) http://worldtruth.tv/wp-content/uploads/2012/02/cube.jpg

(45) http://worldtruth.tv/wp-content/uploads/2012/02/800px-early_morning_alamo_by_david_shankbone.jpg

(46) http://worldtruth.tv/wp-content/uploads/2012/02/800px-black_cube_5.jpg

(47) http://worldtruth.tv/wp-content/uploads/2012/02/black_cube_2.jpg

(48) http://worldtruth.tv/wp-content/uploads/2012/02/HoleInRedCube.jpg

(49) http://worldtruth.tv/wp-content/uploads/2012/02/boeing_logo.jpg

(50) http://worldtruth.tv/wp-content/uploads/2012/02/earthlink-logo-may08.jpg

(51) http://worldtruth.tv/wp-content/uploads/2012/02/612px-nike-logo-orangesvg.png

(52) http://worldtruth.tv/wp-content/uploads/2012/02/saturn_11.jpg

(53) https://de.wikipedia.org/wiki/Media-Saturn-Holding#mediaviewer/Datei:Saturn-Logo.svg

(54) http://worldtruth.tv/wp-content/uploads/2012/02/internet_explorer_7_logo.png

(55) www.icmelertravelcentre.com/ITC_images/saturn6_logo.png

(56) http://gamesworldbodmin.co.uk/images/gamecube.jpg

(57) http://worldtruth.tv/wp-content/uploads/2012/02/416px-shelroshme3.jpg

(58) http://ksta.stadtmenschen.de/pics/module/userbilder/Fotoblog/img_1765_7y34by91wE_bg2.jpg

(59) http://apod.nasa.gov/apod/image/0901/newrings_cassini_big.jpg

(60) http://de.wikimpress.org/images/thumb/7/74/Saturn_symbol.svg/250px-Saturn_symbol.svg.png
http://cvxvalparaiso.files.wordpress.com/2010/04/logo-jesuitas.jpg

(61) http://worldtruth.tv/wp-content/uploads/2012/02/1-33.jpg

(62) http://de.academic.ru/pictures/dewiki/80/Perso_unter_uv-rohre_Vorderseite1.jpg

(63) http://images.gutefrage.net/media/fragen/bilder/wieso-ist-auf-unserem-personalausweis-dazu-auf-dem-kopf-stehend-das-symbol-des-baphomet-gedruckt/0_big.jpg

(64) http://u.jimdo.com/www54/o/sab39bdc97c5d24d0/img/if1248aa8d01db3f3/1339084895/std/image.jpg

(65) www.youtube.com/watch?v=KZGSM1qYLKM (Neuer Personalausweis in Mikrowelle – RFID Chip deaktivieren)

(66) https://commons.wikimedia.org/wiki/File:Personalausweis_Deutschland_2010_Sicherheitsmerkmale_002.JPG

(67) „Die Ebenen des Bewußtseins: Von der Kraft, die wir ausstrahlen", David R. Hawkins, VAK Verlags GmbH, ISBN: 3932098021

(68) www.stockphotosforfree.com/free-stock-photos/p-23690-womans-torso-in-workout-clothes.html

(69) wie (68)
(70) www.massagepraxis-kessler.de/images/hand2.gif
(71) www.spiritualhealing-now.com/image-files/eft_clip_image001.jpg
(72) www.masaru-emoto.net/english/thumbs/i46.jpg
(73) www.masaru-emoto.net/english/thumbs/i51.jpg
(74) www.stockphotosforfree.com/free-stock-photos/p-56361-stars-circling-in-galaxy.html
    http://littlebabyeby.files.wordpress.com/2012/07/6a00e0099631d0883300e552047ba188
    33-800wi1.jpg
(75) http://lupocattivoblog.files.wordpress.com/2013/10/volk.jpg
(76) http://blog.modernmechanix.com/mags/ModernMechanix/12-1935/water_engine.jpg
(77) www.youtube.com/watch?v=n-hm5gCEUvc
    Alternative: http://vimeo.com/13027220 (Free energy: Saltwater could power all the
    world's cars – Why is this not mass produced?)
(78) http://img.welt.de/img/wirtschaft/crop125020014/2160713003-ci3x2l-w580-aoriginal-
    h386-l0/betaray-Eine-Glaskugel-bringt-Energie.jpg
(79) www.vengerwind.com
(80) www.windenergy7.com
(81) www.alphacon-energie.de
(82) www.solarroadways.com/images/prototype/Parking%20lot%20east.jpg
(83) www.solarroadways.com/images/Website/KidsOnSlowDown.jpg
(84) www.youtube.com/watch?v=lrSp8xbKIgE (Bloom Energy unveils its new fuel cell
    power system)
(85) wie (84)
(86) www.youtube.com/watch?v=SV-AgbJ-enk (Bloom Box Free Energy Device)
(87) www.desert-greening.com (Madjid Abdellaziz)
(88) wie (87)
(89) http://blogi.newsweek.pl/wp-content/uploads/2010g/1f3c856c-96fa-4507-a5e3-
    56fff27e7971_20110107101710_Cloudbuster-w-akcji-na-brzegu-sahary---foto-desert-
    greening.jpg
(90) www.greenprophet.com/wp-content/uploads/Warka-Tower-by-Arturo-Vittori.jpg
(91) www.hemmings.com

BEVOR DU DICH ERSCHIEßT, LIES DIESES BUCH!

Jan van Helsing

Wie schaut's aus? Sind Sie gerade an einem Punkt angelangt, an dem Sie sich die Kugel geben wollen, weil Ihnen das Wasser bis zum Hals steht oder weil Sie keine Ahnung haben, wie Sie die aktuellen Rechnungen bezahlen sollen? Ist Ihre Ehe zerbrochen, Ihr Freund oder gar Ihr Kind gestorben, oder hat ein schwerer Unfall Ihr Leben derart verändert, dass Sie keinen Sinn mehr darin sehen? Doch halten Sie inne, Sie sind nicht alleine! Viel mehr Menschen, als Sie sich vorstellen können, sind momentan in extreme innere Prozesse verwickelt. Und es werden mehr, immer mehr – weltweit! Und das hat einen besonderen Grund! Interessiert es Sie, warum gerade jetzt so viele Menschen durch persönliche Krisen gehen? Wieso gerade jetzt in allen Ländern der Welt die Menschen auf die Straße gehen, ihren Mund aufmachen und Revolutionen anzetteln – auch in Deutschland?

ISBN 978-3-938656-48-8 • 21,00 Euro

WAS SIE NICHT WISSEN SOLLEN! – Band 2

Michael Morris

Was sind die Pläne der Geheimen Weltregierung?

In seinem 2011 erschienenen Bestseller „Was Sie nicht wissen sollen" führt Michael Morris anschaulich aus, wie eine kleine Gruppe von Bankiers dabei ist, durch Wirtschafts- und Währungskriege die totale Herrschaft über die Welt zu erlangen. In Band 2 legt er nun den Fokus auf den politischen und militärischen Aspekt der „Neuen Weltordnung". Die USA haben die Welt mehr als einhundert Jahre lang dominiert, doch ihr Stern sinkt, und die Machthaber im Hintergrund wehren sich verbissen dagegen. Sie intervenieren zwanghaft rund um den Erdball. Doch woher stammt ihr destruktiver Einfluss auf die EU?

Eine kleine Gruppe von Psychopathen ist für die Kriege in Afghanistan, im Irak und in Syrien ebenso verantwortlich wie für den Konflikt in der Ukraine und den „Arabischen Frühling". Afrika sowie der Nahe und Mittlere Osten versinken bereits im Chaos, das nun gesteuert auf Europa übergreift. Die Terroranschläge von Paris waren erst der Anfang! In Europa und in den USA werden Polizei-, Gendarmerie- und Militäreinheiten aufgerüstet und für die brutale Niederschlagung von lang vorbereiteten Bürgerkriegen trainiert.

Erfahren Sie, was es wirklich mit der NATO, dem weltweiten Terrorismus, dem Konflikt in der Ukraine und dem Krieg gegen Russland auf sich hat.

ISBN 978-3-938656-40-2 • 23,30 Euro

GEHEIMGESELLSCHAFTEN 3

Jan van Helsing

Halten Sie es für möglich, dass ein paar mächtige Organisationen die Geschicke der Menschheit steuern? Jan van Helsing ist es nun gelungen, einen aktiven Hochgradfreimaurer zu einem Interview zu bewegen, in dem dieser detailliert über das verborgene Wirken der weltgrößten Geheimverbindung spricht – aus erster Hand! Dieser Insider informiert uns darüber: Was die Neue Weltordnung darstellt, wie sie aufgebaut wurde und seit wann sie etabliert ist – weshalb die Menschen einen Mikrochip implantiert bekommen – dass die Menschheit massiv dezimiert wird – welche Rolle Luzifer in der Freimaurerei spielt – dass der Mensch niemals vom Affen abstammen kann – welche Rolle die Blutlinie Jesu spielt – dass es eine Art Meuterei in der Freimaurerei gibt, und was aus Sicht der Freimaurer auf die Menschheit zukommt.

ISBN 978-3-938656-80-8 • 26,00 Euro

DER VERHÄNGNISVOLLSTE IRRTUM UNSERER ZEIT

Rudolf Passian

Erfahrungen an der Schwelle zum Jenseits

Wussten Sie, dass der Tod des Körpers kein Ende der Persönlichkeit bedeutet, sondern nur eine Wende in unseren Lebensbedingungen? War Ihnen bekannt, dass zum Sterbevorgang ein riesiges Forschungs- und Erfahrungsmaterial von rund 150 Jahren vorliegt? Und dass wir offenbar eine Art Computer-Festplatte in uns tragen, die all unser Denken und Tun genauestens abspeichert? Ein beim Sterbevorgang ablaufender „Lebensfilm" zeigt uns, dass nichts verlorengeht!

Der mehrfach ausgezeichnete Forscher Rudolf Passian beschreibt in diesem Buch, was Menschen bei ihren faszinierenden „Grenzübertritten" ins Jenseits erlebt haben, was dies in ihrem Leben zur Folge hatte, und erklärt auch, wieso die momentanen Weltreligionen sowie die Wissenschaften und Mediziner kein großes Interesse daran haben, dass die Menschen von dieser „anderen Welt" erfahren.

Nach diesem Buch liegt es an Ihnen: Glauben Sie eher uralten Schriften oder heute lebenden Menschen, die von einer unsichtbaren Welt berichten, aus der wir alle kommen und in der wir uns eines Tages alle wiedersehen – eine Welt, vor der wir keine Angst haben müssen, sondern das Gegenteil?

ISBN 978-3-938656-36-5 • 21,00 Euro

HÄNDE WEG VON DIESEM BUCH!

Jan van Helsing

Sie werden sich sicherlich fragen, wieso Sie dieses Buch nicht in die Hand nehmen sollen. Handelt es sich hierbei nur um eine clevere Werbestrategie? Nein, der Rat: **„Hände weg von diesem Buch!"** ist ernst gemeint. Denn nach diesem Buch wird es nicht leicht für Sie sein, so weiterzuleben wie bisher. Heute könnten Sie möglicherweise noch denken: *„Das hatte mir ja keiner gesagt, woher hätte ich denn das auch wissen sollen?"* Heute können Sie vielleicht auch noch meinen, dass Sie als Einzelperson sowieso nichts zu melden haben und nichts verändern können. Nach diesem Buch ist es mit dieser Sichtweise jedoch vorbei! Sollten Sie ein Mensch sein, den Geheimnisse nicht interessieren, der nie den Wunsch nach innerem und äußerem Reichtum verspürt hat, der sich um Erfolg und Gesundheit keine Gedanken macht, dann ist es besser, wenn Sie den gut gemeinten Rat befolgen und Ihre Finger von diesem Buch lassen.

ISBN 978-3-9807106-8-8 • 21,00 Euro

DIE KINDER DES NEUEN JAHRTAUSENDS

Jan van Helsing

Mediale Kinder verändern die Welt!

Der dreizehnjährige Lorenz sieht seinen verstorbenen Großvater, spricht mit ihm und gibt dessen Hinweise aus dem Jenseits an andere weiter. Kevin kommt ins Bett der Eltern gekrochen und erzählt, dass *„der große Engel wieder am Bett stand"*. Peter ist neun und kann nicht nur die Aura um Lebewesen sehen, sondern auch die Gedanken anderer Menschen lesen. Vladimir liest aus verschlossenen Büchern und sein Bruder Sergej verbiegt Löffel durch Gedankenkraft.

Ausnahmen, meinen Sie, ein Kind unter tausend, das solche Begabungen hat? Nein, keinesfalls! Wie der Autor in diesem, durch viele Fallbeispiele belebten Buch aufzeigt, schlummern in allen Kindern solche und viele andere Talente, die jedoch überwiegend durch falsche Religions- und Erziehungssysteme, aber auch durch Unachtsamkeit oder fehlende Kenntnis der Eltern übersehen oder gar verdrängt werden. Und das spannendste an dieser Tatsache ist, dass nicht nur die Anzahl der medial geborenen Kinder enorm steigt, sondern sich auch ihre Fähigkeiten verstärken. Was hat es damit auf sich?

Lauschen wir den spannenden und faszinierenden Berichten medialer Kinder aus aller Welt.

ISBN 978-3-9807106-4-0 • 23,30 Euro

BANKEN, BROT UND BOMBEN – Band 1

Stefan Erdmann

Band 1
Die historischen Hintergründe...

„Es ist egal, ob George W. Bush oder Al Gore Präsident wird – Alan Greenspan ist der Chef der Notenbank...", las man vor der letzten US-Präsidentschaftswahl in der Süddeutschen Zeitung.
Sicherlich sind die meisten Personen, die heute die Welt steuern, aus dem Wirtschafts- und Finanzbereich. Doch der wahre Grund, warum sie so mächtig sind und die Geschicke der Welt über unsichtbare Fäden lenken, liegt mitunter in ihrer Mitgliedschaft in Geheimlogen.
Wer das ist und was diese Kreise vorhaben, präsentiert hier Stefan Erdmann in seinem Zweiteiler *Banken, Brot und Bomben*.

ISBN 978-3-9807106-1-9 • 19,70 Euro

GEHEIMAKTE BUNDESLADE

Stefan Erdmann

Was wissen Sie über die Bundeslade? War Ihnen bekannt, dass es sich hierbei um den bedeutendsten Kultgegenstand der Juden und Christen handelt? Doch was verbirgt sich in ihr, was genau ist sie? Waren die zehn Gebote darin aufbewahrt? War es eine technische Apparatur oder gar ein Gerät zur Kommunikation mit den Göttern?
Offiziell ist sie nie gefunden worden. Einige Quellen behaupten, sie sei spurlos verschwunden.
Stefan Erdmann enthüllt in diesem Buch erstmals Details über einen geheimnisvollen Fund der Tempelritter im Jahre 1118, den diese aus Jerusalem nach Frankreich brachten und der die Grundlage für ihren unermesslichen Reichtum wurde. Auf seiner Spurensuche traf er sich unter anderem auch mit Vertretern verschiedener Logengemeinschaften und fand erstmals Verbindungen zwischen den Templern, den Freimaurern, den Zisterziensern und der Thule-Gesellschaft. Diese Verknüpfungen waren die Grundlage für geheime militärische wie auch wissenschaftliche Operationen, und es wurde offenbar, dass das Grundlagenwissen für den Bau deutscher Flugscheiben während des Zweiten Weltkriegs wie auch für das US-amerikanische Philadelphia Experiment im Jahre 1943, zum Teil aus Geheimarchiven der Zisterzienser stammte.

ISBN 978-3-9807106-2-6 • 21,00 Euro

NATIONALE SICHERHEIT – Die Verschwörung

Dan Davis

Theorien über eine Verschwörung gab es genug! In diesem Buch finden Sie die Fakten dazu: Adressen, Bilder, Beweise, Interviews!
Viele Menschen sind für diese Aufdeckungen verfolgt und gerichtlich belangt worden, unzählige wurden umgebracht. Und die Uhr tickt!
Der Autor wurde aufgrund unglaublicher Fakten von hochrangigen Politikern der Bundesregierung zu ‚Vier-Augen-Gesprächen' eingeladen, interviewte Opfer der Projekte MK-Ultra und Monarch, sprach mit verschiedenen Insidern und hatte bereits in seiner frühesten Kindheit Bekanntschaft mit Hochtechnologie, die dem Normalbürger gänzlich unbekannt ist.

Das Buch enthält 548 Fotos von geheimen Entwicklungen in Luft- und Raumfahrt!

ISBN 978-3-938656-25-9 • 25,50 Euro

BUCH 3 – Der Dritte Weltkrieg

Jan van Helsing

Ist das Schicksal der Menschheit vorherbestimmt...?

Im Jahre 1871 erstellten die Führer einer Geheimloge einen Plan, wie sie über drei Weltkriege die Welt – sprich die Zentralbanken, das Öl, die Energie- sowie die Wasserversorgung und die Medien – in ihre Gewalt bringen können. Auf dem Weg zur *Neuen Weltordnung* – einer Weltregierung kontrolliert von diesen Schattenmännern – sollte der Erste Weltkrieg inszeniert werden, um das zaristische Rußland in ihre Hände zu bringen. Der Zweite Weltkrieg sollte über die Manipulation der zwischen den deutschen Nationalisten und den politischen Zionisten herrschenden Meinungsverschiedenheiten fabriziert werden, und der Dritte Weltkrieg sollte sich, diesem Plan zufolge, aus den Meinungsverschiedenheiten ergeben, die man zwischen den Zionisten und den Arabern hervorrufen würde. Es wurde die weltweite Ausdehnung des Konfliktes geplant.
Interessiert es Sie, ob es tatsächlich dazu kommt, und wenn ja, wie dieser Krieg ausgehen wird? Die in diesem Buch aufgeführten Prophezeiungen von über einhundert verschiedenen Sehern haben alle genau diesen Dritten Weltkrieg vorausgesehen und die weitere Entwicklung der irdischen Menschheit im Detail beschrieben.

ISBN 978-3-9805733-5-1 • 25,50 Euro

DER GOLDENE BLICK

Sabine zur Nedden, Simone Alz

Wie Du Dein Leben noch nie betrachtet hast

Ohne zu ahnen, was ihn erwartet, besucht Herr Mensch die Praxis von Dr. Augenblick und wird in eine geheime Methode eingeweiht, die seinem Leben eine völlig neue Richtung gibt: DER GOLDENE BLICK.
Mit seiner ergreifenden Geschichte eröffnet uns Herr Mensch hier dieses Geheimnis und erzählt, wie er sich selbst, seinen Alltag und das Leben komplett neu zu betrachten lernt. Was mit der Suche nach Antworten begann, wird zur persönlichen Transformation. Wie Sie hautnah erleben können, wird man auf eine sonderbare Weise in diese ungewöhnlichen Dialoge tief und wirksam mitein-bezogen. Und so geht all das, was Herr Mensch mit Hilfe seines Meisters erkennt und erfährt, unmittelbar auf den Leser selbst über.

ISBN 978-3-938656-93-8 • 21,00 Euro

GLÜCK IM SPIEL, GLÜCK IN DER LIEBE

Chander Bhatia

Alles ist möglich, man muss nur wissen, wie...

Auf sehr verständliche Weise beschreibt der Lebens- und Partner-schaftsberater Chander Bhatia die Bedeutung von Geld, Liebe und Part-nerschaft aus spiritueller sowie aus weltlicher Sicht. In Indien geboren und seit 1964 in Deutschland lebend, verbindet er indische Lehren mit dem westlichen Denken und schafft damit eine Grundlage, die uns hilft, unsere berufliche sowie die familiäre Situation aus einem anderen, neu-en Blickwinkel zu betrachten – und beides neu auszurichten, denn beides gehört zusammen!
Sehr viele Menschen in der heutigen Zeit sind der Überzeugung, ihren inneren Frieden und ihr Glück nur zu finden, indem sie viel Geld besitzen. Sie glauben, damit auch ihre anderen Proble-me lösen zu können. Dieses Denken entsteht schon in der Kindheit und prägt unsere heutige, westliche Gesellschaft. Doch hat sich dieses Denken als erfolgreich erwiesen? Wie sieht un-sere Wirtschaftslage aus, wie die Scheidungsrate?
Geld ist eine Form von geistiger Energie. Wohlstand ist das Ergebnis unserer geistigen Einstel-lung. Das Besitzen von Geld bzw. materieller Energie reicht jedoch nicht aus, um inneren Frie-den zu finden. Auch unser Bewusstsein spielt eine große Rolle in diesem Spiel sowie karmische Aspekte. Chander Bhatia erklärt in diesem, mit vielen Erlebnisberichten angereichertem Buch, wie dies funktioniert.

ISBN 978-3-938656-15-0 • 19,70 Euro

GEFÄHRLICH!

Stefan Müller

Du bist viel mächtiger, als Du denkst!

Es gibt Strukturen in unserer Gesellschaft – sei es in Politik, Wirtschaft oder Religion –, die haben ein starkes Interesse, dass Du Dich für einen unbedeutenden und hilflosen Menschen hältst. Dieses Buch ist für diese Kreise äußerst gefährlich, denn es enthält Geheimnisse, die Du nicht kennen sollst. Diese Informationen können Dich befreien! Vor allem machen sie Dich stark und selbstbewusst. Das Leben ist einfach zu kurz, um es unbewusst und vor dem Karren einer anderen Autorität zu verbringen. Es ist Dein Leben! Lebe dieses Leben „Like a Boss", nicht wie ein Bittsteller. Gehe erhobenen Hauptes durch die Welt, denn dazu hast Du jede Berechtigung: Du bist ein unglaublich machtvoller Schöpfer! Willst Du Deine körperlichen und geistigen Fesseln sprengen und endlich das Leben führen, das Dir zusteht? Dann triff eine Entscheidung. Und ich helfe Dir dabei.

ISBN 978-3-938656-08-2 • 17,80 Euro

WER HAT ANGST VOR'M SCHWARZEN MANN?

Jan van Helsing

Immer wieder hört man Berichte – meist von Hospiz-Mitarbeitern, aber auch von Ärzten, Krankenschwestern und Pfarrern –, dass einem Sterbenden kurz vor seinem Ableben ein „schwarzer Mann" erschienen ist; eine Gestalt, die in unserem Kulturkreis als „Freund Hein", „Boandlkramer" oder „Sensenmann" bezeichnet wird.

Was denken Sie, wenn Sie solch eine Geschichte hören? Handelt es sich hierbei nur um eine Halluzination, Rauscherfahrung oder eine schlichte Ausschüttung von Bildern aus dem Unterbewusstsein?

Ähnlich nüchtern wäre Jan van Helsing auch mit solchen Berichten umgegangen, hätte er nicht selbst eine Begegnung mit diesem „schwarzen Mann" gehabt – zwei Wochen vor einem schweren Autounfall. Fasziniert von der Erscheinung dieses Wesens, beeindruckt von dessen Präsenz und vor allem neugierig geworden, versuchte Jan van Helsing über zwei Jahre hinweg mit diesem Wesen in direkte Verbindung zu treten, was schließlich im Dezember 2004 gelang. In einem spannenden und einzigartigen Interview wurden unter anderem folgende Fragen erörtert:

Wer ist dieses Wesen?	Holt es die Seelen ab?	Welche Rolle spielt der Schutzengel?
Gibt es einen Teufel?	Gibt es eine Hölle?	Wo bringt es die Seelen hin?
Wer beherrscht die Welt?	Wer ist der Antichrist?	Hat es jemals Gott gesehen?

ISBN 978-3-9807106-5-7 • 19,70 Euro

Michael Morris

*Fünf Banken steuern den Goldmarkt seit
100 Jahren – jetzt bekommen sie Gegenwind!*

Seit dem Goldrausch Mitte des 19. Jahrhunderts wird der Goldhandel von einigen wenigen Londoner Banken kontrolliert. Seit einhundert Jahren bestimmen fünf Banken im „Goldfixing" ganz im Geheimen den Goldpreis für die gesamte Welt! Zwischen diesem westlichen Bankenkartell und den sogenannten BRICS-Staaten – unter der Führung von Russland und China –, tobt heute ein Währungskrieg, der gleichzeitig ein "Goldkrieg" ist. Der "Petro-Dollar" des Bankenkartells, das unsere gesamte Wirtschaft und Politik, aber auch unser Geldwesen steuert, ist am Ende. Der „US-Dollar" hat heute nur noch 2% seiner ursprünglichen Kaufkraft von vor einhundert Jahren. Mehrere Staaten Asiens, Afrikas und Südamerikas fordern offen das Ende der Dollarherrschaft. Sie plädieren für eine neue, durch Gold gedeckte Weltleitwährung. Seit 2012 sind tausende Tonnen Gold aus dem Westen nach Asien abgeflossen. Es findet ein Kampf um jeden einzelnen Barren statt. Einzelne Nationen, ja sogar einige US-Bundesstaaten, haben mittlerweile wieder Goldwährungen eingeführt, weil sie der FED und dem Bankenkartell misstrauen – und es werden immer mehr!

IWF-Direktor Dominique Strauss-Kahn wollte 2011 das in New York gelagerte IWF-Gold zurück in die Schweiz holen. Noch am selben Tag wurde er Opfer eines absurden Sexskandals. Muammar al-Gaddafi, der eine neue Goldwährung einführen wollte, erging es noch schlechter. Warum wollen die USA das Regime in Teheran wirklich stürzen? Warum hat die neue Führung in der Ukraine im März 2014 als erste Amtshandlung das Gold ihres Volkes heimlich in die USA geschafft? Warum haben sich mehrere US-amerikanische Spitzenbanker Anfang des Jahres 2014 nahezu gleichzeitig das Leben genommen? Wo ist das Gold der Deutschen Bundesbank? Wie viel Gold existiert überhaupt auf Erden, und wer hat es? Und was haben Zentralbanken wie die FED und die Bank of England damit zu tun? Diese und viele weitere Fragen beantwortet Michael Morris in seinem neuen Buch.

Gold war nicht nur die letzten 4.000 Jahre über das erfolgreichste Zahlungsmittel. Es wird auch in der Zukunft wieder eine wichtige Rolle in unser aller Leben spielen. Erfahren Sie hier alles über die Hintergründe, und darüber, wie Sie selbst am besten in Gold investieren.

ISBN 978-3-938656-12-9 • 21,00 Euro

Alle hier aufgeführten Bücher erhalten Sie im Buchhandel oder bei:

ALDEBARAN-VERSAND
Tel: 0221 – 737 000 • Fax: 0221 – 737 001
Email: bestellung@buchversand-aldebaran.de
www.amadeus-verlag.de